权威·前沿·原创

皮书系列为
"十二五""十三五"国家重点图书出版规划项目

BLUE BOOK

智库成果出版与传播平台

监管科技蓝皮书

BLUE BOOK OF REGTECH

中国监管科技发展报告（2020）

ANNUAL REPORT ON CHINA'S REGTECH DEVELOPMENT (2020)

主　编／孙国峰
执行主编／王素珍　朱烨东

社会科学文献出版社
SOCIAL SCIENCES ACADEMIC PRESS (CHINA)

图书在版编目(CIP)数据

中国监管科技发展报告.2020/孙国峰主编. -- 北京：社会科学文献出版社，2020.10
（监管科技蓝皮书）
ISBN 978 - 7 - 5201 - 7323 - 0

Ⅰ.①中… Ⅱ.①孙… Ⅲ.①科学技术 - 应用 - 金融监管 - 研究报告 - 中国 - 2020　Ⅳ.①F832.29

中国版本图书馆 CIP 数据核字（2020）第 180464 号

监管科技蓝皮书
中国监管科技发展报告（2020）

主　　编 / 孙国峰
执行主编 / 王素珍　朱烨东

出 版 人 / 谢寿光
组稿编辑 / 恽　薇
责任编辑 / 高　雁

出　　版 / 社会科学文献出版社·经济与管理分社　（010）59367226
　　　　　　地址：北京市北三环中路甲29号院华龙大厦　邮编：100029
　　　　　　网址：www.ssap.com.cn
发　　行 / 市场营销中心（010）59367081　59367083
印　　装 / 三河市东方印刷有限公司
规　　格 / 开本：787mm×1092mm　1/16
　　　　　　印张：32.25　插页：0.5　字数：480千字
版　　次 / 2020年10月第1版　2020年10月第1次印刷
书　　号 / ISBN 978 - 7 - 5201 - 7323 - 0
定　　价 / 138.00元

本书如有印装质量问题，请与读者服务中心（010 - 59367028）联系

▲ 版权所有 翻印必究

《中国监管科技发展报告（2020）》编委会

主　　编	孙国峰
执 行 主 编	王素珍　朱烨东
编委会成员	（按姓氏笔画排序）
	丁华明　于　震　马　龙　王　冠　王同益
	邓　辛　白　阳　朱本浩　朱白帆　孙衍琪
	李　晶　李　耀　李佳航　李崇纲　杨　东
	杨兵兵　何　阳　邹传伟　汪德嘉　沈建光
	张一锋　赵大伟　贲圣林　胡达川　胡利明
	唐　凌　诸寅嘉　黄丹阳　常　远　蒋　荣
	喻华丽　潘润红
主　　审	丁华明　马晨明　杨　继
统　　稿	赵子如　王　倩　赵计博
支 持 单 位	中国支付清算协会
	中国人民银行金融研究所
	中国外汇交易中心
	上海证券交易所
	深圳证券交易所

广东省地方金融监督管理局
中国信息通信研究院
北京金融科技产业联盟
中国光大银行股份有限公司
深圳前海微众银行股份有限公司
武汉众邦银行股份有限公司
江苏省农村信用社联合社
广发证券股份有限公司
北京立言金融与发展研究院
银行卡检测中心
中国人民大学统计学院
中国人民大学区块链研究院
上海财经大学金融学院
浙江大学互联网金融研究院
深圳未来金融监管科技研究院
湾区国际金融科技实验室
华为技术有限公司
蚂蚁集团研究院
阿里云计算有限公司
京东数字科技控股有限公司
度小满金融
深圳市腾讯计算机系统有限公司
腾讯金融研究院
银联商务股份有限公司
平安壹钱包电子商务有限公司
拉卡拉支付股份有限公司

汇付天下有限公司
联动优势科技有限公司
乐刷科技有限公司
连连银通电子支付有限公司
中移动金融科技有限公司
中钞信用卡产业发展有限公司
上海万向区块链股份公司
北京中科金财科技股份有限公司
江苏通付盾科技有限公司
深圳市中信网安认证有限公司
北京金信网银金融信息服务有限公司

主要编撰者简介

孙国峰 中国人民银行货币政策司司长，长期从事货币政策工作，曾任中国人民银行金融研究所所长兼中国金融会计学会副会长。经济学博士，研究员，美国普林斯顿大学客座教授，清华大学、中国社会科学院、对外经济贸易大学、西南财经大学、中南财经政法大学博士生导师，美国斯坦福大学访问学者，国际清算银行客座研究员，中国金融四十人论坛成员，获第三届孙冶方金融创新奖。提出并发展了贷款创造存款理论，主持国家社会科学基金重大项目，获国家社会科学基金后期资助，出版《第一排：中国金融改革的近距离思考》《金钉子：中国金融科技变革新坐标》《金融科技时代的地方金融监管》《中国货币政策框架转型研究》等多部中文专著，并于英国帕尔格雷夫·麦克米伦出版社出版了 Reforms in China's Monetary Policy 和 Financial Reforms in Modern China 等英文专著，在核心学术期刊上发表论文 100 余篇。

王素珍 经济学博士，研究员，中国支付清算协会副秘书长。加入中国支付清算协会前，先后在中国人民银行金融研究所、研究局、金融稳定局等部门工作，工作领域涵盖宏观经济金融形势分析与预测、货币政策、金融稳定等。目前主要从事金融科技创新与应用、支付政策研究、法律与权益保护等工作。组织编写并出版《支付清算理论与实务》《金融大数据创新应用》《监管科技研究与实践》等书籍。

朱烨东 北京大学经济学院金融学硕士，北京大学政治经济学博士，清华大学五道口金融学院 EMBA，北京中科金财科技股份有限公司董事长、创始人。北京区块链技术应用协会会长、新三板企业家委员会首席区块链专家，曾入选中国上市公司十大创业领袖人物、中国软件和信息服务业十大领军人物、2018中国区块链行业十大领军人物、2018中国新经济产业百人、2017年度中国金融科技最具影响力人物。《中国金融科技发展报告》《中国区块链发展报告》《中国资产证券化发展报告》执行主编，清华五道口全球创业领袖导师。

摘　要

本书由中国支付清算协会监管科技研究组牵头组织编写，由来自监管部门、行业组织、高校、研究机构、银行、证券公司、交易所、支付机构、金融科技公司等领域的40余家机构共同参与。本书聚焦中国监管科技领域最新发展状况，从政策形势、技术探索、场景应用、数据治理、国际视野、案例分析等方面入手，全面描述2019年我国监管部门和金融机构积极利用"科技+监管"应对"科技+金融"带来的诸如信息泄露、技术应用不当、金融监管滞后等各种挑战，进而提出通过加强监管科技顶层设计、打造新型创新监管工具等，探索一条适合我国国情的监管科技发展之路，以此对监管科技行业发展和政策制定提供有益的借鉴参考。

本书主要包括七个部分。第一部分为总报告，在分析金融科技发展带来的新风险和金融监管面临的新挑战的基础上，从应用实践的角度概述了我国监管科技发展现状与存在的问题，进而提出在监管科技视角下强化我国金融监管能力的政策建议。第二部分为政策形势篇，聚焦2019年监管部门监管科技的发展现状和最新实践，探讨基于监管科技的金融风险防范机制。第三部分为技术探索篇，阐述了云计算、大数据、人工智能、分布式数据库、区块链、API等新一代信息技术的最新发展及其对创新监管手段、提升监管效率、降低企业合规成本的积极作用。第四部分为场景应用篇，介绍了监管科技在不同行业、业态、场景中的最新发展现状和应用实践，探讨监管科技的价值优势、体系框架和发展建议。第五部分为数据治理篇，探讨了监管科技相关的数据共享、数据标准、数据治理、数据保护等问题，从技术、安全、法律等方面给出金融数据合法采集、合理应用、有效保护的政策建议。第六部分为国际视野篇，立足全球视野，结合国际监管科技最新研究成果和应用

实践，系统梳理了不同国家和地区监管科技的政策措施、业务模式、技术路径、典型案例等。第七部分为案例篇，通过详细介绍监管科技典型应用的分析模型、实现路径、解决的行业痛点以及达到的效果，促进监管科技典型应用和先进经验的交流和共享。

关键词： 监管科技　金融科技　场景应用　数据治理

目 录

Ⅰ 总报告

B.1 金融科技背景下的金融监管研究
　　——基于监管科技的视角 …………………………………… / 001
　一　金融科技发展带来的新风险和金融监管面临的
　　　新挑战 ………………………………………………………… / 003
　二　监管科技的缘起——发展背景、概念和作用 ………… / 006
　三　我国监管科技发展现状与存在的问题 ………………… / 009
　四　我国监管科技发展过程中存在的问题分析 …………… / 025
　五　监管科技视角下强化我国金融监管能力的政策建议 …… / 029

Ⅱ 政策形势篇

B.2 金融科技创新监管的国际经验与中国实践 ……………………… / 036
B.3 金融科技创新产品检测认证体系研究 …………………………… / 046
B.4 监管科技在支付清算行业的应用研究 …………………………… / 060
B.5 监管科技在地方金融监管中的应用探索 ………………………… / 074

001

Ⅲ 技术探索篇

B.6 云计算最新发展及其在监管科技领域的应用 …………… / 082
B.7 大数据技术的最新发展及其在监管科技领域的应用 ………… / 090
B.8 人工智能的最新发展及其在监管科技领域的应用 …………… / 101
B.9 分布式数据库的最新发展及其在监管科技领域的应用 ……… / 111
B.10 区块链技术的最新发展及其在监管科技领域的应用 ………… / 122
B.11 API 技术发展及其在监管科技领域的应用 ………………… / 134

Ⅳ 场景应用篇

B.12 基于区块链的监管科技场景应用探索 ……………………… / 142
B.13 监管科技在用户身份识别中的应用探索 …………………… / 151
B.14 监管科技在 SIM 数字身份中的应用 ………………………… / 158
B.15 监管科技在证券市场交易行为监测中的应用 ……………… / 166
B.16 基于交易流水数据的套现交易识别 ………………………… / 182
B.17 监管科技在支付行为和风险防控中的应用探索 …………… / 199
B.18 监管科技在行业风险监测中的应用探索 …………………… / 208
B.19 监管科技在商户风险管理中的应用 ………………………… / 219
B.20 监管科技在互联网金融风险防控中的应用 ………………… / 232
B.21 金融科技创新助力金融反洗钱监管 ………………………… / 247
B.22 监管科技在支付机构反洗钱领域的应用探索 ……………… / 264

Ⅴ 数据治理篇

B.23 监管科技中的数据标准问题探讨
——以金融数据标准为切入点 …………………………… / 277

B.24 数字身份认证与政务数据合规流转研究 …………………… / 295
B.25 数据治理与个人隐私保护的研究 …………………………… / 306
B.26 数据治理技术探索：可验证凭证 …………………………… / 316
B.27 反洗钱数据治理中的个人隐私保护探究 …………………… / 331

Ⅵ 国际视野篇

B.28 全球监管科技格局
　　——生态前沿与趋势展望 ………………………………… / 343
B.29 各国监管科技发展比较研究 ………………………………… / 369
B.30 全球监管科技投融资分析 …………………………………… / 384

Ⅶ 附录一 案例篇

B.31 广东省监管科技发展案例分享 ……………………………… / 409
B.32 阿里支持外汇交易中心建设智能交易系统 ………………… / 413
B.33 深交所企业画像智能监管系统 ……………………………… / 416
B.34 阿里云支持深交所构建实时计算平台 ……………………… / 420
B.35 区块链在地方金融非现场监管中的应用 …………………… / 424
B.36 江苏省农村信用社联合社移动应用态势感知系统 ………… / 429
B.37 深度学习技术在反洗钱监测领域的应用 …………………… / 432
B.38 财付通智能可疑交易监控科技 ……………………………… / 437
B.39 基于关联图谱技术的社团欺诈识别方案 …………………… / 441
B.40 拉卡拉"天眼"智能风险控制系统 ………………………… / 446
B.41 汇付天下风险类商户智能识别系统 ………………………… / 451
B.42 区块链等新兴技术在 KYB/C 中的应用探索 ……………… / 455

003

Ⅷ 附录二 监管科技大事记

B.43 监管科技大事记（2019） ………………………… / 459

Ⅸ 附录三 监管科技产业地图

B.44 监管科技产业地图 …………………………………… / 465

Abstract ……………………………………………………… / 471
Contents ……………………………………………………… / 473

皮书数据库阅读**使用指南**

总 报 告

General Report

B.1
金融科技背景下的金融监管研究[*]

——基于监管科技的视角

孙国峰　赵大伟[**]

摘　要： 随着以互联网、大数据、云计算、区块链、人工智能为代表的新兴信息科技的快速发展，作为科技与金融监管深度融合的产物，监管科技逐渐受到世界各国金融监管机构和金融机构的关注，并在打击非法集资、互联网金融监管、外汇管理、反洗钱等领域实现了应用，为提升金融监管机构的监管水平提供了支持和保障，亦成为防范金融风险、构筑金融新生态的重要手段和途径。本报告在分析金融科技发展带来的新风险和金融监管面临的新挑战的基础上，对监

---

[*] 本报告仅代表个人学术观点，不代表所在机构意见。
[**] 孙国峰，中国人民银行货币政策司司长；赵大伟，中国人民银行金融研究所互联网金融研究中心副秘书长。

管科技的发展背景、概念和作用进行了分析与界定,并从应用实践的角度梳理我国监管科技发展现状与存在的重复建设、规则和标准的制定相对滞后、整体技术能力不足等问题,进而提出在监管科技视角下制定监管科技发展基本规则体系、建立风险预警体系等政策与建议,以强化我国金融监管能力。

关键词: 监管科技　大数据　云计算　人工智能　区块链

近年来,随着科技与金融开启全方位融合的序幕,科技已经逐渐成为金融创新的核心驱动力。科技在为金融业发展注入强劲动力的同时,也给金融业带来了一系列新的风险特征,对我国金融监管形成了新的挑战。当前,越来越多的科技公司开始凭借技术优势、流量优势和场景优势"跨界"提供金融服务,金融服务主体呈现多元化发展趋势,金融服务边界越发模糊。这使得金融风险更加隐蔽、复杂,传播范围更广,传播速度呈几何倍数增长,从而导致金融系统整体脆弱性增加,系统性金融风险爆发概率上升,金融监管形势日趋严峻。在这一背景下,我国有必要从监管技术手段升级的角度入手,做好防范金融风险、保障金融安全等工作。

2008年国际金融危机的爆发开启了全球金融严监管的序幕。在金融创新发展日益加速,金融机构数量与日俱增、金融产品和服务复杂程度不断提高的背景下,受人力资源、资金、技术条件约束的金融监管机构面临日趋上升的监管压力。虽然金融监管体制改革从制度层面有利于理顺监管职能、防范金融风险,但仍然无法解决监管责任与监管资源不匹配、监管技术手段不足等问题。当越来越多的科技应用到金融监管领域时,监管科技[①]逐渐受到

[①] 根据本报告研究主题,总报告中"监管科技"的范畴仅包含监管科技(SupTech),不包含合规科技(CompTech)。

各国金融监管机构的关注,"以科技改善监管、以科技应对风险"逐渐成为提升监管能效、防范金融风险的重要手段和途径。

一 金融科技发展带来的新风险和金融监管面临的新挑战

金融科技的本质是金融,科技与金融的融合并没有改变金融跨期交易和信用交换的本质,金融行业存在的风险都会体现在金融科技领域且演化出新的风险特征。如前文所述,科技在为金融业发展注入强劲动力的同时,也赋予了金融业一系列新的风险特征,对我国金融监管形成了新的挑战。

(一)科技使金融风险更加隐蔽、传播速度更快、传播范围更广、影响更加恶劣,增加了金融监管难度

在技术和流量优势的支撑下,科技公司开始"跨界"提供金融服务,模糊了传统金融服务边界,金融服务主体更加多元化,多主体、多种业务相互渗透关联使得金融风险更加复杂、更具隐蔽性。金融科技公司依托互联网渠道提供"7×24"全天候金融服务,在无形中加快了金融风险传播速度、扩大了金融风险影响范围,特别是金融风险事件更容易引发社会群体性事件,在较大范围内造成恶劣影响,增加金融监管难度。

(二)如何有效遏制金融科技公司违法违规经营行为是金融监管亟须解决的问题

虽然技术的创新、变革和应用给金融业带来了新的风险,但应该清晰地认识到技术是中性的,金融科技行业主要风险是使用技术提供金融服务的各类主体带来的,特别是在经济增速放缓、监管手段不足、金融消费者风险意识缺乏的情况下,金融科技公司违法违规经营是金融科技风险案件频频爆发的主要原因,故金融监管的重点应集中在整治和打击金融科技公司违法违规经营行为领域,为依法、合规经营的金融科技公司创造一个健康规范、竞争有序的市场环境。

（三）金融消费者保护面临更严峻的挑战

科技在金融领域的广泛应用使更多人能够享受金融发展的红利，但同时也带来了金融消费者个人信息泄露、过度负债等问题，使得金融消费者保护面临更严峻的挑战。第一，在开放的互联网环境下，网络支付和移动支付为不法分子窃取金融消费者个人信息和数据提供了可能；通过电子商务平台、支付平台和社交软件，金融科技公司不仅能够收集金融消费者的身份信息，还可以掌握金融消费者的消费习惯、支付偏好、社交网络等行为数据。一旦发生技术缺陷、员工失职等情况，金融消费者的隐私将面临巨大的泄露风险。第二，金融科技公司过度采集金融消费者信息的现象依然存在。第三，金融科技服务门槛低，多是面向小微企业、蓝领阶层与学生等低收入或无收入人群提供无抵押、无担保的贷款，这部分群体由于缺乏固定的收入来源或收入不稳定，一旦还款困难，就难免借新还旧、"以贷养贷"。此外，部分游离在金融监管之外的金融中介通过互联网渠道，以"低息、低费、快速、无抵押、无担保、无须审查征信"等字眼诱致金融消费者贷款，在缺乏金融知识与风险管理能力的情况下，金融消费者极易陷入"贷款陷阱"，从而背负沉重的债务。特别是风险爆发时，这部分人群的风险抵御能力差，更容易受到风险冲击。

（四）金融监管主要集中于事后处置，事前预警、事中防范手段不足

由于监管资源有限、监管手段不足等因素，目前金融监管依然存在盲点，金融监管的重点依然集中在金融风险处置领域，事前预警和事中防范能力较为薄弱。科技与金融的融合极大地加快了金融创新的步伐，使金融监管滞后于金融创新的问题愈加突出。金融科技风险案件一般具有爆发和传染速度快、影响范围广、涉及金额大等特点，由于缺乏有效的事前和事中管理手段，金融监管机构只能被动地在风险爆发后进行处置和纠正，但对金融消费者造成的经济损失和对整个金融科技行业带来的恶劣影响则无法消除。金融

监管缺乏前瞻性，很难应对日益复杂、快速迭代的金融创新，所以亟须通过技术手段加强金融风险预警与监测，对金融科技公司违法违规经营行为做到"早发现、早研判、早决策、早干预"。

（五）技术风险、数据风险更加突出

金融科技公司通过互联网渠道服务金融消费者，依托大数据、云计算和人工智能等技术提供快捷、低成本的金融服务，避免了在线下铺设网点的高成本。互联网、先进的技术以及架构牢靠的交易平台系统是金融科技公司赖以生存的基础，一旦发生技术选择失误、技术落后、黑客攻击、平台系统与硬件不兼容等问题，金融科技公司将面临巨大的资源浪费和效率损失。目前人工智能技术还处于发展初期，其基于"相关性"的算法容易导致决策不可预期、缺乏逻辑性，如果其算法被黑客攻破，将带来严重后果。

大数据技术是推动金融科技创新的重要技术路径，大数据分析结果是金融科技公司决策的重要参考依据，数据是否真实、全面直接关系着金融科技创新的成败，虚假、片面的数据将对金融科技公司产生不可估量的负面影响。然而，即使数据质量合格，大数据分析结果也可能落入"虚假关系"陷阱。此外，数据存储、传输、使用过程中也可能存在风险，违规操作极可能危害数据安全。

（六）监管套利依然存在

金融科技公司提供数字化的金融产品和服务，其"一地注册，服务全国"的业务模式决定了地方金融监管机构将面临更大的监管压力和风险处置责任，特别是在缺乏有效监管协调的情况下，更容易导致"伪劣"金融科技公司向监管宽松、监管资源不足的地方转移，监管套利将难以避免。此外，由于金融科技公司借助互联网渠道提供金融产品和服务，要将其展业范围限制在一定区域内存在技术上的困难。当世界各国的金融科技监管强度、管控措施不同步，加上国际监管协调机制不到位，很容易导致金融科技公司从严监管国家向监管宽松的国家转移，从而加剧金融风险聚集。

二 监管科技的缘起——发展背景、概念和作用

（一）监管科技发展背景分析

一方面，2008年国际金融危机后，世界各国纷纷收紧金融监管，开始使用繁重的监管规则和复杂的监管流程来防范金融风险。金融机构的快速膨胀和金融业务的持续创新使金融监管机构持续面临监管能力不足、监管缺位的困境。特别是当前金融科技业已成为科技创新的"高地"，科技在金融领域快速发展和应用，给金融监管带来了前所未有的压力。

另一方面，党和政府历来十分重视防范金融风险。2017年7月，习近平总书记在第五次全国金融工作会议上提出"防止发生系统性金融风险是金融工作的永恒主题"，"要把主动防范化解系统性金融风险放在更加重要的位置，科学防范，早识别、早预警、早发现、早处置，着力防范化解重点领域风险，着力完善金融安全防线和风险应急处置机制"。这不仅为我国今后一段时期内的金融监管工作点明了重点，也对金融风险防控工作提出了更高层次的要求。

鉴于此，在当前尤为复杂多变的金融环境下，利用大数据、云计算、人工智能、区块链等技术来提升金融监管机构对金融风险的防控、研判、评估和处置能力就显得尤为必要。利用监管科技来填补监管"真空地带"、提升金融监管能效已经成为世界各国金融监管机构防范金融风险、保障金融安全的重要手段和途径。

（二）监管科技是什么？

2015年7月，英国前财政大臣乔治·奥斯本（George Osborne）最早提出监管科技的概念，他认为"项目创新将致力于运用新技术促进监管要求的实现——也就是监管科技"。英国金融行为监管局（Financial Conduct Authority，FCA）将监管科技定义为"运用新技术，促进达成监管要求"。

国际金融学会（Institute of International Finance，IIF）界定监管科技为"能够高效和有效地解决监管和合规要求的新技术"。

从我国目前监管科技发展和应用的角度来看，我们认为监管科技是利用大数据、云计算、人工智能、区块链等现代信息科技，提高金融监管机构监管水平、满足金融机构合规需求的技术工具、手段和系统。

从应用主体分析，监管科技包含金融监管机构使用的"监管科技"（"科技+监管"，SupTech）与金融机构使用的"合规科技"（"科技+合规"，CompTech）两个方面。从参与主体分析，监管科技参与主体包括金融监管机构、金融科技公司和专业的监管科技公司。从国内外发展路径来看，国外监管科技发展首先从金融机构研发和应用合规科技以满足合规需要、降低合规成本开始，主要应用于数据报送、KYC（Know Your Customer，了解您的客户）、反洗钱、信息和数据保护、预防欺诈等合规业务，而我国监管科技在发展之初就得到了金融监管机构的高度重视，"一行两会"和部分地方金融监管机构都表示要重视大数据、云计算、人工智能和分布式系统等技术的运用，加强监管科技实践，目前监管科技主要应用在维护金融稳定、防范金融风险等监管层面。

（三）监管科技能做什么？

1. 监管科技为金融监管机构提供了减轻监管压力、降低监管成本的技术解决方案

一方面，金融机构和金融产品呈几何倍数增长趋势，而金融监管机构受到人员编制、资金和技术等方面的限制，往往出现一个部门监管一个业态、监管一个区域的情况，监管有效性和及时性难以得到保障。特别是出于防范金融风险的考量，金融监管机构越来越依赖繁复的监管法规和冗长的监管流程，这不仅给金融监管机构带来了沉重的监管负担，也在无形中增加了监管成本。另一方面，传统金融机构、金融科技公司纷纷布局金融科技，科技对金融行业的渗透达到了前所未有的程度，而当金融监管机构无法完全理解新技术或对其知之甚少时，往往会因为防范金融风险的需求、缺失有效

监管手段等对科技在金融业的创新持否定态度，出现监管不足和监管过度并存的局面。

监管科技的崛起从技术层面为金融监管机构提供了减轻监管压力、降低监管成本的解决方案。金融监管机构可以利用大数据技术实现数据自动化采集、抽取、清洗、转换处理、运用和共享，为决策提供数据化手段；金融监管机构可以借助云平台，将多条线、多系统的金融监管业务进行整合，从更全面、更系统的角度对经济金融运行情况做出判断和预测；金融监管机构还可以通过人工智能、风险模型等技术，对金融机构进行精准"画像"，全面准确地反映金融机构风险概况，及时做出风险预警，通过事前风险管理的方式进一步提升监管效能，也为金融监管和现场执法检查提供线索。

2. "科技+监管"能够有效应对"科技+金融"的风险

以科技为驱动力的新一轮金融创新，在一定程度上突破了金融监管机构的能力范围，造成了风险的聚集，增加了金融行业的脆弱性。近年来，金融科技行业风险事件频发，如一些伪劣金融科技公司披着线上借贷的"外衣"，实则从事线下非法集资活动，这种违法违规交易行为具有很高的隐蔽性，在缺乏数据搜集、风险监测和预警手段时，除非出现"跑路"、提现困难、网站关闭等极端情况，否则这种非法行为很难被金融监管机构发现。

在发展监管科技的过程中，金融监管机构能够对科技的运行机理、架构、优劣及其与金融业务的结合点有更全面、深入的了解，更容易定位科技给金融创新带来的风险点，进而更有针对性地利用科技加强监管，补足监管短板，丰富监管手段。

3. 监管科技的发展与应用将催生一个新的行业

随着金融科技创新的日趋加速以及世界各国开始重视监管科技的运用，金融监管机构对监管科技的需求将进入爆发期。由于金融监管机构在技术研发、科技人才储备及资金支持等方面受到种种限制，独立研发监管科技存在困难。鉴于此，由专业的监管科技公司（或金融科技公司）根据金融监管的需求来提供监管工具和系统，将成为未来监管科技发展的必然选择。

从我国目前监管科技发展现状来看，很多地方政府开始与金融科技公司合作开发监管科技系统。如蚂蚁金服利用人工智能、大数据、云计算和区块链等技术，结合金融监管实践开发了"蚂蚁风险大脑"，目前已与北京、天津、上海、重庆等11地签订合作协议，协助各地金融监管机构对金融机构开展风险排查，通过全领域动态扫描和知识图谱挖掘等技术，发现关联机构间的潜在风险，掌握金融风险变化趋势。腾讯与深圳金融办在实现数据资源打通使用的基础上，合作研发"灵鲲"金融安全大数据监管平台，用于金融风险的识别、监测和预警，在助力金融监管、保障金融业务安全、防控金融风险等方面发挥了重要作用。

三 我国监管科技发展现状与存在的问题

为了缓解监管压力、降低监管成本、提升监管水平，我国各级金融监管机构都很重视以大数据、云计算、区块链、人工智能为代表的新兴信息科技的研发，并在很多重要领域实现了监管科技的落地应用，积极利用"科技+监管"应对"科技+金融"带来的各种挑战。

（一）中国人民银行监管科技发展与实践

1. 金融科技创新监管试点——中国版"监管沙盒"的推出

"监管沙盒"由英国金融行为监管局首先提出。为了应对金融科技带来的风险，英国在真实市场中设置了一个"安全空间"，在这个"安全空间"中可以对创新型的金融产品和服务进行测试以评估其风险，从而在鼓励金融科技发展和防控金融风险之间实现平衡。自2015年正式推出"监管沙盒"以来，英国已经开展了5次"监管沙盒"测试，累计118家企业参与了测试。对于企业而言，通过"监管沙盒"可以实现与英国金融监管机构的直接沟通，不仅极大地缩短了金融产品上市的时间并降低了成本，而且有利于获得市场和金融消费者的认可，进而更容易获得资本市场的青睐；对于金融监管机构而言，可以在有效控制风险的前提下鼓励企业进行金融科技创新；对于金融消费者而言，则可以在更好的保障下尝试更多的创新型金融产品和

服务。近年来，我国金融科技行业发展迅速，创新型金融产品和服务的不断涌现、传统金融风险的异化和新金融风险的出现对我国金融监管形成了严峻的挑战。鉴于此，尽快开展金融科技创新监管试点，推出中国版"监管沙盒"就显得尤为必要。

2019年12月5日，中国人民银行公布将支持在北京市率先开展金融科技创新监管试点，探索构建符合我国国情、与国际接轨的金融科技创新监管工具，引导持牌金融机构在依法合规、保护消费者权益的前提下，运用现代信息技术赋能金融、提质增效，营造守正、安全、普惠、开放的金融科技创新发展环境。随后，北京市地方金融监督管理局也表示，北京市在全国率先启动金融科技创新监管试点，探索构建包容、审慎的中国版"监管沙盒"。

2020年3月16日，中国人民银行营业管理部（北京）发布《关于北京金融科技创新监管试点第一批创新应用申请机构自声明的公告》，公告中显示，北京金融科技创新监管试点第一批创新应用已完成登记（见表1），将向用户正式提供服务，标志着中国版"监管沙盒"正式启动。

表1 北京金融科技创新监管试点第一批创新应用

序号	试点单位	创新应用名称
1	中国工商银行股份有限公司	基于物联网的物品溯源认证管理与供应链金融
2	中国农业银行股份有限公司	微捷贷产品
3	中信银行股份有限公司、中国银联股份有限公司、北京度小满支付科技有限公司、携程（上海华程西南国际旅行社有限公司）	中信银行智令产品
4	中信百信银行股份有限公司	AIBank Inside 产品
5	宁波银行股份有限公司	快审快贷产品
6	中国银联股份有限公司、小米数字科技有限公司、京东数字科技控股有限公司	手机POS创新应用

资料来源：中国人民银行营业管理部（北京）网站，http://beijing.pbc.gov.cn。

2. 中国人民银行各分支机构监管科技发展与实践

2017年3月，中国人民银行科技工作会议（扬州）提出，今后一段时期，央行科技工作应以建设数字央行为目标，重点打造一支专业型、复合型、学习型、创新型的央行金融科技队伍；实现架构转型和大数据利用两个突破；完善风险防控、科技治理、技术研发三个体系，构建以大数据为支撑的央行决策平台、以分布式系统为核心的央行服务平台、以数字货币探索为龙头的央行创新平台。

近年来，中国人民银行在把握金融科技发展新要求的基础上，在大数据、云计算、分布式系统研发等方面取得重要成果，充分发挥了科技对监管的支撑作用。中国人民银行各省级分支行根据总行科技司制定的数据平台建设方法与规范，纷纷成立大数据工作领导小组、数据治理小组和技术实施小组，建立大数据管理体系，规范数据采集、整理、存储、脱敏、共享及使用等工作流程，为金融监管履职提供强有力的科技支撑。

（1）中国人民银行贵阳中心支行——首家省级大数据应用创新试点，积极探索构建以大数据为支撑的央行决策平台

中国人民银行贵阳中心支行在"贵州省建设'大数据中心'，贵阳市建设'大数据金融中心'"的大背景下，立足当地经济社会发展新情况、新要求，结合"数字央行"规划积极开展金融大数据应用实践。

第一，搭建了金融大数据基础技术平台。基于超融合技术架构实现了服务器硬件资源的动态划分和统一管控，形成了可动态扩展的金融大数据硬件平台。基于Hadoop开源生态系统建立了可扩展弹性分布式计算集群，基于MapReduce、HDFS、HBase、Hive及MySQL主从集群技术，实现了海量的数据分布式存储和数据资源的集中管理。应用Kettle、Shell脚本、存储过程和数据自动化采集系统，建立数据抽取、清洗、转换处理技术标准，实现了海量的数据清洗和高效的数据处理。基于MapReduce、Kylin、Mondrian、爬虫及数据可视化技术，构建了大数据分析、处理和挖掘的技术框架，实现了数据灵活展现和便捷获取，以满足不同数据使用者查询、检索、分析需求。

第二，不断完善数据治理方案。搭建了自动化大数据采集平台（DIS系统），通过统一数据入口、兼容不同数据接口等手段，丰富数据采集手段，将各类金融数据和经济数据经过自动化、流程化的清洗、审核后纳入数据

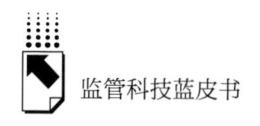

库，实现了数据的全生命周期管理。建立了覆盖全金融业务的大数据金融管理体系，基于海量大数据信息，实时监测辖区内金融市场运行状况，对数据进行多层次、多维度分析，为金融决策提供依据。

第三，通过数据分类，兼顾保密要求与数据共享。一方面，将只适合中国人民银行系统内部使用的数据界定为红色数据，红色数据储存在受防火墙隔离保护的内部大数据应用服务器中，外单位无权进行访问，保证了红色数据的安全。中国人民银行系统内部各职能处室可以通过大数据平台便捷地获取开展业务所需的各类数据。另一方面，贵州省各金融机构、各级地方政府可以通过应用软件对接大数据平台以获取各类数据。中国人民银行贵阳中心支行将经过大数据平台清洗、加工、脱敏的绿色数据向社会公开，公众可以通过"云上贵州"、百度等应用获取，主要数据包括贵州省内金融机构信息及各种金融指数。各金融机构、各级地方政府可以通过应用展示服务器以获取橙色数据（如银行卡交易信息、企业纳税信息及金融扶贫等数据）的使用权，如图1所示。

第四，通过开发设计应用子模块实现对各类金融监管业务的支持。子模块对存在逻辑关系的数据进行关联，并对报送数据和采集数据进行统计分析，实现了跨部门融合应用和穿透式统计分析，为金融数据监测、非现场监管、金融决策提供可靠的数据支撑。

（2）中国人民银行成都分行——建设"货币信贷大数据监测分析系统"，支撑货币政策调控的落实

为促进货币信贷业务创新转型，提升货币信贷政策传导效率，实现精准监管、提升履职能力、提供技术支撑，中国人民银行成都分行综合运用大数据技术、分布式架构和敏捷开发模式，自主研发并上线了"货币信贷大数据监测分析系统"。该系统运用Hadoop及其生态链组件，改变了传统的多条线、多系统模式，将货币信贷相关业务条线统一整合到一个大数据平台之上，并将数据采集、整理、加工、分析、应用及共享等功能融合，为开展货币政策调控和金融风险防范提供了数据化手段。该系统涵盖了与货币信贷业务相关的所有模块，提供了六大基础业务平台，包括货币信贷数据集聚应用

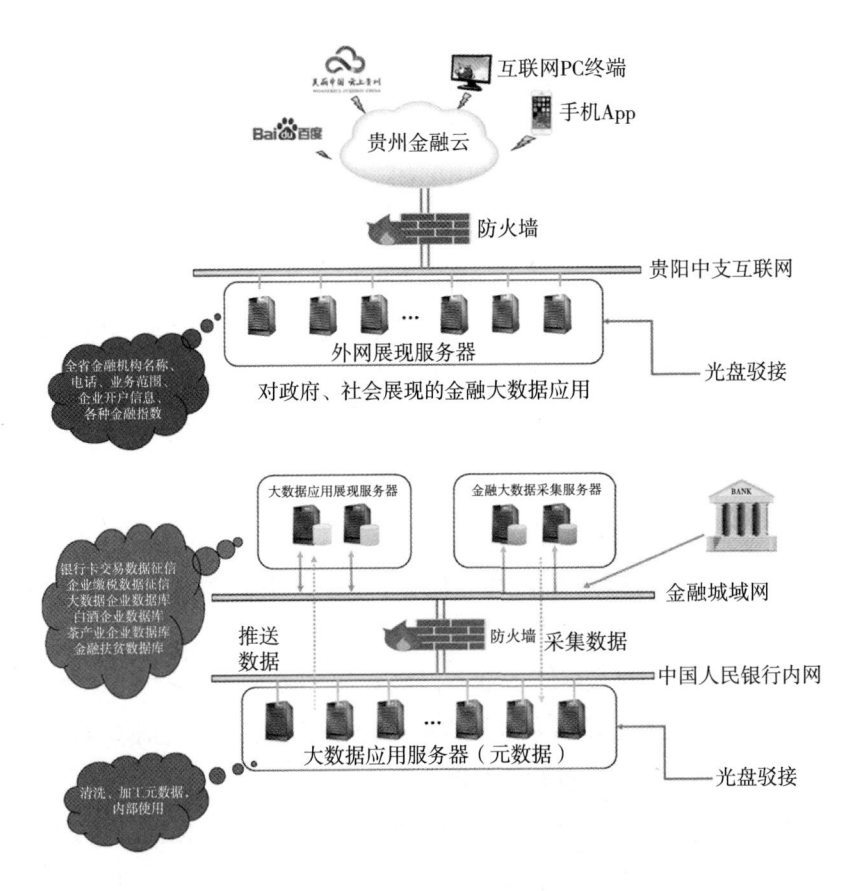

图 1 黑色数据、浅灰色数据和深灰色数据的获取与使用

资料来源：张瑞怀：《构建以大数据为支撑的央行决策平台》，《金融电子化》2017 年第 5 期。

平台、数据分析处理平台、货币信贷政策传导平台、货币信贷形势分析和金融改革监测平台、项目融资信息对接共享平台及网上政务服务平台。基于"货币信贷大数据监测分析系统"，中国人民银行成都分行积极运用大数据、人工智能、风险模型等技术，对辖区内金融机构进行精准"画像"，以全面准确地反映金融机构风险概况，便于及时做出风险预警。不仅通过提供事前风险管理手段的方式进一步提升了监管效能，也为金融监管和现场执法检查提供了依据。

（3）中国人民银行武汉分行——联合其他分支行协同共建"金融业机构信息共享系统"，优化企业营商环境

在中国人民银行科技司的指导和部署下，由中国人民银行武汉分行牵头，中国人民银行南京分行、杭州中心支行与合肥中心支行联合参与建设"金融业机构信息共享系统"，包括公众版"金融网点通"和专业版"金融数据汇"两个手机App，以及PC端"Web网页版子系统"。通过手机App和PC软件，该系统实现了金融机构综合信息查询与验证、金融业务预约、企业工商信息共享、央行官网信息转载、即时政策宣传等基础功能，同时基于大数据技术开发了金融机构发展概况、金融机构支持地方经济发展、金融消费者权益保护等多主题统计分析高级功能。

"金融业机构信息共享系统"从落实"放管服"等国家政策、服务央行履职、服务实体经济的角度出发，基于鄂、苏、浙、皖、京五省市的银、证、保等约6万家金融业机构基础数据，将"便民惠民、风险防范、数据共享、金融监管、普惠金融"等业务模块整合在统一的移动互联网平台上。该系统的上线对加强上述四家分支机构"服务民生、服务金融机构、服务央行履职"的能力发挥了重要的促进作用。

首先，在服务民生方面。一是基于细化的公众业务需求来完善专业信息查询App的功能，为公众查询信息提供便利；二是实现金融机构及其网点的全景画像，通过帮助公众识别金融机构真伪的方式来防范风险；三是助力普惠金融发展，为金融精准扶贫、改善农村金融服务提供决策支持；四是打造"理财地图"，为公众提供更便捷、更权威的理财信息服务；五是打造"金融外卖"平台，全面推出"客户经理在线预约"。

其次，在服务金融机构方面。一是以信息为纽带来联通金融机构和社会公众；二是为金融机构网点铺设、撤并等优化资源配置工作提供决策支持；三是开通金融机构变更材料上报审核功能，将以往只能在线下完成的审核工作转移到线上，为金融机构提供便利并降低工作成本。

最后，在服务央行履职方面。一是填补央行官网移动端空白；二是提供多主题、多指标的数据分析、查询和展示服务，为金融监管决策提供数据化手段;三是系统 App 的广泛应用,提高宏观政策传导效率;四是创新"放管服"落地措施,对接工商局实现 App "企业开户在线预约"。

(4) 中国人民银行南宁中心支行——自主研发元数据管理系统,助推大数据平台建设与数据管控工作持续开展

中国人民银行南宁中心支行积极开展大数据应用试点,结合广西壮族自治区金融监管业务需求,以当前最新的设计理念和技术架构,自主研发元数据管理系统。该系统以国际对象管理组织定义的数据仓库和相关系统的国际元数据标准 CWM(公共仓库元模型)为元模型设计的基础,并对其进行了本地化扩展,将中国人民银行大数据应用需要管理的十大类共计 80 种元数据纳入管理范围。同时,对每种元数据应包含什么属性以及对各种元数据之间可能存在的关系如聚合、组合、依赖、关联、继承加以约定。截至 2019 年 3 月,该系统共规划了包含元模型管理、元数据管理、元数据交换、数据管控、多层次数据全景视图、元数据质量检查、数据质量管理等在内的十一大功能模块共计 71 个功能点[①]。

通过建设元数据管理系统,中国人民银行南宁中心支行有效推进了大数据平台建设工作,实现大数据平台各模块的元数据驱动;通过元数据管理系统实现了对数据管控制度和流程落地实施的有效监控,为形成央行数据治理的长效机制提供支撑;通过元数据管理系统中的质量管理子系统,从完整性、准确性、唯一性、一致性和规范性五个维度对数据进行周期性分析,借助数据质量管理技术及时发现并解决数据质量问题,实现数据全生命周期管理。

3. 中国支付清算协会监管科技发展与实践

为了积极应对技术发展给行业带来的机遇与挑战,中国支付清算协会于 2017 年成立金融科技专业委员会,并设立了监管科技、数字货币、金融大数据、人工智能、区块链支付应用五个专项研究组,推动相关领域的研究、交流、服务与自律工作,促进新技术的支付应用落地。为了更好地防范化解

---

① 中国人民银行科技司:《南宁中支自主研发元数据管理系统,助推大数据平台建设与数据管控工作持续开展》,http://www.pbc.gov.cn/kejisi/146812/146814/3791642/index.html。

支付清算及金融科技风险，中国支付清算协会组织建设了行业风险信息共享系统、特约商户信息管理系统、金融科技产品认证管理平台等。

（1）行业风险信息共享系统

为实现行业风险信息联防联控，满足会员单位风险信息共享需求，中国支付清算协会于 2015 年 6 月正式上线行业风险信息共享系统，详细记录网络支付、银行卡收单和条码支付等支付业务经营中个人与商户的风险信息，支持会员单位对风险信息的变更（删除）、精确查询和统计查询。2017 年 3 月，按照中国人民银行 261 号文工作要求，中国支付清算协会对风险系统功能进行了升级优化，实现特约商户黑名单信息管理功能，风险系统通过定期向全网推送及会员单位主动查询下载两种方式，将商户黑名单信息与风险提示信息同步至会员单位，会员单位对黑名单商户采取清退等方式处理并对处理结果进行反馈。风险系统的运行有力地支持了支付清算行业风险信息共享机制的建立和完善，在加强行业风险联防联控、防范支付业务风险、维护会员单位合法权益、提升行业风险管理能力和水平方面发挥了重要作用。

截至 2019 年底，风险系统累计接入并上线 293 家单位，其中银行 153 家、支付机构 140 家，累计记录 17.60 万条有效风险信息、推送 17428 条商户黑名单信息以及 5200 余条商户风险提示信息，接入机构根据推送的黑名单信息采取清退等措施进行处理的共计 29124 条次。

（2）特约商户信息管理系统

为加强特约商户管理，建立健全黑名单管理机制，防范电信网络新型违法犯罪，中国支付清算协会于 2017 年 3 月正式上线运营特约商户信息管理系统，组织会员单位有序报送存量及新增特约商户基本信息，并按照风险系统推送的黑名单信息及时清退列入黑名单的风险商户。2019 年 6 月，中国支付清算协会对系统进行进一步优化升级，实现收单机构查询特约商户签约、更换收单机构情况和黑名单信息等功能，支持会员单位业务在经营中满足相关监管要求。商户系统的建设和运行，是加强特约商户管理，建立健全特约商户黑名单管理机制和商户信息共享联防机制的信息基础，对规范收单市场秩序、净化支付受理环境、提升行业治理能力、促进支付清算服务市场健康发展具有重要作用。

截至 2019 年底，系统累计接入并上线 274 家单位，其中银行 160 家，支付机构 114 家；累计记录 5392 万条特约商户基本信息，共计有 156 家单位发起 11292290 次商户签约情况查询，查询命中 1515355 次，查得率为 13.42%，其中查得特约商户黑名单信息和风险提示信息 5374 次。

（3）中国金融科技产品认证管理平台

为贯彻国务院《关于加强质量认证体系建设促进全面质量管理的意见》（国发〔2018〕3 号）精神，落实国家认证认可监督管理委员会、中国人民银行《关于开展支付技术产品认证工作的实施意见》（国认证联〔2017〕91 号）和《关于加强支付技术产品标准实施与安全管理的通知》（银发〔2017〕208 号）的要求，更好地满足金融行业发展与监管需要，2019 年 10 月，国家市场监督管理总局、中国人民银行决定将支付技术产品认证扩展为金融科技产品认证，并确定了《金融科技产品认证目录（第一批）》，制定了《金融科技产品认证规则》。为了确保金融科技产品在行业自律与安全评估方面朝着自动化、智能化方向发展，在中国人民银行的指导下，中国支付清算协会于 2019 年 12 月上线运行"金融科技产品认证管理平台"（http://cfp.pcac.org.cn/），对认证和检测机构进行审核授权和自律管理，为金融科技产品检测认证工作提供服务。

基于检测认证的标准化工作，对推动金融科技健康发展具有重要意义。管理平台上线运行后，中国支付清算协会借助管理平台监督检测认证流程，实现检测认证的过程可追溯、结果可核查。同时将建立健全白名单、信息共享等机制，持续优化金融科技产品国推认证自律管理体系。金融机构可借助国推认证机制，强化金融科技风险管理，切实防范技术产品质量缺陷引发的风险。检测认证机构通过管理平台，可更好地贯彻落实监管部门有关要求，进一步提升服务质量和服务效率。

4. 中国互联网金融协会监管科技发展与实践

为了为互联网金融风险防范长效机制的建立提供数据支持和技术手段，中国互联网金融协会组织建设了中国互联网金融举报信息平台、互联网金融

信息共享平台、全国互联网金融登记披露服务平台、互联网金融反洗钱和反恐怖融资网络监测平台等。

（1）中国互联网金融举报信息平台

该平台负责收集互联网金融举报信息，统一汇集整理举报线索后转发给有关管理部门处理。举报对象包括提供网络借贷、股权众筹融资、互联网保险、互联网支付、互联网基金销售、互联网信托和互联网消费金融等各类互联网金融业务的传统金融机构与互联网企业。除此之外，举报者还可以对"现金贷"业务、互联网平台与各类交易场所合作从事违法违规业务、代币发行融资及违规互联网金融广告进行举报。该平台还提供了举报查询功能，举报者输入举报编号、身份证号即可进行查询。

（2）互联网金融信息共享平台

为加强互联网金融行业信息共享，防范和降低信用风险，中国互联网金融协会搭建了互联网金融信息共享平台，该平台旨在为从业机构提供信息的报送及查询服务，为监管部门提供行业统计监测信息以及其他有利于规范和优化行业环境的相关信息服务。

（3）全国互联网金融登记披露服务平台

目前，全国互联网金融登记披露服务平台展示了各互联网金融从业机构登记披露信息并提供四个查询功能，分别是机构信息查询、运营信息查询、资金存管信息查询和项目信息查询。

通过全国互联网金融登记披露服务平台，社会公众可以随时随地查询从业机构、项目进展等信息数据，降低了互联网交易双方的信息不对称性，同时也为社会公众监督提供了渠道。此外，从业机构不能随意更改已披露的信息和数据，有利于金融监管部门通过大数据信息比对，检验已披露信息和数据的真实性。

5. 网联清算有限公司监管科技发展与实践

支付市场规模快速扩大、支付业务创新不断加速以及场景化应用日趋丰富，从"新业态、新技术"两个方面给我国金融监管带来了严峻挑战。为促进我国支付市场的健康发展，网联清算有限公司在分布式架构金融基础设施方面进行了大量的探索和实践。

我国网络支付业务"高体量、高增速、高普及、高并发"等特性对金融基础设施建设提出了很高的要求。网联清算有限公司本着"高性能、高扩展、高可用、高安全"的标准，全面采用先进的分布式云架构打造金融基础设施。

首先，传统集中式架构系统难以适配我国支付业务高并发的处理需求。网联清算有限公司全面采用分布式云平台技术架构，建设多地、多中心 PC 服务器集群体系，通过虚拟化及负载均衡等技术保障系统的平稳运行能力，并有效覆盖市场实时交易峰值。

其次，我国支付业务"高增速"的特点要求相应的配套处理系统具备性能同步升级能力。网联清算有限公司采用的分布式架构可实现从上层应用到服务器、数据中心再到城市地域的多层级横向扩展，在性能扩展方面具有很强的技术优势。

再次，我国网络支付已经全面融入社会经济生活的各个领域，网络支付体系的平稳、可靠、安全运行对社会经济生活的正常运转起到了极其重要的作用。目前，网联清算有限公司采用"三地六中心"[①]、"多点、多活、互备"设计，有效保障单点故障及城市级灾难情况下系统运转的连续性。

最后，网联清算有限公司掌握着大量机构和个人的身份信息与行为数据，因此，平台的可靠性及安全性与国家金融安全、机构和个人信息保护密切相关。目前，网联清算有限公司全系统在物理、网络、主机、应用、数据安全及安全制度管理等方面已经建立较为完善的 IT 安全风险防控体系，实现了对机构和个人的身份信息与行为数据的全面保护。

（二）中国银行保险监督管理委员会监管科技发展与实践

2019 年 9 月，中国银行保险监督管理委员会表示："科技赋能以网治网，

---

① 在北京、上海、深圳三地建设六个中心机房（每地两个）。六个中心机房之间实现"多点多活、冗余容错、智能导流"，一旦一个中心发生技术故障，可以实现秒级切换到其他中心。

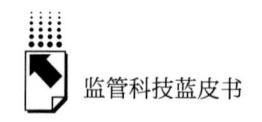

监测预警能力不断增强。各地各部门积极探索科技赋能监测预警，充分运用互联网、大数据、人工智能等新技术手段开展线上监测，实施'以网治网'，应对非法集资'上网跨域'问题。国家非法金融活动风险防控平台加快开发建设，先行先试推进顺利，已对12个重点地区200余家高风险机构进行全面体检扫描。截至目前，超过25个地区已建或在建大数据监测平台，线上监测非法集资风险的能力逐步增强。《全国非法集资监测预警体系建设规划（2020—2022年）》加快推进，立体化、信息化、社会化的监测预警体系正在形成。"①

在银行业金融机构考核方面，中国银行保险监督管理委员会北京监管局借助大数据技术完善监管考核体系，基于大数据平台构建包括续贷金额、续贷客户数量、正常类贷款到期续贷率等指标在内的考核评价体系，实时监测银行业金融机构小微续贷业务开展情况，并以监测结果为依据进行分析、评价与考核。在保险中介机构监管方面，为了全面掌握保险中介机构股东和实际控制人的实际情况，有效应对非法集资问题，中国银行保险监督管理委员会北京监管局开发了"北京地区保险中介大数据风险监测平台"。平台基于海量数据，设计开发了保险中介机构精准画像、风险识别、信息实时监测、风险分类"亮灯"警示等功能，从而能够全面、深入、动态监管北京地区各保险中介机构的背景和风险状况。

2018年9月，中国银行保险监督管理委员会上海监管局联合交通管理部门搭建上海市省际客运车辆第三方安全监测平台，平台采用"北斗导航+GIS+大数据"监测框架，对上海市省际班车和包车实施"线上实时管控+线下保险增值服务+大数据应用"全天候监测，平台运行以来，上海市省际客运事故年度死亡人数减少42.85%，事故发生率有效降低②。

---

① 中国银行保险监督管理委员会：《主动排雷 坚决打击 防范和处置非法集资取得新成效》，http://www.cbirc.gov.cn/cn/view/pages/ItemDetail.html? docId = 876085&itemId = 888& generaltype = 1。

② 中国银行保险监督管理委员会上海监管局：《上海保监局联合交通管理部门搭建上海市省际客运车辆第三方安全监测平台》，http://www.cbirc.gov.cn/branch/shanghai/view/pages/common/ItemDetail.html? docId = 477153。

2020年1月,中国银行保险监督管理委员会广东监管局提出要"对信贷和资金业务实施系统'硬控制',推进股东股权'知识图谱'项目,利用大数据和人工智能技术从严整治资金违规投放关联客户和股东乱象,全面看住'钱'"①。

2020年1月,中国银行保险监督管理委员会山东监管局提出要通过多种方法提高监管履职能力,其中首先"要探索智慧监管,强化监管科技(RegTech)的集成、运用和创新,升级现有监管信息系统功能,尝试跨系统数据集成,加快建设监管大数据平台和智能检查实验室,探索第三方机构参与检查、函询稽核等新型检查方式"②。

(三)中国证券监督管理委员会监管科技发展与实践

2018年8月,中国证券监督管理委员会正式印发《中国证监会监管科技总体建设方案》,标志着中国证券监督管理委员会完成了监管科技建设工作的顶层设计,并进入全面实施阶段。中国证券监督管理委员会监管科技建设遵循"科技引领、需求驱动;共建共享、多方协同;统筹规划、持续推进;提升能力、创新机制"的总体原则,立足我国资本市场的实际情况,在加强电子化、网络化监管的基础上,通过大数据、云计算、人工智能等科技手段,为中国证券监督管理委员会提供全面、精准的数据和分析服务,着力实现三个目标。一是完善各类基础设施及中央监管信息平台建设,实现业务流程的互联互通和数据的全面共享,形成对监管工作全面、全流程的支持。二是积极应用大数据、云计算等科技手段进行实时数据采集、实时数据计算、实时数据分析,实现对市场运行状态的实时监测,强化市场风险的监测和异常交易行为的识别能力,及早发现、及时处置各类证券期货违法违规

---

① 中国银行保险监督管理委员会广东监管局:《以敢为天下先的改革精神奋力开创银行保险监管新局面》,http://www.cbirc.gov.cn/branch/guangdong/view/pages/common/ItemDetail.html?docId=889093。
② 中国银行保险监督管理委员会山东监管局:《凝聚银保合力 提升监管质效 为山东经济高质量发展注入金融新动能》,http://www.cbirc.gov.cn/branch/shandong/view/pages/common/ItemDetail.html?docId=888185。

行为。三是探索运用人工智能技术，包括机器学习、数据挖掘等手段为监管提供智能化应用和服务，优化事前审核、事中监测、事后稽查处罚等各类监管工作模式，提高主动发现问题的能力和监管智能化水平，促进监管模式创新。《中国证监会监管科技总体建设方案》明确了五大基础数据分析能力、七大类32个监管业务分析场景，提出了大数据分析中心建设原则、数据资源管理工作思路和监管科技运行管理"十二大机制"[1]。

（四）地方金融监管部门监管科技发展与实践

1. 北京市——"北京金融风控驾驶舱"

作为科技创新中心，北京市在监管科技领域的研究和应用走在全国前列，北京市地方金融监督管理局一直非常关注如何利用监管科技改善金融监管能效，防范和化解金融风险。

2019年2月，北京市地方金融监督管理局宣布由其与蚂蚁金服合作开发的"北京金融风控驾驶舱"正式上线。"北京金融风控驾驶舱"是借助数据可视化技术构建的一个包含金融风险监测、风险研判、风险分发与处置以及金融综合治理等功能的智能化系统。通过这个系统，北京市地方金融监督管理局可以对在北京地区注册和开展经营活动的类金融机构的合规性进行实时监测，也可以对重点风险行业进行重点监测和预警。"北京金融风控驾驶舱"实现了从多维度对全网海量数据进行实时监测，能够对市、区、街道、楼宇、公司的各类数据进行扫描、挖掘、归集和分析，然后借助事先构建好的风控模型和海量大数据穿透式识别潜在风险，并通过可视化的方式辅助风险处置的决策。

蚂蚁金服的云计算、人工智能和区块链等信息技术为"北京金融风控驾驶舱"的构建提供了关键技术支持。通过人工智能技术，可以实时监控企业经营状况，如企业短期内突然变更了业务范围（如企业从实体经营突

---

[1] 中国证券监督管理委员会：《证监会正式发布实施监管科技总体建设方案》，http://www.csrc.gov.cn/pub/newsite/zjhxwfb/xwdd/201808/t20180831_343433.html。

然向高科技业务、金融业务等领域转变），"北京金融风控驾驶舱"则会在第一时间向监管部门发送预警信息，并借助数据和信息材料，研判企业是否假借高科技业务名义从事非法集资等诈骗活动。

2. 北京、广州、西安、天津等多地——"蚂蚁风险大脑"

蚂蚁金服开发的"蚂蚁风险大脑"已与北京、天津、上海、重庆等11地签订合作协议，协助各地金融监管机构对金融机构开展风险排查，通过全领域动态扫描和知识图谱挖掘等技术，发现关联机构间的潜在风险，掌握金融风险变化趋势。"蚂蚁风险大脑"从企业股权、工商合规、产品经营、舆情分析、负面涉诉等多个维度，全面、真实地反映金融机构的业务风险、合规风险和其他非金融风险状况，从而为金融监管部门的监管决策提供依据。同时，"蚂蚁风险大脑"还具有风险预警功能，可以及时识别潜在风险，向金融监管部门和金融消费者发出预警信息，为金融监管部门进行事前干预预留了空间，也能够有效保护金融消费者权益免受（或少受）侵害。凭借人工智能技术，"蚂蚁风险大脑"具有很高的信息检索和整合效率，能够以"分钟级"的频率检索网络舆情；基于机器学习技术，"蚂蚁风险大脑"会根据地方金融监管部门的反馈信息不断校验和完善风险模型，从而更贴近地方金融风险实际情况，更有效地满足金融监管部门的需求。

未来，"蚂蚁风险大脑"还将与区块链技术融合，将金融监管部门、监管科技企业、金融机构以及类金融机构的相关信息和行为数据全部"上链"，实现信息和数据的透明化、可查询和不可篡改。

3. 深圳市——"灵鲲金融安全大数据平台"

2018年7月，深圳市地方金融监督管理局联合腾讯宣布双方建设的"灵鲲金融安全大数据平台"正式上线运行，该平台旨在通过金融风险的识别和监测预警，助力深圳金融监管，保障金融业务安全，防控金融风险。

"灵鲲金融安全大数据平台"采用模式识别理论与机器学习方法，搭建基础数据层、特征层、决策层等多层智能决策模型框架。在此基础上，"灵鲲金融安全大数据平台"利用人工智能技术优势，包括70亿个点和1000多亿条边的世界最大的"黑产"知识图谱以及世界一流的安全大数据团队等，解决了

金融监管部门"数据、算法、计算力"不足的问题。同时，基于金融犯罪样本挖掘金融风险并进行数据化、可视化，建立从监测、分析到模型拟订、欺诈定型的全流程管理，搭建了从数据源管理到风险展示的系统架构。

在智能风控领域，"灵鲲金融安全大数据平台"可以有效帮助金融机构识别各类欺诈行为，为金融机构提供进件反欺诈、交易反欺诈、营销反欺诈、设备指纹、环境风险感知、反洗钱等产品和服务。在金融消费者教育领域，"灵鲲金融安全大数据平台"通过微信小程序等渠道打造消费者金融安全教育平台，帮助广大金融消费者识别金融消费陷阱，保护金融消费者权益免受侵害。借助"灵鲲金融安全大数据平台"，金融消费者可以通过实时查询、举报等方式排查、识别潜在金融风险平台，并可参与金融科普小游戏，在趣味中学习防范金融陷阱的技能。

4. 宁波市——金融风险"天罗地网"监测防控系统

2018年7月，由国家互联网应急中心和宁波大学为宁波市量身打造的金融风险"天罗地网"监测防控系统正式上线，该系统依靠国家互联网应急中心掌握的数据资源以及金融科技、网络安全技术优势，在全国范围内首创了"互联网大数据+网格化系统数据"监管模式。

"天罗地网"监测防控系统由"天罗"和"地网"两个子系统构成。"天罗"依托互联网大数据技术平台，接入各类金融监测数据信息，通过大数据、人工智能、区块链等技术，形成金融风险实时线上监测体系。"地网"依托基层社会治理网格化管理平台，接入网格排查信息和相关管理部门监管数据信息，形成金融风险排查与日常监管相结合的线下监测体系。"天罗地网"监测防控系统具备风险监测、风险预警、风险处置、机构监管、统计考核五方面功能。

第一，风险监测方面，系统对网上舆情、互联网广告等进行实时全网监测；对相关机构虚假宣传、产品收益率过高等异常行为持续跟踪。网格长、网格员全方位、地毯式排查，通过手机App采集信息，建立"一企一档"数据库。

第二，风险预警方面，系统依据核心预警指数模型，生成风险预警

"天罗地网"指数,分析相关机构股权关联和重点人员情况,从海量数据中筛选出高危、高风险信息。

第三,风险处置方面,通过工作会商和任务指派,将风险监测结果提供给相关地区和部门进行处置。对低风险事件实时处置,中风险事件限时处置,高风险事件适时启动工作会商,且处置流程、进度等全程在线反映。

第四,机构监管方面,针对地方金融机构研发设立监管模块,通过数据采集功能,结合监管部门监测系统,逐步实现对多业态行为的非现场监管。

第五,统计考核方面,定期形成风险评估报告,通过手机 App 将风险评估报告、风险处置情况、日常考核进展情况及时推送至各地各部门,压实工作责任。

宁波市金融风险"天罗地网"监测防控系统正式运行后,可逐步实现政府部门对金融风险由"人管"向"人管"和"机管"相结合转变,"事后"兜底向"事前、事中、事后"全程监测预警监管处置相结合转变,"粗放式检查"向"精准性监测"转变,并强化对辖内金融风险状况进行线上线下全流程持续监控和动态分析,进一步提升政府的风险防控效能[①]。

四 我国监管科技发展过程中存在的问题分析

如前文所述,我国金融监管机构、行业协会等自律组织在监管科技领域进行了大量的探索和实践,在部分重要领域完成了落地应用并在提升金融监管效能方面发挥了一定作用,但从目前监管科技整体发展和应用来看,还存在一些亟待解决的问题。

(一)监管科技的发展与应用总体规划不足,存在重复建设和资源浪费的情况

从中央金融监管部门和地方金融监管部门在监管科技领域的探索和实践

---

① 宁波广电网:《5 大功能防控金融风险 宁波打造"天罗地网"监测防控系统》,http://www.nbtv.cn/xwdsg/nb/30031603.shtml。

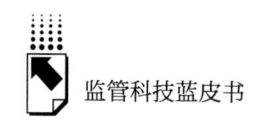

来看，由于缺乏监管科技发展与应用的总体规划，我国目前监管科技的研发和应用形式较为多样，有监管部门独立研发监管科技系统的，也有监管部门和互联网企业（金融科技企业）联合研发的，还有监管部门将监管科技系统外包给监管科技公司或金融科技企业的。在这种情况下，不同部门、不同地区之间的监管科技系统各自为政，很难打通使用，无法在防范金融风险、保护金融消费者等领域形成合力。由于不同机构在数据搜集、处理、分析和应用方面的标准不同，当这些机构和不同金融监管部门联合研发监管科技系统时，会将这种不同带到金融监管领域，事实上又形成了新的数据垄断和"数据孤岛"。由于缺乏统一的规划和建设标准，分散式建设的监管科技体系容易造成数据多次采集，这不仅导致了重复建设和资源浪费，也增加了机构与金融消费者信息和数据泄露的风险。同时，大量数据分散存储在不同的监管部门，很难发挥大数据在辅助决策、防范风险方面的重要作用。

（二）监管科技规则和标准的制定相对滞后

监管科技发展尚缺乏统一的规则和标准，各部门、各地区已经开发出标准不一、规则不同的监管科技体系，这种无序发展的状态不利于监管科技防范系统性金融风险、构建金融新生态作用的发挥。发展监管科技，技术规范和标准不可或缺。只有制定完整的监管科技规范和标准，才能有效规范市场进入和退出，为整个金融行业的发展提供有序、公平的竞争环境。

（三）整体技术能力不足，监管科技发展水平有待提高

虽然监管科技系统在部分监管部门上线并且在防范风险、辅助决策等方面发挥了重要作用，但总体来看，监管科技系统开发质量仍有较大提升空间，还不能完全满足金融监管部门的需求，在云计算、大数据、人工智能、区块链技术应用方面与行业内领先水平尚有差距，突出表现在"科技+金融""科技+合规"发展明显快于"科技+监管"。面对"科技+金融""科技+合规"已经形成产业化、常态化的大趋势，"科技+监管"还处在技术研发与应用阶段，在广度和深度上还有很长的路要走。此外，与金融机

构、互联网企业相比,金融监管部门在"科技+金融"领域的人才队伍建设上相对滞后,缺乏具备大数据、分布式架构、人工智能和区块链技术设计与研发能力的专业人才。同时,监管力量向金融机构、互联网企业流失的现象长期存在,已经成为制约金融监管部门技术能力提升的重要因素。

(四)"科技+监管"的发展与应用必须首先解决技术本身可能带来的风险

监管科技还处在发展的初级阶段,科技在监管领域的应用是否会引发新的风险问题也未可知,还需要进一步验证。首先,云服务的出现使得数据的所有权、管理权和使用权相分离,且数据在部分行业头部企业的云平台上高度集中,一旦出现黑客攻击导致数据被篡改、系统崩溃,或者发生不可预期的突发事件(如遇自然灾害、停电、云平台终止服务等),轻则导致监管科技系统中断工作,重则导致企业和金融消费者信息被窃取、监管信息泄露、监管决策失误等严重情况。鉴于此,在"科技+监管"发展与应用的过程中,监管科技使用主体、技术供给主体的安全意识建设,以及安全生产管理机制和应急处理机制的建立与完善等配套措施是不容忽视的。其次,大数据技术体量大、类型多、涉及范围广、处理链条长等特点决定了其遭受网络攻击、面临泄露和窃取的风险偏大。此外,由于缺乏数据采集、使用的规范和标准,数据"重复采集、多头使用"等问题会对个人隐私保护、社会经济活动有序开展产生诸多不利影响。再次,人工智能技术发展尚不成熟,基于人工智能的决策存在不可预期、缺乏逻辑性等问题,短期内可能依然无法有效解决。最后,区块链技术在应用方面仍存在一定风险和亟待解决的问题,如区块链技术算力有限,"去中心化"理念与"中心"机构(金融监管部门)不可或缺之间的冲突,自动化运行会放大技术性、操作性失误的风险,等等。

(五)合规科技和监管科技的发展与应用不均衡

从目前的发展水平来看,"科技+监管"明显滞后于"科技+合规"的发展，科技应用不均衡带来的问题已经开始凸显，主要表现在金融监管滞后于金融创新，金融监管能力不足问题依然存在。在监管要求、盈利目标及成本约束的三重压力下，金融机构天然倾向研究应用合规科技，将合规科技导入业务管理全流程，增强合规能力，降低合规成本，最终达到完善运行模式、提升经营效率、增加利润的目标。当所有的金融机构都开始深入研究应用合规科技，而金融监管机构由于受人力、资金、技术等多因素限制，监管科技发展缓慢且滞后时，就极有可能刺激金融机构利用合规科技寻找监管漏洞，降低监管有效性甚至游离于监管体系之外，从而形成新的监管套利。

（六）业界"领跑"、学界"追赶"的问题依然存在

与我国金融科技发展的情况相类似，监管科技的基础性研究相对滞后于技术的研发与应用。目前，学界还尚未形成完整的监管科技理论体系，很多监管科技的基础性理论问题还没有明确，特别是监管科技的内涵与范畴还较为模糊，部分研究还存在概念混用的情况，这可能对监管科技的后续研究与应用带来困扰。例如，部分学者将大数据、云计算、人工智能、区块链等技术直接界定为监管科技[①]，实际上当这些技术应用在金融监管领域，与金融监管融合形成的创新型监管技术、工具和系统才是监管科技。又如，部分研究认为监管科技应用就是为了应对金融科技带来的风险，实际上监管科技的发展与应用旨在通过技术来提升监管效能、丰富监管手段，从而达到防范金融风险、保障金融机构稳健运行、保护消费者权益的监管目标，是用于监管整个金融行业的技术和系统，而不是仅局限于监管金融科技。再如，部分研究提出监管科技是金融科技的分支，是金融科技的"衍生物"。从发展历史来分析，"科技+监管"和"科技+金融"就如同一个硬币的两面，科技在

[①] 也有学者认为大数据、云计算、人工智能、区块链等技术是狭义上的监管科技，而本报告认为大数据、云计算、人工智能、区块链是新兴信息技术，是金融监管创新的技术手段和渠道。同理，当这些新兴信息技术与金融业相结合的时候，就催生了"金融科技"；当其与文化产业相结合的时候，可以衍生出"文化科技"；当其与教育产业深度融合时，可以发展出"教育科技"。鉴于此，简单地把科技与监管科技混为一谈是不严谨的。

金融领域、金融监管领域的应用可以说是"共生"的,当"科技+金融"的创新超过金融监管范围时,金融监管机构必然通过"科技+监管"的方式将金融创新重新纳入金融监管范围。从防范系统性金融风险、保障国家金融安全的角度来分析,科技在金融监管领域的应用远比其在金融业的应用要重要,只有"科技+监管"得到充分的发展,才能为"科技+金融"创造更好的行业环境和发展氛围。此外,部分研究将监管科技(SupTech)与合规科技(CompTech)混为一谈,在研究时不做区分,特别是在分析全球范围内监管科技领域投资情况时,这种情况尤为严重。

五 监管科技视角下强化我国金融监管能力的政策建议

科技与金融业的全方位融合使得金融创新空前加速,创新型金融业态、金融产品和服务层出不穷,金融创新在一定程度上已经超过金融监管能力范围,形成了很多监管灰色地带,导致金融风险爆发概率上升。鉴于此,金融监管机构就有必要在全面把握"科技+金融"发展新特点、新要求的基础上,基于科技的研发与应用来全面提升金融监管能力,将金融创新重新纳入金融监管可接受的范围内。

(一)正确认识监管科技的"能与不能",充分发挥监管科技的重要作用

虽然监管科技能够助力金融监管机构提高监管效能、丰富监管手段,但也应清晰认识到,监管科技不是万能的,也存在一定的局限性。首先,数据垄断和"数据孤岛"并存。数据已经成为金融科技时代下的重要资产,故金融机构缺乏共享数据的动机,数据垄断已成为既定事实。同时,由于缺乏统一的数据管理标准和规范,各机构之间数据共享存在困难,"数据孤岛"现象短期内将继续存在。数据垄断和"数据孤岛"并存的现象,可能导致部分基于大数据技术的监管科技缺乏公信力。其次,金融科技公司有可能成为"隐性监管者"。目前,我国专门从事监管科技研发的企业数量较少,金

融监管机构更多还是选择与金融科技公司合作开发监管科技工具和系统。在监管科技研发的过程中，金融监管机构对监管科技运行机制不了解、对核心算法不熟悉、对核心技术不掌握，加上监管数据共享和打通使用，很可能让金融科技公司掌握监管资源，形成事实上的"隐性监管者"。再次，监管科技目前还无法取代监管者的人为判断，只能为监管决策提供参考依据和技术支持。最后，金融科技发展速度远快于监管科技，当金融科技公司不断研发和应用合规科技以满足监管要求时，很可能诱发其寻找监管漏洞并游离于监管体系之外的动机。

在监管科技应用过程中，应正确认识监管科技的"能与不能"，充分发挥其"能"对于改善监管效能的重要作用，并从制度设计上寻找规避其"不能"的办法和途径。例如，在做好信息密级分类的基础上，通过建设信息共享平台、制定信息共享规则或以"开放式"的理念统筹金融科技行业发展等方式打破"数据孤岛"和数据垄断。制定监管科技发展规划和行业规范，加快推进监管科技行业发展；政府出资并引导社会资本支持监管行业发展，同时明确规定监管科技公司经营范围，不得直接或间接提供金融产品和服务，杜绝出现"既当运动员又当裁判员"的现象。此外，金融监管机构可对技术创新采用积极支持、主动引导的态度，可以考虑以"监管沙盒"的形式在一定范围内同时对金融科技和监管科技进行测试，金融监管机构直接参与到金融科技产品、监管科技产品的设计、研发和测试中，充分了解"科技+金融"和"科技+监管"的运行机制、规则算法与核心技术等，在监管科技发展中占据更主动的地位，从而更有效地应对金融风险。

（二）制定监管科技发展基本规则体系，加强监管科技标准化力度

首先，发展监管科技要加强顶层设计，从基础架构、技术应用、监管目标等方面制定和完善监管科技发展的基本规则体系。通过明确监管科技发展的基本规则，为金融业营造一个良好的发展环境，让金融机构便捷、清晰地获取金融监管机构监管的重点和规则，从而更好地契合监管要求，同时也有利于明确监管门槛，给"科技+金融"创新预留更多的发展空间。

其次，完整的监管科技体系应该针对金融产品和服务进行全生命周期管理，构建包括事前预测和预警、事中监测和干预、事后处置和总结在内的全流程监管模式。监管科技建设要充分论证，要在符合法律法规和监管要求的基础上有步骤、有计划地推进实施，可考虑推出适用于监管科技的"沙盒"机制。

再次，在构建监管科技体系时要注意提升监管能效和保护监管独立性之间的平衡，不能一味追求效率而将监管科技体系完全交给市场去建设。金融监管机构要根据金融监管的实际提出监管要求，并积极参与监管科技体系建设的全过程。在构建监管科技体系时要注意监管"Fin"和监管"Tech"之间的平衡，虽然技术是中性的，但也要关注技术本身可能带来的风险，同时对技术在金融业中应用可能产生的风险进行预判。

最后，制定监管科技在防范金融风险、保障金融机构稳健运行、保护消费者权益等领域的国家标准，同时统筹国家标准、行业标准、团体标准、企业标准发展，强化监管科技标准供给，提升监管透明度，充分发挥标准化工作提高金融监管水平的重要作用。

（三）利用监管科技建立风险预警体系，强化金融监管机构防范化解金融风险的能力

面对金融科技背景下金融风险呈现的新特征，传统金融风险监管模式和手段已经很难适应新形势的变化，因此有必要利用大数据、云计算、人工智能等技术建立风险预警体系，进一步提升监管精度和深度，有效防范化解"科技+金融"带来的新风险。

第一，金融监管机构可以通过购买或自建的大数据平台，实时搜集金融行业业务数据，构建包括"业务""资金""关联人员"在内的风险分析模型，利用机器学习方法对海量相关数据进行反复迭代和模式匹配，及时识别和预警可疑经济金融行为。

第二，金融监管机构可以采用复杂网络、智能化识别等技术，深度挖掘金融机构关联关系，完整呈现金融机构社会图谱。当金融机构关联方或者关

联行业出现风险时，金融监管机构可以利用风险模型判断金融机构受风险影响的程度，并及时向金融机构发出预警信息，达到规避风险的目标。

第三，金融监管机构可以利用文本挖掘技术和智能挖掘算法（如神经网络、文本聚类等技术）将海量的文本数据转化成结构化数据，为风险分析和预警提供数据化手段。

第四，完善预警系统配套措施。建立分类分级预警机制，基于风险等级分级来制定不同的预警等级和干预措施，保证监管资源用在"刀刃"上；把线上分析和线下举报结合起来，通过建立线下举报平台，充分发挥新闻媒体、社会大众的监督作用，让可能产生的金融风险无处遁形；建立动态的行业"白名单"和"黑名单"，对金融机构实行分类评级和动态的监管治理，重点加大对列入"黑名单"金融机构的惩戒和监督力度。

（四）利用监管科技重点监控金融科技供给主体的经营行为，确保金融机构稳健运行

目前，金融科技行业的风险主要是由金融科技公司违规违法经营行为所造成的。首先，P2P网络借贷行业。部分内控制度不严格、交易机制存在漏洞、网络架构不可靠的P2P网络借贷平台依然存在自融自保、承诺保本保息、期限错配、期限拆分、虚假宣传等违法违规经营行为。特别是在P2P网络借贷平台清退和转型过程中，部分平台依然存在暴力催收、诱导借款人"借新还旧"、滥用（买卖、恶意泄露）客户信息等违规经营行为，导致网络借贷行业乱象频发，增加专项整治工作难度。其次，第三方支付行业。头部企业形成垄断和同质化竞争严重，仅支付宝、财付通两家平台就占到第三方支付市场的90%以上，其他平台缺乏流量和场景优势，难以进行有效竞争且技术创新乏力。众筹平台发布虚假项目标的、为项目担保、挪用项目资金等不规范经营行为都会对金融消费者权益构成侵害。尤其是在金融消费者金融知识匮乏的情况下，虚假项目很容易让金融消费者"盲从跟投"。部分平台还存在泄露客户信息数据、在未获批准的情况下从事资产管理、债权或股权转让、高风险证券市场配资等金融业务的违规行为。最后，在广告宣传

方面。部分平台为谋求收益，对金融产品进行不真实宣传，误导金融消费者；部分平台在未取得相关金融业务牌照时就提前开始宣传即将开展的金融业务等。

鉴于此，应利用监管科技对金融科技公司的经营行为进行实时监测，可以考虑建设区域性的行业云平台，将同类型的金融科技公司纳入相应云平台进行实时监测和管理，通过模型技术来实现不同规模企业之间的信息比对，及时发现运营异常的企业。通过大数据平台"7×24"不间断采集金融科技公司运营信息，同时扩大数据来源，数据来源不再局限于企业报送的数据和报表，也要包括新闻媒体、论坛网络、工商系统、法院系统以及中国支付清算协会等行业自律组织发布的各类信息和数据，实现对金融科技公司运营风险信息的高效、全方位分析和处理，及时发现违法违规经营线索。通过区块链技术，让金融监管机构、金融科技公司同时上链，实现金融科技公司信息可查询和交易可追踪，杜绝虚假信息和不实宣传；同时对每笔资金附加智能合约，一旦出现违反合同约定使用资金的行为，资金将被立即冻结并在区块链上进行广播，通知金融监管机构对违规使用资金问题进行及时处置。

（五）把握金融科技时代下金融消费者保护工作的新挑战，充分保护金融消费者权益

在金融科技时代，金融消费者权益保护面临更多的挑战。首先，随着金融科技产品的日益丰富，金融消费者面临金融、科技知识储备"双不足"的困境。其次，金融消费者呈不断年轻化趋势，这部分群体往往由于缺乏稳定的收入来源或收入偏低，很容易在场景化日益发达的环境中陷入过度负债的泥潭。最后，金融消费者个人信息泄露问题日趋严重。

发展监管科技不单单是要防范金融风险、确保金融机构稳健运行，也要进一步加强金融消费者权益保护。金融监管机构、金融机构要借助互联网渠道，利用多样化的教育载体（如微信、微博、微课堂、手机银行、购物和理财App等），随时随地对金融消费者进行金融和科技知识教育。亦可以由金融监管机构牵头，整合教育部门、金融机构及行业协会联合研发金融消费

者教育云平台，系统地、有计划地开展国民金融知识普及和教育活动。通过大数据和人工智能技术，对金融消费者进行精准"画像"，准确刻画金融消费者金融知识水平、财务水平和风险承受能力，从而推送不同的金融产品。尤其是对于年轻群体而言，在其负债达到风险阈值时，及时进行风险提示甚至中断交易。通过区块链技术有效保障金融消费者个人信息和数据不被他人窃取，链上的信息可查询也仅限于交易数据，而金融消费者个人信息则是隐匿的，也保障了金融消费者在完成交易的同时不会受到其他信息的干扰。

（六）加强监管科技国际合作

我国监管科技国际合作要坚持"引进来"战略。我国在科技研发方面还落后于技术应用方面，监管科技基础性技术（如网络架构、硬件设备和底层技术等）还是由西方发达国家主导，而我国的优势则在于场景化和流量等方面。因此，在基础性技术研发方面有必要通过"引进来"的方式，利用国外智慧助力我国监管科技基础设施建设。

我国监管科技国际合作要坚持"走出去"战略。以"监管沙盒"为例，2019年12月，北京市在全国率先启动金融科技创新监管试点，探索构建包容、审慎的中国版"监管沙盒"。2020年3月，首批参与试点的6家企业名单已经出炉，标志着中国版"监管沙盒"正式启动。在测试完毕以后，我国可就金融科技监管、"沙盒"运行等内容与国外金融监管机构、国际组织开展交流，向世界贡献中国智慧。

在国际化的大背景下，制定全球统一的监管科技行业标准已经成为国际金融监管合作的基础。目前，部分国家、国际组织已经就监管科技、金融科技等内容展开广泛合作。例如，英国金融行为监管局在2018年2月提出的"全球沙盒"计划，目前已经吸引包括国际货币基金组织（International Monetary Fund，IMF）、世界银行（World Bank，WB）、美国消费者金融保护局（Bureau of Consumer Financial Protection，BCFP）、新加坡金融管理局（Monetary Authority of Singapore，MAS）、澳大利亚证券与投资委员会（Australian Securities and Investment Commission，ASIC）等29家国际组织和金融监管机构的参与，正在尝试建立全球金融创新网络（Global Financial Innovation Network，GFIN），以期实现金融科技公司与不同国家金融监管机构之间的沟通，并在不同国家和地区对创新金融科技产品进行测试。我国在监管科技国际合作中，有必要在制定监管行业标准中掌握更多话语权，进一步推动我国监管科技的全球化发展，也有利于我国金融科技公司适应他国金融监管政策，增强国际竞争力。

参考文献

［1］孙国峰：《金钉子：中国金融科技变革新坐标》，中信出版集团，2019。
［2］孙国峰主编《中国监管科技发展报告（2019）》，社会科学文献出版社，2019。
［3］孙国峰、赵大伟：《监管科技的挑战与破局》，《中国金融》2018年第21期。
［4］孙国峰：《发展监管科技构筑金融新生态》，《清华金融评论》2018年第3期。
［5］赵大伟：《监管科技的能与不能》，《清华金融评论》2019年第5期。
［6］孙国峰：《金融科技时代的地方金融监管》，中国金融出版社，2019。
［7］魏革军：《金融监管的新格局》，《中国金融》2018年第6期，卷首语。
［8］中国人民银行金融科技委员会：《金融科技研究成果报告（2018）》，中国金融出版社，2019。
［9］张瑞怀：《构建以大数据为支撑的央行决策平台》，《金融电子化》2017年第5期。
［10］付学深、刘友旗：《构建央行决策平台 助力"数字央行"建设》，《金融电子化》2018年第6期。

政策形势篇

Policy and Situation

B.2
金融科技创新监管的国际经验与中国实践

中国支付清算协会[*]

摘　要： 国内外金融科技发展迅速，给传统金融模式和金融监管带来了空前的冲击。面对金融科技创新复杂性风险提出的监管革新需求，世界各国积极应对，努力探索一条在鼓励金融科技创新发展的同时，能够有效防控金融科技风险，保护金融消费者利益的道路，在金融创新带来的效益和防控金融风险之间寻找平衡。中国人民银行积极开展金融科技创新监管试点，探索构建符合我国国情、与国际接轨的金融科技创新监管工具。

关键词： 金融科技　创新应用　监管沙盒

---

[*] 执笔人：丁华明、汤沁瑄、赵计博、王倩。

当前，金融科技迅猛发展，创新应用层出不穷，在提升金融机构的服务效率和能力的同时，也使金融风险变得更加错综复杂，给监管带来新的挑战。为解决当前金融科技创新监管面临的难点、痛点问题，中国人民银行在北京率先开展金融科技创新监管试点，探索构建符合我国国情、与国际接轨的金融科技创新监管工具。

一 当前金融科技创新展现出的新特点

在创新途径和发展态势上，金融科技创新对国际金融业乃至整个世界经济已经产生并将继续产生深远的影响。科技在金融业务发展中起到了越来越突出的作用，呈现多元化的特点。

（一）形态数字化

金融科技创新将参与主体、交易过程和交易媒介数字化，提高了交易效率，同时增加了金融业务的安全性和透明度。同时，数据展现出前所未有的价值与动能，以点带面促进金融业要素资源进一步网络化共享、协作化发展。

（二）渠道网络化

线上金融发展势头强劲，数据显示2019年银行业金融机构离柜率总体超过85%。随着科技深度运用于金融领域，服务渠道网络化程度进一步提升，具备任意时段和任意地点的服务能力。

（三）场景多元化

科技的发展推动了金融科技创新产品类型和应用场景的多样化，金融服务的可获得性和便捷性得到了极大的增强。利用金融科技手段在支付、存取款、转账、信贷、租赁、财富管理、保险等场景为用户提供精细化、多元化的便捷金融服务。在场景多样化的基础上，应用大数据分析细分场景下客户个性化需求，有利于提供差异化、定制化的产品和服务。

（四）服务智能化

借助机器学习、智能语音、生物识别、自然语言处理等技术，重塑金融业务运作模式和流程，实现智能化转型。金融机构运用新一代人工智能手段，推出"看懂图像、听懂语言、读懂文字"的智慧金融产品，大幅降低了服务门槛，显著提升了服务覆盖率、可得性和满意度。

（五）运行集约化

金融机构纷纷将金融科技提升至战略高度，打破条线化、封闭式经营管理模式。利用云计算技术提升业务支撑能力，降低运行维护成本，有力推动金融机构系统架构转型升级，逐步实现金融产品运行模式从粗放型向集约型转变。

二 金融科技创新给监管带来新的挑战

金融科技创新产品渠道多元、形式新颖、风险隐蔽，加之其带来的信息科技风险、操作风险和系统性风险，使得金融风险更加错综复杂，金融监管面临新的挑战。

（一）金融创新监管穿透性不足

一是金融产品、服务等跨界经营日益丰富，不同业务之间相互关联渗透，金融风险错综复杂、传染性更强。二是金融科技利用信息技术将业务流变成信息流，打破了风险传导的限制，使得风险传播的速度更快。三是一些金融科技创新产品过度包装，准确识别跨界嵌套创新产品的底层资产和最终责任人存在一定难度，业务本质定性更难。

（二）金融创新监管存在滞后性

金融监管包含市场准入的监管、市场运作过程的监管、市场退出的监管。随着金融业的快速发展,传统的监管方式已难以适应金融创新的发展速度。一是针对金融创新市场准入的监管,部分新生金融业态和领域处于监管盲点。二是针对市场运作过程的监管,传统监管所采用的统计报表、现场检查等方式,依赖金融机构报送监管数据和合规报告,无法实现实时合规校验。三是针对市场退出的监管,传统监管往往表现为在违规事件发生之后被动处罚和修正监管规定,无法及时有效地防范和化解风险。

(三)金融监管一致性难以保障

随着监管规则体系的不断完善,在促进市场稳健发展的同时,出现了一些监管规则的理解和解读存在不一致的问题,一是金融机构合规人员在业务经营范围、数据报送口径、信息披露内容与准则、金融消费者权益保护等方面存在理解偏差,造成监管标准难以做到一致。二是监管政策法规的中文表述存在不可避免的二义性问题,需要监管部门额外进行解释和说明,加大了金融机构的执行难度。

(四)监管成本与合规成本偏高

自 2008 年全球金融危机爆发以来,各国对金融机构合规管理、创新管理提出了更严格的要求。一方面,监管新规密集出台,而金融机构对监管要求了解不及时、不深入,可能导致创新滞后而贻误商机,也可能因忽视监管而面临规范整治,增加了创新管理成本;另一方面,随着监管处罚的力度加大,金融机构需要投入更多的人力、物力、财力等去理解和执行监管新规,导致合规管理成本增加。

三 国际金融科技创新监管经验

面对金融科技创新复杂性风险提出的监管革新需求,世界各国积极应对,努力探索一条在鼓励金融科技创新发展的同时,能够有效防控金融科技风险、保护金融消费者利益的道路。许多国家和地区为此采取了"加速器"

"创新中心""监管沙盒"等方式完善监管机制,在金融创新带来的效益和防控金融风险之间寻找平衡。

(一)"监管沙盒"的缘起

从计算机安全领域演化而来的"监管沙盒"评估机制得到了多个国家和地区的认可。"沙盒"原本是计算机领域的一种安全机制,它可以为执行中的程序提供虚拟化的隔离环境来进行测试,在测试过程中严控程序所能访问的资源,测试不受信任的应用程序或网上行为。

2015年3月,英国率先提出将"监管沙盒"引入金融领域的想法,使其为金融科技创新产品提供安全的监管环境,在风险可控的范围内进行测试。在金融科技领域,"沙盒"是指监管机构所构建的一个不受当下金融监管体制监管的"真实的、较小的安全市场空间"。这一机制在鼓励金融科技创新和引导金融科技产业发展的同时,还进一步增强了金融消费者保护,更好地管理潜在的金融风险。2016年5月英国金融行为监管局正式推出"监管沙盒"机制,随后新加坡、中国香港、澳大利亚也陆续出台了自己的"监管沙盒"制度。该机制成为当前国际社会应对金融科技创新监管的主要方法。

(二)"监管沙盒"的发展现状

截至2020年3月,全球已有40多个投入运行的"监管沙盒",范围涵盖英国、澳大利亚、新加坡、中国香港等多个国家或地区,此外还有不少国家或地区即将投入运行或拟设立"监管沙盒"。

其中,截至2020年3月,英国已开展五批"监管沙盒"测试,银行、保险、投资、租赁等各行业共计118个市场主体参与测试。测试项目涵盖支付清算、智能投顾、数字身份认证、KYC验证等多个领域。测试技术涉及人工智能、区块链、API等多项应用。新加坡金融管理局2016年推出"监管沙盒",截至2019年12月已经为250多家公司提供了指导。2019年8月,新加坡金融管理局推出"快捷沙盒",能让企业更快捷地测试创新金融产品和服务。合格的"快捷沙盒"申请者可在 21 天内开始测试风险较低，或较容易理解的业务活动。香港自 2016 年 9 月推出"监管沙盒"以来，截至 2019 年 12 月，经过"沙盒"试行的项目超过 90 项，其中约 1/3 是与监管、合规科技相关的项目。

（三）"监管沙盒"的演进趋势

当前，"监管沙盒"发展呈现新的趋势，主要有"数字沙盒"、"分级沙盒"和"跨境沙盒"。

"数字沙盒"：从单纯的"规制沙盒"向"数字沙盒"演进，配套数字化测试环境和管理工具。数字监管报告（Digital Regulatory Reporting，DRR）采用分布式账本技术（Distributed Ledger Technology，DLT）构建实施监管报告系统，探索使用自然语言处理技术将企业数据库中的资料转换为机器可读格式，提取监管部门所需信息。旨在利用技术提高金融机构的监管报告质量，将监管、合规程序、公司政策和标准与公司交易应用程序和数据库联系起来，提高数据和报告的准确性，开创一种模型驱动和机器可读的监管环境。

"分级沙盒"：依据不同的创新复杂性及其带来的风险，进行分级管理，对轻应用创新推出"快捷沙盒"，缩短入盒出盒时间和成本。

"跨境沙盒"：基于跨境创新需求，为促进规制统一性，推出"跨境沙盒"。"沙盒"测试项目可跨不同司法辖区进行测试。例如，英国 2019 年 1 月联合国际金融监管机构及相关组织启动全球金融创新网络，提出"全球沙盒"理念。

四 中国金融科技创新监管实践

（一）北京率先开展金融科技创新监管试点

2019 年 12 月 5 日，中国人民银行官网发布公告，支持在北京市率先开

展金融科技创新监管试点，探索构建符合我国国情、与国际接轨的金融科技创新监管工具。此次试点工作的开展标志着我国在构建金融科技监管基本规则体系方面迈出了关键一步，具有里程碑意义。

经过前期准备，2020年1月14日，北京公布了首批6个拟纳入金融科技创新监管试点的创新应用项目，其中既有传统金融机构，如工商银行、农业银行、宁波银行等，也有支付清算机构，如银联，还有互联网技术公司，如度小满、小米数科、京东数科等。

（二）金融科技创新监管试点范围进一步扩大

2020年4月27日，中国人民银行进一步扩大金融科技创新监管试点范围，支持在上海市、重庆市、深圳市、河北雄安新区、杭州市、苏州市等6市（区）扩大试点，引导持牌金融机构、科技公司申请创新测试，在依法合规、保护消费者权益的前提下探索运用现代信息技术手段赋能金融"惠民利企"，纾解小微民营企业融资难融资贵、普惠金融"最后一公里"等痛点和难点，助力疫情防控和复工复产，着力提升金融服务实体经济水平。

（三）金融科技创新监管试点工作特点

与其他国家较为单一的管理方式相比，中国在借鉴了"监管沙盒"思路的基础上，将流程加以改善和提升，使得流程更为完善，方式更为多样，执行效率更高，风险更加可控。

1. 监管理念

以维护金融安全为根本，把安全和发展作为一个有机整体统筹考虑，将安全发展理念贯穿金融科技创新监管流程。既需要管控好新技术创新应用带来的风险隐患，又不能过度附加安全措施而影响发展效率，不断在实践中探索安全与发展双赢的金融科技创新产品监管新模式。

2. 工作流程

事前准备。项目申请（试点地区开展项目筹备工作，申请机构按时提交创新应用申请）、应用公示（试点地区组织金融科技创新应用的初审、公示、复审等工作)、登记声明(申请机构完成登记、自声明、用户明示等入盒测试前准备工作)。在事前从业务合规、技术安全、风险控制等方面把好入口关,督促申请机构抓好源头管控,落实主体责任,强化内部管控和外部评估,切实防范"伪创新",确保金融科技创新不突破现有法律法规、部门规章、基础规范性文件。

事中运行。事中协同共治,构建监管部门、社会公众、行业协会、金融机构协同共治机制,提升社会各界监管参与度和积极性。利用监管科技手段强化风险动态监测,持续动态监测创新应用运行状况,对试点项目进行全生命周期管理,持续跟踪运行情况和风险状况,定期评估项目风险,及时形成分析评估报告,并采取差异化措施实现风险高效处置。

事后退出。一是成功"出箱"。国家金融管理部门针对试点项目出台监管细则后,试点项目成功"出箱",金融产品或服务由相应部门按照监管细则进行监管。二是强制退出。对于在项目实施过程中未能履行《金融科技创新应用声明书》承诺且情节较为严重的,试点地区将要求试点机构在保障金融消费者合法权益的前提下实现项目平稳退出。三是主动退出。申请机构出于战略定位、业务发展等方面考虑,拟终止项目推广运营的,可主动申请退出。

3. 主要特点

一是监管执行效率更高,使金融科技创新应用更快地投入市场。其他国家和地区"监管沙盒"测试时间都是以月为单位,而中国在金融科技创新监管试点工作中公示时间、意见处理时间等基本以天为单位,监管执行效率更高,金融创新应用能够更快通过审核投入使用。中国在事前准备中将其他国家和地区"监管沙盒"机制中对于金融科技创新产品的合规性检验过程前置,因而缩短了监管机制的执行时间、提高了监管政策的执行效率。

二是有力保障创新应用的合法合规性和技术安全性,做到提高效率与防范风险兼容。金融科技创新监管试点强调以持牌机构为主体,规定金融业各机构应严格遵循现有法律法规、部门规章、基础规范性文件等制度。这要求持牌机构在准备过程中确保金融科技创新应用遵守法律法规、保障金融科技创新产品的合法合规性和技术安全性,从而确保不会产生系统性风险,保障

金融科技创新应用的安全可控。

三是有利于中国在金融科技创新上取得领先地位。在以大数据和区块链为代表的新一轮产业革命浪潮中，传统金融业面临着数字化转型的重大冲击与挑战。全球金融科技创新浪潮对各国金融市场、传统金融机构及金融稳定都产生了重大而复杂的影响。监管执行效率的提高可以使金融创新应用更快地投入市场，在确保安全性的前提下促进金融科技的创新发展，提升中国的金融业全球竞争力。

五 金融科技创新监管工作展望

中国人民银行副行长范一飞在《中国金融》发表了署名文章《我国金融科技创新监管工具探索与实践》，其中详细阐述了中国金融科技创新监管未来的工作重点。

（一）支持科技公司直接申请测试

科技公司作为金融科技创新的重要参与方，在金融相关科技产品的研发设计和能力输出等方面贡献着自己的科技力量。下一步，在满足信息保护、交易安全、业务连续性等方面的要求前提下，支持科技公司直接申请测试，涉及的金融服务创新和金融应用场景则须由持牌金融机构提供。科技公司既可联合金融机构共同申报，也可单独申报后结合应用场景选择合作金融机构。

（二）进一步优化测试风险防控机制

利用监管科技手段加快建立创新风险监控平台和规程，采用监管探针、外部感知、信息共享与报送等方式实时采集分析创新风险情况，实现对潜在风险的提前探测和综合评估。

测试机构需履行风险防控主体的责任，并借助第三方专业支撑能力，做到问题早发现、风险早预警、漏洞早补救。对短期内难以补救的风险漏洞，及时采取综合性风险补偿措施；对存在重大安全问题的创新应用，及时阻断并退出测试；对造成损失的，测试机构须通过风险拨备资金、保险计划等进行赔偿，切实保障消费者合法权益。

(三)加快构建金融科技监管框架

以创新监管工具为基础。打造包容、审慎的创新监管工具，更好地适应金融科技风险复杂多变、产品日新月异等形势，增强金融监管效能，防范化解创新风险。创新监管工具在监管框架中具有基础性作用。

以监管规则为核心。通过创新监管工具更好地掌握金融科技创新的服务模式、业务本质、风险机理等，有助于更快出台监管规则，纾解规则滞后带来的监管空白、监管套利等问题。

以数字化监管为手段。充分发挥数据、技术等生产要素的重要作用，建设数字监管报告平台，采用知识图谱、深度学习、自然语言处理等人工智能手段实现监管规则形式化、数字化和程序化，强化监管渗透的深度和广度，加快金融科技监管的数据加持、科技武装。

(四)打造金融科技创新安全"四道防线"

金融科技创新监管试点探索构建"行业监管、社会监督、协会自律、机构自治"的金融科技创新安全"四道防线"，打造民众参与、齐抓共管的金融科技治理格局。其中，行业协会负责配合金融管理部门做好宣贯培训、项目初审、信息公示、风险监测、投诉受理等工作，为监管要求落地实施提供支撑。

B.3 金融科技创新产品检测认证体系研究

银行卡检测中心 中国支付清算协会*

摘 要： 从金卡工程的实施到移动支付的发展，再到刷脸支付的试点，金融科技产品日趋丰富，不断推动金融服务提质增效。在金融科技产品创新发展中，标准化工作对保证金融科技产品规范性、兼容性、安全性等方面起到了重要作用，而检测认证则是确保标准落地的重要手段。本文梳理了金融科技产品检测认证体系发展的脉络，分析了银行卡、移动支付、云计算、开放银行等产品标准体系，回顾了主流金融科技产品检测认证开展情况，并提出金融科技产品行业认证将逐步成为主流；检测技术将向自动化、智能化发展；检测评估在金融科技产品创新监管中的作用愈加强化等趋势展望。

关键词： 金融科技产品 移动支付 检测技术

一 金融科技产品检测认证体系现状

（一）我国检测认证管理体系概述

我国检测认证管理体系起步于20世纪80年代。1981年，我国加入国际电子元器件认证组织并成立中国电子元器件认证委员会，借鉴国外认证制

---

* 执笔人：渠韶光、邢增辉、杨子砚、杨波、赵子如、王倩。

度开始开展认证工作。1994年9月,中国实验室国家认可委员会成立,标志着我国实验室认可工作的开端。2001年8月,原国家质量技术监督局和国家出入境检验检疫局合并组建国家质检总局,并成立国家认监委,负责统一管理、监督和综合协调全国认证认可工作。2002年8月,中国实验室国家认可委员会和中国国家出入境检验检疫实验室认可委员会合并,成立了统一的实验室认可机构——中国实验室国家认可委员会。2003年11月,国务院颁布实施了《中华人民共和国认证认可条例》,建立了既适应国际通行规则、又符合我国国情的认证认可管理制度。2006年3月,中国认证机构国家认可委员会和中国实验室国家认可委员会合并,成立了中国合格评定国家认可委员会,作为我国检测实验室和认证机构唯一的国家认可机构,是亚太实验室认可合作组织和国际实验室认可合作组织的正式成员,至此我国检测认证管理体系基本完善。

(二)金融科技产品检测认证发展情况

1. 金融科技产品检测的起步

金融科技产品检测起始于20世纪末,中国人民银行科技司在金融科技产品检测工作中起到了领导和推动作用。1997年中国人民银行颁布了《中国金融集成电路(IC)卡规范(版本1.0)》,1998年4月,银行卡检测中心挂牌成立,正式对外提供检测服务。2003年,银行卡检测中心获得了中国实验室国家认可委员会认可,亚太实验室认可合作组织和国际实验室认可合作组织可以进行成员互认。伴随着我国金融科技的发展,银行卡检测中心检测范围不断扩充,从最初的银行卡、终端产品扩展到芯片、移动支付产品、系统、App等金融科技产品全链条。

2. 银联认证——金融科技产品认证的先驱

在中国人民银行科技司的指导下,中国银联组建了银联标识产品企业资格认证办公室,开始开展银联卡相关产品的检测认证工作,并随着金融科技的发展,逐步形成了覆盖芯片、嵌入式软件、卡片、终端、移动支付产品、TSM平台、支付应用软件等支付技术全链条的检测认证体系。银联认证通

过准入评估、过程考核、证后监督形成对银联标准技术产品的闭环管理，建立认证权威性，其管理体系规范，覆盖产品链条全面，实施效果良好，为金融科技产品行业认证的开展积累了宝贵的经验。

3. 行业检测认证体系的完善

为进一步完善我国金融行业检测认证管理体系，在中国人民银行科技司的领导下，金融行业独立专业认证机构——北京中金国盛认证有限公司于2011年9月在北京正式挂牌成立，为金融科技产品行业认证的开展奠定了基础。

2017年8月1日，国家认监委和中国人民银行联合发布《关于开展支付技术产品认证工作的实施意见》（国认证联〔2017〕91号），明确由国家认监委、中国人民银行共同组织推动支付技术产品认证工作，并委托中国支付清算协会组建支付技术产品认证技术委员会。2019年10月16日，"市场监管总局 人民银行关于发布《金融科技产品认证目录（第一批）》《金融科技产品认证规则》的公告"公布，将原"国认证联〔2017〕91号"中的支付技术产品认证扩展为金融科技产品认证，并公布了第一批11类金融科技产品认证目录和《金融科技产品认证规则》。至此，由国家认监委、中国人民银行指导，由中国支付清算协会管理，包括中金国盛认证中心、中国网络安全审查技术与认证中心两家认证机构，银行卡检测中心、金融电子化公司等9家检测实验室的金融科技产品检测认证体系初步完善。

（三）中国金融科技产品认证管理平台

1. 平台建设背景及意义

"中国金融科技产品认证管理平台"（http://cfp.pcac.org.cn/）是中国支付清算协会按照中国人民银行和国家市场监督管理总局的有关文件精神，为更好地满足金融行业发展和监管需要，在中国人民银行的指导下开发建设的技术管理平台，于2019年12月24日正式上线运行。

基于检测认证的标准化工作，对于推动金融科技健康发展具有重要意义。管理平台上线运行后，中国支付清算协会借助管理平台监督检测认证流程,实现检测认证的过程可追溯、结果可核查。同时将建立健全白名单、信息共享等机制,持续优化金融科技产品国推认证自律管理体系。

2. 平台主要功能作用

管理平台前端包括政策法规、行业动态、认证流程、公共查询、我要登录、产品认证目录、机构名录、公告通知八个功能板块,主要用于金融科技产品检测认证相关政策法规、技术标准和行业动态等信息公示,多维度全量发布已通过认证的机构和金融科技产品,方便监管部门、金融机构、社会公众查询相关信息。

平台后台认证管理流程主要包括项目认证申请、申请资料报送、认证项目受理、检测项目受理、检测项目过程、认证项目过程和证书信息公示七个阶段,可实现对检测认证机构相关信息的采集、检测认证工作的全流程管控,服务金融科技安全规范和高质量发展,具体见图1。

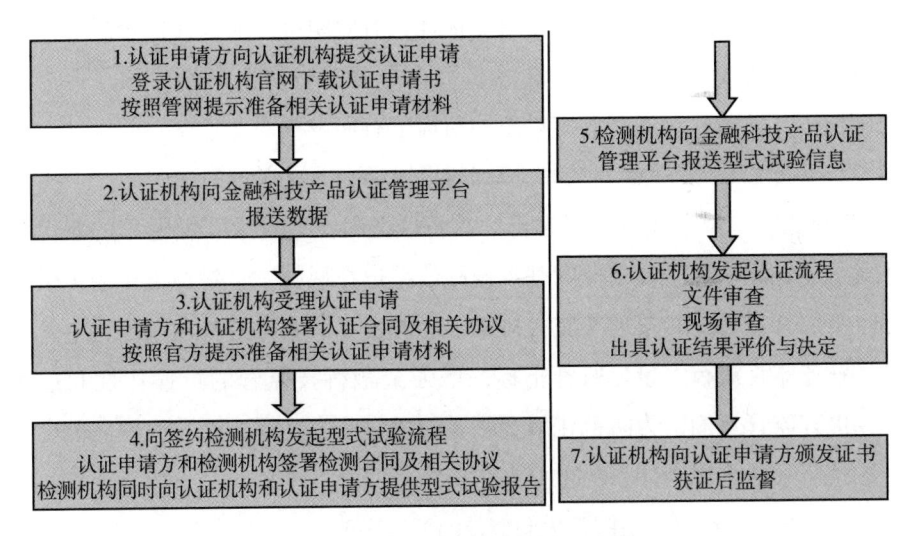

1. 认证申请方向认证机构提交认证申请
登录认证机构官网下载认证申请书
按照管网提示准备相关认证申请材料

2. 认证机构向金融科技产品认证管理平台
报送数据

3. 认证机构受理认证申请
认证申请方和认证机构签署认证合同及相关协议
按照官方提示准备相关认证申请材料

4. 向签约检测机构发起型式试验流程
认证申请方和检测机构签署检测合同及相关协议
检测机构同时向认证机构和认证申请方提供型式试验报告

5. 检测机构向金融科技产品认证
管理平台报送型式试验信息

6. 认证机构发起认证流程
文件审查
现场审查
出具认证结果评价与决定

7. 认证机构向认证申请方颁发证书
获证后监督

图1 金融科技产品检测认证流程

二 金融科技产品标准化概况

金融科技产品标准化工作包含标准制定、发布、实施、监督等方面。近

049

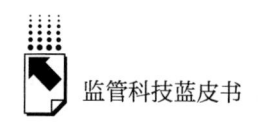

两年，《云计算技术金融应用规范》《移动金融基于声纹识别的安全应用技术规范》《商业银行应用程序接口安全管理规范》等金融科技应用过程中涉及的新技术标准相继颁布，更多应用热点技术标准正在加速制定。从国内外实践经验来看，检测认证是推动标准实施的有效手段，对于推动金融科技的健康有序发展具有重要意义。

（一）标准化工作在金融科技发展中的重要意义

1. 标准化工作是金融科技规范应用的基本保障

近年来，部分金融机构盲目跟进、滥用乱用新技术，使得金融产品与服务暗藏风险、偏离正常轨道，甚至存在以金融科技之名行违规经营之实的问题，不利于信息技术与金融业务融合发展。标准化工作能够明确金融科技创新的业务边界、应用模式、数据保护要求和风控措施，把好安全关口，系牢合规准绳，卡紧应用标尺，树立行业标杆，有效防范产业风险向金融行业传导蔓延，推动技术创新从"野蛮生长"向"规范发展"转型升级，促进金融科技在有方向、有底线、有规矩的前提下有序发展。

2. 标准化工作是金融科技监管基本规则体系建设的关键方法

"新三定"赋予中国人民银行"拟订金融科技监管基本规则"的职责和使命，建立健全金融科技监管基本规则体系迫在眉睫。金融标准作为金融监管政策的有效补充和落地实施的桥梁，能够在不同金融科技领域细化监管要求，补齐监管短板，量化监管指标，增强金融科技监管的可操作性和适用性，提升监管效能，为防范化解金融风险提供有力支撑，已成为建立健全金融科技监管基本规则体系的重要方法。

3. 标准化工作是金融服务提质增效的有力措施

在全球科技与产业深度融合的背景下，金融科技标准化作为连接科技创新与市场应用的纽带，通过提炼行业最佳实践经验，明确金融业务需求和产品质量基准，可有效解决金融机构与技术厂商多头连接带来的供需不匹配问题，提升资源配置效率，降低产用适配成本，加快技术创新应用步伐，增强我国金融业核心竞争力，推动金融服务高质量发展。

（二）已发布的金融科技产品标准概述

1. 银行卡相关标准

1993年6月，国务院启动了以发展我国电子货币为目的、以电子货币应用为重点的各类卡基应用系统工程即金卡工程。同年7月，国家标准《银行卡》（GB/T 14504）发布，对银行卡的物理特性、磁条数据等内容进行了规范。随着金卡工程的开展，《识别卡 金融交易卡》（GB/T 17552）、《银行磁条卡销售点终端规范》（JR/T 0001）、《银行磁条卡自动柜员机（ATM）应用规范》（JR/T 0002）等标准相继颁布，为银行磁条卡和受理设备的规范发展提供了技术依据。

1997年，中国人民银行颁布了《中国金融集成电路（IC）卡规范（版本1.0）》，标志着我国银行IC卡发展的开端。后经过几次升级，现行版本为《中国金融集成电路（IC）卡规范–2018》，共包括14个部分，内容涵盖了IC卡与终端通信接口、借贷记应用、非接触应用、小额支付、互联网终端、线上支付等IC卡支付的各个方面。

为规范银行卡受理终端的安全管理，强化POS、ATM受理终端软硬件的安全防护能力，提升银行卡受理商户系统安全水平，有效防范支付敏感信息泄露和伪卡欺诈风险，2016年9月6日，中国人民银行发布《银行卡受理终端安全规范》（JR/T 0120–2016）。规范共分为5个部分，规定了银行卡受理终端的软硬件安全要求，范围涵盖了POS终端、ATM、电话支付终端、银行卡受理商户信息系统、PIN输入设备等各类产品。

2. 移动支付系列标准

随着智能手机的普及和移动互联网的繁荣，我国移动支付市场发展迅猛，各种形态的移动支付产品不断涌现。为规范移动支付的发展，提升移动支付产品的安全防范能力，中国人民银行制定了一系列标准，涵盖了芯片、安全载体、可信环境、客户端软件等各种产品形态及移动支付交易的各个环节，具体见表1。

表1 已经发布的移动支付系统标准

序号	标准编号	标准名称	首次发布日期	修订版发布日期
1	JR/T 0088.1—2012	中国金融移动支付 应用基础 第1部分:术语	2012年12月12日	
2	JR/T 0088.2—2012	中国金融移动支付 应用基础 第2部分:机构代码	2012年12月12日	
3	JR/T 0088.3—2012	中国金融移动支付 应用基础 第3部分:支付应用标识符	2012年12月12日	
4	JR/T 0088.4—2012	中国金融移动支付 应用基础 第4部分:支付账户介质识别码	2012年12月12日	
5	JR/T 0089.1—2012	中国金融移动支付 安全单元 第1部分:通用技术要求	2012年12月12日	
6	JR/T 0089.2—2012	中国金融移动支付 安全单元 第2部分:多应用管理规范	2012年12月12日	
7	JR/T 0090—2012	中国金融移动支付 非接触式接口规范	2012年12月12日	
8	JR/T 0091—2012	中国金融移动支付 受理终端技术要求	2012年12月12日	
9	JR/T 0092—2019	移动金融客户端应用软件安全管理规范	2012年12月12日	2019年9月27日
10	JR/T 0093.1—2012	中国金融移动支付 远程支付应用 第1部分:数据元	2012年12月12日	
11	JR/T 0093.2—2012	中国金融移动支付 远程支付应用 第2部分:交易模型及流程规范	2012年12月12日	
12	JR/T 0093.3—2012	中国金融移动支付 远程支付应用 第3部分:报文结构及要素	2012年12月12日	
13	JR/T 0093.4—2012	中国金融移动支付 远程支付应用 第4部分:文件数据格式规范	2012年12月12日	
14	JR/T 0093.5—2012	中国金融移动支付 远程支付应用 第5部分:短信支付技术规范	2012年12月12日	
15	JR/T 0093.6—2015	中国金融移动支付 远程支付应用 第6部分:基于安全单元(SE)的安全服务技术规范	2012年12月12日	2015年12月22日
16	JR/T 0094.1—2012	中国金融移动支付 近场支付应用 第1部分:数据元	2012年12月12日	
17	JR/T 0094.2—2012	中国金融移动支付 近场支付应用 第2部分:交易模型及流程规范	2012年12月12日	
18	JR/T 0094.3—2012	中国金融移动支付 近场支付应用 第3部分:报文结构及要素	2012年12月12日	

续表

序号	标准编号	标准名称	首次发布日期	修订版发布日期
19	JR/T 0094.4—2012	中国金融移动支付 近场支付应用 第4部分:文件数据格式规范	2012年12月12日	
20	JR/T 0095—2012	中国金融移动支付 应用安全规范	2012年12月12日	
21	JR/T 0096.1—2012	中国金融移动支付 联网联合 第1部分:通信接口规范	2012年12月12日	
22	JR/T 0096.2—2012	中国金融移动支付 联网联合 第2部分:交易与清算流程规范	2012年12月12日	
23	JR/T 0096.3—2012	中国金融移动支付 联网联合 第3部分:报文交换规范	2012年12月12日	
24	JR/T 0096.4—2012	中国金融移动支付 联网联合 第4部分:文件数据格式规范	2012年12月12日	
25	JR/T 0096.5—2012	中国金融移动支付 联网联合 第5部分:入网管理规范	2012年12月12日	
26	JR/T 0096.6—2012	中国金融移动支付 联网联合 第6部分:安全规范	2012年12月12日	
27	JR/T 0097—2012	中国金融移动支付 可信服务管理技术规范	2012年12月12日	
28	JR/T 0098.1—2012	中国金融移动支付 检测规范 第1部分:移动终端非接触式接口	2012年12月12日	
29	JR/T 0098.2—2012	中国金融移动支付 检测规范 第2部分:安全芯片	2012年12月12日	
30	JR/T 0098.3—2012	中国金融移动支付 检测规范 第3部分:客户端软件	2012年12月12日	
31	JR/T 0098.4—2012	中国金融移动支付 检测规范 第4部分:安全单元(SE)应用管理终端	2012年12月12日	
32	JR/T 0098.5—2012	中国金融移动支付 检测规范 第5部分:安全单元(SE)嵌入式软件安全	2012年12月12日	
33	JR/T 0098.6—2012	中国金融移动支付 检测规范 第6部分:业务系统	2012年12月12日	

续表

序号	标准编号	标准名称	首次发布日期	修订版发布日期
34	JR/T 0098.7—2012	中国金融移动支付 检测规范 第7部分：可信服务管理系统	2012年12月12日	
35	JR/T 0098.8—202012	中国金融移动支付 检测规范 第8部分：个人信息保护	2012年12月12日	
36	JR/T 0149—2016	中国金融移动支付 支付标记化技术规范	2016年11月9日	
37	JR/T 0156—2017	移动终端支付可信环境技术规范	2017年12月11日	
38	JR/T 0164—2018	移动金融基于声纹识别的安全应用技术规范	2018年10月9日	

3. 云计算技术金融应用标准

云计算金融应用快速发展，已成为金融科技关键技术之一。2018年8月，中国人民银行发布了《云计算技术金融应用规范技术架构》（JR/T 0166—2018）、《云计算技术金融应用规范安全技术要求》（JR/T 0167—2018）、《云计算技术金融应用规范容灾》（JR/T 0168—2018）三项金融行业标准。明确了云计算技术金融应用管理要求和安全技术要求，为业界提供了云计算技术应用的最佳实践经验，在防范化解云计算技术应用风险、保障金融业务连续性、提升金融用户体验、保护消费者合法权益等方面发挥了重要作用，产生了积极效果。

4. 开放银行标准

近年来，伴随金融科技的发展，开放银行成为银行业的一股新浪潮，而API则是商业银行聚合生态场景、促进服务提质增效、打造开放银行的重要技术手段。2020年2月13日，中国人民银行发布了《商业银行应用程序接口安全规范》（JR/T 0185—2020）。该规范规定了商业银行API的类型与安全级别、安全设计、安全部署、安全集成、安全运维、服务终止与系统下载、安全管理等安全技术与安全保障要求，指导从事或参与商业银行API服务的银行业金融机构、集成接口服务的应用方开展相关工作，并为第三方安全评估机构开展安全检测与评估提供了参考。

三 金融科技产品检测认证开展情况

(一) ATM 与 POS 终端

早在1998年银行卡检测中心成立之初，即开始开展ATM与POS的检测工作，最初主要对ATM与POS终端的银行卡受理功能及联网交易报文检测。中国银联借鉴国际PCI组织（Payment Card Industry）经验，在2005年就开始制定《PIN输入设备安全评估指南》，并对受理银联卡的终端产品开展安全评估。2009年4月，中国人民银行、中国银行业监督管理委员会、公安部、国家工商总局联合发布《关于加强银行卡安全管理预防和打击银行卡犯罪的通知》（银发〔2009〕142号），明确要求改进银行卡受理终端的管理，落实ATM及POS机安全技术标准。2018年3月6日，中国支付清算协会发布《银行卡销售点（POS）终端检测规范》（T/PCAC 0003）和《银行卡自动柜员机（ATM）终端检测规范》（T/PCAC 0004），为ATM及POS终端行业认证检测提供了规范依据。2019年10月16日，国家市场监督管理总局、中国人民银行发布《金融科技产品认证目录（第一批）》，ATM及POS终端被正式纳入行业认证。

(二) 安全芯片、安全载体及嵌入式软件测试

移动支付作为一种新型的支付方式，以其便利性、集成性的特点，在国内、国际发展迅速，与之相伴的支付安全问题日益受到广泛的关注。安全芯片、安全载体与嵌入式软件则是移动支付产品的底层基础。安全芯片指支持移动支付业务开展的芯片，安全载体是基于安全芯片运行的安全单元以及承载安全单元的介质，如SIM卡、SD卡、eSE、inSE等，嵌入式软件指运行于安全单元（SE）之上的软件。2012年中国人民银行发布的《中国金融移动支付 检测规范》（JR/T 0098）相关部分中对安全芯片、安全载体及嵌入式软件提出了检测要求。2019年10月16日，安全芯片、安全载体及嵌入

式软件被正式纳入行业认证。银行卡检测中心依托"国家金融IC卡安全检测中心"能力，于2014年开通相关检测项目，已累计完成20多家主流厂商70余款产品检测。

（三）TEE与TA

随着移动智能终端的普及，大量移动金融业务依托移动终端平台开展，如何有效保障移动终端交易安全性成为需要解决的重要问题。业界提出了可信执行环境（TEE）方案。TEE包括与安全功能应用相关的硬件、固件及相关软件，而TA是在TEE环境中可以安全运行并实现特定金融应用功能的可信应用程序。2017年12月，中国人民银行发布《移动终端支付可信环境技术规范》（JR/T 0156—2017），针对移动终端支付领域可信环境提出了相关技术要求，为TEE和TA的检测提供了依据。2019年10月16日，TEE和TA纳入了金融科技产品行业认证。目前TEE检测主要包括TEE基础功能、TEE扩展功能、TEE基础安全、TEE扩展安全等几个方面；TA检测则包括安全审计、启动管理、内存管理、密钥使用、可信存储、安全操作、回滚保护、防重放等内容。

（四）客户端软件

为确保移动支付客户端软件的规范性和安全性，中国人民银行早在2012年就颁布了《中国金融移动支付客户端技术规范》（JR/T 0092）和《中国金融移动支付检测规范 第3部分：客户端软件》（JR/T 0098.3）。中国银联于2013年颁布《银联卡支付应用软件安全规范》（Q/CUP 0056—2013），并开始对受理银联卡业务的App开展检测。2019年1月29日，中国支付清算协会发布《条码支付移动客户端软件检测规范》（T/PCAC 0006—2019），对支持条码支付的移动客户端应用软件提出检测要求。2019年10月16日，客户端软件被正式纳入行业认证。

客户端软件的测试内容包括客户端的安全设计、业务逻辑安全、数据安全、条码支付交易安全、兼容性、个人信息收集使用等方面。根据相关数据，目前90％以上的银行都开通了客户端软件，而应用市场上发布的金融类客户端更是超过了13万款，其中大部分还未进行金融行业安全测试。所以建议金融类客户端软件的业主方和开发商要重视客户端软件的数据流安全管理，同时注意个人信息收集使用的安全，遵循信息收集最小范围以及最小使用场景原则，有条件的应尽快提交金融科技产品检测认证。

（五）条码支付受理终端

2011年支付宝推出了条码支付方案，凭借其线上场景的优势，迅速打入线下支付场景，其他支付机构也迅速跟进，对银行卡支付体系、安全体系、定价机制及四方模式产生了巨大的冲击。在竞争压力下，2016年下半年，各个银行陆续推出二维码支付业务，中国银联也于2017年5月推出了银联标准二维码。为防范条码（二维码）支付风险，中国人民银行办公厅于2017年发布《关于加强条码支付安全管理的通知》（银办发〔2017〕242号），配套印发了《条码支付安全技术规范（试行）》和《条码支付受理终端技术规范（试行）》。2019年1月29日，中国支付清算协会发布《条码支付受理终端检测规范》（T/PCAC 0005—2019），为条码支付终端行业认证检测提供了规范依据。

在银联推出银联标准二维码之初，银行卡检测中心就配合银联开展了动态二维码生成设备及条码受理终端测试，后纳入了银联认证项目。2019年10月16日，国家市场监督管理总局、中国人民银行发布《金融科技产品认证目录（第一批）》，条码支付受理终端（含显码设备、扫码设备）被正式纳入行业认证。

（六）"刷脸支付"产品

2017年9月，支付宝在杭州一个肯德基餐厅上线刷脸支付，开启了我国刷脸支付的商用时代，腾讯等巨头也迅速跟进，刷脸支付开始在餐饮、商超、药店、停车场等多个场景应用。然而，刷脸支付也存在假体欺诈、盗扫、隐私数据丢失等风险。针对刷脸支付存在的风险，中国人民银行于

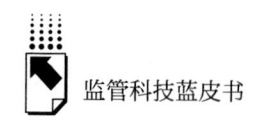

2019年初推出《人脸识别线下支付安全应用技术规范（试行）》，开始推动相关试点工作。银行卡检测中心也开展了"刷脸支付"产品的检测工作，主要围绕"刷脸支付"交易各个环节面临的生物信息保护、身份安全认证、支付信息保护等核心安全需求，对人脸识别辨识算法、活体检测算法、安全芯片、摄像头模组、终端安全、支付系统安全等项目进行测试。

四 金融科技产品检测认证发展展望

（一）强监管加持，金融科技产品行业认证逐步成为主流

2019年9月6日，中国人民银行发布《金融科技（FinTech）发展规划（2019～2021年）》，一系列监管政策陆续出台，金融科技进入强监管时代。10月16日，《金融科技产品认证规则》和《金融科技产品认证目录（第一批）》发布，标志着金融科技产品行业认证正式启动。随着监管力度的持续增强及金融行业市场对产品合规需求的提升，金融科技产品行业认证体系将逐步被推广和应用，产品认证目录将不断丰富，成为未来在金融行业影响力较大的主流认证体系。

（二）检测技术向自动化、智能化发展，且迭代速度加快

为应对金融科技产品的快速发展，机器人、人工智能、云计算等新技术将被更多地运用在金融科技产品检测中，大量的手工检测将被自动化、智能化的工具替代，从而促进检测工作提质增效。同时，随着金融科技产品应用范围的不断拓展，其面临的安全风险也会更加严峻和复杂，这就要求检测机构持续跟踪研究攻防技术，不断升级检测技术，以应对不断出现的新风险。

（三）检测评估在金融科技产品创新监管中的作用愈加强化

2019年7月，中国人民银行科技司司长李伟表示，央行会同相关部委，将在北京、上海、广州等10个省市开展金融科技应用试点，从而建立完善

适应金融科技发展的政策措施，这一试点就是中国版的"监管沙盒"，年末北京市试点工作率先启动。2020年4月28日，中国人民银行表示支持在上海市、重庆市、深圳市、河北雄安新区等6市（区）扩大金融科技创新监管试点。随着金融科技创新应用及监管试点范围的不断扩大，内容不断丰富，检测评估工作在金融科技产品创新监管中的作用和意义也会不断提升。在创新产品相关标准尚不完备，还不具备纳入行业认证的阶段，通过检测评估介入产品的设计、生产和应用等环节，提供客观技术评价，将有效助力监管，保障金融科技创新试点的顺利开展。

参考文献

［1］国家认证认可监督管理委员会：《认证认可检验检测基本情况》，2019年2月。

［2］《CNAS认证机构、实验室、检验机构认可通报》，中国合格评定国家认可委员会秘书处：2019年10月31日。

［3］陆强华、杨志宁：《深度支付》，中国金融出版社，2018。

B.4
监管科技在支付清算行业的应用研究

中国支付清算协会*

摘　要： 近年来，在"科技+金融"浪潮的推动下，金融创新步伐加速，创新型金融业态、经营模式层出不穷，随之而来的金融风险也更为隐蔽、复杂，传播性更强，行业监管面临着严峻挑战。随着以大数据、云计算、区块链、人工智能为代表的新兴信息科技的快速发展，监管科技逐渐受到金融监管机构和金融机构的关注，并在包括支付清算行业在内的部分重点领域实现了应用。本文重点探讨监管科技的发展对支付清算行业带来的影响，同时介绍目前监管科技在支付领域监管端及合规端的应用实践情况，深入分析监管科技在支付行业发展应用中面临的"数据孤岛"、配套措施存在短板、风险控制趋同等问题与挑战，并提出加强数据治理和信息保护、完善制定规则和标准、注重发挥行业协会的积极作用等相关发展建议。

关键词： 监管科技　合规科技　支付清算

近年来，在"科技+金融"浪潮的推动下，金融创新步伐加速，创新型金融业态、经营模式层出不穷，随之而来的金融风险也更为隐蔽、复杂，传播性更强，行业监管面临着严峻挑战，如何运用科技手段提升监管水平、

---

* 执笔人：丁华明、马晨明、赵子如、赵计博。

有效防范系统性金融风险也成为金融监管机构的研究重点。随着以互联网、大数据、云计算、区块链、人工智能为代表的新兴信息科技的快速发展，作为科技与金融监管深度融合的产物，监管科技逐渐受到金融监管机构和金融机构的关注，并在包括支付清算行业在内的部分重点领域实现了应用，为提升金融监管机构监管水平、增强金融机构合规能力提供了支持和保障，成为我国防范金融风险、构筑金融新生态的重要手段。

一 我国支付清算行业发展现状及面临的问题

（一）我国支付清算行业发展现状

改革开放特别是党的十八大以来，我国支付行业日趋壮大，市场布局日益优化，在行业规模、服务水平、普惠程度及支付技术应用等方面都走在了世界前列。

一是支付产业规模持续扩大。2019 年我国银行业金融机构共处理非现金支付业务 3310.19 亿笔，金额 3229.49 万亿元，同比分别增长 50.25% 和 0.29%；非银行支付机构非现金支付业务 9591.71 亿笔，金额 396.64 万亿元，同比分别增长 49.97% 和 40.72%。支付行业的快速发展带来了规模效应，不断激发社会资本涌入支付市场，横向上支付服务与信息技术、电子商务、咨询服务、介质生产、机具制造等行业深度融合，形成利益相连、互促互进的发展业态与发展趋势；纵向上加速了支付行业的不断细化分工，推动支付行业不断做大做强。

二是支付服务组织体系更加多元。经过多年的发展，我国形成了以人民银行为核心、银行业金融机构为基础、特许清算机构和非银行支付机构为补充的多元化支付服务组织格局。目前，我国银行法人机构有 4600 多家、非银行支付机构 236 家，中国银联、农信银资金清算中心、网联清算等特许清算机构为银行卡等特定业务和特定对象提供差异化清算服务。随着支付服务场景化应用的不断扩充，支付服务需求主体不断壮大，小微企业和百姓个人

等长尾客户在支付服务市场中的重要作用日益凸显，影响程度更加广泛。

三是支付基础设施不断完善。随着我国信息技术的不断发展和金融体制的持续改革，我国支付基础设施建设也取得了显著进展。人民币跨境支付系统、第二代支付系统、网联清算平台等重大系统相继建设完成，业务网络覆盖全国、走向世界。其中，大额支付系统至关重要，影响日益彰显，2019年共处理业务金额达4950.72万亿元，日均19.80万亿元，成为全球第三大全额实时结算系统。

四是支付行业"走出去"成效显著。随着我国经济对外开放向纵深发展，我国支付产业也形成了多层次、多方位的开放态势。银联卡境外发行和海外受理不断加速；CIPS系统网络不断延伸，覆盖全球90多个国家和地区，参与者超过90家机构，累计处理人民币跨境支付业务188.43万笔，金额33.93万亿元，同比增长30.64%和28.28%；银行机构通过多种渠道的海外资金交易不断增多；支付机构"走出去"各显神通，跨境支付业务快速增长，成效日益显著。

（二）当前我国支付清算行业存在的主要问题

支付产业链条长，参与主体众多，服务对象广泛，技术依赖性较强，风险节点多，不同参与主体的风险防控能力参差不齐，风险洼地效应明显，容易向薄弱环节聚集，行业面临的风险依然突出，行业综合治理的难度增加。

一是支付违法违规现象依然严峻。近年来，为非法平台提供支付服务、无证经营等风险较为突出，虽然进行了大力整顿和治理，但是洗钱、欺诈、网络赌博等违法活动以及非法平台对支付的刚性需求产生的利益驱动依然较强，通过账户（收款码）买卖、租借等方式进行非法支付的现象较为突出，相关违法违规平台不断涌现，风险管理压力持续加大。支付与信贷、支付与理财等跨界合作和产品创新层出不穷，但借创新之名，打擦边球甚至违法违规的情况时有发生。

二是数据安全及个人信息保护问题凸显。由于法律法规尚不健全、数据治理体系有待完善，从业机构数据保护意识、内部管理、技防能力薄弱，违法违规成本低，存在过度采集数据、违规使用数据、非法交易数据等问题，严重侵害了用户权益，不法分子利用泄露数据刻画客户身份从而实施定向诈骗和资金盗窃。在 2019 年 7 月广东省公安厅官网发布的超范围收集用户信息 App 和 11 月公安机关网安部门的"App 违法采集个人信息集中整治"行动中，整改下架的 App 中涉及支付机构和商业银行的 App。

三是清算系统运行压力不断增加。总体看，我国的资金清算系统运行良好，但面临形势不容乐观。一方面，伴随国内消费主体化、集约化的发展势头，网络支付高发成为常态。清算系统的峰值保障也随之常态化，安全运维面临不断上升的压力，面临着严峻的挑战；另一方面，以资金清算系统与大额支付系统为枢纽，形成互联互通的批发支付生态系统。在优化产业流程、提高处理效率的同时，也增加了支付清算系统的复杂性，对安全生产和业务保障提出了更高要求，安全生产的整体协调一致性不容忽视。

四是金融科技应用带来新的潜在风险。以科技为驱动力的新一轮支付业务创新，在一定程度上突破了金融监管机构的能力范围，并带来了风险的新形势。首先，风险传染性更强，金融科技使跨界金融服务日益丰富，不同业务相互关联渗透，风险"牵一发而动全身"。其次，支付产品间交叉性和关联性不断增强使得风险隐蔽性更高，从而难以被监管机构和金融机构识别和度量，传统金融监管面临巨大挑战。最后，创新技术推动服务网络化、数字化和智能化，既打通了行业边界和产业链上下游，也打破了风险传导的时空限制，使得风险传播速度指数级增长。

二 监管科技对支付清算领域的影响分析

（一）有效应对"科技+金融"带来的新风险形势

在发展监管科技的过程中，一是金融监管机构能够对科技的运行机理、架构、优劣以及与金融业务的结合点有更为全面、深入的了解，更容易定位科技给金融创新带来的风险点，进而能够更有针对性地利用科技武装监管。

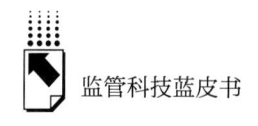

二是监管科技可以帮助监管机构提早形成预判与应对，提高对新型市场操作行为的识别与监控，维护金融市场的稳定运行，强化系统性金融风险的防范能力。三是监管科技能提升监管机构的审慎监管水平，使规则制定更科学、评价体系更客观。尤其是运用大数据、人工智能等先进技术，能够对异常交易、内幕交易、市场操纵、披露信息造假等行为进行及时有效的发现和分析，对各类市场主体进行更高效的监管。四是通过现代信息技术与监管的结合，可以有效提升监管能力和业务服务能力，同时，也可以利用新技术来优化和改造现有监管的业务与流程，在事前、事中、事后全方位提升监管效率，为监管机构提供更为全面、科学、客观的决策支持。

（二）推动支付数据报送的智能化与自动化

随着支付行业的监管升级，监管机构对数据报送内容的要求逐渐提高，金融机构需要面向多个监管部门报送不同结构、不同统计维度的数据。在技术应用方面，监管API同时为金融机构、科技企业提供"可编程""机器可读"的监管科技接口，以方便金融机构和监管机构通过API对标准统一的数字协议进行数据对接、传输和编程。监管部门通过工具从金融机构自动采集数据并完成计算生成报告。以API接口的形式，实现相关合规信息的数字化报送，不仅能提升报送效率和真实度，减少报送成本，还能促进提升监管的规范性，实现以最小扰动的方式开展监管。此外，在规范化报送格式的基础上，通过数据资产管理能进一步提升数据质量，快速自动生成合规报告，降低了人工成本。

（三）帮助机构实时跟踪与分析监管法规信息

随着支付行业监管不断收紧，各类监管法规频繁出台并且日渐细化，金融机构需要及时跟进政策变化，追踪政策走势，分析政策目的。而通过智能化的科技手段能有效地降低合规成本，提升监管政策的宣贯效率。通过自然语言处理技术，根据语境进行机器翻译、语义理解等操作，一是可以自动发现、识别、归档新发布的金融监管法律法规，对比新旧文件的异同，及时分析推理不同案例间差异，总结内在规律，并通过实时动态计算评估动态风险，从而及时提醒金融机构进行合规业务调整；二是通过建构知识图谱，整合多渠道、多种类的信息，搭建内部结构网络，对各类法律法规内容进行分析和梳理，提高金融机构业务合规的精准度、准确度。

（四）加速构建动态实时交易监测体系

云计算、人工智能、区块链等信息技术应用于科技监管中，以数据驱动为核心，从数据采集，到数据分析和决策，均以数据形式贯穿整个监管流程，实现动态、实时、自上而下的穿透式监管，从而解决监管信息不对称问题。利用数据聚合与管理技术，汇聚内外部数据，建立底层数据仓库，实现数据自动采集和可触达，通过区块链技术，将数据信息快速地传递给监管者，实现数据共享，避免监管机构与金融机构的信息壁垒。利用大数据挖掘分析技术，以及机器学习、知识图谱、自然语言处理等人工智能技术，建立数据模型，将采集的数据与模型进行融合和匹配，进而迅速地识别风险，进行甄别分析，监管机构可以通过反馈机制快速地对风险进行决策和处理，实现支付交易全流程实时动态监管。

三 监管科技在支付清算领域的应用实践

支付清算在为人们提供便捷、为金融行业带来机遇的同时，也面临着攻击频率更高、破坏性更大、影响范围更广等诸多安全威胁。迅猛增长的网络支付业务数据，增加了银行与支付机构面临的用户资金安全、个人信息泄露、金融诈骗等风险隐患。为了保障支付安全，国内外各监管机构和支付平台都在不断加强对监管科技的应用。

（一）国外监管科技在支付清算领域的应用与实践

1. SWIFT 利用云技术提高跨境支付透明度

全球支付创新服务（GPI）项目是 SWIFT 推出的全球支付创新项目，通

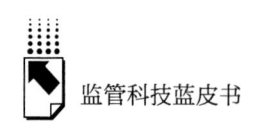

过云计算、分布式账本及 API 技术提升跨境支付的速度、透明度和端对端的查询服务，改善跨境支付的客户体验，提升跨境支付合规水平。一方面，解决了跨境汇款领域付款速度慢、欠缺透明度和不易追溯的问题；另一方面，通过丰富的业务规则和可通过 API 访问的云数据库，给终端受益人带来更快捷的款项入账、收费透明度以及实时追踪端到端支付的可能性。

该项目自 2017 年 1 月推出以来，已经在超过 85 个国家、全球 150 多家银行采用。目前，SWIFT GPI 已成为跨境支付行业最重要的基础设施之一。

2. PayPal 反欺诈风险监测平台 Simility

Simility 是一个高度可扩展的防欺诈云平台，利用机器学习技术识别欺诈交易信息，阻截可疑交易，保护企业免受复杂欺诈交易侵害。

Simility 会针对不同的环节、设备和生物识别参数，构建一份详细资料，以记录用户的登录行为，从而分析各种指标，包括网页停留时间、键盘模式等，预防欺诈开户。同时它还会从第三方来源那里搜集数据，以了解开户过程中的信息可靠性。该平台能够灵活应对不断演变的欺诈手段，无须重新编写代码就能调整防欺诈策略。

3. 加拿大、新加坡等多国央行探索分布式账本技术支付结算基础设施

目前，许多央行正在进行研究和试验将分布式账本技术应用于银行间大额支付和证券结算，如加拿大银行的项目 Jasper 和新加坡货币管理局的 Ubin 项目。Jasper 建立初衷是建立一个基于分布式账本技术的大额支付系统，并通过系统中的数字结算凭证 CADcoin，辅助加拿大央行进行货币与央行资产的发行、转移和管理。目前该项目已经完成了前三期的阶段性测试，部分加拿大商业银行已经开始尝试使用 CADcoin 进行同业间的大额支付交易。Ubin 由新加坡金融管理局和新加坡银行协会发起，其目的是联合商业银行对区块链技术在实时全额支付系统中的应用进行实际试验，并根据试验结果构建一套更高效易用的基于法定数字货币的支付系统。Ubin 项目目前已完成前两期的测试，在后期规划上，Ubin 项目还计划对如何利用法定数字货币实现券款对付机制（DVP）及高效的跨境支付清算进行研究。

（二）我国支付清算领域监管科技应用实践

1. 中国支付清算协会行业风险联防联控平台

为实现行业风险信息联防联控，满足会员单位的风险信息共享需求，中国支付清算协会于2015年6月正式上线行业风险信息共享系统，详细记录网络支付、银行卡收单和条码支付等支付业务经营中个人与商户的风险信息，支持会员单位对风险信息的变更、精确查询和统计查询。截至2019年底，累计接入并上线293家单位，累计记录17.6万条有效风险信息、推送1.7万条商户黑名单信息以及5200多条商户风险提示信息。

为进一步规范收单市场秩序，净化支付受理环境，提升行业治理能力，2019年6月，协会按照《中国人民银行关于进一步加强支付结算管理防范电信网络新型违法犯罪有关事项的通知》要求，升级建设特约商户信息管理系统。截至2019年底，累计接入并上线274家单位，累计记录5392万条特约商户基本信息，共计有156家单位发起1130万次商户签约情况查询，查询命中150多万次，其中查得特约商户黑名单信息和风险提示信息5374次。

2. 中国银联支付安全联盟风险信息共享平台

中国银联建立的"支付安全联盟风险信息共享平台"是行业内首个基于区块链的跨机构数据分布式存储及查询平台。一方面，通过整合互联网支付、电商、社交网络、安全厂商及银联自有的风险数据，将不良持卡人、可疑商户数据收集、整合、处理并对外开放，实现了银联、成员银行、司法机关之间各类银行卡风险信息的共享与发布。另一方面，利用区块链技术分布式、不可篡改、可追溯等特性，解决了信息共享时各机构对自身数据安全、权利保障方面的顾虑，利用信息化技术对潜在风险进行检测及识别，在保障支付行业生态安全的同时，也为各类风险分析应用及风险联合防范机制建设提供了平台、数据基础。

自2018年7月初上线以来，该平台已经累计近千万条风控数据。

3. 上海票据交易所基于区块链技术的数字票据交易平台

2018年，上海票据交易所基于区块链技术的数字票据交易平台成功试运行。为使监管容易触达，票据交易的所有数据都构成了可回溯的形式，永久存储在区块链上，降低了监管的调阅成本；在监管实现的方式上，此平台使得监管方只需在区块链网络中编写智能合约，就能达到指定交易规则的目的，技术上保证所有交易参与方都需要遵守其规则，降低了监管的接入成本。另外，此平台实现了自动的业务合法性检测，实现了业务事中监管，杜绝了人为原因造成的经济风险。

票据交易天然依赖权威信息。例如，票据的贴现利息计算需要考虑到节假日影响，而节假日需要由权威机构输入。上海票据交易所区块链平台在设计阶段，就考虑了包括监管在内的管理机构的接入接口，方便其履行法律或行政职能，监管机构可以掌握市场动态，并进行引导和干预。

基于以上技术设计，监管机构对于交易的监管更加完备，为票据业务的创新营造了安全的环境。

4. 平安付商户智能风控系统

平安付基于多年来在商户风险管理方面积累风控业务数据研发的商户智能风控系统，在原有的初代风控系统基础上引入大数据、生物识别、光学字符识别（Optical Character Recognition，OCR）、基于位置的服务（Location Based Services，LBS）技术等智能化手段，覆盖商户准入、交易、运营的全流程风险管控，实现了风险交易的实时侦测。

在商户准入控制方面，结合"高风险材料人工审核+低风险材料自动审核"的方式对商户进件图片进行多维度交叉智能识别，并结合OCR、地理位置服务、图片内容识别等信息综合比对判断。在交易监测方面，通过建立规则引擎和模型体系，对商户风险进行全方位覆盖，保障商户端风险的侦测稽核，有效打击风险交易行为。在反洗钱方面，通过平台中的全面智能反洗钱管理模块，实现身份校验实人认证、信息校验认证、名单筛查引擎、受益所有人智能穿透识别、洗钱风险智能评估、反洗钱监管动态监测。

5. 财付通智能可疑交易监控平台

为了全面落实《中国人民银行关于进一步加强支付结算管理防范电信网络新型违法犯罪有关事项的通知》等监管要求，财付通基于云计算、大数据、机器学习、生物识别、图像 OCR 识别等多种技术手段开展自主建模，将风控措施内嵌进支付业务事前、事中、事后的全流程环节，建立起"立体监控＋生态联防"的可疑交易风险防控平台体系。

平台一方面事前充分利用人脸识别、图像 OCR 识别等技术，严把客户审核准入条件，设置高门槛。在按照相关法规要求，全面开展客户身份识别的基础上，通过引入机器学习和模型算法等技术手段，进一步加强客户身份识别的能力建设，提升客户身份信息识别和核验工作的准确性和有效性，另一方面将"团伙挖掘""文本挖掘"等机器学习技术运用于移动支付可疑交易监控方面，实现了信息流与资金流的有机结合，建立了平台风险自动识别能力，推动了可疑交易监控智能化水平。

可疑交易监控平台体系提升了财付通的风险自动识别能力，有效打击了资金盘、赌博、地下钱庄、暴恐及毒品等多种风险支付交易行为，仅 2019 年日均辨识可疑交易笔数超过 100 万笔，每日报送可疑交易案件数过百件。

6. 汇付天下反洗钱数字化平台

为了建立反洗钱业务与前、中、后台部门全方位的连接，从与用户行为有关的大量数据中捕捉异常信号，汇付天下利用人工智能、大数据、云计算等技术构建反洗钱数字化平台，采用机器学习对有关信号进行实时分析并识别异常交易，实现所有业务反洗钱工作自动化、柔性化和可度量。

一是通过 SKY 技术对商户的运营网站进行监测，对其运营网页内容进行提取，并对相关网页内容进行分析，自动匹配，有效地识别黄赌毒类、传销类、电信诈骗类等涉案商户。二是基于 Kettle、Vertica、阿里云等 Pass 平台，构建了统一的云数据计算和分析平台，支持流式计算、边缘计算等，可以实时对数据进行分析、检查、清洗。三是运用大数据分析和人工智能机器学习，根据对数据的实时处理并结合已有业务数据，

建立可疑交易监测模型。

平台上线以来，目前所累积的结构化数据超过 2000 亿条，形成了覆盖 570 个种类的可视化标签体系，进一步完善了反洗钱数据资产管理，围绕决策、营销和员工赋能提供数据分析和可视化工具，在风控、营销和运营等场景中广泛应用。

四 监管科技在支付领域的应用挑战

（一）"数据孤岛"和数据壁垒难以破除

出于商业竞争和成本控制的需要，金融机构间通常缺乏共享数据的动力，尤其是一些大型科技企业，通过社交软件、购物软件和支付工具等渠道掌握着庞大的客户个人信息和行为数据，极易形成数据垄断、数据壁垒现象。与此同时，各监管部门和金融机构分别站在各自立场对数据进行理解、定义、搜集、整理和存储，这些数据间缺乏统一标准规范，往往存在较大差异，难以实现共享，使得数据在物理层面上形成了"数据孤岛"。

（二）监管科技配套措施存在短板

面对支付行业渠道、工具上日新月异的发展，监管配套容易跟不上形势的变化。一是法律存在滞后性。金融创新与作为监管依据的法律法规间存在"步调问题"，金融创新通常会超前于现行法规。二是技术配套不足。监管机构缺乏行业内信息数据和技术共享机制、对新技术的开发利用以及网络安全设施和管理制度。三是人才保障问题。监管机构科技研发与应用队伍整体数量不足，人才结构不尽合理，缺乏掌握分布式、大数据等新兴技术的专业化人才，且已有人才流失风险大。

（三）金融科技公司容易成为"隐性监管者"

由于在体制机制、资金保障、人员保障及技术支持等方面存在诸多限制，监管机构尤其是地方金融监管机构独立开发监管科技存在一定障碍，而由监管机构提出需求、由科技公司提供技术支撑是目前较为主流的监管科技发展模式，这也使得金融科技公司存在间接掌握金融敏感数据、监管数据的可能性，加上其原先收集的客户个人信息和行为数据，不仅将进一步加剧行业数据垄断现象，还可能存在利用技术"后门"及漏洞，进行监管套利的风险，催生出金融科技公司"既当运动员又当裁判员"的现象。

（四）监管科技应用带来的风险控制趋同，与普惠金融发展背道而驰

随着合规科技的发展与应用，金融机构开始利用大数据技术搜集客户个人信息和行为数据，对客户进行"精准画像"，为风险控制提供依据。虽然合规科技的使用减少了人工干预，提高了风险控制的精准度，但由于基于大数据技术的风险控制工具的数据搜集维度和核心算法基本是趋同的，当所有金融机构都采用同样或类似的风险控制工具时，就会造成一部分小微企业、弱势群体在任何金融机构都没有办法获得金融服务，这与金融科技隐含的普惠金融发展诉求背道而驰。

五 监管科技在支付领域的发展建议

（一）加强监管科技应用中的数据治理和信息保护

支付数据可以说是最有价值的监管数据资源，为避免因数据问题而造成监管困境，加强数据治理模式探索和个人信息保护成为重要的研究方向。一方面，统一金融数据统计口径和信息共享。建议由中国人民银行统筹建立一致的金融数据统计口径，解决数据信息归集和使用难等问题。同时组织管理数据共享工作，制定数据共享、数据脱敏制度和实施规范，对各类数据进行分级分类管理。另一方面，要对监管大数据平台及其分析成果进行有效的安全保密管理，尤其是对平台中较为敏感的数据信息，应建

立起从底层到上层全覆盖的安全保密体系，确保信息采集、存储和使用的合法性，加强个人信息保护。

（二）完善监管科技建设的配套促进措施

首先，从法律法规层面明确发展监管科技的必要性和重要性，为利用监管科技防范金融风险提供明确依据；其次，强调信息共享，由中国人民银行统筹管理数据共享工作，制定数据共享、数据脱敏制度和实施规范，对各类数据进行分级管理；最后，加强监管规则代码化研究，利用自然语言处理、知识图谱等技术将监管政策和合规性要求转化成数字化监管协议并嵌入金融业务流程中，推动智能化监管报送及风险防控机制的建立。

（三）探索构建产学研用多方共同参与监管科技平台的建设机制

从目前发展来看，监管科技发展的理论构建还不能适应监管科技发展实践的需要。监管科技正进入高速发展的快车道，新兴信息技术与监管的不断融合，使监管科技形态层出不穷，导致很多基础性、理论性的问题尚未明确，理论研究明显滞后于监管科技发展，业界"领跑"学界"追赶"成为监管科技发展中的突出问题。因此，应以发展监管科技为抓手，构建一个学术界、金融监管机构、金融机构、金融科技公司及监管科技公司等各主体良性互动、共融发展的大平台，以推动构筑中国金融新生态，使金融更好地服务实体经济，更有力地防控金融风险，更大程度地保护金融消费者和投资者权益，促进中国金融的国际竞争力的提升。

（四）注重发挥行业协会的积极作用，构建多方参与的监管科技促进机制

一是开展监管科技研究。组织力量开展监管科技前沿基础、不同监管场景的解决方案研究，进行监管科技、合规科技标准研究，为监管部门提供有益参考，并指导会员单位合规科技选型。二是搭建监管科技交流平台。发挥协会在监管和业界间的桥梁纽带作用，构建一个监管机构、行业协会、金融

企业、科技公司及研究部门等各主体良性互动的平台。三是建设行业风险监测平台。发挥好协会贴近市场和体制机制方面的优势，充分借鉴和利用新技术，联合会员单位采取共建、共享、共治的模式建设行业风险联防联控平台，辅助监管维护好市场秩序。四是发挥好中国金融科技产品认证管理平台的作用。确保金融科技产品，尤其是支付技术类产品在行业自律与安全评估方面朝着自动化、智能化发展，实现认证过程可追溯、结果可核实的全流程管控。

B.5
监管科技在地方金融监管中的应用探索

北京金信网银金融信息服务有限公司*

摘　要： 在金融领域应用大数据、区块链等技术提质增效的同时，金融风险的传导性、隐蔽性也在增强。面对新形势，地方金融监管部门正在调整监管方式以适应新的监管需求，应用监管科技及时发现风险，提升监管效率，助力地方金融常态监管与服务。本文从地方金融监管工作存在监管数量庞大、信息不对称和监管缺乏有效手段等问题出发，提出设立地方金融监管法规制度、建立地方金融监管体制等解决方式。结合应用案例，对未来监管科技与地方金融融合发展进行展望，提出地方金融监管应加强数据共享与安全、重视合规科技的使用等建议。

关键词： 金融风险　地方金融　金融监管　监管科技

近年来，随着新兴前沿技术在金融业的应用，金融创新产品层出不穷，推动了传统金融业提质增效。借助金融科技，可更大程度上满足普惠金融的需求，完善我国金融体系。然而在金融科技快速发展的同时，金融风险也由于科技催化而产生了新的变化，出现了诸多金融欺诈、非法集资等金融乱象。不管是为金融科技发展创造良好环境，还是为让金融监管跟上创新变化，传统监管都面临着变革的迫切需要。全球的金融监管者都在思考如何调整监管模式以应对金融创新带来的新型监管需求。

---

* 执笔人：李崇纲、贾小婧。

一 地方金融监管存在的问题

地方金融指以某一地域为活动范围载体,在地方注册,立足并主要服务于特定地方经济的金融机构或金融业态。地方金融在我国金融市场中承担着区域普惠金融、服务地方经济的重要作用,是整个金融体系中不可或缺的组成部分。

相对大型持牌金融机构,地方金融经营主体普遍存在风险防范意识和风险管理能力较弱的情况,再加上经营目标与行为导向大多以逐利为主,其业务活动的风险系数整体偏高。在地方金融监管方面,2017年第五次全国金融工作会议提出,地方政府要在坚持金融管理主要是中央事权的原则下,强化属地风险处置责任。按照中央统一部署,组建地方金融监督管理局,对"7+4"类机构进行监管,承担N项风险处置责任,即"7+4+N"。地方金融监督管理局(办)作为金融监管与风险防控的最前线环节,工作却面临诸多现实困境。

首先,监管数量庞大,信息不对称。位于地方市区一级的地方金融机构,少则几千家多则数万家,靠传统现场检查基本难以覆盖。特别是在互联网金融环境下,线上交易加剧了金融机构信息不对称性,现场检查也很难查到实质风险。

其次,监管缺乏有效手段。一是地方金融监管尚缺上位法,不具有名正言顺的执法权;二是人员匮乏,知识结构与监管对象复杂程度不相匹配;三是缺少技术手段支撑,难以形成与风险相适应的管理能力。

二 对地方金融监管的建议

在梳理总结地方金融监管的现状和问题后,本文尝试对地方金融监管的工作思路和监管方向提出以下建议。

（一）设立地方金融监管法规制度

虽然从政策上赋予了地方金融监督管理局（办）对地方金融机构的监管职责，但是在法律上还面临着执法权的缺失。依照《中华人民共和国银行业监督管理法》中规定，对非法金融监督与取缔的有关权力划归中国银行保险监督管理委员会，地方政府更多承担协助的角色，并没有真正意义上的金融监管权。所以当前亟须从法律层面，至少从行政法规层面做出规定。目前上海、山东、河北、天津、四川已经制定了本区域的地方金融条例或地方金融监督管理条例，有的区域正在征求意见。

2020年，央行金融法制工作电视电话会议上提出，在加快推进人民银行法、商业银行法和存款保险条例的修改工作之外，还要加快推进地方金融监督管理条例的立法工作。可以预期后续将有更多省份出台地方金融监督管理条例。有了明确的授权，将更有利于地方金融监管工作的推行。

（二）建立地方金融监管协调机制

地方金融监督管理局（办），受本级政府领导，属于地方政府的直属机构。地方上还有一行两会一局及其分支机构或派出机构，是中央垂直管理的体制。为有效协调中央与地方监管职责、整合地方金融监管资源，2020年1月，国务院金融稳定发展委员会办公室出台《关于建立地方协调机制的意见》，提出建立地方协调机制，加强中央和地方在金融监管、风险处置、信息共享和消费者权益保护方面的协作。照文件指示，各省（区、市）均需建立金融委办公室地方协调机制，以最大限度实现监管条块融合。此协调机制既能发挥中央金融监管部门的专业优势，也能获得地方资源的有力支持，同时能缓解部门之间的利益博弈。在特殊、突发金融事件处理中，地方协调机制可迅速调动多部门行政力量，形成立体化的地方金融监管协调架构。

（三）构建地方金融监管科技系统

在金融与科技结合更加紧密的背景下，大数据、人工智能、区块链等新技术已逐步在金融监管领域发挥着越来越多的作用。地方金融监管资源不足也促使监管机构借用科技增强监管效率，转变线下为线上、转变粗放到精准、转变间断到实时的新型监管模式。

地方金融监管系统应当着手从业务需求出发，以金融大数据为基础要素，针对地方金融风险的特征、变化、监管政策，将科技驱动融合在监管全链条中，做到以监管为本、技术为器、数据为核心驱动，逐步实现监管规则数字化翻译、数据实时化采集、风险智能化分析、结果可视化呈现等，综合运用各类科技手段有效优化监管流程，持续提升监管效能。

（四）完善地方风险防控与监管长效机制

充分运用监管科技系统所提供的情报信息并结合自身区域特点，形成风险防控与监管的工作机制，形成全链条监管覆盖。例如，充分调动发挥商务楼宇运营者、"网格员"等组织力量的预警作用，利用监管科技系统监测风险，督促处非专班履行好实地核查职责；再如，可以通过防止关键人员跑路、锁定银行账户等方式，维护投资人合法权益和正常的信访秩序，从而建立行刑联动机制，为投资者挽回损失。

三 监管科技在地方金融监管中的实践

（一）在防控非法金融活动中的应用

1. 政策环境

为有效遏制非法集资高发蔓延势头，切实保护人民群众的合法权益，国务院在2015年发布的《关于进一步做好防范和处置非法集资工作的意见》中提出，要创新工作方法，充分利用互联网、大数据等技术手段加强对非法集资的监测预警。近年来，从中央到地方应用监管科技手段防控金融风险已达成共识。2019年处置非法集资部际联席会议上，中国人民银行党委书记、中国银行保险监督管理委员会主席郭树清提出，要大力推进监测预警体系建

设,加快推进全国非法金融活动风险防控平台建设,高质量完成全国非法集资监测预警体系三年规划编制工作。

2. 冒烟指数监测预警

国内应用大数据等先进技术手段构建非法金融风险监测预警指标体系起步较早。2013年,为有效防范和化解互联网金融风险,原北京市金融工作局提出了构建金融风险监测预警指标体系——冒烟指数模型,旨在运用大数据、人工智能等先进技术手段构建现代金融监管框架和模式,为及时有效识别和化解金融风险、整治金融乱象提供技术支撑。之后陆续有地区开始建设大数据监测预警非法金融活动平台,如深圳、内蒙古、江西、重庆、武汉等。据不完全统计,目前已有23个省(区、市)、4个计划单列市开发建设了大数据监测平台,其中冒烟指数所占比例排在第一,本文也以冒烟指数为例介绍大数据监测预警非法金融的原理。

冒烟指数作为金融风险监测预警指标,其最初构想来源于"森林着火要冒烟警示",将烟火释放的风险信号比喻为冒烟指数,预测企业的非法金融活动,创新性地把监管事前预警同大数据融合。

北京通过冒烟指数建立了防范非法金融活动从中央到地方市区,从行政到刑事的联动治理机制,一方面,冒烟指数服务中国银行保险监督管理委员会打非局,上报高风险企业名录,与北京地区的高风险企业形成同步;另一方面,北京运用冒烟指数形成市区两级联动防控金融风险工作机制。市级层面,北京市地方金融监督管理局依托云平台,对全市近17万家重点企业实行不间断监测预警和常规报告;区级层面,北京各区金融办依据监测预警成果进行重点风险企业的实地核查处置工作。此外,证监局、公安经侦也使用预警结果对高风险企业进行排查和证据收集。

(二)在地方金融"7+4"中的应用

1. 政策环境

近年来,地方金融监管改革不断深化,监管范围和责任已然明确。2017年第五次全国金融工作会议明确提出地方政府要在坚持金融管理主要是中央事权的原则下，按照中央统一规则，强化属地风险处置责任。2018年各地方政府在地方金融发展办公室的基础上挂牌"地方金融监督管理局"，并开始履行对"7+4"类地方金融机构的监管重任。通过建立地方金融监督管理监管科技平台提升工作效率已成为各地方监管者的共识，并且写入地方金融立法中。例如，正式实施的《上海市地方金融监督管理条例》对建立地方金融监督管理信息平台，以及地方金融组织应当定期向地方金融管理部门报送业务经营情况报告、统计报表等资料都有明确规定。已颁布实施的河北、四川、天津等地的地方金融监管条例也均有应用监管科技系统的相关表述。

2. 地方金融监管平台发展实践

广西南宁市金融工作办公室于2019年建设地方金融监管风险监测预警平台，除了使用冒烟指数实现金融风险防控事前收集信息、事中监测预警、事后协同处置的监管闭环外，更建设了地方金融线上监管平台系统，就金融机构合规风险发生系数进行提前预警，借助风险综合分析报告、可视化呈现和协同处置平台，对地方金融组织实施线上线下监管，对高风险金融业态进行主动干预，有效建立各部门协同处置机制，缩短风险响应耗时，提升风险分析与决策效率，实现对本地"7+4"类金融机构的非现场、智能化、精准化监管，为科学制定监管与服务政策提供有力参考。

（三）在地方金融服务中的应用

1. 政策环境

助力实体经济及中小微企业发展的关键在"服务"。做好普惠金融服务，也是地方金融监管机构的主要职责之一。中央与地方政府都在鼓励通过制度创新、模式创新和技术创新等方式来解决中小企业融资难题。构建"政府主导、市场参与、风险分担、合作共赢"的智能金融服务模式，为政府、金融机构和中小企业提供综合性的智能化金融服务，是有效推进金融创新服务工作持续高质量发展的新方向。

2. 金融服务平台发展实践

为破解企业"融资难、融资贵"的问题，浙江省以政府服务金融的公益性定位，按照"统分结合、供需对接、信息共享、服务高效"的原则，基于"1+1+N"总体架构，依托浙江省公共数据平台实现各类业务系统的协同，打造了金融服务实体经济平台——"浙江省金融综合服务平台"。

该平台呈现三个特征：一是严格的专业性。平台的供需对接按照精准高效的原则由银行专家设计业务流程。所有纳入共享的数据字段均经过银行专家的挑选、测试。二是充分的灵活性。平台具备"字段"级颗粒度的数据共享能力。在相应安全机制下，允许金融机构自定义任意组合的个性化数据需求。三是广泛的开放性。依托浙江省公共数据平台、浙江省公共信用信息平台等业务系统的协同，金融机构可将平台作为数据应用的平台、产品开发的平台、风险管理的平台，政府部门可将平台作为行为监管的平台、风险监测的平台。

截至2019年3月25日，该平台在浙江省11个地市、365个网点开通了抵押登记线上办理服务，平均办理时间不足5小时，累计办件8600余笔，授信金额116亿元。新冠肺炎疫情期间，浙江省辖内银行机构依托浙江省金融综合服务平台做好防疫，着重加强应急物资、生活物资、小微企业三类重点企业的信贷支持，"抗疫专区"自2020年2月17日发布以来，入驻产品150款，已完成授信1928笔、47.8亿元，收到申请当天完成授信的占56%。

四 监管科技在地方金融监管的未来展望

（一）数据共享与安全问题

监管科技具有很强的数据属性，主要是基于对数据的采集、管理及分析。地方金融的常态监管更侧重对经营行为、风险的分析，形成数字化监管报告并为监管者提供决策支持。因此保证数据收集的时效性与真实性是分析准确的关键因素。但目前数据共享有待进一步加强，如数据标准不统一、数据更新不及时等因素，导致监管科技系统还无法充分挖掘数据中蕴藏的效能。

（二）促进地方金融重视合规科技使用

监管科技其实包含两个方面：合规科技和监管科技。前者主要是金融机构通过技术来解决自身的合规需求，同时降低合规成本。后者是伴随着金融科技的发展和金融监管体制变革，监管科技越来越受到重视，逐渐在金融监管领域实现应用，减轻了监管压力，提高了金融监管的有效性。在我国的互联网金融发展中，金融监管对待金融创新采取了较为包容的方式，违法违规成本很低，因此地方金融机构合规理念和投入监管科技的动力明显不足。伴随着我国高度重视防控金融风险工作，金融监管机构开始加大处罚力度，在金融监管体制改革加强对金融监管机构的目标导向和问责机制后，金融监管机构处罚的力度会增加、地方金融违法违规成本会上升，成为催生应用合规科技的需求动力。

技术探索篇

Technology Exploration

B.6
云计算最新发展及其在监管科技领域的应用

华为技术有限公司[*]

摘　要： 云计算技术从新兴技术已经步入成熟阶段，国内云计算服务产业方面从经济、技术、应用场景、生态方面已达到一定成熟度，向云基础设施自主可控、云上原生服务、丰富云服务发展，部署模式从公有云、私有云向混合云发展。云计算服务未来将成为智能社会的基石，作为金融业科技发展底座，支撑和推动上层监管科技应用不断创新。云、人工智能、5G、IoT技术结合，将产生新场景"裂变"，新"裂变"驱动金融行业新的发展。

关键词： 云计算　鲲鹏　云生态　云监管　人工智能

---

[*] 执笔人：白阳、尤昉。

一 云计算技术发展情况

（一）云计算正在成为智能社会的基石

当前社会的信息基础设施建设，主要分为硬基础和软基础，其中硬基础基于技术本身，需要核心技术能力支撑；软基础包括技术保护规则、技能、人才等，硬基础主要是基于网络、移动网络的云计算及云上服务等。软基础涉及人才专业能力、政策引导、专利保护，关键是人才的能力，只有人才能力提升，技术才会长足进步。

云计算是硬基础的典型代表之一，在云计算时代，国际 IT 基础设施建设已经走了约 20 年，国内也发展了约 10 余年：通过云操作系统，对计算、存储、网络资源等进行整合，提供丰富的计算、存储、网络、应用等资源服务。目前，通过云、端、边多种技术结合可进行全面技术创新升级，加之可应用现有金融行业场景，金融业云化转型和监管科技发展得到巨大助力。

（二）云计算基础技术

虚拟化技术，包括虚拟机、网络虚拟化、存储虚拟化及虚拟化的资源池等。虚拟化可以是单台强大的物理服务器模拟多个独立小型服务，也可以是多台小型服务器虚拟成一台高性能服务器，完成特定任务。

云计算的另一大优势就是能够快速、高效地处理海量数据，提高系统的可靠性、可用性和存取效率、扩展性。云计算不仅要保证数据的存储和访问，还要能够对海量数据进行特定的检索和分析。相关技术有 Hadoop、GFS 等。

云计算和雾计算、边缘计算，术语"云""雾"和"边缘"表示计算的三个层次。云层：工业大数据、业务逻辑和分析数据库及数据"仓库"；雾层：本地网络资产、微数据中心；边缘层：工业 PC 上的实时数据处理，特定于过程的应用和自动化设备；将它们看作层次是很有帮助的，因为每一

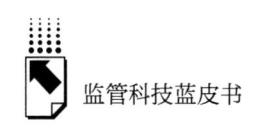

层都建立在前一层的功能之上,并且每一层都提供了更接近源代码的分析智能。在 IT 领域,可操作数据的来源可能包括公司路由器和员工终端。

上述为云计算基本技术介绍,结合目前云计算技术发展趋势,下面分析云计算产业发展的重要环节的发力点。

(三)云计算最新发展的主要核心点

1. 我国云计算产业上游核心硬件发展现状

芯片产业一直是中国科技产业尤其是信息与通信技术产业的软肋,长期受制于人。在云计算领域,芯片产业仍是重中之重,处于云计算产业的上游位置。随着全球电子制造业的转移以及云计算产业的发展,中国已经成为全球最大的半导体市场,也成为增长最快的云计算市场之一。同时,由于国际竞争局势日趋复杂,贸易摩擦加剧,发达国家已经将禁止芯片技术和产品出口作为遏制竞争对手发展的重要工具。当前,中国企业在计算、存储芯片等领域正持续进行着自主研发。

(1)服务器芯片自主研发状况

当前,我国服务器芯片自主研发主要有以下几种方向:Alpha 架构、ARM 架构、MIPS 架构、X86 架构、Power 架构,涌现出基于 MIPS 的龙芯、基于 X86 的兆芯、基于 ARM 的天津飞腾和华为鲲鹏 920 以及基于 Alpha 架构的成都申威等。基于精简指令集(RISC)原则的开源指令集架构 RISC-V 也获得众多国内科技公司的关注。

(2)存储芯片自主研发状况

中国厂商在高端存储芯片领域缺少核心技术,需与国外合作。目前,紫光国芯、武汉新芯等企业已经或正在建设存储芯片工厂,进行存储芯片领域的自主研发。紫光国芯业务涉及存储芯片的设计、生产、测试以及方案构建,主要专注 12 英寸 DRAM 存储芯片的研发。

2. 我国云计算产业中游 IT 基础设备发展现状

以服务器和存储为例,近年来,国内服务器和存储厂商大力投入研发资源,进行自主可控技术研发。以服务器领域为例,综合多家市场机构的研究结果显示，当前，除核心芯片之外，我国服务器零部件国产化率已经超过60%，这些产品的应用，带动了国内相关市场的发展，使得国内相关厂商在中国服务器和存储市场占据重要地位。

3. 我国云计算产业下游云生态发展现状

（1）云基础平台

2019年，华为云发布鲲鹏云服务和解决方案，鲲鹏云服务聚合华为自研的芯片和硬件设备、支持多款国产服务器操作系统。2013年，阿里云自主研发了大规模分布式计算平台"飞天"，2019年，阿里云发布了基于飞腾CPU平台的阿里专有云安可敏捷标准云计算平台。腾讯云与中科曙光在2017年签署战略合作协议，联合打造"安全可控"和"云管平台"解决方案。

（2）数据库

数据库是企业IT依赖的重资产，尤其是云数据库，逐渐成为新一代的IT基础设施。当前，中国厂商在该领域高速发展。在市场表现方面，根据Gartner发布的相关报告，腾讯云数据库增速达到123%，而同期国外数据库平台Oracle的增速为66%。国产数据库平台OceanBase也已在Github开源，获得海内外开发者关注。

（3）云原生

华为云在2015年将云原生列入战略技术投资范围，2019年，华为推出KubeEdge 1.0实现端边云全面协同，性能、可靠性和稳定性得到提升且支持服务网格，将计算能力"推"至边缘，支持以GPU、FPGA和ARM为代表的异构计算，为云上和边缘提供计算资源。

2019年阿里云发布了边缘容器和云原生应用管理与交付体系，边缘容器可实现云、边、端一体化的应用分发，支持不同系统架构和网络状况下应用的分发和生命周期管理。

（4）SaaS应用

当前，国内互联网厂商都在向企业级市场发力，传统软件龙头金蝶、用友、广联达、汇纳、石基等都在大力向云化转型；初创企业中也陆续涌现出纷享销客、销售易、北森等优质厂商。从目前的发展来看，SaaS出现之后，

国内用户正逐渐实现国产化替代,如北方工业之前使用Oracle、中石油使用思爱普(SAP),而这些企业在上云时都选择了国内企业金蝶。近年来,随着自主可控趋势在国内软件行业日益显现,SaaS正好为国内软件企业提供了更好的发展机会。

4. 行业应用现状

(1) 现状分析

2019年10月30日,中国人民银行、国家市场监督管理总局联合推动金融科技产品纳入国家统一推行的认证体系,依据"推动构建以标准引领、企业履责、政府监管为基础的管理体系"的重要精神,将云计算金融应用纳入国家统一推行的认证体系,以标准落地实施为手段,切实防范因技术产品质量缺陷而引发的风险传导,着力提升创新能力和综合治理水平。

云+智能开启新时代,智能云加速数字化转型:人工智能技术能力要求高且资金投入量大,限制了人工智能的落地;华为以云的方式提供资源、平台及应用在内的人工智能服务能力,降低企业智能化门槛;以GPU、FPGA云服务为代表的基础资源服务为机器学习、模型训练和预测提供算力支撑,以华为ModelArts为代表的使能平台服务为人工智能应用开发提供算法模型的快速上线,弥补了传统企业在该方面的人才和技术积累的不足。成熟的智能云应用可直接应用于企业智能化场景。

智能云服务落地多个行业应用,助力企业实现数字化转型,包括京东"无界零售"、阿里"新零售"、苏宁"智慧零售"等。第一批试用的企业都是研发智能云服务企业本身,对外开放的都是商用的服务,不涉及定制开发。

云端开发成为新模式,研发云逐步实现商用。优势:降低企业成本;覆盖软件开发全生命周期;实现软件协同。软件开发趋于结构化:集成需求管理、架构设计、配置管理、代码开发、测试、部署、发布、反馈、运维等全自动的Devops持续交付云平台。华为软开云DevCloud平台与云平台集成,简化部署、发布和应用上云,全方位安全加固的系统对核心研发数据加密传输和存储,全面保障企业研发数据的安全。阿里云的云效平台、腾讯的蓝鲸平台：Devops 实现从理念到工具再到实践的真正落地，实现研发运营一体化。

（2）金融行业发展趋势

数字经济时代金融行业面临数字化转型挑战，混合云作为支撑数字经济的数字底座，与公有云采用相同的技术和架构、统一的生态体系，在保障金融机构数据权益和行业监管的同时，能够快速获取大数据、人工智能、数据库等新型云服务能力，满足"安全可靠+应用创新"双重诉求，以快速应对市场变化。倡导各金融机构结合自身实际情况，积极推进混合云的部署和建设，引入业界先进的云服务，支撑金融机构基于混合云灵活创新。

丰富的云服务的使用和运维比传统信息化资源更加复杂，需要在线化、专业化的能力。金融机构需要落地集约化建设与运维，可以结合自身实际情况，针对总部与分/子公司架构选择建立统一运营、分级运维的模式，在统筹规范运行维护工作，提升运维保障能力的同时，充分依托混合云的服务能力，聚焦业务创新。在建设单位不具备运行维护能力的情况下，建议由具备专业运营和维护能力的厂家统一提供服务，减少自管自维。

简化流程，降低初始投资成本，以保障可持续发展和金融机构与厂商的长期合作，确保更多新技术能力的持续引入和落地，充分发挥多元算力效能，支撑金融机构面向未来的持续业务创新。

监管科技的应用，一方面，客户和场景对金融机构的服务要求不断提高；另一方面，监管科技化、科技化监管能有效验证金融业与云计算、区块链、人工智能等新技术的天然契合度。科技并非业务，业务是金融机构的核心竞争力，监管科技化是必然趋势。从各大金融机构和云服务厂商的合作来看，无论是云，还是人工智能，结合双方经验和能力，最终都能渗透到机构的基因之中，转化为驱动力，基于云计算、大数据和人工智能的应用必然扩大范围。

二 云计算在监管科技领域的应用与实践

对于监管机构，可利用云计算作为高性能和易扩展基础设施，部署原有

监管科技手段，提升监管信息处理流程和速度。对于金融机构，可利用云计算的高性能和易扩展的特性，使金融业务、风险控制系统等逐步实现上云。

华夏银行早在2017年就与华为共同打造了华夏金融私有云，向下实现了软件定义网络、软件定义存储及软件定义计算，向上实现了IaaS层基础资源服务化，形成统一的跨数据中心全栈分布式私有云，并兼容纳管原有稳态的资源池，实现了真正意义上的云网协同，做到了基础软硬件资源全自动化发放，提高了服务交付的效率，可用性方面也达到了预期的要求。

"工欲善其事，必先利其器"。依托华夏金融私有云平台，华夏银行业务系统部署周期缩短70%，较好地支撑了华夏银行"整体数字化转型与开放银行平台创新"的双轮驱动。为了进一步推动金融科技创新，华夏银行在原有云平台的基础上，采用云Stack解决方案构建全栈分布式容器云，打造开放银行平台，同时ARM和x86资源池的双平面部署既保障了业务安全、稳定运行，又提升了自主掌控能力。

云+人工智能+5G时代。具备从芯片到服务器到平台的全栈创新能力，基于鲲鹏处理器打造的云Stack平台，将帮助银行业更好地进行创新，消除技术壁垒，目前已经在银行、保险、证券等多类型金融用户中取得良好的使用效果，其不但可以实现对国外产品的替代，而且部分产品在性能、效率等方面有显著提升。

未来华夏银行与华为公司共同合作创建的联合实验室将成为华夏银行面向金融科技创新的孵化器，运用金融科技助力全行数字化转型发展，打造差异化竞争优势，最终实现"智慧金融，数字华夏"愿景。

三 云计算监管科技应用前景展望

数字经济浪潮正以势不可当之势席卷全球，以第五代移动通信技术（5G）、云计算、人工智能、物联网为代表的新技术开启了新一轮产业革命，成为推动社会发展的关键动能，中国企业进行数字化转型升级已成为谋求发展的题中之意。

一是通过技术创新和生态合作，孵化打造更多场景化金融解决方案，助力虚拟金融、移动金融、智慧金融全面发展。例如，虚拟银行（互联网银行、直销银行），在不突破监管规则的情况下，实现营业厅办理的全部业务。再如，虚拟保险，基于云计算、远程协同、人工智能等新技术，实现保险业务数字化，打造智能理赔、语音回访、智能语音客服、双录、大数据平台等场景化保险方案。

二是打造安全合规、技术领先，满足金融规范的云基础设施和数据中心网络，帮助全国大量中小金融机构快速完成系统部署、业务上线。

三是云计算相关政策标准更加完善。中国人民银行已发布了云计算技术金融应用规范，未来，随着我国云计算技术在各个细分产业的数字化转型过程中扮演着越来越重要的角色，以及云计算与人工智能、物联网的融合发展，相信相关监管机构将出台更为完善、具体的政策。

参考文献

[1] 中国云产业联盟：《云计算技术与产业白皮书》，2019年10月。
[2] 中国人民银行：《云计算技术金融应用规范 技术架构》（JR/T 0166-2018），2018。

B.7
大数据技术的最新发展及其在监管科技领域的应用

中国信息通信研究院[*]

摘 要： 随着大数据等新兴技术逐渐向各行业渗透，大数据技术运用也成为监管部门丰富监管手段的重要探索方向。本文通过对目前大数据技术的发展趋势及其在监管科技领域的应用进行研究探索，总结出现阶段大数据应用仍面临数据质量不一、数据基础薄弱、隐私边界模糊等困难，并基于上述问题提出构建统一的监管科技规则与数据标准、提升跨部门数据开放共享水平、完善数据安全保护配套措施等策略建议，以期更好地促进我国监管科技领域技术创新与应用发展。

关键词： 监管科技 大数据技术 数据安全

一 大数据技术最新发展趋势

当前，大数据体系的底层技术框架已基本成熟，随着大数据技术逐步成为支撑型的基础设施，其发展方向也开始向提升效率转变，逐步向个性化的上层应用聚焦，技术的融合发展趋势越发明显，主要体现在以下六个方面。

---

[*] 执笔人：何阳、冯橙、闫树、李京。

（一）算力融合：多样性算力提升整体效率

随着大数据应用逐步深入，数据平台承载的任务负载呈多样化趋势，以高维矩阵运算为代表的新型计算范式具有粒度更细、并行更强、高内存占用、高带宽需求、低延迟高实时性等特点，传统以 CPU 为底层硬件的传统大数据技术已无法有效满足新业务需求，面临性能瓶颈。由此出现以 CPU 为调度核心，协同 GPU、FPGA、ASIC 及各类用于人工智能加速 "xPU" 的异构算力平台的解决方案。例如，2019 年 9 月，腾讯云发布的搭载 Xilinx 数据中心加速卡 Alveo U200 的 FPGA 实例 FX4，以及采用 NVIDIA T4 的 GPU 实例 GN7。同年，华为推出 Fusion Insight B160 数据智能模型一体化解决方案，内置 Kunpeng920 + Atlas300C 芯片，为人工智能模型发布提供强劲算力。

此外，产业界还试图从统一软件开发平台和开发工具的层面来实现对不同硬件底层的兼容，如 Intel 公司正在设计支持跨多架构（包括 CPU、GPU、FPGA 和其他加速器）开发的编程模型 oneAPI 等。

（二）流批融合：平衡计算性价比的最优解

流处理能够有效处理即时变化的信息，从而反映出信息热点的实时动态变化，而离线批处理则更能够体现历史数据的累加反馈。为了实现实时计算需求和计算资源之间的平衡，随着技术架构的演进，流批融合计算正在成为趋势，并不断向更实时更高效的计算推进，以支撑更丰富的大数据处理需求。例如，Spark Streaming 和 Structured Streaming 等技术，以微批处理的思想实现流式计算。近年来出现的 Apache Flink，则使用了流处理的思想来实现批处理，很好地实现了流批融合的计算。国内包括阿里巴巴、腾讯、百度、字节跳动，国外包括 Uber、Lyft、Netflix 等公司都是 Flink 的使用者。

（三）TA 融合：混合事务/分析支撑即时决策

TA 融合是指事务（Transaction）与分析（Analysis）的融合机制。传统

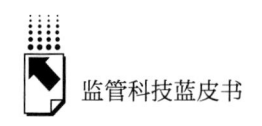

的业务应用在做技术选型时,会根据使用场景的不同选择对应的数据库技术,当应用需要对高并发的用户操作做快速响应时,一般会选择面向事务的OLTP数据库;当应用需要对大量数据进行多维分析时,一般会选择面向分析的OLAP数据库。

混合事务/分析处理(HTAP)的设计理念是为了打破事务和分析之间的那堵"墙",实现在单一的数据源上不加区分地处理事务和分析任务。这种融合架构的优势在于可以避免频繁的数据搬运操作给系统带来的额外负担,减少数据重复存储成本,从而及时高效地对最新业务操作产生的数据进行分析。

现阶段主流的实现方案主要有三种:一是基于传统的行存关系型数据库(类似 MySQL)实现事务特性,并在此基础上通过引入计算引擎来增加复杂查询的能力;二是在行存数据库(如 Postgres-XC 版本)的基础上增加列存的功能,来实现分析类业务的需求;三是基于列存为主的分析型数据库(如 Greenplum),增加行存等功能优化,提供事务的支持。

(四)模块融合:一站式数据能力复用平台

大数据的工具和技术栈已相对成熟,大公司在实战经验中围绕工具与数据的生产链条、数据的管理和应用等逐渐形成了能力集合。数据能力集成的趋势打破了原有企业内的复杂数据结构,使数据和业务更贴近,并能更快地使用数据驱动决策。主要解决三个问题:一是提高数据获取的效率;二是打通数据共享的通道;三是提供统一的数据开发能力。阿里巴巴提出的"中台"概念和华为提出的"数据基础设施"概念都是模块融合趋势的印证。

(五)云数融合:云化趋势降低技术使用门槛

大数据基础设施向云上迁移是一个重要的趋势。各大云厂商均开始提供各类大数据产品以满足用户需求,纷纷构建自己的云上数据产品。例如,Amazon Web Service(AWS)和 Google Cloud Platform(GCP)提供的

MapReduce 或 Spark 服务，国内阿里云的 MaxCompute、腾讯云的弹性 MapReduce 等，大规模可扩展的数据库服务也纷纷上云，如 Google Big Query、AWS Redshift、阿里云的 PolarDB、腾讯云的 Sparkling 等。当前，越来越多的大数据产品遵循云原生概念进行开发，生于云、长于云，更适合云上生态。

（六）数智融合：数据与智能多方位深度整合

大数据与人工智能的融合成为大数据领域当前最受关注的趋势之一。这种融合主要体现在大数据平台的智能化与数据治理的智能化，如为数据科学家提供一站式分析的平台 Data Science Workspace。2019 年底，阿里巴巴基于 Flink 开源了机器学习算法平台 Alink，并已在阿里巴巴搜索、推荐、广告等核心实时在线业务中有广泛实践。

二 大数据在监管科技领域的应用

按照业务流程，大数据在监管科技领域的应用可以分为数据收集和数据分析两大方面。按照应用场景，大数据技术可应用于用户身份识别、市场交易监控、合规数据报送、法律法规跟踪、风险数据融合分析、金融机构压力测试、信息系统安全等多个领域。本文将按照数据应用流程，结合不同应用场景分析大数据在监管科技领域的应用与实践（见图1）。

（一）数据收集方面应用

1. 数据监控

信息技术的发展使越来越多的数据得以记录和保存，金融业受其行业特性影响，产生了交易数据、客户数据、信用数据、资产数据等大量信息，其中许多日常操作、工作流程需要实时监控并警告异常。利用大数据技术可以搭建信息监控系统，提取实时数据，提供实时警报，识别市场异常。例如，2018 年 8 月，《中国证监会监管科技总体建设方案》中明确了监管科技 3.0

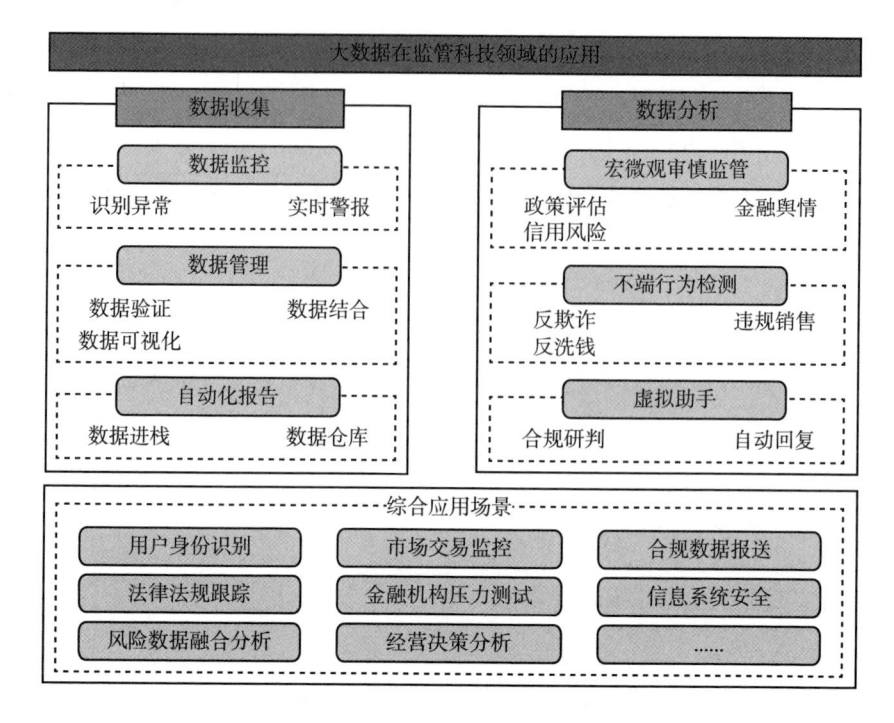

```
┌─────────────────────────────────────────────────────────────┐
│              大数据在监管科技领域的应用                      │
│  ┌──────────────────────┐    ┌──────────────────────┐       │
│  │      数据收集         │    │      数据分析         │      │
│  │  ┌─────────────┐     │    │  ┌─────────────┐     │       │
│  │  │  数据监控    │     │    │  │ 宏微观审慎监管│     │      │
│  │  识别异常   实时警报  │    │  政策评估    金融舆情 │       │
│  │                      │    │  信用风险            │       │
│  │  ┌─────────────┐     │    │  ┌─────────────┐     │       │
│  │  │  数据管理    │     │    │  │ 不端行为检测 │     │       │
│  │  数据验证   数据结合  │    │  反欺诈     违规销售  │       │
│  │  数据可视化          │    │  反洗钱              │       │
│  │  ┌─────────────┐     │    │  ┌─────────────┐     │       │
│  │  │  自动化报告  │     │    │  │   虚拟助手   │     │       │
│  │  数据进栈   数据仓库  │    │  合规研判    自动回复 │       │
│  └──────────────────────┘    └──────────────────────┘       │
│                      综合应用场景                            │
│   用户身份识别    市场交易监控    合规数据报送               │
│   法律法规跟踪    金融机构压力测试  信息系统安全             │
│   风险数据融合分析  经营决策分析    ……                      │
└─────────────────────────────────────────────────────────────┘
```

图1 大数据在监管科技领域的应用

建设核心内容,即建设高效的监管大数据平台,对资本市场的主要生产和业务活动进行实时监控。

2. 数据管理

数据管理即根据数据应用的需求,对数据建立质量规则,通过构建模型、配置规则、人工智能等方法进行数据验证、数据整合和数据可视化等内容。近年来,中国人民银行反洗钱监测分析中心、信息中心和征信中心对大数据技术在非结构化数据的处理、存储和分析等方面的应用进行了探索。2013年,中国银行业监督管理委员会建立了"检查分析系统"(EAST),完成了全国36个银行监督管理局的调试和应用,将公共信息、会计信息、客户信息、授信交易对手信息、信贷管理信息等11类从银行收集的标准数据接入了财务、税收、库银等其他数据库。

3. 自动化报告

基于前期数据监控与数据管理,自动化报告是实现数据快速推送的方式之一。通过在被监管单位与监管机构之间搭建第三方报告平台，被监管机构将基础数据传送至第三方金融科技公司，由平台进行标准化转换后形成数据报告，推送给监管机构。自动化报告生成的报告具有行业一致性且数据描述无冗余，同时还可以减少监管机构的管理成本。

还可通过"数据进栈"方式，打通监管机构与被监管机构间的数据界限，通过"电子数据仓库"直接从被监管机构的 IT 系统中抓取数据，并按期形成报告。卢旺达央行就是最早运用"数据进栈"的机构之一，利用"电子数据仓库"从商业银行、保险公司等机构获取数据，结合内部数据系统形成定期报告，为决策者提供数据支持。

（二）数据分析方面应用

1. 宏微观审慎监管

在宏观角度，可利用数据分析进行政策评估，维护金融稳定。例如，利用热图（Heat Maps）分析监管机构日常数据，突出潜在金融问题；运用多样化数据分析工具，预测房价与通货膨胀，识别宏观金融风险；运用计量经济学方法处理数据、开发算法，识别金融市场中的风险信号；通过自然语言处理进行情感分析，判断金融信息舆情，分析行业前景。

在微观角度，可利用数据分析监测市场异象，评估违约风险。例如，基于 BP 神经网络对商业银行流动性风险进行预警；汇合电商交易、消费者信贷、征信等多渠道数据运用算法分析消费者信用情况，对还款能力、贷款违约风险进行评估与预警；利用监督学习和"随机森林"等算法识别金融行业误导性广告。

2. 不端行为分析

监管机构可以利用大数据监测市场中的不当行为，如洗钱行为、诈骗行为和非法集资等。通过应用机器学习、推荐算法等技术对基本信息、社交和交易数据等进行分析，形成客户标签和画像，甄别可疑交易，提升反洗钱等不端行为监测能力，预防和减少金融欺诈发生。

3. 虚拟助手

通过自然语言处理技术构建虚拟助手，将规范文本转换为机器可读

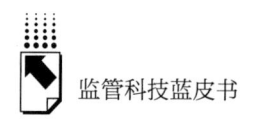

格式，内化为监管机构和金融机构都能理解（且不会产生分歧）的监管要求。一方面，帮助监管机构有效评估监管变化将带来的影响；另一方面，帮助金融机构提供事前合规研判。此外，还可以利用大数据等信息技术开发聊天机器人，帮助监管机构自动回复问题，降低人力成本。

（三）综合应用案例

1. 利用大数据打击"老鼠仓"等违规交易

打击"老鼠仓"是大数据监管的典型案例，依靠大数据这一利器，监管机构对操纵市场、内幕交易等各类违规行为的稽查力度越来越大。

中国证券监督管理委员会官网数据显示，2019年中国证券监督管理委员会全年共做出行政处罚决定296起，罚没款金额41.83亿元，市场禁入66人。其中，"老鼠仓"案发数量同比下降超50%，公开的内幕交易案件55起。虽然"老鼠仓"案件比例大幅下降，但内幕交易和信披违规仍是"重灾区"，依然扰乱市场秩序。图2为近年来我国证券期货稽查执法类型化案件处罚情况。

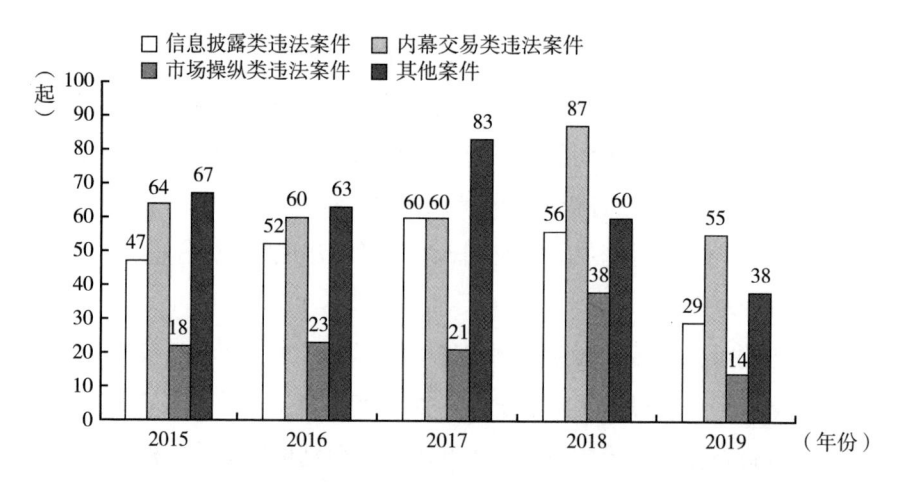

图2　2015～2019年我国证券期货稽查执法类型化案件处罚情况

资料来源：《中国资本市场投资者保护状况白皮书（2018年）》、中国证券监督管理委员会官网：http://www.csrc.gov.cn/。

2. 大数据提升"反洗钱"监测能力

随着经济全球化和互联网的深入渗透，洗钱行为无孔不入，它不仅会造成个人财产损失，还会破坏市场经济秩序，损害金融体系安全。

全球每年非法洗钱的数量约占世界各国 GDP（国内生产总值）的 2%～5%，并以每年约 1000 亿美元的速度增长[①]。在反洗钱领域，应用大数据提升了数据采集、筛选到交易分析等流程的效率，提高了金融机构和监管部门监测能力。

中国人民银行于 2005 年开始立项建设反洗钱监测分析系统。在不断扩展和升级中，完成了对银行、证券、保险等 13 个类别、约 2500 个报告组织的反洗钱数据接收，建立了国家反洗钱数据库，为反洗钱中心近年来的监测和分析工作提供了有力的保障，并为国家开展反洗钱、打击各类经济犯罪与反洗钱国际合作提供了技术支撑。

3. 大数据建设多维度监管系统

美国金融业监管局是美国最大的独立监管机构，负责美国各大证券市场的市场监管，包括纽约证券交易所、NYSE Arca、NYSE Amex、纳斯达克股票交易所和国际证券交易所。美国金融业监管局监管着将近 4500 家经纪公司、约 163470 个营业网点和大约 634385 名注册的证券业务代表。

美国金融业监管局运用大数据等新兴技术建成高级检查系统，证券检查、新闻分析和市场监管系统，监管和交易分析视图，审计追踪，统计分析软件和市场质量报告卡等关键监管系统。

三 大数据在监管科技领域应用中存在的问题

2014 年，我国首次提出监管科技相关工作，目前监管科技尚处于发展初期。数据作为监管科技的基础，大数据技术作为监管应用的核心驱动之一，其在监管科技领域的应用也处于探索期，还存在许多问题。

---

① 数据源于国际货币基金组织。

（一）数据质量不一，管理成本上升

当前，金融大数据的相关标准仍处于探索期，缺乏统一的管理标准，数据质量参差不齐是当下的问题之一。在数据收集阶段，数据的完整性、时效性等都会对数据质量产生影响。此后，数据的加工、存储过程中对原始数据的修改，也可能引发数据质量问题。由于不同行业与业务需求差异，目前对于数据质量没有参考标准，海量非结构化数据提升了监管的复杂性。此外，由于各监管机构监测数据的维度、时效性不同，不同监管部门均有大规模数据需要存储与管理，数据积累会导致数据管理成本和监管成本上升。

（二）数据基础薄弱，数据整合困难

许多监管部门数据平台建设刚刚起步，存在数据标准尚未全面落地、标准不一等问题。不同的大数据公司数据收集、清洗和整理方式不同，也会造成数据污染。由于数据从多渠道产生，互通与共享面临困境，同一使用者的行为数据以不同的用户名和方式存储在多数据平台，监管层、行业协会、金融机构、消费者之间形成"数据孤岛"，存在信息互通障碍。

（三）隐私边界模糊，安全保护迫切

近年来"大数据杀熟""价格歧视"等现象引发热议，部分互联网公司通过《用户协议》，引导用户公开自己的更多数据，用以挖掘商机，同时还可规避法律责任。同时，大数据也加剧了隐私保护的困境，数据资产安全管理有待进一步提升。网络与大数据时代的到来使数据成为无形资产，互联网巨头 Facebook、打车应用 Uber、圆通快递等都曾被爆出客户数据遭到窃取，由于数据资产具有可复用特性，数据被滥用、被盗用情况不易发现，数据保护需求愈加迫切。2020 年 4 月 9 日，中共中央、国务院印发《关于构建更加完善的要素市场化配置体制机制的意见》，提出"加快培育数据要素市场"，"根据数据性质完善产权性质"，首次将企业数据权益问题提上日程，适时回应了这一时代性的命题。

四 未来发展建议

金融科技并没有改变传统金融的功能与本质，监管科技也没有改变金融监管防范风险的内核。但在大数据等技术的驱动下，金融监管规则体系也需与时俱进。结合目前大数据在监管科技领域的应用与实践，建议从以下几方面加强我国金融科技监管。

（一）构建统一的监管科技规则与数据标准

如果数据不能被有序、结构化地定义、分类和存储，将导致持续的高成本和重复建设。因此，监管机构应当对采集到的数据信息进行梳理，设置合理的分类标准体系，构建统一的统计口径，根据不同的数据来源、信息标准等维度，对数据进行分类、验证，从而增强数据的可比性、可用性。此外，针对不同金融科技公司开发的各类标准不一、不同规则的监管科技平台，应当统一监管科技规则与数据分类定义，推动数据标准建设。

（二）提升跨部门数据开放共享水平

针对目前数据整合困难问题，建议监管机构带头并分阶段提升跨部门数据共享。首先，建立统一的数据目录与开放标准，可通过鼓励金融机构创新，建立统一的行业数据平台与相关行业标准，打破跨部门数据流通障碍。其次，可通过建立独立的经营实体，负责金融行业大数据的统一管理和运作，来开展跨行业、跨领域的应用合作，以更好地实现金融大数据的价值。

同时，发挥中国支付清算协会等行业组织的平台作用，推进金融大数据应用成果合作共享。协会可组织建立行业沟通机制，推动金融大数据技术与应用互动交流，促进产业合作。

（三）完善数据安全保护配套措施

完善数据安全保护配套措施有利于保障大数据技术在监管科技方面的高

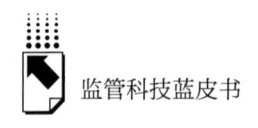

效应用，推动监管科技更好地发挥防范系统性金融风险、构建金融新生态的作用。

一方面，继续完善我国数据安全方面的法律法规。当前，《中华人民共和国网络安全法》及配套法律法规、《中华人民共和国刑法修正案（七）》，构成了数据安全的法律基础，应该继续深入，不断完善数据安全的法律法规。另一方面，监管部门、金融机构和数据公司可继续完善数据安全保护配套措施。第一，加强数据库访问限制，划分数据库管理与使用职责，把控数据库账号使用权限；第二，加强口令管理，利用高强度加密口令，增强口令使用人员规范使用口令的意识等；第三，对数据库及其核心业务系统进行安全加密加固，在系统边界部署防火墙、IDS/IPS、防病毒系统等，及时解决数据安全漏洞；第四，对数据库系统及其所在主机进行事前登记、实时安全监控、事后操作审计，部署数据备份与恢复系统，建立数据安全的最后一道防线。

参考文献

[1] 中国信息通信研究院：《大数据白皮书（2019）》，2019。

[2] 何海锋、银丹妮、刘元兴：《监管科技（Suptech）：内涵、运用与发展趋势研究》，《金融监管研究》2018年第10期，第65~79页。

[3] 陶峰、万轩宁：《监管科技与合规科技：监管效率和合规成本》，《金融监管研究》2019年第7期，第68~81页。

[4] 许志峰：《证监会怎样"捉老鼠"》，《人民日报》2015年2月8日。

[5] 中国人民银行鄂州市中心支行课题组、魏刚、余克文：《国际反洗钱经验及对我国的借鉴——以美、英、德三国为研究对象》，《金融会计》2013年第11期，第55~61页。

[6] 赵博：《大数据在金融领域的应用研究》，《信息通信技术》2018年第3期，第22~26+57页。

B.8
人工智能的最新发展及其在监管科技领域的应用

京东数字科技控股有限公司*

摘 要： 2019年6月，随着《新一代人工智能治理原则——发展负责任的人工智能》政策下发，人工智能发展又迎来了新的高潮。与此同时，人工智能与监管科技的有机结合，使得监管手段更加多样化，监管效率更为高效。通过联邦学习解决数据安全隐私问题，完成了数据不出库的多方建模。通过自动机器学习及知识图谱解决了投资研究及舆情监控的问题，实现了投资研究的效率提升及舆情监控无死角。随着人工智能技术的不断发展，结合监管科技的进步，相关领域会出现颠覆性创新。

关键词： 人工智能 联邦学习 知识图谱 自动机器学习

一 人工智能概述与最新技术发展情况

人工智能是计算机科学的一个分支，全称是Artificial Intelligence，简称AI。它是一门结合了自然科学、社会科学、技术科学的新兴交叉学科。人工智能本质是对人的思维进行模拟，从运算智能到感知智能最后到认知智能，

* 执笔人：顾松库、孙孟哲、李思思、戴伟程、周宇翔。

是人工智能的一个终极目标。

现如今，人工智能辅助在其他领域越发受到重视，如政治经济决策、舆情分析等，随着技术的发展，人工智能将持续改变我们的生活。随着软硬件技术的发展，人工智能也随之衍生出了更多的技术及产品方案。

1. 联邦学习（Federated Learning）

随着政企对数据安全及用户隐私的妥协意识日益增强，数据隐私和安全已成为全球关注的敏感问题，随之而生的是谷歌（Google）提出了联邦学习的概念。他们的主要思想是基于分布在多个设备上的数据集构建机器学习模型，通过一系列的加密技术，防止数据泄露，对数据进行深入挖掘和分析。现有的联邦学习系统，根据不同的数据特点主要分为横向、纵向和迁移联邦学习三种。

（1）横向联邦学习

横向联邦学习称作特征对齐的联邦学习（Feature-Aligned Federated Learning），是把数据集按照用户维度划分，取出A公司和B公司中用户特征相同但用户不同的数据部分进行训练，这种联邦学习方式的适用场景是在A公司和B公司数据集中用户特征重叠较多，而用户重叠少的情况下。如两家不同地区的金融机构，用户群体完全不同，但所提供的业务非常相似，则很适合利用横向联邦学习进行模型训练。

（2）纵向联邦学习

纵向联邦学习，是将数据按照特征维度进行切分，并取出A公司和B公司中用户相同、特征完全不同的那部分数据进行训练，这种联邦学习的适用场景是A公司和B公司用户重叠较多，而特征重叠较少的情况下。如在同一地区不同的机构，一家为本地金融机构，另一家为本地大型连锁超市，它们的用户群体交集为本地居民。但金融机构提供的用户特征都是理财或信用评级，而超市提供的是用户的购买记录，因此用户特征交集几乎没有。此时纵向联邦学习将用户数据在不出库的情况下加以聚合并训练，完成建模。

（3）迁移联邦学习

迁移联邦学习，不对数据进行切分，利用迁移学习来克服数据不足的问题，主要应用场景是 A 公司和 B 公司用户和用户特征重叠均较少的情况下。如跨境机构合作，一家为中国金融机构，另一家为美国电商，首先机构类型不同，其次地域不同，所以用户及用户特征重叠几乎为 0，此时需要引入迁移学习来解决数据量少的问题。

2. 自动机器学习

自动机器学习（AutoML）旨在通过特征工程、模型构建、超参数优化等一些通用步骤的自动化，来简化机器学习中模型生成的过程，并提出了端到端（end to end）的解决方案。

（1）特征工程

特征工程通常包括三部分：生成、选择和编码，其可以理解为提取数据特征的过程，这些特征能更好地预测模型中的潜在问题，从而提升模型处理未知数据的正确性。

（2）模型算法选择

自动机器学习的目的是自动选择一个最优模型，并且匹配最优参数。对于算法的选择，是以能够达到效率和精度的平衡为前提，自动选择一个优化算法。

（3）超参数优化

超参数优化区别于传统机器学习需要人工调参，耗费大量的人力和时间，使用超参数优化可以在学习之前预先设置好参数，而非通过训练得到参数，既能节省大量人力和时间，又能保证更好的性能和效果。

3. 自然语言处理

自然语言处理是计算机科学、人工智能和语言学的交叉领域。目的是让计算机处理或"理解"人类语言，主要执行诸如词法分析、文本分类、文本纠错、文本摘要和情感分析等任务。

（1）词法分析

自动分词，依托分词词库，以词典为基础，利用规则与统计相结合的分词技术，有效解决切分歧义。对识别文本中的词性进行标注、实体识别。从原始数据语料库中自动识别命名实体，主要包括人名、地名、机构名、专有

名词等，分析其属性及关联关系。

（2）文本分类

对文章按照内容类型进行自动分类，对文章标题和内容进行匹配，然后根据设定好的关键字匹配模型对每个关键字进行分值计算。

（3）文本纠错

识别文本中有错误的片段，并通过纠错模型进行错误修正，主要应用场景为搜索引擎、语音识别、内容审查等，文本纠错能明显提高这些场景下语言处理的准确性和体验。

（4）文本摘要

一般分为抽取式和生成式，抽取式实现文本内容精简提炼，从文章中提取关键词、句，进而生成指定长度的文本摘要。生成式是根据文章主旨大意，生成一段文本摘要。

（5）情感分析

能够对文本信息进行"情感倾向性"分析，对正向、负向及中性情感进行评价。情感倾向分析根据不同领域语料进行标注，从而获得最高的情感判断准确率。

4. 知识图谱（Knowledge Graph）

知识图谱由谷歌率先提出，目的是改善其搜索引擎返回的数据结果，是把所有不同种类的信息连接在一起而得到的一个关系网络，提供了从"关系"的角度分析问题的能力。

二 人工智能在监管科技领域的应用

（一）人工智能在数据安全监控中的应用

数据隐私和安全已经越来越受到重视，近年来已经成为数据领域的最重要趋势。各国都纷纷出台相应政策法规，中国在2017年起实施《中华人民共和国网络安全法》和《中华人民共和国民法总则》，明确网络运营者不得泄露、篡改、毁坏其收集的个人信息。2018年，欧盟制定新法案《通用数据保护条例》（General Data Protection Regulation，GDPR），同时，新的《个人信息保护法》《数据安全法》也在订立过程中，用户数据隐私和安全管理将更加严格，这也给数据的收集与使用带来了直接影响。

通过互联网进行数据共享传输会带来数据安全问题，一旦被第三方截获数据，将造成数据泄密；建立专有网络进行数据共享能在一定程度上防止数据泄露，但需要投入的成本很大；而通过移动介质进行拷贝共享效率太低，同样也有可能带来数据安全隐患问题。所以这些方法只在进行原始数据共享，容易造成不同机构之间商业机密的泄露，触及企业的利益。

联邦学习平台主要解决的痛点是数据安全，在不出库的情况下通过跨域学习完成建模。跨域学习模块主要包含一系列基于数据隐私保护目的的跨域学习联合建模算法。不同于传统的机器学习、深度学习算法开发，跨域学习算法同时需要考虑网络连接安全、数据安全、数据如何预处理和分析、如何在加密情况下进行计算、如何根据数据分布情况分配计算任务等。基于持久层、应用层、业务层、网络层和流量监控模块的支撑，跨域学习算法模块可以有效打破数据壁垒、保障数据安全、针对多样化的数据类型，有效联合不同数据平台真正实现在数据不出库的情况下进行跨域联合建模。目前，跨域学习算法模块包括AutoEncoder、基于线性回归和逻辑回归的联邦学习算法、基于随机森林的横向和纵向联邦学习算法、RankNet、水平聚合联邦学习等一系列模型算法。

联邦学习在数据安全监控中要解决的问题如下。

首先是数据共享传输安全问题。在企业和企业、企业和政府、政府各部门之间的合作当中，存在数据类型多样、数据平台多样、数据标准不一致、多种机密级别不一致、可输出和不可输出标准不一致等情况。联邦学习提出了新的数据共享交换方法，来应对和解决数据共享时保障数据安全和数据隐私的问题。

其次是数据共享壁垒问题。现有的各数据平台上储存和管理的数据往往只为平台自己所用，这样便形成了"数据孤岛"，即数据平台之间很少进行

数据的交互共享。这样造成的问题便是即便各个数据平台拥有海量数据，依旧无法应对越发复杂的实际应用场景。同时，也造成了不同企事业单位合作时无法有效和安全地针对不同类型数据进行建模的问题。

最后是复杂业务场景的数据交换问题。针对现有的复杂业务场景，更好地整合数据安全、数据共享以及包括流量统计等在内的其他模块，从而有助于解决现有技术只为数据共享中某个单一功能层面服务，而没有整体系统解决方案的问题。

联邦学习作为多方共赢的机器学习方式，可应用于市场监管、跨部门合作、数据隐私保护等领域，有助于打破"数据孤岛"、提升人工智能的应用效率，有着非常广阔的应用前景。

（二）人工智能在投研监控中的应用

智慧产业链是将行业专家知识和知识图谱技术相结合的特色产品。智慧产业链利用自然语言处理技术与知识图谱技术，从上市公司公告和券商研究报告中抽取企业、产品、数据指标等数据，非从传统数据库导入结构化数据。尤其是数据指标，从抽样统计中可看出，券商研究报告中出现的数据指标大约80%是不能从传统数据库（如 Wind 数据库）中直接查到的。该产品将这些数据从公告、研究报告等文本中抽取出来，将非结构化的数据转化成结构化的数据，从而提高投资研究效率。

一个研究员涉足一个新的行业时，所需的数据指标，按50个算起，从 Wind 数据库的研究报告中按关键词搜索，包括搜索同义词，然后将数据整理成 Excel，搜集全一个数据指标数据平均要1小时以上，等同于需用一星期整理50个数据指标。智慧产业链将这一过程浓缩成一分钟，大幅提高了投资报告研究效率。这种创新性的金融数据库构建方法，开了行业先河。

（三）人工智能在舆情监测中的应用

舆情监测系统以网络舆情监测分析平台为载体，通过智能机器人技术、自然语言处理技术、自动分类聚类技术、云计算等关键核心技术，对大量的信息进行挖掘和分析，实现对网络舆情信息的实时采集、热点追踪、分析研判、自动预警。为政府洞察社会热点事件，企业收集品牌口碑反馈、快速应对负面事件、实时掌握竞争对手动态，从而做出正确决策提供分析依据。

针对用户所关注的舆情信息以及特定事件进行全面实时监测。对监测信息详情、动态趋势、热点话题、观点及媒体覆盖等进行详细分析，便于客户对周期内的舆情信息进行准确掌握，为未来相关决策及工作提供支持。

通过舆情系统收集互联网公开数据，针对某个特定行业的背景、政策、竞争格局、行业发展前景方向等进行深入分析，为客户提供行业政策、法律法规、产业动态等宏观分析，同时为客户提供互联网舆论环境、营销效果、品牌口碑、竞争对手策略等全方位服务。

三　人工智能监管科技的趋势展望

（一）金融业监管现状分析

随着技术的不断发展和大数据概念及技术的普及，目前各个企业、政府部门都已拥有海量的数据，并搭建了自己的数据储存管理平台，利用自己拥有的数据进行相关的数据挖掘、分析和建模。然而，单个企业和部门通常只拥有某个领域的数据，难以反映真实的数据分布情况；此外，多个企业和多个政府部门存在采集同一种数据的情况，造成了社会资源浪费。为了更好地支持智能化应用，减少数据采集成本，需要整合多个企业、多个政府部门的数据，并基于这些数据进行联合建模。目前，不同企业和部门之间的数据平台难以进行数据共享，存在"数据孤岛"现象；在数据共享过程中，企业和部门对数据安全有所顾虑，且不同平台的数据格式、数据类型、保密等级等不统一，造成不同数据平台数据共享成本极大。

综上，"数据多源分散、'数据孤岛'，数据量级很大，多源数据时常存在不一致的现象"这一系列问题是监管难度大的主要根源。

（二）针对现状的算法及应用——联邦学习

如前所述，现有的联邦学习系统，根据数据特点，主要分为横向联邦学习、纵向联邦学习和迁移联邦学习三种。工业上常用的 Boosting Tree，在进行联邦学习时，都需要根据用户数据情况，确定横向学习方式还是纵向学习方式（主要应用这两种）。上述各种学习形式，都要用到以下算法。

1. 核心算法

（1）加密用户标识码对齐

基于标识密文提供跨域数据融合服务，在不违反相关法律、法规，不泄露各数据平台客户信息的前提下，利用各方提供的基于标识密文进行跨域学习联合建模。加密用户标识码对齐算法主要是对各公司或政府机构数据库当中的用户主键使用 MD5 和 AES 进行二次加密，保证加密算法的不可逆性。例如，各公司机构都以客户手机号作为用户标识码，则我们首先用约定好的哈希方法对用户标识码进行变换，得到新的用户标识码，在此基础之上再使用 MD5 进行不可逆加密得到 MD5 密文。最后再次使用 AES 加密算法，得到 AES 密文，也就是最终加密后的新的用户标识码。之后进行跨域学习时，便以最终得到的新用户标识码在各个存储地方的数据库当中进行索引。

（2）联邦随机森林算法

基于随机森林的联邦学习适用范围较广，保留了随机森林的优点，能够很好地处理高维度非线性的数据并且拥有较高的准确率及泛化能力。此方法在随机森林模型的基础上，应用于不同数据源之间用户相同、特征不同的跨域学习场景。不同的企业或政府机构由于所在领域不同，持有的数据集含有相同的样本编号、不同的样本特征。该算法可在不聚合原数据、保护用户隐私的前提下，打破数据壁垒，对不同领域的数据集进行跨域的知识提取和模型训练。利用联邦随机森林算法，在不同的数据集合上提取知识并进行融合，挖掘不同企业政府数据之间的关联，可达到"1＋1＞2"的效果。

2. 典型应用

（1）金融产品精准营销监控

随着人工智能、大数据等高科技的成熟与应用，充分利用人类生活中产生的巨大数据量以及复杂多样的数据类型，可以帮助银行更加高效地挖掘潜力客户，提高营销质量，获取"长尾"客户。银行通过与大型数据公司合作实现在业务拓新、存量客户维护领域的数据化和智能化的转变，进而推动长尾客户群质量提升。

通过利用联邦学习技术，银行和其他不同机构之间的数据壁垒可以轻易被打破，数据隐私安全可以得到有效的保护，并且基于跨域学习算法模块，在原始数据不出库的情况下，多样化类型的数据都可以得到有效利用。例如，银行可以和电商公司合作，利用前面提到的客户标识码加密对齐方法，在加密状态下找到双方共有的客户，并进一步提取相关特征。在此基础之上可以利用前面提到的联邦随机森林或者 AutoEncoder 等方法进行跨域学习联合建模，在原始数据不直接交互的情况下，从全局角度对多源数据进行学习，并最终构建模型。通过此类方法，银行可以和其他各类数据机构有效合作，针对长尾客户质量提升成本高、潜力用户挖掘难、信息不全导致用户画像获取难等核心痛点，产出一套智能化的长尾客户质量提升解决方案。

（2）智能信用评分

互联网消费金融是为满足个人消费者对商品和服务的消费需求，所提供的小额贷款并分期偿还的信贷活动。面对数以万计甚至是数以十万计的申请贷款的用户，互联网金融平台为了降低放款的风险，需要对借款人的信用进行全面的检测和评估，才能决定是否给借款人放款。在社会信用体系建设中，个人和企业的信用评分问题一直是关键所在，通过联合各部门数据，实现对失信行为的协同监管和评定，对于改善社会信用环境，保证社会信用体系顺利建成及有效运行具有重要作用。

人工智能对个人和企业的信用评价具有非常重要的作用，个人和企业信用评价通过联合工商、司法、税务和消费数据，利用历史信用记录，从多个维度抽取特征变量，并通过数据分析技术构建的人工智能模型计算而得。在

企业信用评价方面，可以基于企业工商数据，同时结合外部数据与企业自有数据，挖掘企业与企业、企业与自然人之间的关联关系，围绕企业展开的各类关联关系，或两家企业之间、企业与自然人之间的关联路径识别，探查隐藏的风险，应用于信贷场景，如贷前审核、贷后监控及失联修复等。最后聚合不同时间、不同位置个人与企业时空信用数据，运用时空异常检测算法，识别城市中出现信用异常的时间和地区，深入分析异常出现的原因，预测未来趋势，进而指导政府、企业和个人的决策制定过程，对充分发挥城市信用体系的价值起到至关重要的作用。

参考文献

[1] 钟义信:《高等人工智能：人工智能理论的新阶段》，2012年全国智能科学与技术教育暨教学学术研讨会。

[2] Crunk, J, North, M. M., "Decision Support System and AI Technologies in Aid of Information Based Marketing", *International Management Review*, 2007.

[3] 中国中文信息学会语言与知识计算专委会:《知识图谱发展报告》，2018年8月。

[4] 王伟、赵东岩:《中文新闻事件本体建模与自动扩充》，《计算机工程与科学》2012年第4期。

[5] Collins, Three Generative, Lexicalised Models for Statistical Parsing, 1997.

[6] Histograms of Oriented Gradients for Human Detection. Dalai, N., B. Triggs. Computer Vision and Pattern Recognition, 2005. CVPR 2005. IEEE Computer Society Conference on . 2005.

[7] 周志华:《机器学习》，清华大学出版社，2016。

B.9 分布式数据库的最新发展及其在监管科技领域的应用

北京金融科技产业联盟　浪潮软件集团有限公司　中兴通讯股份有限公司 *

摘　要： 随着金融行业的飞速发展，金融监管数据也随之海量增长。分布式数据库作为监管科技体系的基础数据平台，在应对大量金融监管数据时，优势明显，可以在很大程度上提高监管效率和降低监管成本。本文介绍了分布式数据库的基本原理与技术发展情况，并结合具体事例分析了分布式数据库在我国监管科技中的应用和实践，提出了分布式数据库在监管科技领域存在的潜在风险与技术两方面挑战，同时，从发展需求与发展形态两个角度，提出分布式数据库在监管机构及金融机构两方面的应用展望。

关键词： 分布式数据库　监管科技　金融监管

一　分布式数据库的基本原理与技术发展情况

（一）分布式数据库的基本原理

1. 分布式数据库的基本构成

分布式数据库通常采用 PC Server 硬件形态，通过横向扩展方式实现存

---

* 执笔人：胡达川、王凤龙、王硕、周恒、王小虎、陈磊、王瀚墨、张勇、吕伟初、丁岩、张玲东、周日明、左奇。

储容量扩容和处理性能提升。通常分布式数据库由计算层、数据层、全局事务和管理节点四个部分组成，如图1所示。

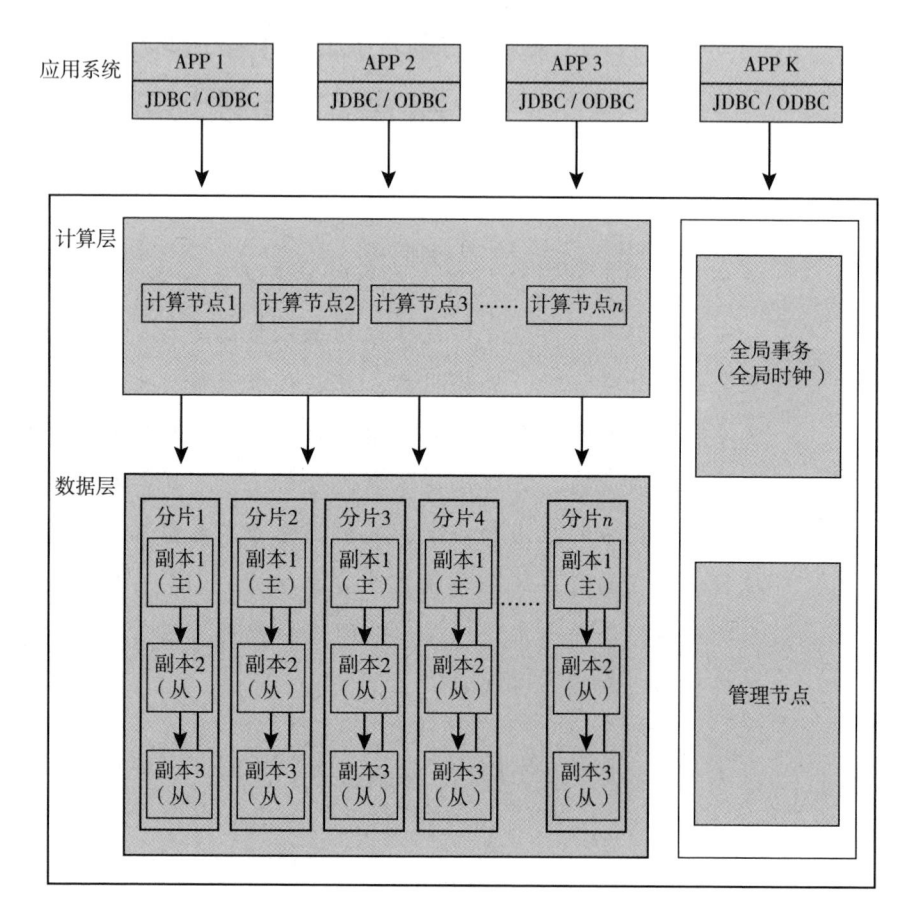

图1 分布式数据库整体架构

2. 分布式数据库的主要特征

分布式数据库具有高性能、高可靠、低成本、平滑扩容、事务强一致、集中管理等关键特性和显著优点。

（1）高性能。分布式数据库通过机器横向堆叠实现存储容量和处理性能的提升，满足海量数据存储和高并发处理要求，可以达到万级TPS、几十万级甚至百万级QPS处理性能。

（2）高可靠。分布式数据库采用多副本技术保障数据可靠性。一份数据在多台机器上保存，主副本数据更新时，通过一致性复制协议同步给其他机器上的从副本，保证副本间数据一致性。某台机器或者少数机器故障时，数据不会丢失、服务不会中断。

（3）低成本。分布式数据库基于开放的 PC Server 硬件和 Linux 系统，将数据存储在本地磁盘上。在硬件成本上，比传统小型机和高端磁阵有明显优势。

（4）平滑扩展。业务初期不需要规划部署大量机器，随着业务增长，动态增加存储节点和计算节点即可提升整体存储容量和处理性能。

（5）事务强一致。分布式数据库有完善的事务一致性处理机制，利用全局事务管理系统或者全局时钟等技术，无须关注分布式数据库的内部细节。

（6）集中管理。分布式数据库通常由几十台至数千台服务器组成，通常配套统一运维管理平台进行集中管理，大大降低了系统运维难度。

（二）分布式数据库的主流技术

随着时代的发展，业务中用户量级不断增大，用户需求不断增多，这对数据库数据处理技术提出了多方面挑战。例如，海量数据存储，高并发数据增删改查，以及用户数据多元化发展趋势等。分布式数据库针对以上业务特点给出了完善的解决方案。

1. 多模存储引擎

数据库多模存储引擎，是指在一个数据库中，有多种存储引擎，支持存储具有多元化数据结构的数据，可以同时满足业务对结构化、半结构化、非结构化数据的统一管理要求（见图2）。

结构化数据即行数据，特点是具有固定的结构，每一行的数据属性均相同，可以通过二维表结构的逻辑表达来实现。半结构化数据，具有一定的结构性，数据中包含相关标记，用来分割语义元素以及对记录和字段进行分层。非结构化数据的特点是数据结构不规则，不符合任何预定义模型，不方

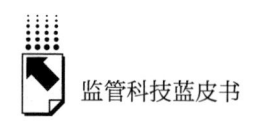

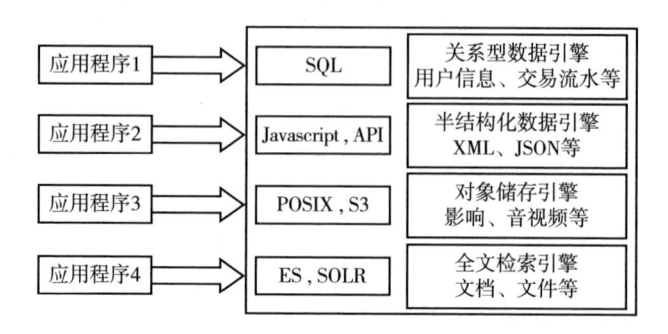

```
应用程序1 ──▶ SQL              关系型数据引擎
                              用户信息、交易流水等

应用程序2 ──▶ Javascript、API   半结构化数据引擎
                              XML、JSON等

应用程序3 ──▶ POSIX、S3         对象储存引擎
                              影响、音视频等

应用程序4 ──▶ ES、SOLR          全文检索引擎
                              文档、文件等
```

图 2　多模存储引擎

便使用二维表的逻辑来展现，主要包括文档、图片、音频、视频等。

结构化数据存储相对简单，只需要使用关系型数据库引擎管理即可。对于半结构化数据，则需要提供可以存储二进制格式的数据类型，如浪潮的云海分布式数据库。针对非结构化数据，大部分数据库都会提供 Blob（Binary Long Object）数据类型进行存储。

为了适应数据结构多样化的发展趋势，分布式数据库提供了多模存储引擎对数据进行统一存储和管理。用一套数据管理系统代替多套数据管理系统，极大地降低了使用和运维成本。

2. 标准查询接口

1986 年，美国国家标准学会（ANSI）首先发布了 SQL 标准，随后 ISO 标准组织于 1987 年创建了"数据库语言 SQL"标准。在经历了多次修订之后，如今的 SQL 标准包含了 15 部分。支持标准查询接口可以降低开发、迁移成本，分布式数据库也不能例外。

3. 高并发可扩展集群

高并发通常指通过设计保证系统能够同时并行处理很多请求。分布式数据库在应对高并发业务场景时，可以将不同业务分布在不同数据库服务器进行工作，当有业务访问时，系统通过判断服务器负载情况，来分配哪一台去完成。

提升系统并发能力主要有两种方式：垂直扩展（Scale Up）与水平扩展

(Scale Out)。垂直扩展是增强每一台数据库服务器的硬件性能，如增加 CPU 核数，扩充系统内存，升级更好的硬盘如 SSD，升级更好的网卡如万兆。垂直扩展的不足是单机性能总是有极限的；水平扩展是只要增加服务器数量，就能线性扩充系统性能。

4. 非结构化分析引擎

对于大部分金融机构而言，非结构化数据已经占到金融机构信息的 80% 及以上。这些数据还包含许多非常重要的信息，对于客户分析非常有帮助。银行中的非结构化数据主要包括文本、语音数据。常见的文本数据有投诉工单、法律合同和交易描述、语音数据等。分布式数据库的非结构化数据处理引擎，可以解决非结构化数据的存储、管理和访问问题。利用大数据平台的 ETL 能力，完成数据的清洗、转换、挖掘、搜索，采用时空分割、特征提取、对象识别等处理手段，实现非结构化数据向信息、情报的转化。

二 分布式数据库在监管科技领域的应用与实践

（一）金融监管机构利用分布式数据库在监管科技领域的应用

中国人民银行杭州中心支行（以下简称"杭州中支"）使用自建的分布式数据库系统（Cloudera Hadoop），规范银行卡收单机构的经营行为。为培育良好的银行卡市场竞争环境，以特约商户真实性审核为途径，结合省级部门间数据共享平台，获取浙江省工商注册数据，以规模庞大的存量商户为重点，全面开展存量商户实名制非现场核实监管，取得显著成效。

杭州中支基于开源免费的 Cloudera Hadoop 搭建分布式数据库，具备了低成本海量数据处理能力，同时完善数据资产列表，制定数据安全规范。杭州中支制定了《数据资产安全管理办法》，对数据资产进行安全等级分类，防止数据管理不善而导致的数据泄密、丢失或损毁。同时建立全省统一的金融数据资源目录，梳理各类数据资源，及时掌握信息的来源、类别、内容、要素、单位等，定期更新并公布，做到数据资产共享最大化。基于数据利

用，杭州中支及时将"浙江省工商注册数据结构""特约商户数据结构"添加进省级金融资产目录，并将该项数据资产定为敏感数据，只能在中国人民银行内部限制性使用，规定业务部门在进行数据查询时，只能看到相关查询结果，无法查看工商注册数据的原始数据。

（二）金融机构利用分布式数据库在监管科技领域的应用

江苏银行事后监督系统自2009年正式投入以来，所使用的传统数据库涵盖400多张表及200多个存储过程。主要面临的问题有：随着数据量的逐渐增加，原网系统的存储容量已难以满足数据快速增长的需求；事后监督系统有大量的业务需求，业务过程逻辑复杂、耗时长，原有数据库系统性能已满足不了大量的业务需求；原网的单机数据库扩展性能较差，不能按需扩容。

为了彻底解决这些问题，事后监督系统团队提出引入分布式架构方案，以满足系统存储和计算性能的可扩展性要求。新系统采用中兴通讯GoldenDB分布式数据库，改造后的分布式数据库系统具有两个关键特征：一是分布性，即数据存储在多个独立的数据库服务器中；二是逻辑整体性，即分布式数据库系统中的数据是相互关联的，逻辑上是一个统一的整体，对上层应用来说，就像一个集中式数据库系统。

改造后系统性能明显提升，具有高可靠性和完善的数据备份恢复机制，解决了数据存储问题。此外，平台可以实现基本的多租户隔离控制，保证多个业务系统间的数据隔离、访问隔离、用户信息隔离，具备在一套分布式数据库平台上部署多个应用的条件，为后期多个业务系统提供了统一的数据库平台。

三 分布式数据库在监管科技领域存在的潜在风险与技术挑战

（一）风险控制挑战

1. 业务可用风险

金融监管需要融合各种监管统计报表和其他金融领域数据，包括欺诈、洗钱、经济犯罪等信用风险数据，运用统计、精算以及数据分析建模技术，实时发现新的风险线索、风险规则、风险规律。对分布式数据库的容量、性能提出了更高要求。在数据传输方面，分布式数据库应做到金融业务交易数据实时传输，通过并发技术提高数据吞吐率、降低传输时延。在数据安全方面，需要分布式数据库满足监管数据传输安全要求，增强监管数据采集和存储过程的安全性和可靠性。

2. 业务敏捷风险

银行当前的金融服务模式正在转型，创新业务场景和转变服务模式引起数据模型变化，需要监管系统建立快速应对机制。虽然分布式数据库在海量数据处理性能上有明显提升，可满足监管信息的数字化集中存储和分析要求，但分布式数据库仍以结构性数据处理为主，基于持久化数据处理，在应对非结构化数据、数据模型快速变化方面还有待加强。

3. 安全风险

互联网络互通开放，容易受到网络攻击，导致信息泄露，故应推动数据隐私保护立法、制定数据安全技术标准，建立统一的数据共享政策、安全标准和行业开放规则，在实现数据共享、打破"数据孤岛"的同时保证数据安全。在监管数据安全方面，分布式数据库应建立数据安全防护机制，利用标记化、散列加密等技术提高监管数据安全水平，避免监管数据泄露风险。

4. 人才风险

监管科技本身技术含量高、金融专业性强，要求金融监管机构和金融企业具备掌握信息科技和熟悉金融行业的复合型人才。就分布式数据库而言，其作为金融科技基础设施，集硬件体系、分布式架构、执行算法、数据存储、数据安全等关键核心技术于一身，需要一支强有力的科技研发队伍。

（二）技术挑战

1. 去中心化挑战

去中心化是互联网发展过程中形成的社会化关系形态和内容产生形态，以区块链技术为驱动的金融去中心化给共享经济、金融创新带来了无限可

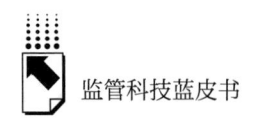

能，然而在数据加密和隐私保护条件下，把分布式数据库用到去中心化金融监管中，如何与区块链分布式账本的数据结构、数据加密、隐私保护等底层技术进行融合，尚需在实践中积累经验。

分布式数据库在狭义层面上也存在去中心化挑战。分布式数据库将数据分散在众多服务器上，在成本和性能上有优势。但分布式数据库如何协调多个服务器的一致性，仍然处于研究和实践阶段。

2. 扩展挑战

随着金融机构不断膨胀和金融业务加速创新，监管数据规模加速上升。如何适应数据增长速度是监管科技普遍需要面对的问题。分布式数据库采用横向扩展方式，虽然能够通过增加机器实现存储扩容和性能提升，但依然需要重点关注机器数量提升后处理性能是否能够得到有效释放。应精心设计全局事务管理器等集中节点，尽量减少分布式系统的关联逻辑，同时，应在监管业务不停机的情况下进行扩容，避免影响监管业务的时效性和连续性。

3. 性能挑战

随着监管力度逐步加强，监管时效性要求逐步提高。同时，监管报送数据需全量明细化，致使监管数据海量增加。分布式数据库作为监管科技体系的底层数据平台，虽然能有效提升数据吞吐性能，较好地应对实时监察和高性能预警要求，但在风险控制、反欺诈、反洗钱等众多监管场景中需要对数据进行多维度分析处理时，如何提升处理性能来面对大量的数据访问、复杂的计算过程，仍将是分布式数据库面临的挑战。

4. 数据整合挑战

分布式数据库处理关系型结构化数据具有明显优势，但对公告信息、网页数据等非结构化信息的处理性能还存在短板，通常需要大数据进行预处理。此外，为支持分布式数据库建设，应建立国产分布式数据库开放标准和监管科技应用校准机制，加强双向信息反馈与运行结果比对验证，持续优化完善应用模型。

5. 兼容性挑战

金融机构使用传统商业数据库居多，监管机构需要采集整个行业多平台数据。分布式数据库的多源异构数据库互通兼容能力有待加强，特别是分布式数据库当前高级语言特性参差不齐，在监管科技领域使用时，需要进行语法适配改造，这给应用迁移分布式数据库带来困难，是推广分布式数据库使用的一大门槛。当前金融科技产业联盟正在协同金融机构和厂商单位组织应用系统向分布式数据库迁移的课题，总结行业已有实践案例，为开展分布式数据库应用迁移工作提供了指导借鉴。

6. 高可用容灾挑战

分布式数据库作为监管系统的基础数据平台，承载海量数据，存储长期历史数据，并为多个监管系统提供数据存储和分析服务，应采用成熟的技术架构，保证完善的高可用性。当前银行普遍建设两地三中心架构，基于多数派算法实施跨数据中心高可用，单个数据中心出现故障时，需要同步复制到异地中心，导致业务时延增加、服务质量下降。想要进一步发挥新技术的容灾优势，尚需加强基础设施建设、实施多数据中心。金融科技产业联盟组建了生态联合实验室，并组织制定了分布式数据库容灾方案，为开展分布式数据库容灾建设提供了指导借鉴。

四 分布式数据库监管科技发展前景展望

（一）分布式数据库在监管科技领域应用的发展需求分析

1. 监管侧需求

面对日益增长的金融监管数据，金融监管机构在对金融机构进行业务监管时，对数据库的性能、稳定性及安全性都有着极高的要求。传统集中式架构的数据库已然无法满足持续增长的高并发与快速响应需求，以及长久的使用稳定性需求和严格的数据安全性需求。使用分布式数据库来应对大量的金融监管数据，有助于满足海量数据存储、高并发事务处理的需求，以保证业务监管能够高效、稳定、安全地进行，提升监管效率。

此外，数据共享对监管格外重要，它能够解决监管中信息不对称的问

题，有助于更好地了解金融机构的合规情况，及时地获取金融产品创新、复杂交易、业务操作、市场操纵行为、内部欺诈、风险等信息。要实现数据共享，必须要建立基础数据库。分布式数据库的大容量、高并发特性，能够很好地满足基础数据库对容量和性能的要求，并带来传统数据库所无法提供的数据可扩展性及性能可扩展性，能够极大地提升数据共享的效率。

2. 金融机构侧需求

金融机构在进行业务合规监测时，需要应对海量业务数据，因此对数据库的业务连续性、数据处理能力、数据扩展性有着极高的要求。这给传统数据库带来了极大的挑战。而分布式数据库具有高性能、可扩展、高可用等特性，可满足金融机构在进行业务监测时对数据库的要求。在进行业务合规监测时，分布式数据库能够确保业务对外不间断，保持"7×24"有效的数据库应用；确保当多个应用同时访问数据库时，能够同时处理并响应；确保加工计算和数据存储能够分别按照各自的负载压力进行扩容或缩容，从而更好地服务于业务合规监测，以满足金融监管机构的监管要求。

（二）分布式数据库在监管科技领域应用的发展形态分析

1. 金融监管机构利用分布式数据库监管科技的展望

分布式数据库具有高性能、高稳定、可扩展、强一致等特性，可应用于高并发、高吞吐量的业务监管场景中，尤其是非现场金融业务监管。同时，可在数据共享平台建设时扮演重要角色，明显提升数据共享效率。此外，可应用于各种金融监管系统中，使监管机构能够有效应对海量金融监管数据。金融监管机构在利用分布式数据库进行金融监管时，可以极大地减少人力和物力的投入，而且监管效率会有显著提升。

金融监管机构在长期监管过程中，积累了大量金融监管数据，监管机构可以深度开发分布式数据库 OLAP 场景，充分挖掘这些金融监管数据的潜在价值，为金融监管机构进行风险管理、监管优化、决策制定提供有效依据。

2. 金融机构利用分布式数据库监管科技的展望

分布式数据库可应用于金融机构的业务合规监测当中，其强大的数据处理能力，能够极大地提升金融机构的合规效率。同时，可应用于合规数据报送当中，显著提升合规数据报送的时效性和准确性。金融机构在利用分布式数据库开展合规工作时，可以在很大程度上减少成本支出，还能把合规效率提升到一个新高度。

金融机构积累的大量业务数据和金融消费者信息，亦可推动金融机构深度开发分布式数据库 OLAP 场景，提升金融机构交易监察和监控能力，从原来的 T+1 交易记录监察，经过架构改造，上升到 T+0 准实时监察和监控水平，及时地发现异常交易和违规行为，从而实现实时交易监察与监控，有效提升合规水平，及时规避风险。

参考文献

[1] 范一飞：《建立健全金融科技监管基本规则体系》，《金融博览》2019 年第 11 期，第 38~39 页。

[2] 李伟：《金融科技创新与发展研究》，《金融电子化》2018 年第 8 期，第 12~13 页。

[3] 中国人民银行科技司：《分布式数据库在杭州中支非现场金融监管的应用探索与实践》，http://www.pbc.gov.cn/kejisi/146812/146814/3731286/index.html。

[4] 中国支付清算协会、中国信通院：《金融分布式事务数据库白皮书》，2018。

[5] 刘聪、高天晓：《分布式数据库在银行事后监督业务中的应用》，2018。

B.10 区块链技术的最新发展及其在监管科技领域的应用

蚂蚁集团研究院　度小满金融*

摘　要： 从技术发展来看，实现在大规模共识网络下高吞吐低延时的交易处理能力、链上数据安全及隐私保护、低成本分布式存储、区块链之间及与传统系统之间的兼容性和可操作性是目前的突破重点，定标准、建应用、搭平台则是区块链技术展开的三个主要建设维度。从在监管科技领域的应用来看，降低成本、提高效率、促进协作是主要目的。本文认为，将商业协作、合规风控、业务监管统一在同一个系统中是区块链应用的最大特色和价值，并通过具体案例进行了展示。为进一步促进区块链技术的发展和应用，本文提出"三个重视"：一是重视技术突破，二是重视标准引领，三是重视制度护航。

关键词： 区块链　监管科技　制度创新

2019年10月24日，习近平总书记在中央政治局第十八次集体学习时强调，"区块链技术的集成应用在新的技术革新和产业变革中起着重要作用。我们要把区块链作为核心技术自主创新的重要突破口，明确主攻方向，加大投入力度，着力攻克一批关键核心技术，加快推动区块链技术和产业创

---

* 执笔人：李振华、冯佳琦、王同益、朱白帆、李丰、吴同亮、张晶、张伟、石幸英、金思惠子、赵猛、王文超、俞致远、朱碧启。

新发展"。将区块链发展提升至国家战略的地位,是党中央和国务院高瞻远瞩的布局。区块链技术不仅为数字经济产业和实体经济发展带来了重大机遇,也为降低合规成本、提高监管效率创造了条件。

一 区块链技术介绍最新发展

(一)区块链技术主要特点

区块链技术并不是单独的一项技术,而是点对点传输、分布式数据存储、加密技术、共识机制、智能合约等多种技术要素的组合,这一组合技术允许交易和数据在不同网络参与者(节点)构成的分布式网络中进行记录、共享和同步。区块链将数据存储在区块中,并以区块的形式传输数据,这些区块按照时间先后顺序彼此相连,形成链式的数据结构。

与传统技术相比,区块链技术有以下主要特点。

一是分布协作。区块链技术以相对对等的方式把参与方连接起来,形成一个分布式协作网络,参与方共同维护协作网络,通过多方安全计算等技术实现数据"可用不可见",有利于实现更大范围的共享、共治。

二是难以篡改。在分布式网络中,所有参与交易的节点都拥有真实账本的副本,对账本数据的修改和更新需要获得多数参与方的共识,最大限度地避免了人为因素对系统的影响。

三是强制执行。区块链技术分布协作、难以篡改的特性保证了智能合约代码以及相应数据的真实、一致,使得双方或者多方签订的合约按照预先定义的逻辑自动执行。

四是扩展性高。数据的共享和业务的协同依靠分布式账本底层的网络来实现,参与方无须对合作者关系进行单独维护,所有参与方都是一点接入,大幅提升了系统的可扩展性。由于整个系统的正常运转不依赖于个别节点,能在保证整个系统 7×24 小时不间断工作的情况下,下线个别节点进行例行维护,也可以随时部署新节点到系统中。

五是科技协同。区块链技术可以与其他新兴金融科技融合，产生协同效应。例如，可以优化人工智能数据的存储方式，甚至可以大幅提升人工智能的计算力，通过不同授权可以实现个性化的人工智能产品服务于不同人群。

（二）区块链技术的突破重点

一是实现在大规模共识网络下高吞吐、低延时的交易处理能力。比特币区块链系统上的每秒事务处理量（TPS）仅为6~7笔，以太坊约为100，这样的性能对于大规模商业化应用来说是远远不够的。目前有三种解决思路：一是采用分片并行共识，二是采用双层网络构造，三是采用混合共识。

二是实现链上数据的安全及保护隐私。在安全方面，通过在账本数据、密码算法、网络通信、智能合约、硬件等多个方面采用技术措施保障区块链安全。例如，可信执行环境结合区块链技术，实现了一种可行的速度快、成本低的数据安全防护方案。在隐私保护方面，手段日趋多样化，涵盖交易信息保护、智能合约保护、链上数据保护等多种方案。

三是实现链上存储的可扩展和低成本。区块链的链式数据管理方式不可避免地导致存储压力，该问题已经引起行业重视。第一种思路是，从单点存储转换为多点分布式存储，将存储与计算进行隔离，从而缓解节点压力；第二种思路是争取在存储可扩展性和数据可追溯性方面取得平衡。

四是通过跨链技术实现万链互联。实现和增强链间协同工作，是区块链发挥规模效应和网络效应的重要助力，而跨链技术则是区块链万链互联的基础。互操作性技术包括哈希锁定、公证人机制、侧链与中继链等技术。此外，还需增强区块链与传统操作系统的互操作性，形成物理世界链下对象与数字化资产的可信映射，这方面链下多维IOT感知锚定、分布式可信设备管理、可信验证风控是探索方向。

区块链技术的关键挑战和突破方向见图1。

（三）区块链技术的研究和建设维度

区块链技术潜在的应用价值巨大，国内外政府组织、金融机构和科技公

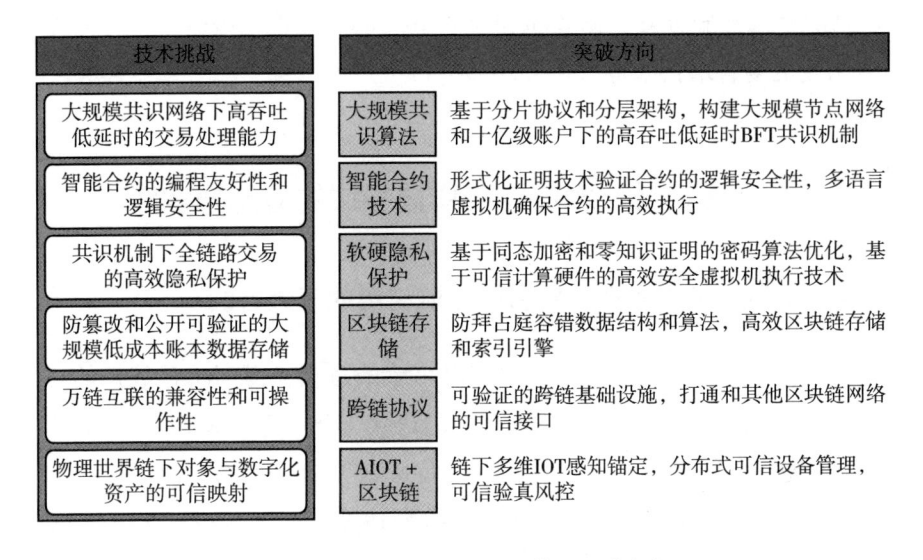

技术挑战	突破方向	
大规模共识网络下高吞吐低延时的交易处理能力	大规模共识算法	基于分片协议和分层架构，构建大规模节点网络和十亿级账户下的高吞吐低延时BFT共识机制
智能合约的编程友好性和逻辑安全性	智能合约技术	形式化证明技术验证合约的逻辑安全性，多语言虚拟机确保合约的高效执行
共识机制下全链路交易的高效隐私保护	软硬隐私保护	基于同态加密和零知识证明的密码算法优化，基于可信计算硬件的高效安全虚拟机执行技术
防篡改和公开可验证的大规模低成本账本数据存储	区块链存储	防拜占庭容错数据结构和算法，高效区块链存储和索引引擎
万链互联的兼容性和可操作性	跨链协议	可验证的跨链基础设施，打通和其他区块链网络的可信接口
物理世界链下对象与数字化资产的可信映射	AIOT + 区块链	链下多维IOT感知锚定，分布式可信设备管理，可信验真风控

图1 区块链技术的关键挑战和突破方向

司均在不同程度上关注并开展区块链等技术的研究和应用。从各类机构、组织的目的来看，主要可以分为以下三大类。

一是定标准，即制定区块链行业标准。国际标准化组织（ISO）设立了区块链和分布式记账技术委员会（ISO/TC 307），已发布智能合约概述及其交互相关标准1项。在金融领域，中国人民银行已正式发布《金融分布式账本技术安全规范》（JR/T0184—2020）、《金融分布式账本技术应用技术参考架构》、《金融分布式账本技术应用评价规范》、《分布式账本贸易金融规范》等。以R3、HyperLedger为代表的国内外公司或组织，通过组建跨公司、跨行业领域的平台和联盟来制定行业标准。

二是建应用，即在具体场景中应用区块链技术。从公益、政务民生、电子存证到产品溯源、供应链协同、资产管理、证券交易，区块链场景不断丰富、应用不断深入。

三是搭平台，即发展区块链技术并对外提供相关服务。以IBM、微软和蚂蚁集团、腾讯为代表的国内外大型科技公司，通过底层区块链架设和基础设施搭建，对外提供数据上链服务，包括BaaS（Blockchain as a Service）平

台、电子存证云服务等。据 Zion Market Research 数据，2018～2024 年全球 BaaS 市场的复合增长率将达到 85.09%。

二 区块链技术在监管科技领域的应用与实践

（一）区块链技术在监管科技领域应用的三大目的

第一，降低成本。主要是利用难以篡改的特点，提高所存数据的可信度，降低取证和举证的成本。例如，中国银联与合作银行基于区块链技术共建"可信电子签购单系统"，实现了多中心电子凭证的可信存储和互验。

第二，提高效率。一是利用强制执行的特点充分发挥智能合约的价值，实现合约的智能化和自动化，二是利用分布协作的特点，将传统的串联处理模式改为并行处理模式，三是利用系统扩展性强的特点，避免了维护需要等导致的系统暂停。例如，蚂蚁金服与支付宝香港钱包、菲律宾钱包（GCash）、渣打银行合作推出的基于区块链技术的个人跨境汇款业务，实现了接近实时的汇款到账服务体验。

第三，促进协作。利用分布协作的特点，通过多方安全计算等技术实现在数据共享的同时保证数据的隐私，降低各方达成合作的难度。例如，基于"保交链"的企业年金转移接续平台利用分布式账本技术打破了受托机构、账管机构、托管机构、委托人等多个主体之间的"数据孤岛"。

（二）区块链技术在监管科技领域应用的三种类型

第一，关键信息存证类。"关键信息存证"类指不直接上传原始文件和业务操作数据，只将相关原始文件和业务操作数据的哈希值记录到区块链中，这是一种在保证数据可信度的同时，降低信息泄露风险、兼顾系统运行效率的折中方式。

第二，信息共享类。"信息共享"类指利用密码学技术解决各方数据的隐私安全和权限管理问题，在不触及数据治权的情况下，实现数据的共享、用户的统一。该类项目主要是降低了合作达成的难度，在同一个平台实现了数据、用户的统一，使不同业务场景在同一个平台上实现交互协同，从而发挥网络效应和协同效应。

第三，Token 流转类。"Token 流转"类指在应用场景中，有一个或若干个可以视为价值载体的客体（技术上可以称之为 Token，一般对应应用场景中的票据、仓单、债权、证券、虚拟货币等），利用区块链的分布式账本特性及智能合约对 Token 流转的控制能力，来实现价值的流转。

（三）区块链技术在监管科技领域的典型实践

1. 反洗钱

区块链技术与大数据、人工智能等技术不同的是，大数据和人工智能更多的是一种生产要素和生产能力，而区块链技术提供的是基础设施，改变的是合作方式和生产关系。区块链应用最大的特色和价值是将商业协作、合规风控、业务监管统一在同一个系统中，所以，我们会发现，区块链技术在监管科技领域中的应用是内嵌在商业应用中的。

反洗钱一直是金融监管的重点。传统的反洗钱方案投入成本极高，据统计数据，全球在政府、监管机构、银行等多方共同努力下，每年追回的账款，只占反洗钱合规性建设的 1/4 不到。一些机构（如 Coinfirm）推出了基于区块链的反洗钱平台，主要是利用区块链不可篡改、透明公开的特性，将其作为可信数据的载体，利用这些可信数据，结合大数据处理的方式，评估生成网络中每一个节点（这些节点可以是用户、银行、金融机构等）的风险指标。

将区块链网络中的交易数据（此外还有各种外部数据源，包括互联网、网络节点上传的数据等），采集后放到区块链平台予以公示。通过某些具备分析能力的机构，将其处理为结构化的数据，从中发现潜在洗钱的链路，并且给涉及交易的各个机构进行风险评分。

2. 票据交易

2009 年，我国电子商业票据系统上线。电子票据在一定程度上简化了

监管，但对于人为疏忽、作恶而造成的错误无法感知，且由于各个机构之间形成了"数据孤岛"，难以统一管理。

2018年，上海票据交易所基于区块链技术的数字票据交易平台成功试运行。为使监管容易触达，票据交易的所有数据都构成了可回溯的形式，永久存储在区块链上，降低了监管的调阅成本；在监管实现的方式上，此平台使得监管方只需在区块链网络中编写智能合约，就能达到指定交易规则的目的，技术上保证所有交易参与方都遵守其规则，降低了监管的接入成本。另外，此平台实现了自动的业务合法性检测，实现了业务事中监管，杜绝了由人为原因造成的经济风险。基于区块链的场外交易的应用模式见图2。

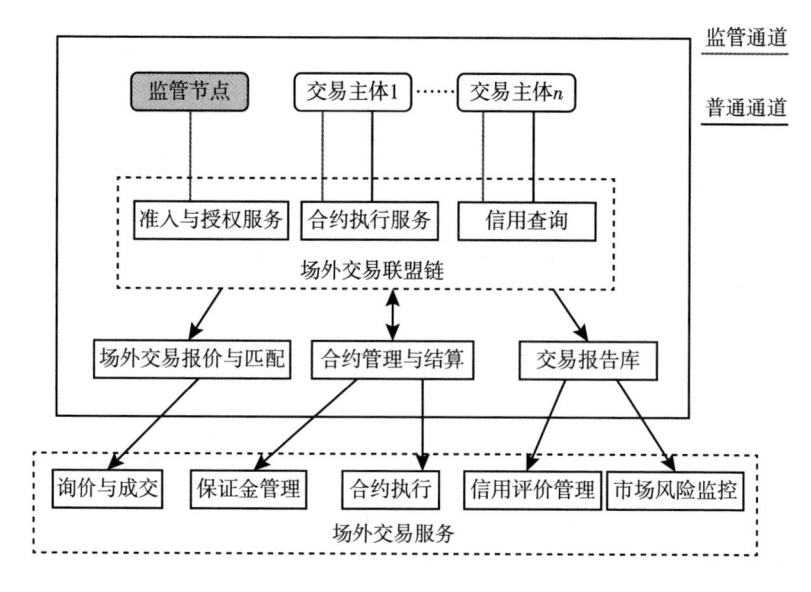

图2 基于区块链的场外交易的应用模式

3. 证券交易

区块链技术非常契合证券交易和监管需求。监管机构作为参与协同的主体之一，可以利用区块链构建监管节点，上链实时对不同参与方的交易动态和风险状况进行监控。区块链通过共识和激励机制构建一套与传统的中介担保不同的新型市场信任机制，确保交易的公开性、透明性；区块链智能合约具有可编程特性，如设定证券的发行、清算、结算方式，简化、自动化交易过程，同时也可在合约中引入法律监管审查，提升交易效率并降低监管成本。区块链将所有交易活动数据存储在区块中并按时间顺序链接，保证证券交易活动可追踪溯源，可解决交易后期纠纷问题等。

场外交易联盟链是区块链在证券交易细分领域的一种典型应用模式。相对于传统的中央存管、集中结算的方式，区块链技术应用于证券内外市场，降低证券的发行和交易成本，提高运转效率。交易过程保真且可追溯，能促使证券市场更透明，监管节点能够实时全面地监控金融市场的整体状况。例如，交通银行的"链交融"项目就是依托区块链技术打造的资产证券化系统。"链交融"将原始权益人、投资人、信托、基金、券商、评级、会计、律师等参与方组成联盟链，将基础资产全生命周期信息上链，并确保基础资产形成期的真实性和存续期的监控实时性。同时，"链交融"将业务操作、审批痕迹等项目运转全过程信息上链，借助区块链不可篡改的技术特性实现全程可追溯，使整个业务过程更加规范化、透明化及标准化。

4. 风险监控

区块链链接了多方参与主体的信息，推进不同机构、不同场景的数据融合。"数据孤岛"的突破促使数据规模快速增长，数据来源多样性增加，有利于监管机构获取更完整的市场数据。区块链技术能保证数据的有效性，可追踪溯源，确保了监管机构获取真实且正确的源数据。同时也推进了金融机构间价值的传输转移，可以助力解决贸易金融业务"重复融资、虚假融资"难题。

香港贸易联动平台（eTradeConnect）是一个基于区块链技术，由香港金融管理局推动，香港12家主要银行组成的联盟共同开发的贸易融资平台。2018年10月31日，香港金融管理局宣布"贸易联动"平台正式启动。2019年11月6日，中国人民银行贸易金融平台和香港贸易联动平台签署《关于两地贸易金融平台合作备忘录》，启动两个平台的互联互通工作，为不同经济体的贸易主体架设数字化贸易融资桥梁。

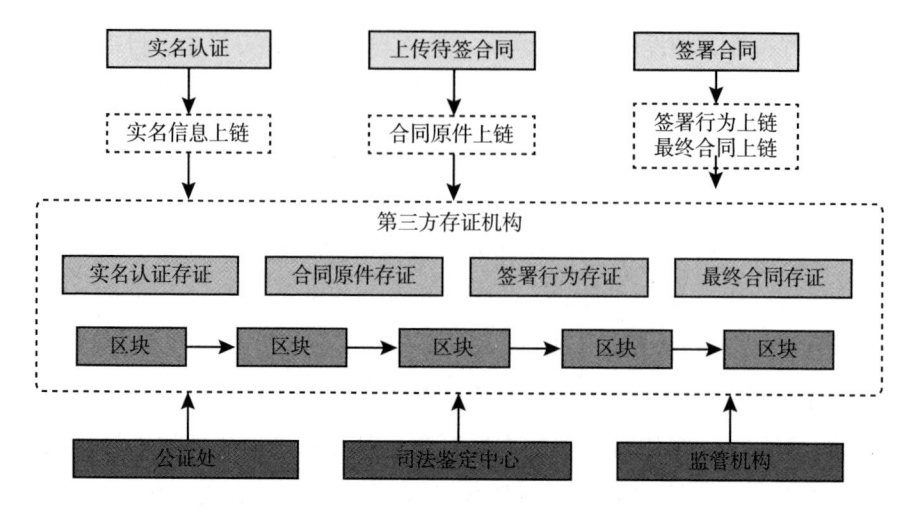

图3　基于区块链的电子合同存证交互

5. 合同存证

电子合同存证在互联网业务中一直是一个比较薄弱的环节。为了保障消费者利益，加强平台的风控，需要一套完整的电子存证解决方案。监管层和各地的监管机构也相继出台相应的管理办法，明确了存证平台的资质要求，实现电子合同保全。基于区块链的电子合同存证交互见图3。

由于区块链技术本身具有去中心、防篡改、可溯源的特点，基于区块链的存证平台天然适用于电子合同的应用场景，非中心化存储和分布式验证保证了数据不可伪造，分布式多副本存储和保密措施保证了数据安全可靠，可溯源查询满足用户检索需求及监管合规需求。目前国内主流的第三方电子签名服务平台上上签、法大大、e签宝，中国云签等陆续落地了区块链电子存证系统，这些系统能够实时跟踪记录用户的认证信息、合同签署等数据信息，并在保障用户隐私保护需求的同时识别合同主体并完成身份认证。

2018年9月，杭州互联网法院率先引入蚂蚁区块链技术，成为全球首个推出区块链司法存证平台的法院。2019年5月，蚂蚁集团联合上海市第一中级人民法院、杭州互联网法院、苏州市中级人民法院、合肥市中级人民法院共同签署了《长三角司法链合作意向书》，构建长三角司法链合作。此次合作开启了全国首次实现审判执行全程上链，在起诉、调解、立案、送达、举证质证、庭审、判决、执行、档案管理等关键环节全部盖上区块链"戳印"，提升审判质量、效率及司法公信力。截至目前，每日在司法链上产生的上链次数超过500万次。

6. 助力解决小微企业"融资难、融资贵"难题

传统的供应链金融实践存在多方面的不足，金融机构在贸易背景核实、可靠质权、回款控制等方面操作风险与成本均较高，而贸易链条中的企业或平台又难以自证，所以难以在支持小微企业融资与做好风控和合规方面取得很好的平衡。

宝武集团旗下公司欧冶金服基于区块链技术，推出了以应收账款债权为载体的电子凭证——通宝，以核心企业优质信用资源为基础，搭建业务真实、信息透明、风险可控的生态圈服务平台，联合商业银行等金融机构，共同服务中小企业金融需求。据报道，截至2019年11月底，已有超过1100家中小企业享受了普惠金融服务，累计通宝交易规模逾200亿元，融资成本最低可至4.35%，最小单笔融资仅3800元。

三 进一步促进区块链技术在监管科技领域应用的建议

一是重视技术突破，支持区块链相关核心技术的研究和研发。要想在区块链技术上长期领先，必须占据相关基础科学的制高点，需要在数学、密码学、计算机科学、信息论、电子学等多门基础研究上进行长期积累。建议加大对区块链相关基础研究的支持。近日，美国航空航天局向俄亥俄州阿克伦大学提供33万美元资金以资助自主研究在以太坊区块链网络上运行的深度学习技术。另外，不提倡政府对区块链企业过多补贴，好的技术、好的产业不是补贴出来的，而是在市场竞争中脱颖而出。特别要防范伪区块链技术、假区块链应用，严厉打击挂着"区块链"名义进行非法集资、骗取政府补贴、炒作股价等违法违规行为的企业，坚决不走P2P和

ICO的老路。

二是重视标准引领，树立标杆并积极参与国际标准制定。在目前阶段，标准是区块链国际竞争的重要阵地。虽然区块链技术离全面商业应用仍有一段时日，但在加密数字货币、跨境支付、票据管理、供应链金融等局部领域已具备应用基础。建议选取一批创新性强、应用性广、示范性良好的区块链创新项目，形成一批可复制、可推广的典型案例，带动整个区块链应用行业标准的形成，在国际技术标准和应用标准上占据先机。

三是重视制度护航，建立完善适合区块链发展的法律法规体系。一是借鉴英国和新加坡等国的经验，设立"监管沙盒"。英国首创的"监管沙盒"制度，因其对市场创新的及时响应性和监管调整的灵活性，可以在有效防控风险的前提下鼓励金融科技创新，减少不确定性负面影响，为相关法律法规的制定和完善提供支撑。二是借鉴"听证会"等模式搭建与行业深度沟通交流的机制。美国国会曾就分布式账本技术和数字货币等主题多次召开听证会，各方观点得以充分表达，使得最后形成的政策或法律很够在行业创新与风险防控中取得平衡。三是及时明确区块链应用中遇到的法律边界问题，及时调整和完善不适应区块链发展要求的现行法律法规及政策规定，为区块链健康良性发展提供法治保障。

参考文献

［1］凤凰网财经:《长三角法院集体引入蚂蚁区块链，成立全国首个区域司法链》，https://finance.ifeng.com/c/7msus4tFJgy，2019-09-08。

［2］涂文斌:《区块链资产证券化平台"链交融"》，《金融电子化》2019年第2期，第64~66页。

［3］新京报经济新闻:《央行贸易金融平台与香港贸易联动平台开启互联互通》，https://baijiahao.baidu.com/s?id=1649463273433559609&wfr=spider&for=pc，2019-11-06。

［4］中国证券网:《习近平向2019中国国际数字经济博览会致贺信》，http://news.cnstock.com/news，bwkx-201910-4438048.htm，2019-10-11。

［5］姚前:《区块链研究进展综述》,《中国信息安全》2018 年第 3 期,第 92 ~ 95 页。

［6］姚前、钱友才:《贸易金融区块链平台的技术机理与现实意义》,https://www.yicai.com/news/100030448.html,2018 - 09 - 21。

［7］看点快报:《中国宝武首单区块链 ABS "通宝 1 号"成功设立 近日将于上交所挂牌》,https://kuaibao.qq.com/s/20191231AZN2Z000? refer = spider,2019 - 12 - 31。

［8］中国互联网金融协会区块链研究工作组:《中国区块链金融应用与发展研究报告 (2020)》,2020 年 4 月。

［9］中国信息通信研究院:《中国数字经济发展与就业白皮书 (2019 年)》,2019 年 4 月。

［10］中国信息通信研究院、可信区块链推进计划:《区块链白皮书 (2019 年)》,2019 年 10 月。

B.11
API技术发展及其在监管科技领域的应用

京东数字科技控股有限公司*

摘　要： API交易监控是监管科技的主要应用方向之一，金融机构、科技公司通过将支付API接口嵌入各个商户的交易场景中来提供支付服务，获取实时交易信息。京东数科基于API技术创新性地提出了网络探针接口防转接应用，并利用生物探针技术获取交易主体的身份信息等生物数据，通过与后台数据库的核查比对，及时发现异常交易和违规违法交易，保护商户和消费者的交易和资金安全，为打击网络犯罪和电信诈骗提供了有力的工具支持，也有助于提升机构支付业务的安全合规水平。

关键词： 网络支付　API监控　网络探针　生物探针

人工智能、大数据、云计算、物联网等数字化技术的高速发展，使得金融产品向着智能化、组件化、场景化等方面发展，API技术也得到广泛的应用，成为后端的服务支撑的一个基础能力。

一　支付API的基本原理和技术发展情况

（一）API的含义、分类和发展概况

1. API的含义

API是一种通过预先定义一组函数、协议、数据结构来实现特定功能，

---

* 执笔人：相如、李根、陈於、张夏明、范凭昀、张元杰、陈明、李玲、银丹妮、周益文、苏硕。

目的是作为通过 API 接口传入规定的参数，从而将 Web 应用、操作系统、数据库以及硬件或软件能力提供给外部使用。

API 作为"介面"连接各个组件，提供应用程序之间通信与数据交互，使开发人员无须访问源码，就能实现传递数据，触发功能，使企业有更多时间专注于后端业务逻辑的开发，提升效率。

2. API 的分类

（1）操作系统分类

API 根据操作系统的不同分为 Windows、Linux、Unix 等系统 API，以及非操作系统组的 API，目前微软 Windows 的 API 开发模式应用较为广泛。

（2）应用领域分类

API 根据是否对外开放又分为开放式 API 和私有 API，公司可根据自己的业务需求，制定自己的 API 接口标准，来限制成员通过此接口标准调用源代码。

3. API 的发展概况

API 的概念最早出现于公用数据处理的早期，为了使应用与其他系统进行交互，开发者设计了可公开访问的"接入点"，这成为应用开发的主流理念。API 的发展阶段见表 1。

表 1 API 的发展阶段

阶段	时间	API 进化历程
第一阶段	1960~1980 年	API 被应用于基本信息的交互，主要是系统间的程序化交换，以及网络协议之间的互联
第二阶段	1980~1990 年	API 创造出功能性的接口，信息通过点对点、屏幕抓取等方式进行共享，允许跨网络进行远程交互
第三阶段	1990~2000 年	API 作为信息处理的中间件，成为企业面向服务的信息交换工具
第四阶段	2000 年至今	企业构建 APIs 作为服务的集成，来支持和加速新产品或新服务的开发和应用

（二）支付领域 API 监控解决的痛点和现实需求

业务实践中，API 接口好比高速公路站点一样，支付交易和资金流必须通过接口节点才能流转，而借助技术手段对支付活动进行节点监控和接口监控，是监管科技的典型应用之一。

具体到支付领域，在金融机构和非银行支付机构开展支付业务的过程中，存在黑灰产等不法商户，他们利用系统的一些的漏洞，致使消费者和企业利益受到损失。黑产欺诈主要表现在商户违规使用支付接口的行为上，包括三种形式：①将支付机构提供的支付服务接口转接给无合法关联关系的第三人使用；②在支付机构提供的支付接口下添加与商户无合法资金管理关系的支付账户；③利用支付机构的支付服务开展违法违规业务。

此外，支付领域还存在着诱导支付、商户欺诈、信用卡套现、违规跨类目经营等支付乱象，大量资金处于不透明的状态，容易产生交易和流动性风险。因此，对商户进行有效监控，可以防范支付机构接口转包风险，同时对防范数据泄露、数据篡改、网络安全、网络犯罪、电信诈骗等违法犯罪起到了关键作用，也为用户提供了安全的支付环境。

此外，提供支付业务的金融机构、科技公司对金融监管部门有报告义务。同时，也要求金融机构、支付机构提高对商户的身份识别能力，并辅助交易监控的技术手段，保护消费者利益。

二 支付 API 监控在监管科技领域的实践

（一）基于网络探针的支付 API 监管防转接应用

1. 什么是网络探针

网络探针，即使用 JS 脚本语言并结合设备指纹和生物探针，实现自动识别商户信息和用户信息，生成交易唯一标识码，防止商户篡改交易请求信息，以识别商户交易合法性。

2. 网络探针的应用场景

商户在网银在线申请 API 支付产品时，系统根据商户所选支付产品、商户信息、商户号等信息动态生成网络探针；每一个网络探针 JS 脚本都与商户深度绑定，实现一商户一探针的定制化模式。商户通过企业账户后台获取对应的网络探针，并在商户网站可发起支付请求的页面上集成。网站集成探针后，当用户访问到支付页面时，探针会自动获取商户网络信息，并同步传输到网银在线风控系统并记录；当用户发起交易请求时，风控系统会校验请求数据的合法性，实时判断是否允许交易。同时风控系统进行黑产数据库校验，通过识别商户可实时关停商户交易。

在商户使用支付 API 时，支付机构安全监控是通过网络探针实时监控系统，并管理和控制，实现支付 API 交易安全的有力保障。支付 API 可记录商户及用户所有的交互日志和服务状态，包括系统耗时、交易量、成功率等参数，对于异常状态进行监测，并及时处理。流量控制、黑名单控制、多机房运维是网银在线支付 API 调控的三大利器。同时可实时监控支付 API 被调用的并发数、最大交易量，对于出现的风险系统可及时报警，并进行处理。此外正在筹划设计系统熔断机制，可实时判断商户调用量及风险情况，系统可自动拦截交易，对于涉及违法违规的商户可第一时间终止交易行为，保证用户财产安全。

网络探针在支付 API 监管中起到举足轻重的作用。近年来随着监管在支付 API 场景的趋严，网络探针能有效提升支付机构防接口转包风险，同时对防范数据泄漏、数据篡改、网络安全、网络犯罪、电信诈骗等违法犯罪起到了关键作用。再配合生物探针、设备指纹等技术，对商户进行了有效监控，又为用户提供了安全的支付环境，因此网络探针可以有效成为利用科技提升监管水平的有力工具。

（二）支付 API 监控与数据安全高效合规应用

在支付 API 的生态环境下，存在必要的数据交互和合规安全运用。支付

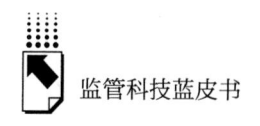

机构将收集必要的用户个人信息，这些信息会在付款方（用户）、收款方、网络支付平台、网络支付清算平台、银行之间进行安全交互，推动交易流程的完成，确保交易安全。

在付款方进行账号注册或登录时，网络支付平台根据《移动互联网应用程序信息服务管理规定》，将收集用户用于注册或登录的手机号。在支付的全流程中，支付机构根据《非金融机构支付服务管理办法》《支付机构反洗钱和反恐怖融资管理办法》等办法的规定收集用户的身份证件信息和身份基本信息，以及银行账户信息、支付密码，以确认用户身份，确保账户与资金安全。此外，支付机构能够通过自动采集识别用户的设备标识符、IP地址、所在的地区、移动网络信息、标准网络日志、网络使用习惯、操作日志等，以上信息将只用于安全风控目的。为了完成交易，支付机构将获取用户主动填写或商户提供的交易金额、交易对象、交易商票、交易时间等信息。

支付信息的收集、使用和共享须以法律法规的监管为基准，在遵守《中华人民共和国网络安全法》等监管要求的前提下，进一步落实金融行业的强监管要求，确保符合《非银行支付机构网络支付业务管理办法》《中国人民银行关于银行业金融机构做好个人金融信息保护工作的通知》《中国人民银行关于进一步加强银行卡风险管理的通知》《网络支付报文结构及要素技术规范》《个人金融信息保护技术规范》等相关规定，在明确获得用户授权的前提下合法合规收集用户信息，仅用于支付场景下完成交易、保障交易安全等必要的用途。

在支付环境下 API 安全问题通常围绕鉴权、时间戳、数字签名等方式，结合支付 API 的数据安全问题，主要集中在采集数据和传输过程中保证数据不被泄露和篡改。在数据采集阶段，通过客户端接入安全键盘等方式提供及时防护能力，在数据传输至服务端前，使用加密函数或自定义的加密方法对请求的 URL 进行加密，并生成数字签名，之后通过加密传输的 TLS 协议将加密数据传输至服务端。在数据到达服务端时采用相同方式进行计算对比签名结果，确保数据未被泄露和篡改。

综上，支付 API 环境下数据的流转应用，一方面，能够通过技术手段充分运用数据进行高效的验证交互，促进交易的线上化、便捷化；另一方面，也最大限度地保障了用户的隐私安全、账户安全。

三 支付 API 监控在监管科技领域应用的前景展望

（一）战略发展前景

近年来，大数据、区块链、人工智能、5G、云计算等新兴技术在监管领域的应用越来越广泛，政策层也做出了规划和部署，出台系列短期和长远规划。支付 API 监控作为监管科技的主要应用之一，具有广阔的发展前景。

监管科技领域的支付 API 监控应用是未来重要的发展领域之一。支付 API 作为实时交易监控和接口监管的载体，在监管、行业层面都具有重要战略意义。应将支付 API 监控纳入机构合规和数字化监管框架的战略中去，结合行业实践制定机构标准、行业标准，推动支付 API 规范化、数字化发展。

（二）技术发展前景

随着 API 技术的成熟，将产生更多的技术洞察。其中，基于网络探针和生物探针的支付接口防转接技术未来将结合更多的应用场景，应用于不同领域的交易监控和接口监管中，为网络安全、数据安全及数字经济的健康发展保驾护航。

针对监管科技 API 监控技术的发展前景，有可能探索"区块链+网络探针"的模式，可以通过分布式账本的技术手段布置。区块链自带的透明开放、防篡改、自信任等属性，对于溯源、防伪有着较好的应用价值。网络探针的理念是在数据采集器、探针和监控中心的三层过滤、分析架构上面进一步迭代升级。可以将区块链的理念和技术应用于一个一个分布式的 API 接口，将商户交易和支付数据上链，并利用 API 接口导流的数据配合网络探针

存储到一个一个区块中,实现业务前中后的全流程上链,为支付交易的实时监控提供更强大的一层技术保障,并进行激励。

(三)业务发展前景

业务方面,综合从技术的逻辑切入,洞察用户痛点和需求深入挖掘。未来,支付领域 API 监控成为定制化的服务,作为组件化和模块化输出。支付 API 监控将从研发向产品逐渐孵化,成为一个相对成熟的技术,未来将成为组件化、定制化的服务。可以将基于支付领域 API 监控的网络探针和生物探针包装成为一个产品,提供给金融监管部门或者金融机构,通过 DaaS、IaaS 和 PaaS 等应用,推动支付 API 监控成为数字化金融基础设施之一。

未来业务发展中,支付 API 监控可以融合不同种类支付业务和场景,包括跨境支付、外汇交易、聚合支付等,利用探针技术实时采集数据进行标记和对比,有助于防范欺诈、洗钱、恐怖融资等风险。

另外,结合当前数字货币的发展,支付 API 监控业务或将大有可为。DC/EP 在央行推动的速度加快,目前已经在四个城市展开试点,试点场景主要以交通支付、工资支付、缴费等为主。DC/EP 可能采取区块链或者中心化建设的方式,网络探针作为支付 API 接口的实时监控工具,未来可以运用于 DC/EP 的零售、小额、高频场景的结合,向数字货币钱包端输出监控功能。

(四)坚守法律底线,促进安全高效合规

以开放、共享的 API 技术为承载媒介,将产品能力输出,为合作伙伴提供支付功能,在这一过程中,必须全面了解、评估合作伙伴的过往业务情况和数据保护能力,将合规尽职调查贯穿合作始终。

通过构建网络身份认证体系,创造网络可信环境,充分利用网络探针、生物识别等信息技术,运用数字加密签名等手段,强化交易报文规范管理,保障支付交易的可追溯和不可抵赖,健全突发事件的预案和应急处置机制,确保支付交易安全、稳定、合规开展。

参考文献

[1] 李冰：《云计算、API 平台和实时支付》，《中国银行保险报》2020 年 1 月 20 日。

[2] 王丽：《京东 API 网关实践之路》，https://mp.weixin.qq.com/s/WjZqLCCxc8oCP42qC6_o1Q，2020-04-16。

[3] 杨铭、周矛欣、许秀文：《浅谈网络探针接入控制技术》，《中国管理信息化》2010 年第 15 期。

[4] 程冬梅、严彪、文辉等：《基于规则匹配的分布式工控入侵检测系统设计与实现》，《信息网络安全》2017 年第 7 期。

[5] Chen K：《加强 API 监管 安全连接银行与金融科技》，http://m.01caijing.com/article/27662.htm?from=singlemessage，2018-09-08。

[6] 高娇（译）：《欧洲监管科技市场发展报告》，https://mp.weixin.qq.com/s/6d7xrCrD7oqr8YKIF2z33A，2019-06-21。

[7] 陈梅瑜：《裁判规则：第三方通过 OpenAPI 获取用户信息时应坚持"用户授权 + 平台授权 + 用户授权"三重授权原则》，https://mp.weixin.qq.com/s/54LV8sg0SJTGdOO64Y8_Pw，2019-05-07。

[8] 万敏：《监管科技：全球金融科技的"矛"与"盾"》，https://mp.weixin.qq.com/s/sCqApkB3IMW1-AE1xExU5w，2019-11-29。

[9] Ehrentraud, J., Ocampo, D. G., Garzoni, L., et al. Policy responses to Fintech: a cross-country overview. BIS, 2020-01.

场景应用篇

Scenario Application

B.12 基于区块链的监管科技场景应用探索

中国光大银行股份有限公司[*]

摘　要： 本文立足当前区块链在监管领域的探索和应用情况，通过梳理区块链在提升监管效率、降低合规成本，以及提升监管数据的真实性和及时性等方面的作用，分析区块链在交易行为监管、客户身份识别和安全数据报送三个场景中的应用模式，探索进一步推动区块链技术应用的发展方向。最后通过两个区块链产业应用案例，讨论和分析监管通过成为区块链节点实现实时和穿透监管的巨大价值。

关键词： 区块链　监管场景　链上监管

---

[*] 执笔人：杜明洁、段林、卢德华、阙志斌、孙霄宇、澈格勒很、全星澄。

一　区块链在监管科技领域应用的背景

（一）监管难点与痛点

被监管机构更加多元。近年来，我国多层次金融市场加速完善，互联网金融机构空前丰富，金融对外开放也逐步走上正轨。市场上被监管以及需要被监管的机构越来越多，特别是大量中小金融机构和新型金融服务平台，由于管理不规范和业务的复杂性，系统性风险受影响程度加深，监管难度加大。

机构间"数据孤岛"问题依然严重。金融机构内部均存储了海量的客户行为数据、交易数据、黑名单、第三方公司征信数据等通过各种渠道获取的数据，但各个公司乃至公司内部之间存在的竞争、孤立关系，导致信息不透明、不对称。数据无法共享，或是同一个数据在不同业务单位解释逻辑不同，都会导致交易欺诈风险提升、反洗钱难度增大。

金融活动日趋复杂。金融科技衍生出跨区域、跨行业、跨市场的业务模式，各行业的管理模式、管理标准和系统管理不同，资金链路和信息传导方式更趋复杂，资金来源和去向更加难以追踪。

黑色产业链日臻成熟。伴随着互联网金融的迅猛发展，互联网黑灰产业已形成了众多团伙化、自动化、配合严密的产业链条。随着互联网黑灰产业逐渐演变出越来越多可复制的运作模型，客户资金面临极大风险，业务安全问题日渐凸显。

（二）区块链监管应用的主要作用

提升监管效率，降低合规成本。区块链技术在缩短管理链条、提高运营效率、降低成本上存在价值优势，实现了低成本高效率的信息传递，降低了机构间建立信用体系的成本。

提升监管数据的真实性和及时性。区块链平台可以让监管方与受监管方

同处一个业务状态与环境中，使得监管部门能够在第一时间获取所需的信息，从根本上提升监管数据获取的质量和效率。

打造可信数据环境，为数据共享提供强大的管理框架。区块链技术运用的共识机制和非对称加密算法，使得数据安全性得以更高层级的保证，在降低了各类风险的同时，解决了机构最担心的数据分享安全隐患问题，保护了个人账户的安全。

支撑监管基础设施建设，降低系统重复建设成本。系统建设是金融机构的重要经营成本之一，经过长期发展，目前大多数金融机构都建立了完整的底层基础设施，互相之间通过报文或 API 接口进行数据传输。区块链为今后的系统建设提供了新的解决方案，特别是在需要建立多方信任的场景中，区块链分布式账本可以让多方共同使用和维护，降低系统重复建设，并为监管和利益相关方提供一个公开透明的业务环境。

（三）区块链监管应用的三种模式

区块链可以作为一种数据传输和保存的解决方案，以功能模块的形式，应用于各类需要可信数据环境的监管场景。利用区块链技术，用以在机构间和机构与监管层间建立安全、高效的数据分享和报送闭环，降低机构合规成本，提升监管工作效率。

区块链可以作为监管平台的底层技术，与大数据、物联网等相结合，打造新一代智能化监管平台。通过实时透明的共享账簿，在市场风险恶化之前便精准识别并予以回应。同时建立以区块链为底层技术的数据平台还可以更加方便地与其他区块链行业应用场景进行对接。

区块链可以成为执行监管政策的新模式。随着行业区块链平台的不断发展和成熟，监管部门可以探索以功能节点的形式上链。一方面实现关键风险信息的实时监测，另一方面也可以通过智能合约建立自动执行的监管规则，实现监管政策全覆盖和硬控制。

二 应用场景及实现路径探索

（一）交易行为监测

1. 场景描述

随着互联网金融的发展和金融工具的丰富和便利，面对业务品类、交易规模、客户数量的增长，对交易行为进行监控，有效对风险事件进行分析和识别，成为金融机构亟待解决的挑战。与此同时，新型的洗钱手法，可能通过复杂的、多种类多频次的金融交易，逐渐将非法收益与其真实来源疏离，并尽可能多地进行分拆，常规的风控机制越来越难以准确定位可疑交易。需要对金融交易行为进行监控，维护金融安全稳定。

2. 应用模式

交易行为监控应当覆盖交易前、交易中、交易后三个阶段。区块链技术可以在交易中、后阶段帮助提升交易行为监控能力。交易中阶段，规范不同类型业务的交易行为数据字典，对被监管机构上报的交易行为数据在区块链上进行登记，并实时进行校验和分析。校验上报数据是否及时，交易数据是否完整。对验证通过的数据再进行发掘分析，自动生成合规报告或触发风险提示。交易后阶段，通过区块链数据可追溯特性，跨机构、跨业务分析历史交易行为，识别关联风险、隐藏风险，并可以结合大数据和可视化技术，对风险分析结果进行提示和展示。

3. 应用方向

（1）提升反洗钱平台建设

每家机构生成一个单独的加密区块，对各类交易信息、触发上报机制的理由等各维度数据区块按照时间顺序依次排列，形成数据区块的链条。任何信息不允许单方面修改，若修改必须经过主体共同同意。同时，根据各机构在平台中的角色、地位和规模大小赋予不同的账号，将此类权限嵌入区块链中进行控制，以保证交易数据的真实安全。

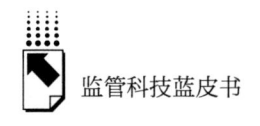

(2) 客户信息登记与验证

根据区块链联盟的合约详细登记客户信息，引入区块链电子加密与生物识别双因子技术结合对客户身份进行验证，保障客户本人信息的真实性，实行网络用户的"实名制"。把已经认证通过的客户信息打包成区块，提交到私有链网络上。当私有链网络的各个节点接收到该区块信息后，若一半以上的节点验证通过该区块后就被认为通过并按照时间线增加到区块链上。同步所有节点本地账本，也同时更新区块链的所有信息。

(3) 客户金融交易环节

在交易环节中，客户全部交易包括交易金额、时间、账户等信息都会形成区块在私有链网络进行广播，并发送到所有的网络节点，同步保持在区块链和各个机构节点的本地账本中。当交易完成时，相关机构以联盟链节点的身份把该区块上交给联盟链网络中并进行广播，并同步更新联盟链的节点本地账。交易信息公开并且透明，有助于解决因跨机构信息有误或者数据无法共享而导致的洗钱风险，并完成有效的交易监管。

（二）客户身份识别

1. 场景描述

随着互联网金融业务的发展，更多的业务通过线上渠道受理，用户身份信息的多样性、复杂性使得原先单一的信息核验不再适用于当前复杂的环境。利用区块链技术建立安全数据环境，存储和共享客户身份电子档案，实现身份信息的安全管理，为KYC流程和反洗钱监管合规提出了新的解决思路。

2. 应用模式

基于区块链的客户身份识别服务，将客户的身份要素信息摘要在区块链上进行存证，包括身份证、手机号码、姓名等。保持追踪客户实际身份的线索信息，以满足最小KYC要求。同时，可以扩展多因子身份认证技术，将人脸、指纹、声纹、虹膜等生物特征数字化，并与身份要素信息绑定存证，增强身份识别的准确性。将多因子身份认证与区块链技术相结合，可以有效地共享身份数据，防止身份数据泄露以及对身份认证过程进行管理等，并为相关机构降低风险和成本。

3. 应用方向

监管机构和被监管机构可以共建基于区块链的身份识别平台，被监管机构在线下完成客户识别，在区块链上进行认证结果登记和共享，避免重复的客户身份认证，降低监管合规成本。区块链上保存的是客户身份信息的摘要数据，以保证客户信息明文不可见，这不会造成信息泄露，降低监管的风险。此外，基于区块链的身份识别平台还应该建立黑名单库、设备指纹库、关系图谱等在内的应用数据库，可以为被监管机构提供更加丰富的客户识别服务。

（三）合规数据报送

1. 场景描述

监管数据需要向多个监管部门报送，而数据容量和数据维度的不断扩大和增加，一方面造成了数据时效性、数据质量的下降，另一方面也导致了金融机构合规成本的大幅度提高。

2. 应用模式

搭建基于区块链的数据平台构建分布式的可信任环境，监管机构和被监管机构都是链上的功能节点，监管机构在链上编制监管数据报送需求，被监管机构对合规数据在区块链上进行自动匹配和报送。实现监管数据的实时交互，减少人工干预，降低金融机构合规成本。与此同时，通过这一分布式的可信任环境，还可以助力实现静态监管与动态监管的有机结合，堵住潜在的监管漏洞。在数据传输过程中，各机构使用节点数字证书对报送数据进行数字签名，采用加密算法对数据明文进行加密保护，确保监管数据报送的安全性和准确性。

3. 应用方向

（1）经营管理信息上链固证

金融乱象发生的原因之一在于部分金融企业及类金融企业在财务、法务

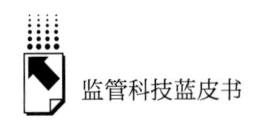

等方面管理混乱,给信息篡改等不法行为提供了机会。区块链信息平台通过系统对接,要求被监管方定期上传当期所有财务、法务以及人事相关文件,保存其哈希值,形成完整的重要信息时间序列。既提供可信、可靠的信息存证、存储、验证等服务,又能兼顾隐私保护要求。后续可以通过哈希值和时间戳的比对,随时自动化验证文件真实和完整性。

(2)提升数据结构规范程度

数字金融业务模式日新月异,不同金融机构对数字金融业务的评价机制各有不同,缺乏针对性的风险指标体系,合规数据结构规范性有待加强。在合规数据报送中加入区块链智能合约,可以对不同维度、不同类型的数据库进行集中校验和分析,提升被监管数据的通用性,制定合规数据结构规范。

区块链作为一项加密信息传输手段,可以在很多监管场景中应用,也可以作为信息平台的底层技术,整体提升各类场景的监管效果。然而我们也可以看出,区块链技术在不同监管场景的应用中存在穿插和融合,如对客户信息的高质量存储和共享在交易行为监管和客户身份识别等场景中都有应用,本文在具体场景中仅选择具有代表意义的应用进行阐述。

三 区块链行业应用:典型案例及对监管科技的启示

1. 应用介绍

当前,银行业金融机构正面向实体经济和全产业链金融需求,以支付结算和金融科技手段驱动金融服务创新,积极打造基于区块链的产业链金融平台。区块链技术及银行数字认证等金融科技手段,能够有效保障应收账款债权流转的真实、清晰、可信,满足企业内控要求,降低操作风险。

2020年光大银行与蚂蚁金服合作推出"光信通"供应链金融产品,面向实体经济和全产业链金融需求,以支付结算和金融科技手段驱动金融服务创新,打造电子债权凭证交易银行新工具,打通产业链与资金链,以区块链技术实现核心企业信用的多级流转,从而成为真正意义上的流动性工具。

2. 作用与价值

基于区块链技术的统一金融基础设施。形成完善金融产品生态、客户服务生态、机构合作生态。构建联盟链体系，引入核心企业供应链上下游、金融机构及监管机构，共同作为节点加入区块链系统，进行信息的记录及维护，共同打造完善基于技术背书的新型信任机制。同时，适应金融生态需要、客户行为特点及监管要求，推进区块链技术与供应链金融业务场景的整合及适应性改造，包括算法支持、访问隔离、平权关系、私钥保护等。

基于区块链技术的开放系统架构。适应当前互联网场景下对公客户贷款需求的深层次演变及爆发式增长需要。通过应用区块链技术，可以快速协同核心企业建立产业链金融平台，进行原生数据在线采集和互联互通，提高数据质量及标准性，实现完整的对公客户画像，完善风险甄别模型。并通过核心企业 ERP 系统中企业销售、采购、流水、客户关系管理等反映企业经营情况数据的上链，准确还原企业真实的业务场景和经营状况。

基于区块链技术的融合增信机制。区块链的共识机制设计，链上数据不可篡改、可追溯、可承载价值，以技术背书方式创造了一种新的信任机制，形成良好的信用环境，对企业链上行为进行强有力的约束。同时，区块链技术有效降低了传统供应链金融中的操作风险问题，降低了交易对手方的风险，在确保信息安全的前提下，实现了核心企业信用能够沿着产业链可信链路传递至尾端。

3. 监管启示

区块链提升金融监管的有效性，一方面在于提升监管效率，降低监管成本，另一方面在于区块链技术在金融业务场景的应用越来越广泛，监管可以以节点的形成主动成为金融生态的一部分，显著提升监管的实时性和有效性。基于区块链技术搭建产业链金融平台，链上数据可由参与各方进行验证，实现链端到端的透明化、交易智能合约化、纸质文件电子化、信息加密可追溯、数据分布存储，可以有效提升监管生态的整体数字化水平。监管机构可以有效获取监管信息，对资金流进行分析预警，能够及时对贸易背景真实性进行分析和合适，大大便利了监管，有效降低了平台业务发展中的合规风险。

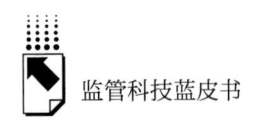

参考文献

[1] 巴洁如：《区块链技术的金融行业应用前景及挑战》，《金融理论与实践》2017年第4期，第109～112页。

[2] 夏朝羨：《区块链技术视角下网络版权保护问题研究》，《电子知识产权》2018年第11期，第112～118页。

[3] 朱兴雄、何清素、郭善琪：《区块链技术在供应链金融中的应用》，中国流通经济，2018。

[4] 黄震：《区块链在监管科技领域的实践与探索改进》，《人民论坛·学术前沿》2018年第12期，第26～34页。

[5] 黄震：《区块链在监管科技方面的应用展望》，《金融经济》2018年第19期，第40～41页。

[6] 李兆森、李彩虹：《基于区块链的电子数据存证应用研究》，《软件》2017年第8期。

[7] 袁煜明、李骅熹、蒋利峰：《区块链模式：让多方协作实现共赢》，《清华管理评论》2018年第10期，第65～70页。

[8] 戚学祥：《区块链技术在政府数据治理中的应用：优势、挑战与对策》，《北京理工大学学报》（社会科学版）2018年第5期，第111～117页。

[9] 赵中林、王俊生、李丽丽等：《区块链在证券监管中的应用初探》，《金融科技时代》2019年第8期，第37～39页。

[10] 《区块链技术应用的安全与监管问题》，《计算机科学》2018年第z1期，第352～355+382页。

B.13
监管科技在用户身份识别中的应用探索

银联商务股份有限公司*

摘　要： 监管科技近年来在我国快速发展，并尝试进军金融行业各个应用领域，当前"用户身份识别"是其主要发力方向之一。秉持"以技术服务监管"的宗旨理念，监管科技通过引导行业机构在业务交易中合理运用前沿科技手段，帮助企业在互联网时代精准识别用户身份，落实上级管理部门各项监管要求。本文将系统阐述当前监管科技的发展状况以及用户识别技术的前沿趋势，并以2019年度银行开户核验、车险实名缴费等行业应用为例，充分印证监管科技在用户身份识别领域的积极探索有效提升了金融行业风险防范能力，促进了金融行业蓬勃发展。

关键词： 监管科技　用户身份识别　风险防范

一　用户识别技术概述

在当今的互联网时代，每个人都藏在网络背后。即便在真实的业务场景中，审核人员都无法接触到用户本人，因此如何有效识别用户身份成为一个急需解决的问题。

当前较为流行的识别技术有身份识别、人脸识别、虹膜识别、指纹识别等，各类技术具体实现原理及发展现状概括如下。

---

* 执笔人：于震、钱佳、庄壮亮、禹玮、李小恬。

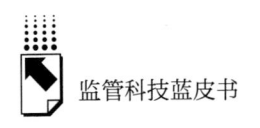

（一）身份识别技术

区别于传统的账号密码匹配核验等方式，目前数据市场上身份识别技术主要集中在公安体系下的身份证二要素验证、运营商体系下的运营商三要素验证以及银行体系下的银行卡三、四要素验证。

公安体系下的身份证二要素验证，是指基于公安户籍登记信息在线验证个人身份证号和姓名的一致性，因其唯一性、稳定性等突出特点，多应用于公共景区、车站机场、酒店住宿等线下交易场景。

运营商体系下的运营商三要素验证主要是基于手机号开户时预留的机主身份信息，实时核验手机号、身份证号和姓名的一致性。相关核验技术因便捷性、灵活性而更多应用于电信领域，以游戏领域为主。

银行体系下的银行卡三、四要素验证，主要基于各大发卡行预留的个人开户信息，比对反馈银行卡号、身份证号、姓名等身份信息是否一致。随着实名验证的普及，需求银行卡实名验证的商户也在逐步增加。产品需求方已从单一的银行机构、互联网支付机构，发展到了互联网金融行业、保险机构、政府平台类网站等不同类型商户。

（二）人脸识别技术

人脸识别技术起源于20世纪60年代，距今已有60多年的发展历史。其通过采集识别活体面部信息，计算提取相应的特征值，与人脸数据库实时比对，进而反馈相应的核验结果。核验过程中涉及的核心技术有人脸采集、人脸识别、特征值提取、数据库比对等。近年来，通过引入深度卷积神经网络，人脸识别技术得以迅猛发展，准确率大幅度提升。目前，最高正确率可达99.5%，已远远超过工业和信息化部出台的《促进新一代人工智能产业发展三年行动计划（2018—2020年）》中提出的"到2020年，复杂动态场景下人脸识别正确识别率超过90%"的发展目标。相较于同等条件下人眼最高识别率97.52%，人脸识别技术的准确率要更为精准，效果更佳。

（三）虹膜识别技术

虹膜是位于人眼表面黑色瞳孔和白色巩膜之间的圆环状区域，在红外光下呈现丰富的纹理信息，如斑点、条纹、细丝、冠状、隐窝等细节特征。虹膜识别技术通过对比虹膜图像特征之间的相似性来确定人们的身份，其核心步骤是使用模式识别、图像处理等方法对人眼睛的虹膜特征进行描述、匹配和分类，从而实现自动的个人身份认证。

英国国家物理实验室通过广泛的实验研究，对各种生物特征识别技术做了分析比较，并在实验结果中认为：虹膜识别是"最精确的""处理速度最快的"以及"最难伪造的"。正是由于这些特性，机场、校园、酒店、医院等多个场所已开始使用虹膜识别技术。例如，将虹膜识别技术与出入境关卡管理、人员信息管理相结合，在提高通关效率的同时，有效杜绝了通过整容等手段伪造身份的情况产生，严厉打击了恐怖主义、非法出入境等犯罪活动。

（四）指纹识别技术

指纹识别技术通过采集指纹特征，实时比对数据库中预留的指纹信息，实现身份核验的目的。当前指纹识别技术已发展成熟，初具规模。为了不断提升准确率，获取更准确、高效的采集指纹图像，指纹识别采集技术进行了多次更新和迭代，先后产生了光学识别、电容传感器识别、生物射频识别等优秀技术。随着图像读取技术和微型计算机技术的不断发展，指纹的采集和对比的可行性越来越高，自动识别指纹技术迎来了新一波发展机遇。

当前，指纹识别技术除应用于刑事勘察之外，亦广泛应用到人们的日常生活当中，如指纹考勤系统、手机指纹解锁等，已逐渐被使用者接受和认可。银行、医疗保险等权威系统也合理采用指纹识别技术进行用户身份识别，充分保障资金使用安全。

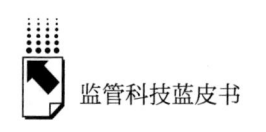

二 重点行业应用探索

（一）银行开户核验

为完善银行账户管理体系、提升银行服务质量、保障消费者合法权益、维护经济金融秩序，中国人民银行自2015年陆续出台各项管理规定，要求银行严格落实个人账户实名制监管要求：2015年12月，发布《中国人民银行关于改进个人银行账户服务加强账户管理的通知》，明确银行为开户申请人开立个人银行账户时，应核实身份证件的有效性、开户申请人与身份证件的一致性和开户申请人开户意愿；允许银行采取多种方式对开户申请人身份信息进行交叉验证。2018年6月，出台《关于改进个人银行账户分类管理有关事项的通知》，指出"银行为个人开立Ⅲ类户时，应当按照账户实名制原则通过绑定账户验证开户人身份"。2019年初，发布《中国人民银行支付结算司关于加强个人Ⅱ、Ⅲ类银行结算账户风险防范有关事项的通知》，要求各银行及清算机构全面开展风险排查工作，明确银行对于接收到的账户信息验证交易需严格按照清算机构技术规范准确核实相关信息并正确反馈验证结果，建立健全风险监测和处置机制，强化账户业务监督管理，切实保障银行账户体系安全和客户合法权益。

为了配合央行相关监管工作，中国银联随即紧急下发相关管理办法，明确银行通过银联网络进行Ⅱ、Ⅲ类开户跨行验证时，必须接入专用的验证通道。同时要求涉及Ⅱ、Ⅲ类账户验证服务发起行和绑定账户开户行应积极配合改造，在规定时间内实现生产部署上线，全力提升系统改造质量。

此次银行开户核验系统改造工作，充分体现了央行支付结算司防范银行Ⅱ、Ⅲ类账户风险的决心。只允许法定清算机构参与金融行业账户验证业务，依托目前已经成熟开展的银联四要素验证业务完成对银行Ⅱ、Ⅲ类账户的开户验证，这不仅为银行业利用更具互联网特性的新型账户发展普惠金融提供了切实可行的方案，促进了互联网银行业务持续健康发展，而且针对违规行为可以行使一系列强有力的惩处措施，如强制退出开户验证业务、强制退出银联网络等，从根本上打击了违规犯罪的积极性，进而为互联网银行业务开展扫清障碍，保障业务稳定持久开展。

（二）车险实名缴费

各经营车险的保险机构竞争更加激烈，改革红利进一步释放。与此同时，车险市场部分保险机构及业务人员为争抢业务，在未经消费者同意的情况下为消费者缴纳保费，生成保单以锁定客户。

随着车险市场改革的不断深入，出现了大量的抢单以及车险保费垫付行为，加剧了市场恶性竞争，扰乱了车险市场的正常经营秩序。为此，中国银行保险监督管理委员会于2018年发布了《保险实名登记管理办法（征求意见稿）》，全行业在保险实名领域落实了一系列实质性措施。在中国银行保险监督管理委员会的政策鼓励下，各地迅速展开车险平台缴费实名认证系统建设工作。通过在传统的见费出单制度基础上增加实名验证环节，有效规范市场车险销售流程，切实保护消费者权益。

同时，全国实行车险实名缴费，有效遏制恶性价格竞争，增强保险业反洗钱与反商业贿赂的工作力度，防范金融市场风险。消费者直接向保险公司或具备资质的保险中介支付保费，既有利于保护消费者的资金安全，也成功防范和化解了基层保险机构、代理人、其他第三方垫付保费的资金风险。此实名制度的落实，有利于进一步促进保险公司、保险中介机构加强客户信息管理，建立健全客户信息管理制度和操作规程，提高车险客户信息真实性，进而提升车险业务数据质量。

（三）刷脸支付实践

2017年12月，中国人民银行印发《中国人民银行关于优化企业开户服务的指导意见》，鼓励人脸识别技术应用于开户业务流程，作为读取、收集以及核验客户身份信息和开户业务处理的辅助手段。2018年10月，中国人民银行启动人脸识别线下支付安全应用技术规范制定工作，并于2019年初将相关规范、方案等文件正式发布到试点区域的支行和试点机构。自此刷脸

支付发展进入新时期，来自艾媒咨询的数据预测，2022年中国刷脸支付用户规模将突破7.6亿人。

在相关政策支持下，中国银联、支付宝、微信等支付巨头都开始进行相应布局，并为线下应用做积极推广。

腾讯于2019年3月推出了刷脸设备"青蛙"，大力执行奖励政策，向商家和合作伙伴开放SDK接口、硬件能力。阿里巴巴于2019年4月17日发布"蜻蜓"二代，开始执行新的奖励政策，在零售、快消、餐饮等多个商业场景中使用，补贴总共30亿元。

中国银联于2019年10月携手六大行等60余家金融机构在乌镇互联网大会上联合发布了全新智能支付产品"刷脸付"，将在宁波、杭州、广州、嘉兴（乌镇）、长沙、武汉、合肥等地区率先推广。

同时，阿里巴巴、腾讯持续加大对刷脸支付的支持政策，阿里巴巴在前期30亿元市场补贴的基础上，宣布刷脸支付补贴无上限。微信刷脸支付补贴最高单台奖励1999元，掀起以刷脸支付为代表的移动支付线下硬件产品的改造和推广热潮，线下创新刷脸机具的受理范围逐渐铺开。

与线下传统支付工具相比，刷脸支付基于人脸生物特征发起交易请求，无须携带手机、银行卡等媒介，实现了支付过程的无介质化，便捷性高；通过专用口令、"无感"活体检测等实现交易验证，安全强度高、符合用户习惯，能更好地满足人民群众对安全便捷支付服务的需求，规避了金融IC卡高安全低便捷、条码支付高便捷低安全的不足，较好地实现了支付工具安全与便捷的统一。目前，刷脸支付已成为支付行业备受关注的一种新兴支付方式。刷脸支付在方便消费者的同时，也给了支付机构、银行一次弯道超车的机会，谁能够抢先在封闭场景下尽快布局刷脸支付设备，便有机会抢得市场先机，因此刷脸支付应用具有一定的实践基础以及良好的市场前景。

三　结论

监管科技在用户身份识别领域的应用探索，为金融机构落实监管实名要求提供了可行性解决方案，严厉打击了虚假注册、套现洗钱等违规行为，在全力保证机构业务合规稳定运行的同时，切实维护了金融消费者的合法权益。随着全球各国家监管机构逐渐认识到开展监管科技对促进金融业蓬勃发展的重要意义，相信在各种鼓励性政策支持下未来监管科技应用场景将更加丰富，在不同时期和地域将展现出不同的行业魅力。

参考文献

［1］白儒政、马强伟、王晶：《监管科技的国内外发展现状研究》，《金融科技时代》2018 年第 8 期。

［2］刘霄华：《监管科技发展应用的域外经验借鉴及启示》，《金融科技时代》2019 年第 7 期。

［3］陈广山：《监管科技的现状与应用方向》，《金融科技时代》2017 年第 9 期。

［4］王佑、陈法玉：《人脸识别技术研究与应用》，《科学与信息化》2019 年第 28 期。

［5］纪国惠：《人脸识别关键技术综述》，《学术》2019 年第 12 期。

［6］李海青、孙哲男、谭铁牛等：《虹膜识别技术进展与趋势》，《信息安全研究》2016 年第 1 期。

［7］刘素苹、呼晓璐：《指纹识别技术在身份认证中的应用》，《工程科技研究》2019 年第 5 期。

［8］毋俊：《指纹识别系统简述与发展方向》，《电子技术与软件工程》2018 年第 3 期。

B.14
监管科技在 SIM 数字身份中的应用

中信网安认证有限公司　中移动金融科技有限公司*

摘　要： 互联网环境留存大量公民个人信息是造成当下数据泄露呈现普遍化态势的重要原因，对此，中信集团与三大运营商共同设计、研发和推广 SIM 数字身份。本文从产品定义及演进历程出发，融合监管科技，探索 SIM 数字身份在金融领域保障个人隐私安全和数据有效流转中发挥的作用。

关键词： 监管科技　SIM 数字身份　电子签约　反洗钱

一　SIM 数字身份的基本原理与发展情况

（一）SIM 数字身份基本原理

数字身份是指以数字化信息的形式将个体可识别地刻画出来，以此对个人的实时行为信息进行绑定、查询和验证。从技术实现角度，数字身份是以二进制代码的形式将真实的用户身份，映射为密文存储于安全芯片中，同时由权威机构为用户签发数字证书，以此作为核验身份真实性和行为有效性的依据。

随着互联网和数字经济的快速发展，数字身份的重要性日益凸显。在高安全需求场景中，用户仅使用实名身份资料进行账号注册（如上传身份证

---

* 执笔人：常远、张凯、吕晶、王昊、李亚强。

信息）是远远不够的，因为无法解决账号持有者和身份拥有者不一致的问题。通过数字身份认证可在一定程度上解决网络行为确权中的"人证合一"问题，一方面是对个人数字身份的合法性认证，另一方面是对数字身份持有者的真实性认证。参与认证过程的主体包括认证需求提出方、被认证方以及第三方权威认证机构。

党的十八大以来，以习近平同志为核心的党中央高度重视网信事业发展，对建设数字中国、智慧社会做出一系列战略部署。数字身份作为数字化活动的基础信息，已成为数字中国、智慧社会建设的重要内容。为此，我国就数字身份发展进行了前瞻布局和积极探索，2012年国家发改委、科技部、中央网信办等部委着手推动我国数字身份体系建设，2018年公安部在全国范围内启动"互联网+"可信身份认证平台应用试点，从法律意义上实现了公民隐私保护、行为确权、认证留痕和数据可追溯。

数字身份具有高度识别性，且与主体的网络行为密切相关，它所代表的主体属性可能含有敏感的个人信息，因此，在数字身份的注册登记和使用中必须始终考虑个人信息安全，将保护用户个人信息作为构建数字身份认证体系的关键因素，需要建设既能保护个人信息安全又能适应网络社会数据开放和流通需求的统一数字身份体系。目前，我国数字身份技术方案主要包括中信集团与三大运营商主推的SIM卡方案、互联网企业主推的App软件方案和智能手机厂商主推的终端方案。

基于SIM卡的数字身份是以支持国家商用密码算法的手机SIM卡为载体，通过搭载公安部"互联网+"可信身份认证平台签发的"网证"构建公民数字身份镜像，在保护用户隐私的前提下，实现用户身份以及行为的真实性、用户网络行为的不可抵赖性和可追溯性。

（二）SIM数字身份的发展情况

SIM数字身份是指将公安部签发的数字身份信息存储在SIM卡上，借助SIM卡的安全计算（国密算法）能力及通信（数据短信、BIP、STK、机卡通信）能力，对接公安部后台系统，向个人用户提供各类身份认证服务，

包括银行开户、理财购买等线上场景，以及出示二维码或 NFC 刷卡办理酒店入住或高铁出行等线下场景。

经过多年的技术论证与规划，2018 年 8 月工信部批复《关于同意开展电子认证服务创新应用试验工作的函》，中信集团与中国移动共同在粤港澳大湾区电子政务领域开展数字身份与电子认证结合的应用试点工作。在试点成功之后，2019 年 7 月，公安部第一研究所明确 SIM 卡可以加载公安部"互联网＋"可信身份认证平台签发的网证，SIM 卡数字身份认证具备以公安部权威数据源作为实施数字身份认证的基础。同年 8 月，三大运营商完成统一 NFC USIM 卡规范的编制和评审，形成了具有自主知识产权的完整解决方案，技术体系已经基本具备实施条件。

（三）SIM 数字身份的意义

随着新一代信息技术的加速发展和数字化全面融入国民经济各个领域，各行业对数字身份认证的需求迅速增长。据初步统计，2019 年公安部身份证号码查询中心提供服务 30 亿次，中国人民银行联网核查身份信息 60 亿次。行业参与方对于加速推进数字身份认证体系建设正在逐步形成共识，构建全国统一的数字身份认证体系，有助于保护公民隐私，推动数据的流通和开放，促进国家数字经济发展。尤其是在金融监管领域，SIM 数字身份有着广阔的应用前景和开发性。

（1）有助于强化监管科技用户身份识别场景

用户身份识别是监管科技应用的重要场景之一。针对金融市场存在的如信用卡盗刷、用虚假证件开户等非客户本人操作的金融业务违规违法现象，监管机构对金融机构在 KYC 方面有着明确的监管要求。SIM 数字身份认证技术的出现，可以有效解决因第三方支付机构开立账户的"非面签""弱认证"等方式所带来的难以辨识客户真实身份的问题。

（2）有助于金融领域行为确权的便捷化

在涉及财产和重要信息安全方面，金融领域的身份认证和行为确权尤为关键。如涉及大额交易，银行通常会要求用户使用 U 盾，作为进一步身份认证的依据。但是 U 盾不易携带，用于手机交易时和手机连接的便捷性不足，而 SIM 卡作为独立的安全硬件，用作用户身份认证具有天然的优势。SIM 卡安装在手机中，无须额外携带其他设备，且 SIM 卡本身的存储和计算能力可轻松实现数字签名，无须过多改造。

（3）有助于规范构建数据产业生态

针对我国地域广阔、人口多流动性大、社会阶层多元的基本国情，可充分发挥三大运营商现有渠道和手机换卡的便捷方式，快速覆盖全国 14 亿人口。利用 SIM 数字身份作为大数据采集的前端，实现细密颗粒度数据汇集、共享和利用，通过身份认证、行为确权等服务，有助于快速建立健康的数据产业生态，推动数据要素在监管科技等领域合法合规使用。

二 SIM 数字身份实现路径

SIM 数字身份作为完整的数字身份，同时具备在网络空间身份认证和行为确权的基础功能。SIM 数字身份先通过多因子认证方式进行身份认证解决"是否是本人"，然后调用 SIM 卡内密钥进行电子签名，实现个人行为确权，解决"是否为本人操作"问题，从而保障个人在网络空间行为有据可依，实现在现实场景和互联网场景中对身份的安全 SIM 数字验证。同时，SIM 数字身份具有的权威性、唯一性以及真实意愿、身份碎片化和保护数据安全等特点，能够保障网络行为可追溯、不可抵赖、不可篡改、不可伪造。

（一）技术原理

以密码技术（PKC）为基础，以 SIM 卡为安全载体（SE）的去身份化、高安全的 SIM 数字身份认证技术体系。

基于居民身份证签发——对应的 SIM 卡 SIM 数字身份凭证，通过 SIM 卡与用户交互，经 SIM 数字身份认证平台完成身份认证，从而建立基于 SIM 卡的 SIM 数字身份认证应用体系。

（二）SIM 数字身份的系统架构图

1. 用户

用户是 SIM 数字身份的持有者，是数字身份开通、下载、使用的主体，见图 1。

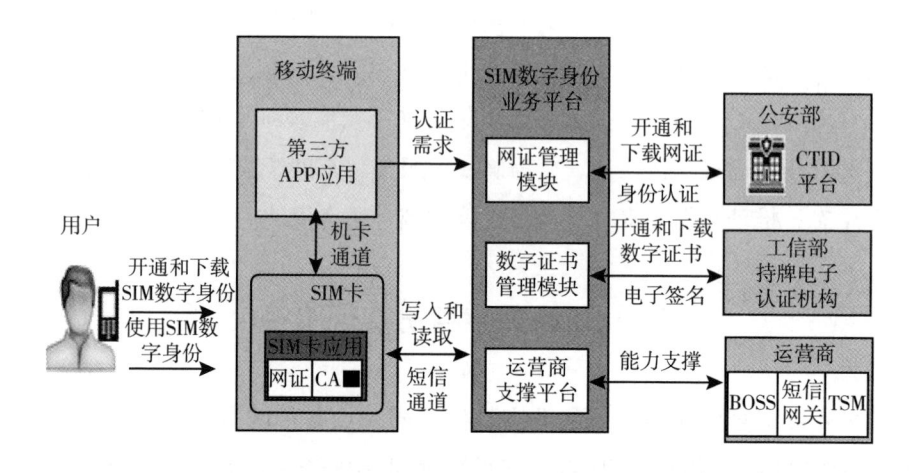

图 1　SIM 数字身份系统架构

2. 移动终端

移动终端即手机，SIM 卡作为 SIM 数字身份的载体，在卡应用内承载网证和电子认证服务机构数字证书私钥（数字证书凭证也存放在卡内）。手机内安装的第三方 App 应用可通过短信通道或者机卡通道写入、读取或调用 SIM 卡内数据。

3. SIM 数字身份业务平台

主要包括网证管理模块、数字证书管理模块和运营商支撑平台。网证管理模块与公安部的 CTID 平台直连，用于身份认证的管理；数字证书模块与电子认证服务机构的发证系统相连，管理不同电子认证服务机构的数字证书；运营商支撑平台是能力支撑平台，用于保障 SIM 卡的通信功能等。

三　SIM 数字身份在监管科技中的应用构想

（一）构建电子签约存证平台，确保银行业务的合约签署过程不可篡改和安全合规

为解决互联网金融交易中缺少行为确权和有效追责制度的痛点问题，基于 SIM 数字身份"实名+实证+实人"能力，可构建电子签约存证平台，对外提供电子签约和存证服务，且满足央行监管政策。与传统的线下签约模式相比，电子签约在签署效率、风险控制、签署成本上的突出优势受到越来越多人的青睐。但随之而来的是用户在线活动时私人数据被泄露、被滥用的风险大大增加。SIM 数字身份技术作为互联网的崭新、高安全的鉴权与意愿授权手段，在用户享受互联网便利服务的同时保证电子交易及支付的安全性、保密性，从而保障签署的电子合同具备防篡改、不可抵赖、可溯源的特性，拥有和纸质合同同等的法律效力。数字身份技术的安全有效利用，可以提升电子化信息签约平台可靠性，提升企业数字信息化发展水平。

（二）构建支付机具人员管理系统，助力金融领域对反洗钱、反刷卡套现的有效监管

通过监管科技与 SIM 数字身份相融合，构建支付机具人员管理系统，形成有效的反洗钱、反刷卡套现的管理机制，并且能够在保证个人隐私数据安全存储的前提下，便捷有效地实现用户身份验证。商业银行作为支付机具发放的金融服务机构，不仅要对外包商身份进行鉴别，还需对商铺的经办人进行穿透性鉴别。业务员和经办人通过 SIM 卡数字身份确认本人操作后，方可提交商铺或外包商的信息。

（三）构建统一金融盾，助力金融领域的行为确权便捷化，保护金融账户安全

1. 行业现状

电子银行渠道随着金融科技的发展和技术安全性的不断提高而越来越受

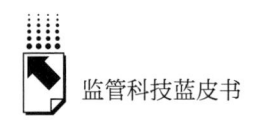

到用户的接受甚至青睐，无论是个人还是企业，都越来越依赖通过电子银行渠道办理业务。中国金融认证中心发布的《2019中国电子银行调查报告》显示，个人电子银行移动化趋势显著，相较于网上银行，首选手机银行的用户比例是首选网上银行的近5倍，占比52%[①]。

根据招商银行对外公布数据，手机银行基本可承载98%以上的个人业务办理[②]。随着移动支付的普及，手机用户转移支付的频率越来越高，如果没有数字证书的介入，对转账的限额受到很大的限制，直接影响用户的体验，且不利于银行业间的竞争。在传统的对外转账安全认证体系中，虽然能够满足用户的日常转账需求，但是体验上各有一些引以诟病的地方。短信动态验证码虽然方便易用，但因不属于央行"261号文件"中要求的"安全可靠的支付指令验证方式"，故安全性较低。传统U盾、蓝牙盾、音频盾安全性较高，但交易时用户需要随身携带设备，使用中仍有不便，见图2。

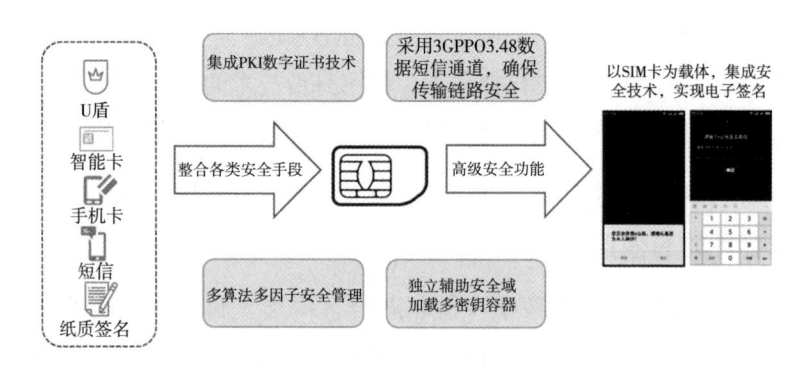

图2 统一金融盾

2. 统一金融盾实现构想

统一金融盾通过融合数字身份标识、多数字证书、多生物特征识别等可信认证技术，搭载国密芯片的标准SIM卡为载体，可作为新增银行账户的U盾替代方案。2019年初，中信集团下属公司中信网安认证有限公司联合深

---

① 中国金融认证中心：《2019中国电子银行调查报告》，2019。
② 招商银行：《招商银行2018年年度业绩报告》，2018。

圳市福田区金融发展事务署和百信银行已经向中国人民银行申报《基于 SE＋PKI 的手机盾金融应用》的金融科技试点项目，并已获得央行等六部委的批复。该套方案有利于解决 U 盾的统一化、操作便利性、携带性等问题，改变目前多银行多 U 盾、烦琐操作、携带不便等现状，在优化用户体验的同时，确保财产和信息安全。

参考文献

［1］中国金融认证中心：《2019 中国电子银行调查报告》，2019。
［2］招商银行：《招商银行 2018 年年度业绩报告》，2018。
［3］中国银行业协会联合普华永道会计师事务所：《中国银行家调查报告（2018）》，2018。

B.15 监管科技在证券市场交易行为监测中的应用

广发证券股份有限公司[*]

摘　要： 中国证券行业经过多年的发展及完善，逐步走向成熟，与之相对应，证券市场交易的体量也日渐增加。各个市场参与者为获取个人利益而采取的各种异常交易行为、非法场外配资等行为也随之呈现多样性、隐蔽性等特点，给正常的证券市场交易秩序带来了很大的挑战。同时，为了满足证券公司自身的投资交易业务对多地多交易系统的需求，投资业务联合风控系统建设需求也被提上了日程。为了应对这些问题，需要提高证券公司市场交易行为监测能力，建立健全完整的技术体系来覆盖市场交易行为监测及处理全流程。本文从理论上分析了监管科技在证券公司对市场交易行为进行监测及处理全流程中各个环节的应用背景及解决的痛点，并结合具体案例，探讨了使用大数据、机器学习等技术覆盖市场交易行为监测及处理全流程的应用框架及实现路径。

关键词： 账户管理　监控指标　预警管理　联合风控

---

[*] 执笔人：蒋荣、李衡、邹杰、武润鹏、肖亮、闫振。

一 应用背景及解决的痛点

(一)应用背景

随着证券市场规模的不断增长,市场环境日趋多元和复杂,除了操纵市场等异常交易行为外,非法的场外配资活动也是监管的重点。

对于一个投资组合,投资标的可能涉及多套不同的投资交易系统,而各投资交易系统中均有独立的前端风控。各套系统之间的风控功能相互割裂,无法做到统一联动。因此,构建跨多套交易系统的统一的前端联合风控势在必行。

大数据、云计算、人工智能等新技术的出现与发展,使得科技能够更好地助力金融行业的发展,为证券公司进行交易行为监测进而稳定市场秩序提供了更具时效性、准确性及智能化的解决方案。

(二)难点与痛点

一是随着我国资本市场规模的扩大,证券交易量越来越大,日益增长的投资者数量与交易量,要求证券公司同步提升数据处理能力;二是随着程序化交易、高频交易的开展,以及监管机构对异常交易管理时效性要求的提高,对证券公司异常交易监测的时效性要求越来越高;三是投资业务对多地异构交易系统的部署持续的需求,以及传统的单体式与交易系统紧耦合的风控模块的现状,与全面、统一管控的交易行为管控,以及风险管理的外部监管和内部管理要求存在日益显著的矛盾。

此外,对于交易所、监管机构的重点监控名单的管控、协查要求等监管配合事项,传统的人工处理流程较长,操作风险大,需要利用监管科技手段整合异常交易从预警到后处理的全流程,提高与监管机构的对接效率。

在现实中,场外配资账户样本与特征数较为缺乏,通过人工排查场外配资客户也较为困难,需要耗费大量的精力,同时场外配资的形式具备多样化

与隐藏性的特征。因此，通过引入科技手段来实现证券公司交易行为监测及处理的全流程的自动化、智能化能力，是当前交易行为监测工作的必然之举与重要手段。

二 应用框架及实现路径

根据证券公司在经纪业务、自营投资、资产管理业务中对客户以及自身的交易行为管理的需求，建立交易行为监测信息系统已成为行业的共同需求。由于证券业务信息隔离要求，以及不同业务条线对于异常交易行为的不同管理要求，单一的监测系统无法满足券商复杂业务场景的需要。因此，建立一套覆盖各业务条线交易行为监测信息化系统体系成为破解这个难题的关键，见图1。

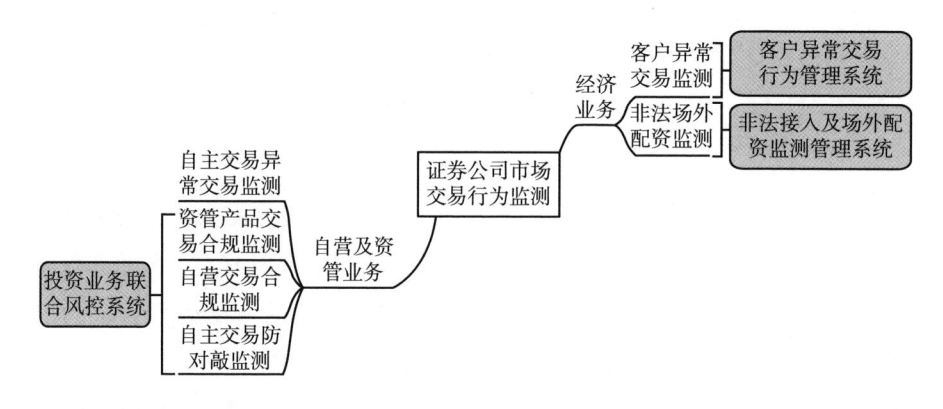

图1 证券公司市场交易行为监测业务分类

证券公司市场交易行为监测系统体系的建设目标应该是能够全面覆盖证券公司包括资管、自营、经纪等各类业务的市场交易行为监测，"全覆盖""无死角"预警监测各种交易行为的风险。

一些先行的券商已经开始探索建立由客户异常交易行为监测管理系统、非法外接及场外配资监测系统、投资业务联合风控系统组成的证券公司市场交易行为监测系统体系，见图2。

监管科技在证券市场交易行为监测中的应用

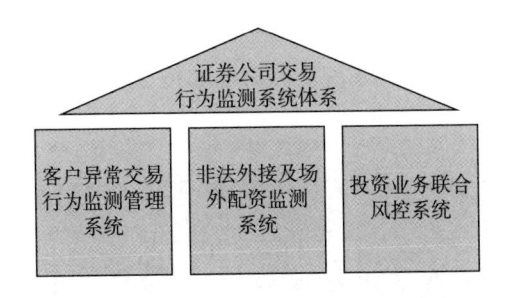

图2 证券公司交易行为监测系统体系

（一）客户异常交易行为监测管理系统

客户异常交易行为监测管理系统功能主要包含以下几个部分。

1. 重点监控账户管理

实现监管名单的获取、导入功能。将各类监管名单应用于公司其他业务系统，对名单内的人员实行业务办理提醒、限制等差异化管理。

2. 异常交易监控指标监测

异常交易监控指标逻辑对交易数据进行实时监测，一旦触发指标阈值便产生指标报警数据。

3. 异常交易预警处理

异常交易报警数据实时派发底稿给营业部处理，营业部收到相关报警后通过微信、电话等方式进行投资者教育，并对相关过程进行系统留痕。

4. 协查函及警示函管理流程

针对协查函及警示函，实现对交易所下发的文件的工作分派流转，并对工作过程进行留痕。

5. 客户档案管理

对异常交易报警客户、警示函客户自动记录进客户档案，以区分客户异常程度，实施差异化管理。

6. 关联账户管理

对具有潜在关联关系的账户或客户进行识别并维护关联组，用于多账户

或多客户联合进行的异常交易行为的识别。

证券公司异常交易监测系统功能架构如图3所示。

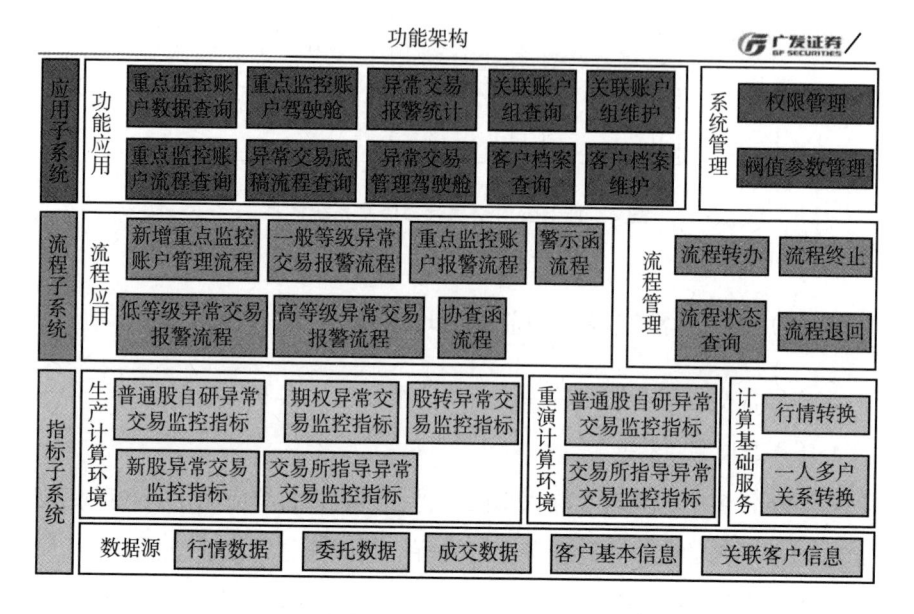

功能架构

应用子系统	功能应用	重点监控账户数据查询	重点监控账户驾驶舱	异常交易报警统计	关联账户组查询	关联账户组维护	系统管理	权限管理
		重点监控账户流程查询	异常交易底稿流程查询	异常交易管理驾驶舱	客户档案查询	客户档案维护		阀值参数管理
流程子系统	流程应用	新增重点监控账户管理流程	一般等级异常交易报警流程	重点监控账户报警流程	警示函流程		流程管理	流程转办 / 流程终止
		低等级异常交易报警流程	高等级异常交易报警流程	协查函流程				流程状态查询 / 流程退回
指标子系统	生产计算环境	普通股自研异常交易监控指标	期权异常交易监控指标	股转异常交易监控指标	重演计算环境	普通股自研异常交易监控指标	计算基础服务	行情转换
		新股异常交易监控指标	交易所指导异常交易监控指标			交易所指导异常交易监控指标		一人多户关系转换
	数据源	行情数据	委托数据	成交数据	客户基本信息	关联客户信息		

图3 证券公司异常交易监测管理系统功能架构

（二）非法外接及场外配资监测系统

非法外接及场外配资监测系统主要用于监测处置场外配资风险。其主要的系统功能包括以下几个方面。

第一，场外配资报警数据管理。主要提供场外配资已报警数据的情况查询，支持查询已排除或已上报的明细。

第二，场外配资白名单管理模块。主要提供场外配资白名单维护界面，对于已确定排除的客户名单进行白名单维护，以便下次不重复报警。

第三，场外配资流程处理。系统计算的场外配资数据会派发底稿流程给营业部处理，营业部收到流程后会进一步核实情况，确认是否发生场外配资的情况。

第四，基础计算层。主要进行用户场外配资模型的计算及机器学习模型的训练。

非法接入及场外配资监测系统功能架构见图4。

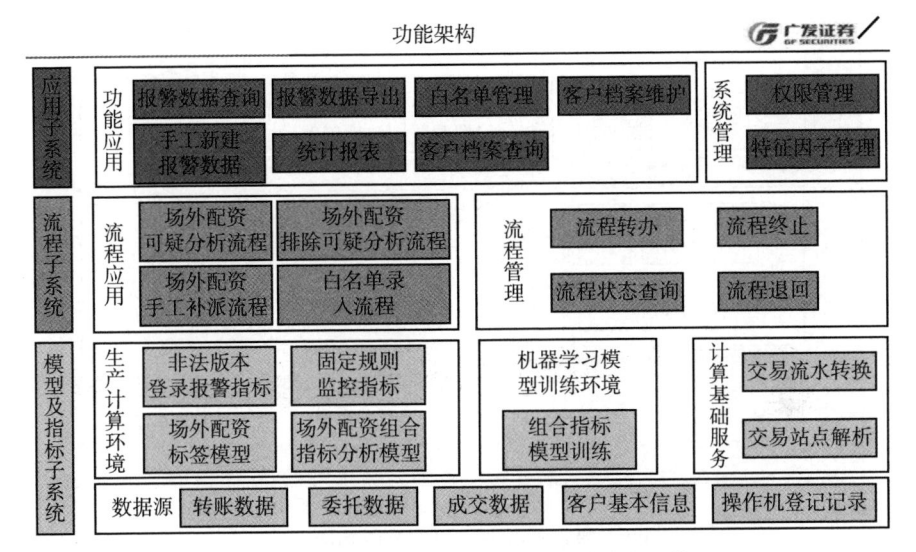

图4　非法接入及场外配资监测系统功能架构

（三）投资业务联合风控系统

投资业务联合风控系统主要解决证券公司多地多交易系统部署带来的无法在多套交易系统之间进行联合风控的问题。其主要的系统功能包括以下几个方面。

第一，风控接入模块。主要提供交易系统的接入管理以及对交易所报盘端对接管理，是连接交易系统与交易所的核心模块。

第二，风控计算引擎。主要提供对交易指令根据用户设置的风控规则进行计算是否让交易通行的模块。

第三，业务管理模块。主要为用户提供风控流程、风控规则设置、基础数据管理维护等功能。

第四，运维管理模块。主要提供运维管理、系统状态管理等系统维护功能。

第五，基础能力层。包括低延时网络设施、高吞吐高速消息总线等基础架构支持。

投资业务联合风控系统功能架构见图5。

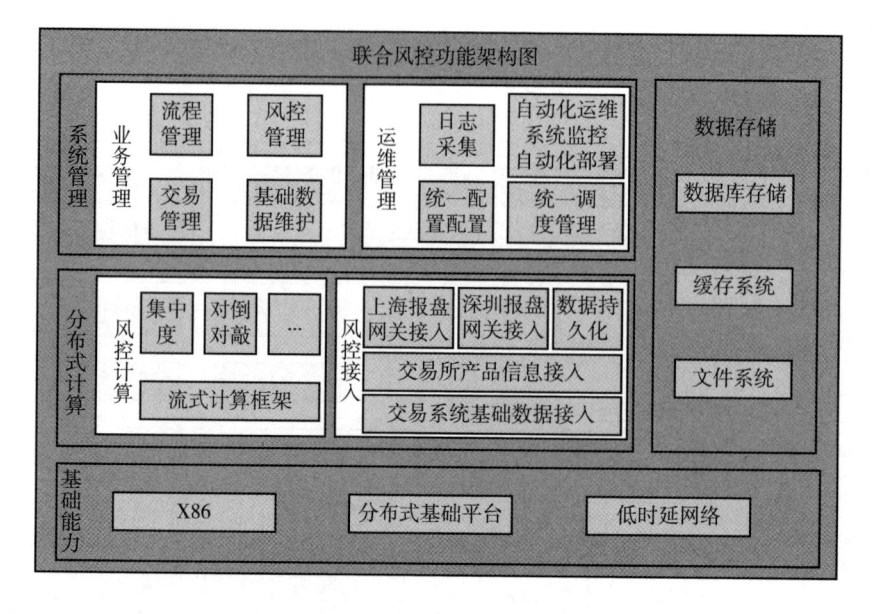

图 5 投资业务联合风控系统功能架构

三 典型应用案例

（一）低延时异常交易监测与智能化处理流程应用

近年来技术能力较强的头部证券公司都开始将监管科技引入异常交易管理全流程中，以提升异常交易管理效率及有效性。具体功能案例如下。

1. 研发低延时的异常交易监控指标计算引擎

通过引入大数据实时计算框架，来应对日益增长的数据量，改善系统处理的实时性，实现低延时的全量客户异常交易监测。当前较流行的低延时指标计算引擎技术包括以下几个方面。

第一，随着市场上对极速交易、程序化交易及事前风控的需求，对系统的低延时需求越来越高，国内一些金融科技公司自研了低延时计算和消息中间件。利用低时延交换机和RDMA技术开发相应的低延时消息总线，来实现微秒级低延时异常交易计算。

第二，另外，也可以利用 Apache Storm、Spark Streaming、Apache Flink 等开源技术方案。Apache Storm、Spark Streaming 及 Apache Flink 都是开源的分布式系统，具有低延迟、可扩展和容错性诸多优点，能够对流数据进行处理。Apache Flink 相对于 Apache Storm 和 Spark Streaming 来说，其延时更低，吞吐量更高，获得了很多用户的青睐。

对于证券公司而言，使用开源技术如 Flink 是成本较低且能满足绝大部分业务场景的选择。

2. 使用仿真模拟环境支持监控逻辑优化

引入仿真沙盒环境，对异常交易指标进行持续优化。顺应市场情况及监管重点的变化，利用外部监控函件及用户反馈优化异常交易指标，对指标逻辑阈值进行修正，持续提升异常交易监控系统的预警准确率和召回率。

异常交易的手段更新、市场情况变化、监管重点转移需要证券公司迅速调整异常交易的监测逻辑。在实践中，为保障监控模型优化后的有效性，会建立与生产环境数据 1∶1 仿真的回溯环境，工作流程见图 6。

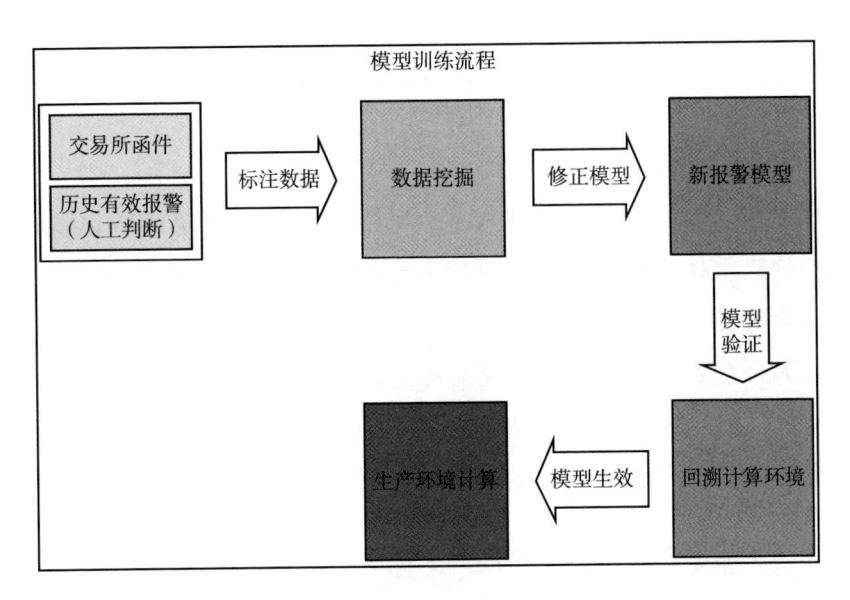

图6　异常交易指标模型优化工作流程

3. 实现自动化对接监管数据及工作流转

通过机器人过程自动化、自然语言处理等技术实现管理流程的自动化智能化。实现重点监控账户、协查函、警示函监管问题的信息提取，上报数据的自动生成，对接监管的自动化的工作分派流程。

针对客户的异常交易行为进行监控，并自动派发流程到客服主管，帮助分支机构做好客户投资者教育和管理，有效识别、控制因客户异常交易行为给公司带来的合规风险，具体处理流程见图7。

CIMS-001-最高指标报警处理流程

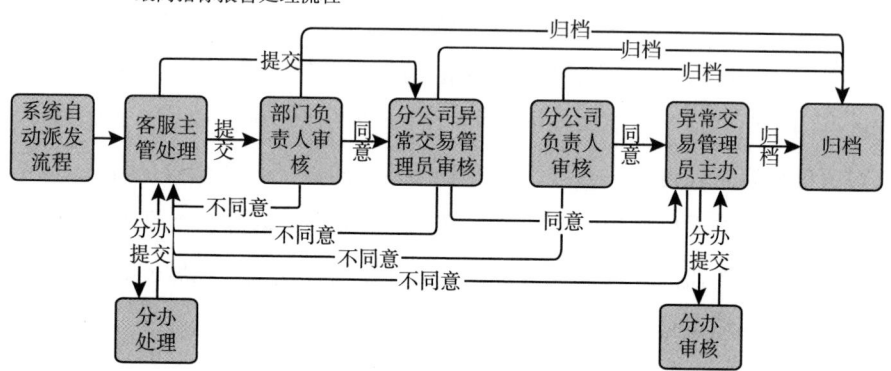

图7 异常交易报警处理流程

4. 可视化报警数据及报警流程跟踪

营业部一线通过可视化界面对客户交易行为以及市场成交委托信息进行比对与分析甄别。通过客户档案功能和案例库，做典型案例解析和投资者教育，以此更精准和有效地管理客户交易行为。

总部业务管理人员通过异常交易驾驶舱功能，运用如营业部报警客户数统计柱状图、流程处理环节饼状图、底稿处理完成率折线图等，对异常交易报警分布、流程处理情况进行及时跟踪，有效推进公司层面的异常交易管理。

（二）基于无监督机器学习的关联客户识别方案

在当前环境下，很多操纵市场的行为都会利用多个账户进行操作，来达到一定的隐蔽性。而传统的基于规则的识别模型很难发现隐藏的客户间的关联关系。通过利用无监督学习技术，构建各种关联关系网络图，能够有效挖掘各种潜在的关联关系，识别出各种异常交易行为关联账户。

1. 带种子节点的关联客户识别

可以将之前已有的一些行为不端或重点监控的客户，作为种子客户，以这些客户为中心来挖掘关联团，进而发现这些客户的关联客户。

第一，构建关系网络图：客户作为网络图的节点，如果两个客户之间存在约定的关系，则对应网络图中有一条边，如图8所示。

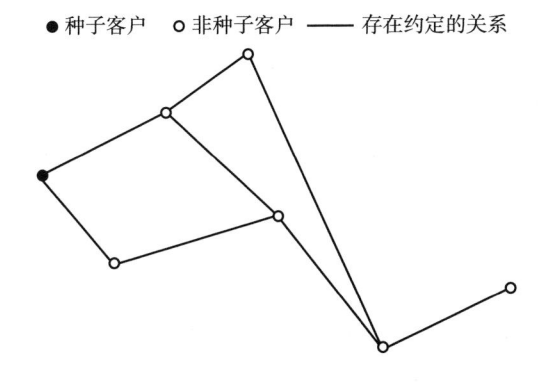

图8 客户关系网络示意

网络图的边有多种构造方式。这里列举常用的几种。

- 使用 IP 地址来构造边。两个客户在一段时间内如果使用相同的 IP 地址进行委托交易，则存在一条边。边的权重为两个客户同 IP 地址的委托次数与两个客户委托次数最小值的比值。
- 使用 MAC 地址来构造边。两个客户在一段时间内如果使用相同的 MAC 地址进行委托交易，则存在一条边。边的权重为两个客户同 MAC 地址的委托次数与两个客户委托次数最小值的比值。
- 使用同交易时段委托来构造边。在一段时期内，如果两个客户之间存在同时段委托，则这两个客户之间存在一条边，边的权重即两个客户同时段委托次数。

- 使用同交易时段同产品委托来构造边。如果在同交易时段内，两个客户交易过同一款产品，则认为两个客户发生过同交易时段同产品委托。而在一段时期内，如果在两个客户之间存在同交易时段同产品委托行为，那么我们认为这两个客户之间存在一条边，边的权重即两个客户同交易时段同产品委托次数。
- 使用资金划转关系来构造边。如果两个客户在一段时期内存在资金划转关系，则他们之间存在一条边，边的权重即该段时期内客户间划转的总资金量。

前面所述的几种方式构造出来的均为带权图，在实际应用中，也可以构造无权图，如使用两个客户的地址或者设备号是否相同来构造边，即可构造出无权图。这里不再赘述。

第二，计算图中从各个种子节点到所有其他节点的机会（概率），以此来衡量该节点与对应的种子节点的关系紧密程度。常用的计算方法有随机游走算法等。最终得到的示意图如图9所示。

○ 非种子客户　● 种子客户

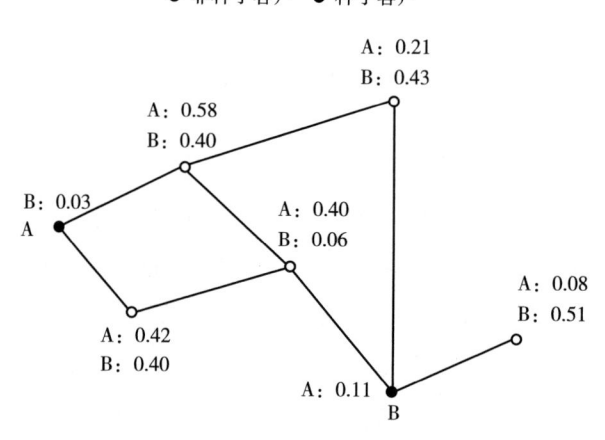

A：0.21
B：0.43

A：0.58
B：0.40

B：0.03
A

A：0.40
B：0.06

A：0.08
B：0.51

A：0.42
B：0.40

A：0.11
B

图9　带概率值的关系网络示意

第三，设定阈值进行切图。针对上一步得到的图，给定一个概率阈值，对于每个种子节点来说，若节点 X 与该种子节点的紧密程度小于阈值，则认定 X 与该种子节点无关联。最终对于每个种子节点，都会得到一个由与其有关的节点所构成的联通子图，这个子图中的节点即该种子节点的关联节点。对于图 9，如果设定阈值为 0.4，则可分别得到种子节点 A 和 B 的关联子图，如图 10 所示。

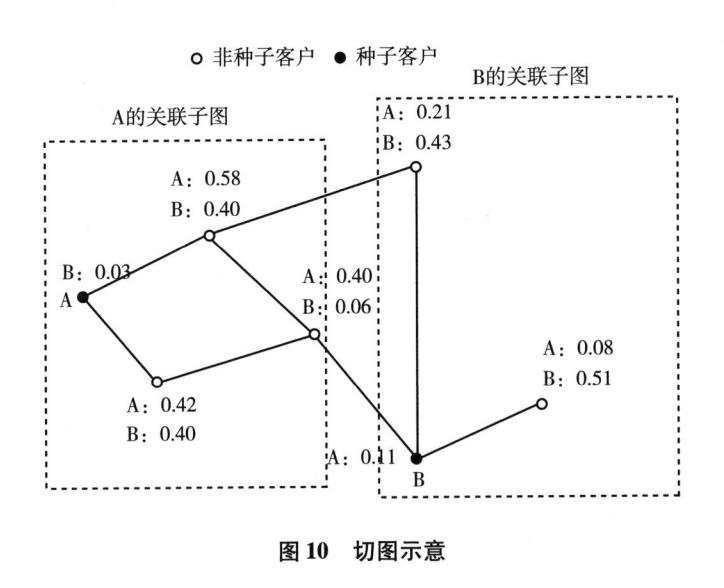

图 10 切图示意

第四，效果评估函数。切图完成后，需要设定效果评估来评估当前阈值选择的合理性，并将其作为优化目标来选择最优的阈值。

第五，多个关联关系网络图结果融合。在第一点中，列举了多种构图方式，对于每种构图方式，都能得到一整套种子节点的关联子图。对于同个种子节点，通过不同构图方式得到不同的关联子图，我们可以通过求交集或者求并集的方式来进行融合。

2. 无种子节点的关联客户识别

针对无种子节点的关联客户识别场景，主要有以下两种常用的处理方式。

第一，通过预先寻找种子节点，将无种子节点的关联客户识别场景转换为有种子节点的关联客户识别场景。

第二，将所有的节点都视为种子节点，然后按照前述带种子节点的方案来处理。这种方法会导致计算量增加，实际场景中要因地制宜。

（三）基于机器学习的非法场外配资监测模型

关于非法场外配资的监测，广发证券建立了基于 PU Bagging 的机器学习识别模型。PU Bagging 是 PU-Learning 的一种具体实现算法，相比于 PU-Learning 的另外两种常见的实现算法 Standard classifier 和 Two-step approach，PU Bagging 在正样本占比较小时具备更好的表现。

通过选取已确定为配资账户的账户集，并根据配资账户与正常账户的先验比例，加入一定数量的正常账户，形成具有配资账户和正常账户标记的标记样本集 S，计算 S 中每个账户的交易特征，如委托频率、股票持仓、股票仓位、股票交易、站点地址等，最终形成特征集 A。对特征集进行特征筛选、有效性排序及相关性检验，运用 Embedded 方法的树模型特征选择法，计算出重要性程度最高的 m 个交易特征。然后对特征进行分箱或独热编码处理。

对数据进行处理后，再使用 PU Bagging 建立 PU 分类器，用 PU Bagging 生成 10 个森林分别对样本进行计算，再对总得分进行平均。

根据上述步骤，对未标注数据中的每个样本 s_i 使用基分类器计算其属于正负类别的得分，记录不同袋外数据在随机森林输出的概率，通过计算多次迭代后的样本均分，生成预测标签。通过调整模型来对比效果，输出确定该分类器最优预测表现的精确率、召回率、F1 分数和袋外分数，并得出模型的 ROC 曲线。模型评价指标见表 1。

表 1 模型评价指标

指标	分数
精确率	0.91
召回率	0.77
F1 分数	0.83
袋外分数	0.92

基于 PU Bagging 的场外配资识别模型总体表现良好，泛化能力较好，模型解释性强，目前该模型已通过广发证券大数据平台部署到广发证券非法场外配资模块中，后续将继续跟踪模型效果并进行持续优化。

（四）分布式支持多交易系统的投资业务联合风险系统

当前证券公司对极速交易、程序化交易、多元交易品种的业务需求，分布式的投资业务联合风控系统，提供了重要的风控支撑，体现在以下几个方面。

第一，与现有投资交易系统的松耦合对接：传统的跨系统联合控制，往往采用系统之间的数据交互模式，此模式下不利于系统间的衔接，系统对接改造工作巨大，业务适配性较低，无法适应投资业务快速发展。广发证券联合风控系统采用直通式－提供仿报盘接口库的方式，从交易所接口库层面进行控制，交易系统对风控系统的架设无感。风控与交易的解耦，可根据不同的业务场景，提供多种风控服务。

第二，解耦的风控系统，可采用多中心部署模式：联合风控节点可与在上海、深圳托管机房里的投资交易系统同一个局域网，与交易所报盘网关最近距离，在报盘延迟层面做到最优。部署架构见图 20 投资交易联合风控系统部署架构。

第三，业务种类需涵盖场内司所全业务：沪深交易所（A 股、债券、基金、回购、期权等），四大期货交易所（股指期货、股指期权、商品期货、商品期权、黄金期权等），场外基金债券（场外开放式基金、固定收益平台债券），银行间业务（标债远期、现券、利率互换和期权、匿名可转质押式协议回购、匿名债券借贷等），以及预期内的外汇、票据交易所业务。

第四，风控指标需支持对持仓、交易维度的控制功能：验资验券，防对敲，异常交易行为，持仓上限，个券集中度，黑白名单，限价，限量，自定义限额等。

第五，丰富的账户体系，支持多账户层级风控：由于各自营投资部门（衍生品、权益、固收、OTC）共用同一套股指期货交易编码，投资交易系统里为每个部门设立一个资产单元，对各资产单元的风险控制需在联合风控里实现，因此联合风控的账户体系需支持账户－资产单元－组合三层结构。该功能也可以用于资产管理的产品组合风控。同理，也需支持银行间账户体系。

第六，支持风控指标的自开发，实现风控组件的可插拔：系统内部采用松耦合架构，业务逻辑、风控指标均可根据投资标的增加，投资业务风险管理需求变化以及监管政策变化，做到快速自研，并以插件的方式加载运行，平台无须升级改造。

第七，采用高频低延迟可靠组播消息总线：高速风控计算，减少订单延迟，并提供高可用、稳定的运行平台，降低故障发生率。

第八，具备异常交易行为监控功能：对报价偏离度、异常大单、频繁报撤单等异常交易行为，提供事中风险监控和预警功能，以便内控部门快速应对。

第九，提供数据 API 订阅服务：为公司风险数据集市系统、大数据采集系统，提供实时主推委托成交、持仓等数据，为事后风险控制提供全面可靠的数据。

上述设计功能，可实现集团级的前端风控，覆盖自营投资、柜台市场、FICC、资产管理、另类直投子公司、期货子公司业务线。提供高效统一的交易事前联合风控平台，并为事中、事后风险控制提供全局的业务数据基础服务。

四 总结与展望

当前，国内证券行业在市场交易行为监测中都已经引入了大数据、人工智能、云计算等金融科技手段，并且这些手段对业务合规方面的推动作用已经显现出来。尤其是在提升证券公司对接监管的效率、帮助证券公司主动合规方面。

随着国内资本市场的发展，程序化交易、高频交易等机器驱动的交易方式的普及，更多复杂金融衍生品的推出，以及金融监管规则的变化，对于证券市场交易行为管理来说，监管科技的引入都是未来发展的趋势。监管科技将覆盖各种场景的整个生命周期，监管服务的平台化部署、监管规则的数字化转化、监管数据的自动化采集，以及监管处置自动化等都会成为热点。然而，当前监管科技的应用也面临着一些难题，如现有的异常交易监测仍然过多依赖于人工总结规则。场外配资案例如何在行业内实现数据共享，如何联合对场外配资模型的模型进行联合的训练优化，以及证券公司投资业务联合前端风控对更低时延、更复杂的量化指标进行交易前控制等是今后必须要解决的问题。

参考文献

［1］王欣、尹留志、方兆本：《异常交易行为的甄别研究》，《数理统计与管理》2009 年第 4 期。

［2］杨宇焰：《金融监管科技的实践探索、未来展望与政策建议》，《西南金融》2017 年第 11 期。

［3］郭新明：《监管科技发展的实践探索与思考》，《金融纵横》2019 年第 4 期。

［4］王殿祥、吴强、肖永泼：《新常态下证券公司风控合规管理模式选择研究》，《证券市场导报》2017 年第 4 期。

［5］邓晓衡、李更好、桂劲松：《一种基于边图随机游走的重叠社区发现方法》，CN201510046401。

［6］Li, C., Hua, X., L, "Towards Positive Unlabeled Learning for Parallel DataMining: A Random Forest Framework", Advanced Data Mining and Applications: 10th International Conference (2014).

［7］Molnar, C., Interpretable Machine Learning: A Guide for Making Black Box Models Explainable, 2019: 92.

B.16 基于交易流水数据的套现交易识别

中国人民大学统计学院[*]

摘　要： 信用卡套现是一种威胁正常金融秩序的风险行为。本文充分挖掘海量交易流水数据，基于无监督学习框架构建套现风险指标。一方面，无监督学习框架无须关于信用卡的标注数据或先验信息，能够以数据驱动的方式过滤行为异常的套现交易及风险商户，具有更广泛的应用前景。另一方面，本文构建的指标综合了商户的交易金额属性，以及商户与消费者之间的关联关系，具有较强的可解释性，能够为风控管理提供直观的指导参考。基于某第三方支付平台实际数据的实证分析表明，本文方法能够有效区分具有不同行为表现、不同风险等级的商户群体，为实际的套现交易识别提供可靠的决策支撑。

关键词： 信用卡　风险管理　聚类分析　交易流水

一　问题背景

信用卡业务历来是金融风险控制的焦点领域，该业务中的潜在风险可能对发卡机构、关联商户或持卡人造成巨大的损失。在诸多潜在风险之中，信用卡套现是一种较为常见的风险行为，其具体含义为信用卡持卡人未通过合法手续从金融机构提取现金，而是利用其他渠道持卡进行非正常消费，将信

---

[*] 执笔人：黄丹阳、朱映秋、南金伶。

用卡内资金额度套取为现金。套现风险的两个要素为套现商家、套现交易：①套现商家：商家通过成立虚假商户，申请低费率 POS 机用于套现交易；②套现交易：持卡人与套现商家合作，进行并无实际消费的 POS 刷卡交易以套取现金。由于其操作门槛低、流程隐蔽性强等特点，信用卡套现为监管带来了巨大的挑战。

信用卡套现识别是保持金融环境稳定所必须关注的主题。作为促进征信系统和信用交易系统发展的重要手段，信用卡早已深入每个居民的日常消费、整个社会的经济运作（徐宪平，2006）。信用卡套现绕开了从金融机构获取资金的高额费用，逃避了金融机构对信用卡风险的管理机制。套现交易增大了金融机构所承担的信用风险，若套现的额度最终变为不良贷款，将对发卡机构造成巨大的经济损失（郭霁，2010；De Servigny and Renault, 2004）。Li 等（2017）在其研究中指出，信用卡套现行为普遍存在并与信用卡欺诈有密切联系，造成各类金融机构合计每年高达 10 亿美元的损失。并且，套现交易处于交易规范、法规之外的灰色地带，可能涉及身份造假、盗刷，甚至"洗钱"等违法犯罪行为，不但会对各类金融机构造成经济损失，而且对持卡人同样具有风险。若持卡人套现后无法按时还款，将承担个人信用缺失的法律后果，而不良信用记录在如今的网络征信体系中是极其严重的。因此，识别套现交易，对控制信用风险、保持金融稳定具有重要意义。但是，随着金融科技的发展，套现交易的实现方式更加多样，交易行为更加隐蔽。套现随着金融科技发展而"进化"，越来越团体化、专业化，不法分子在套现中会使用发卡机构很难识别的方式进行操作，如不同 POS 机、不同 IP 地址，甚至利用第三方支付存在的漏洞，营造高消费交易的假象。

对套现交易进行有效识别，是信用卡风控的关键。传统的信用卡风控的操作中，对持卡人、交易商户及其交易行为的风险评估与套现识别需要考虑持卡人及交易商户的各种有关信息。而 Devins 等（2005）提出，对大量存在的小微商户，传统风控所需的很多信息，如营业收入、房屋租金、贷款情况等，往往是缺失的或不真实的，给小微商户的套现风险识别任务带来巨大的挑战。为识别有套现风险的持卡人，有研究者采用有监督学习的方法进行

探究，如马尔可夫模型、逻辑回归模型、Light GBM 等。但是，有监督学习方法的数据前提是事先标注大量已套现的账户，要求有足量的人工标注数据作为支持，因此应用场景较为受限。另外，随着第三方支付工具（如支付宝、微信）的迅速发展，大量商户的POS刷卡交易、第三方支付扫码交易接入各类支付平台，交易记录得到了统一、高效、系统的管理。交易流水数据为商户分析提供了宝贵的数据资源基础。商户和消费者的行为特征在交易数据中得到反映，因此从其中能够挖掘出不同商户、消费者的特异行为模式（Devins et al., 2005）。可构建指标对商户的特征进行画像，再基于此利用聚类等无监督机器学习方法甄别各类商户（Hsu et al., 2012; Khobzi et al., 2014）。因此，本文使用将交易流水数据的分析与信用评价结合的方法，利用交易流水信息，构建套现风险识别模型。

对商户套现识别这一任务，本文提出基于聚类算法实现的套现交易及风险商户自动化识别方法。该方法利用商户历史交易流水蕴含的大量信息，对商户的交易金额的经验分布实现商户间的聚类，并通过商户和消费者形成的交易网络实现网络聚类，从而对商户群体的风险等级进行区分。将上述聚类模型作为核心工具，从多角度出发，分析商户交易流水中的信息，挖掘出反映套现风险的一系列指标变量。其中，套现风险指标体系的建立综合考虑了商户的交易整体特征、商户与消费者间的网络关联，可解释性较强。利用某第三方支付平台实际交易流水，对所提出的模型框架进行实证分析，结果表明本文构建的模型能够过滤异常的交易及商户，且各风险指标符合套现的实际特征，从而以数据驱动的方式为实际的信用风险评估、套现交易识别提供技术支持。

二 理论模型方法

在海量交易数据中，商户和消费者是交易行为的主体，因而商户、消费者的套现行为也能够通过第三方支付平台积累的交易数据进行反映。基于此，我们挖掘交易流水过滤出套现交易及风险商户，进而寻求为风控决策提供可利用的参考信息。与传统套现交易识别不同的是，第三方支付平台的交易数据中一般缺少关于商户是否套现等风险行为的标注，难以直接应用有监督学习方法。因此，为充分利用交易流水数据，我们考虑通过聚类方法，遵循无监督学习的框架来识别具有异常交易表现、异常行为模式的可疑人群。在具体对交易流水的挖掘上，考虑从两个层面开展数据分析：①基于商户交易金额分布的聚类，主要利用交易数据的定量化信息，如每笔交易的金额，通过考察每个商户的交易金额分布，基于其分布的相似性进行聚类；②商户与消费者之间的交易也可视为商户与消费者之间存在连接关系，进而可根据交易关系构建出类似社交网络的消费者－商户双模网络，并进行网络聚类。以下从这两个层面讨论聚类及相应的指标构建。

首先考虑基于商户交易流水的金额分布进行聚类。基于可观测的交易流水数据，计算交易金额的经验分布函数，以此作为商户交易行为的刻画。在将每个商户通过经验分布函数进行表示后，可利用 Kolmogorov-Smirnov（KS）两样本检验（Smirnov，1939）中的 KS 统计量作为商户经验分布之间的距离度量。两个商户的经验分布所对应的 KS 距离越大，则表明这两个商户在历史交易行为上的差异性也越大。确定对商户的表示形式及商户间距离函数的定义后，即可应用多种聚类算法（Jain et al.，1999）对商户群体进行聚类。在商户聚类场景下，商户数量、交易流水数量通常较大，量级可达百万次、千万次，相应的聚类方法也应当具有在大规模数据上的可行性，具有较高的计算效率。在多种聚类方法中，基于划分的聚类方法计算复杂度较低，更适合大数据场景下的应用。因此，我们推荐采用基于划分的聚类方式，并应用经典的划分式聚类方法 K-means 算法（Lloyd，1982）的框架，辅以 KS 统计量作为距离函数，对商户群体进行聚类。这种方式在后文中称为 KS 聚类方法。

与此同时，商户和消费者之间由于交易行为产生关联，存在着商户－消费者的双模网络结构，这也是对交易流水进行挖掘的第二个层面。一方面，部分套现交易实际是由团伙实施，涉及商户和虚假消费者配合，通过伪造交易行为实施隐蔽的套现（邵连华和张孝利，2010）。通过商户－消费者的网

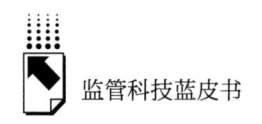

络关系进行聚类则有助于从群体上发现可疑套现团伙。另一方面，商户、消费者由于交易往来形成类似社交网络的结构，处在网络中的个体通过关联关系能够互相影响，进而信用风险可能通过网络关系传播。从网络分析的角度出发，引入社交网络分析方法，能够为套现风险识别提供丰富的信息支持。因此，考虑利用社交网络分析中的社群检测方法开展对商户、消费者的聚类分析。聚类之前需构建商户－消费者双模网络，由商户和消费者两类节点构成，商户节点与消费者节点之间的边表示存在交易关系。构建双模网络后，利用受限LPA（Label Propagation，标签传播）算法（Barber and Clark，2009）对所有网络节点进行聚类，该方法是一种标签传播社区划分算法，其主要流程为：将已知节点的标签信息通过节点之间的关联关系传播到未标记的节点。在商户－消费者双模网络中，与风险个体有更多交易互动的个体具有更大的风险，因此可以利用受限LPA算法模拟风险的传播，从而识别出更多的风险个体。

通过以上两个层面，可分别基于交易金额分布、商户－消费者双模网络对商户进行聚类。需要说明的是，在无监督学习框架下，聚类结果只能表明簇内商户表现相似，不同簇的商户表现相异，而不能直接得出各类商户是否属于套现风险商户群体的判断。所以为了识别不同套现风险群体，还需对聚类得到的簇进行观察归纳，提炼出能够直观概括不同簇交易行为差异的特征。这些特征在后续可作为套现风险相关的指标。在对聚类结果的归纳中，首先对每个簇进行抽样，归纳商户原始流水的特点。进一步根据不同簇的商户实际交易表现进行特征提取。从商户角度，提取的指标特征可实现对每个商户进行画像；从簇整体的角度，通过特征指标的均值可对簇整体进行描述，从而帮助判断该簇对应的人群是否具有严重的套现风险。本文在特征工程中结合已有的银行卡交易风险特征并充分利用从聚类结果得到的信息，归纳并提出新的特征。对于银行卡交易流水的特征提取，Huang等（2018）提出了一套综合刻画个体信用风险的特征指标体系：RFMS特征（见表1）。这些特征可应用于对商户的画像分析，能够反映商户交易行为，为信用评分提供多维度的决策参考。同时，利用特征工程，大量交易行为数据可压缩为低维向量表示，在计算效率上能够带来可观的提升。基于 RFMS 特征，还可通过对商户历史交易流水进行筛选来衍生出更多特征指标，如分别抽取信用卡交易、大额交易、小额交易等，即可分别计算得到关于信用卡的 RFMS 特征、关于大额交易的 RFMS 特征、关于小额交易的 RFMS 特征。在 RFMS 系列特征之外，我们利用前述聚类方法得到的结果构造了更多新的风险特征指标，力求多方位地覆盖和套现交易有关的行为表现。

表 1　RFMS 交易特征

特征	特征定义
Recency	商户最近一笔交易距今时长
Frequency	商户近期发生交易的次数
Monetary	商户近期平均交易金额
Standard deviation	商户近期单笔交易金额的标准差

需要指出的是，KS 聚类和受限 LPA 方法在充分挖掘数据的同时，其代价在于存在较大的计算开销。因此，这两种聚类方法主要适用对数据先验知识较少的情况，用于对数据进行探索性分析，挖掘人群特征。而当基于聚类结果构建出合理的指标库后，每个商户可通过一个固定维度的特征向量来表示，从而能够直接用于聚类。最终的特征指标浓缩了 KS 聚类和受限 LPA 方法挖掘得到的信息，同时在后续的计算处理上更加方便高效。对最终的特征向量，可直接应用多种聚类算法对商户进行融合聚类，实践中可以根据具体的应用场景，选择适合的算法。考虑到在大规模数据上的计算效率，经典的 K-means 算法是一个合适的选择，该方法便于并行化计算，常用于大规模数据集上的快速聚类。下文的实证分析在融合聚类环节即采用 K-means 聚类方法。其中聚类个数可基于对业务场景的先验知识确定。

综上，面向交易数据的套现风险商户识别框架如图 1 所示。其中各个阶段包括以下内容。

第一，基于交易金额的聚类及特征构建。利用每个商户的交易流水信息计算其交易金额的经验分布，并进行 KS 聚类。在 KS 聚类结果基础上归纳

套现风险指标，标注套现交易。

第二，基于交易连接的聚类及特征构建。利用商户交易流水记录构建商户－消费者双模网络，以KS聚类的结果初始化双模网络中商户、消费者节点的标签。利用受限LPA方法进行网络聚类，构建基于关联关系的商户套现风险指标，并标注套现交易。

第三，构建融合聚类模型。综合从以上两种聚类方法中归纳、构建的特征指标，作为融合模型的输入，得到最终的商户聚类模型，可在实际的应用、部署中得到更高的计算效率。同时最终的套现风险指标可为商户类别的判断提供具有可解释性的数据支持。需要说明的是，针对不同交易数据，KS聚类生成特征和双模网络产生特征可能也会相应地不同，但分析方法的整体框架均遵循以上模式。在本文实证数据分析中，只给出针对样本数据特征的结果。

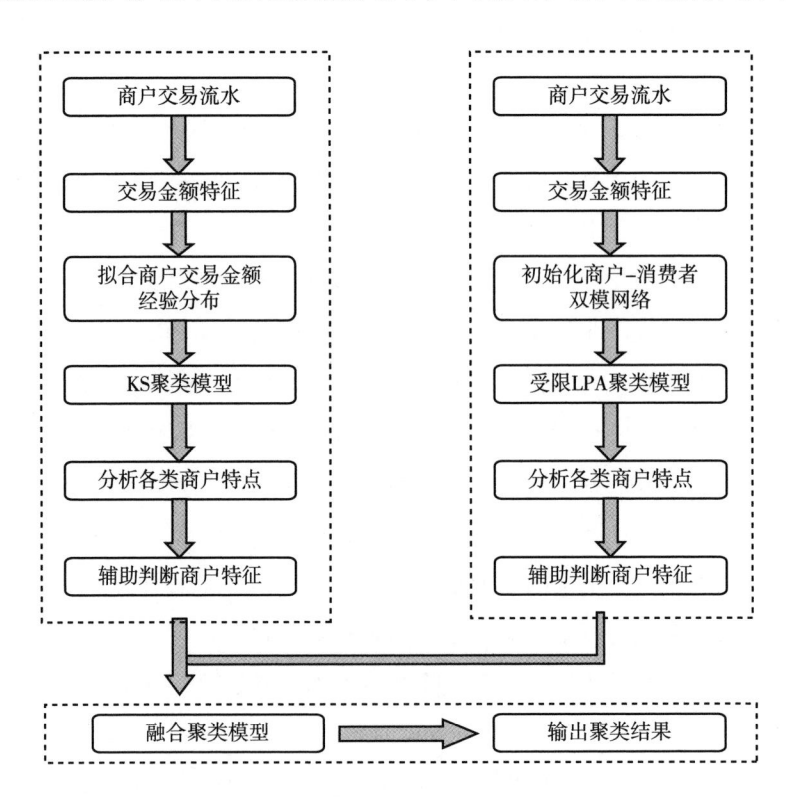

图1 套现风险商户识别框架

三 实证数据分析

本文数据来源于某匿名第三方支付平台[①]，经过数据清洗，该数据集包含 132499 条交易，涉及 1043 家商户。本文基于该数据集进行套现风险商户及套现交易识别的实证分析。表 2 列出了商户基本交易特征的描述统计信息。部分商户的累计交易金额异常大，远超过中等水平，同时相当比例的商户交易金额存在较大波动，表明其中存在异常的交易表现，并有套现等风险交易行为的可能。

表 2　商户交易笔数及交易金额基本描述

特征	累计交易笔数（笔）	累计交易金额（元）	平均每笔交易金额（元）	交易金额标准差（元）
均值	127	622833	6238	5532
最小值	1	217	19	0
1/4 分位数	21	45025	985	1256
中位数	37	131168	3046	2975
3/4 分位数	90	371949	7362	6584
最大值	10453	25406370	71782	429567

首先利用前一节中提出的 KS 聚类方法对每个商户计算其交易流水金额的经验分布，进而基于交易金额的分布信息对商户进行聚类划分。基于该第三方支付平台的业务经验，套现风险商户存在套现程度的差异，商户由于套现目的不同、套现频繁程度不同，可能呈现不同的异常特征。基于业务经验，将聚类个数设置为 4，将商户划分为四类商户。根据聚类得到的划分结果知，不同类别商户的套现风险确实存在差异。观察这四类别商户在交易金额分布上的差异，构建新的特征，为套现风险商户识别提供更直观的参考指标，并且将这些指标运用到后续的融合聚类中。四类商户的交易金额平均水

[①] 根据该第三方支付平台的合作要求，隐去平台名称。

平和金额分散程度不同，故首先选择 RFMS 模型中的平均交易金额和交易金额标准差作为基本指标。此外，部分商户在交易分布上集中于大额交易，属于较为异常的交易表现，因此利用 KS 聚类总结出交易流水中的异常特征，标注套现交易，并针对部分商户存在的大额交易表现，提炼反映交易风险特征指标，如表 3 所示。

表 3　基于 KS 聚类结果构建的套现风险特征

特征	定义
单笔最大交易金额	商户近三个月单笔交易金额的最大值
大额交易占比	单笔金额不小于 5000 元的交易次数占交易总数的比例
大额交易金额均值	单笔金额不小于 5000 元的交易，其交易金额的均值
大额交易金额标准差	单笔金额不小于 5000 元的交易，其交易金额的标准差

在 KS 聚类结果的基础上，利用商户和消费者的关联信息，构建商户－消费者双模网络，进行受限 LPA 的网络聚类，优化商户聚类效果，进一步识别出具有套现风险的商户。首先，构建商户－消费者双模网络，并根据 KS 聚类得到的商户聚类结果，初始化网络商户节点的标签，得到了网络初始状态。然后，根据受限 LPA 算法，迭代地扩散标签，最终得到稳定的商户划分，即受限 LPA 聚类的最终结果。对于聚类结果，计算各类别在不同交易指标上的均值并归一化，得到各类商户平均水平的对比雷达图（见图 2）。由图 2 可见，不同类别商户在交易指标上存在较大的差异，这也表明受限 LPA 算法得到的聚类结果很好地区分了商户。该结果表明 KS 聚类提炼的新特征有助于套现风险商户的识别，因此本文将这些新特征运用到后续的融合聚类中。

抽取 LPA 聚类结果中各类商户及其对应的交易流水，并进行回溯分析。分析得到，四类商户在交易时间和交易金额上具有明显不同的特点，我们对此进行归纳并提炼出与套现风险高度相关的、具有可解释性的指标。回溯分析过程中，发现了以下几种套现风险交易的具体表现。

第一，大额整数交易。与正常商户相比，套现者出于方便套现的目的，其交易金额会更倾向整数大额交易，如千、万的倍数。

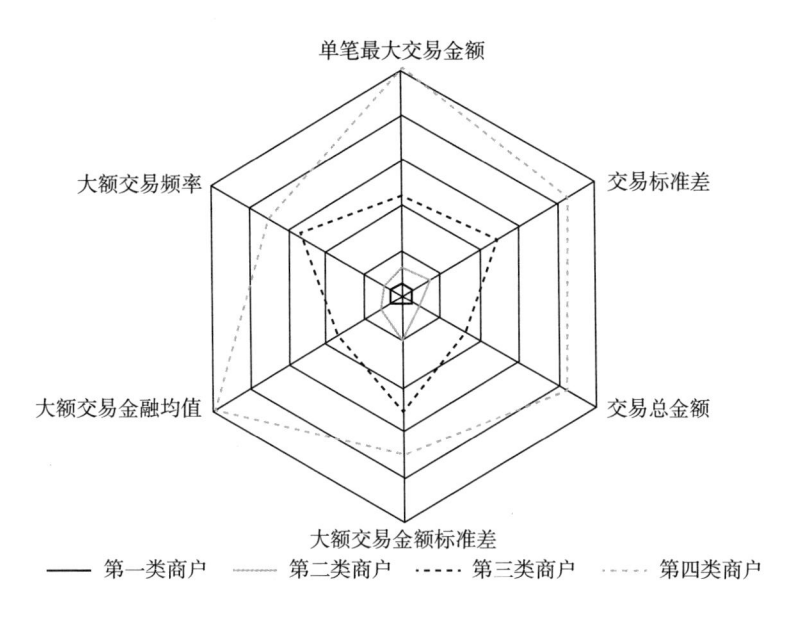

图 2 各类商户交易特征雷达图

第二，非工作时间交易。通常情况下，商户和消费者之间的交易会发生在工作时间。因而异常时间，如 0~6 点，产生的交易有可能是套现者为了掩人耳目的有意选择，具有较大的风险。

第三，即使不具有以上两种表现，依然不能将其判断为绝对的正常交易，因为这很有可能是套现者对交易进行伪装的结果。但出于对"快速套取大量现金"的目的和时间成本的考虑，套现者仍然有可能暴露出与正常消费者不同的特点。例如，某个商户的交易金额均不属于大额交易，但一段时间内积累的交易笔数仍大于正常交易频率，那么该商户依然存在套现的可能。基于此，本文构造疑似套现交易特征，具体见表 4。

表 4 基于 LPA 聚类结果构建的套现风险特征

特征类别	定义	具体特征
整数交易特征	单笔金额接近或恰好为 100 的倍数	整数交易次数占比 整数交易累计金额 整数交易金额均值

续表

特征类别	定义	具体特征
异常时间交易特征	发生在非工作时间（如0~6点）的交易	异常时间交易次数占比 异常时间交易金额均值
疑似套现交易特征	和同一个消费者在短时间内发生多次较大金额的信用卡交易	疑似套现行为交易次数 疑似套现行为交易次数占比 疑似套现行为交易金额均值 疑似套现行为涉及消费者数量

上文基于KS聚类和LPA聚类结果，构建了可以用来识别套现风险的新特征，提供了识别套现风险的新角度。本文利用K-means聚类模型建立融合聚类模型，将以上提炼的新指标作为聚类模型的输入特征，聚类个数依然设置为4。对于聚类结果，计算各类的类中心并绘制折线图和雷达图（见图3）以此直观地比较各类商户在不同特征上的差异。

随机抽取聚类结果中各类商户及其对应的交易流水，利用上文归纳的套现特征标注出其中的套现交易（见表5），并结合图3，对第一类至第四类商户做出以下归纳。

第一类："薅羊毛"商户。交易金额的整体水平在四类中最低，且该类商户低于实际业务的正常交易水平。这类商户活跃于平台的促销活动，通过产生交易获取活动奖品，同时为了尽量减少成本，其交易金额非常低。该类商户属于投机者，几乎不产生高频或大额交易，套现交易较少。

第二类：正常商户。该类商户交易表现符合正常水平，交易金额整体稳定，异常金额、异常时间的交易占比很低，回溯部分交易流水，判断出该类商户基本无套现行为。此外，通过第二类商户的示例可知，该商户交易分散，并不存在和同一个消费者重复高频交易的现象，属于正常商户（见表5）。

第三类：低套现风险商户。和正常商户相比，该类商户的交易金额波动和疑似套现指标明显更高。整体上，第三类商户的大额交易均值超过正常商户，但并不是全体商户中最高的一类，因此将其判断为低套现风险。通过回溯交易流水可知，该类商户存在套现特征，但套现频率较低。例如，表5

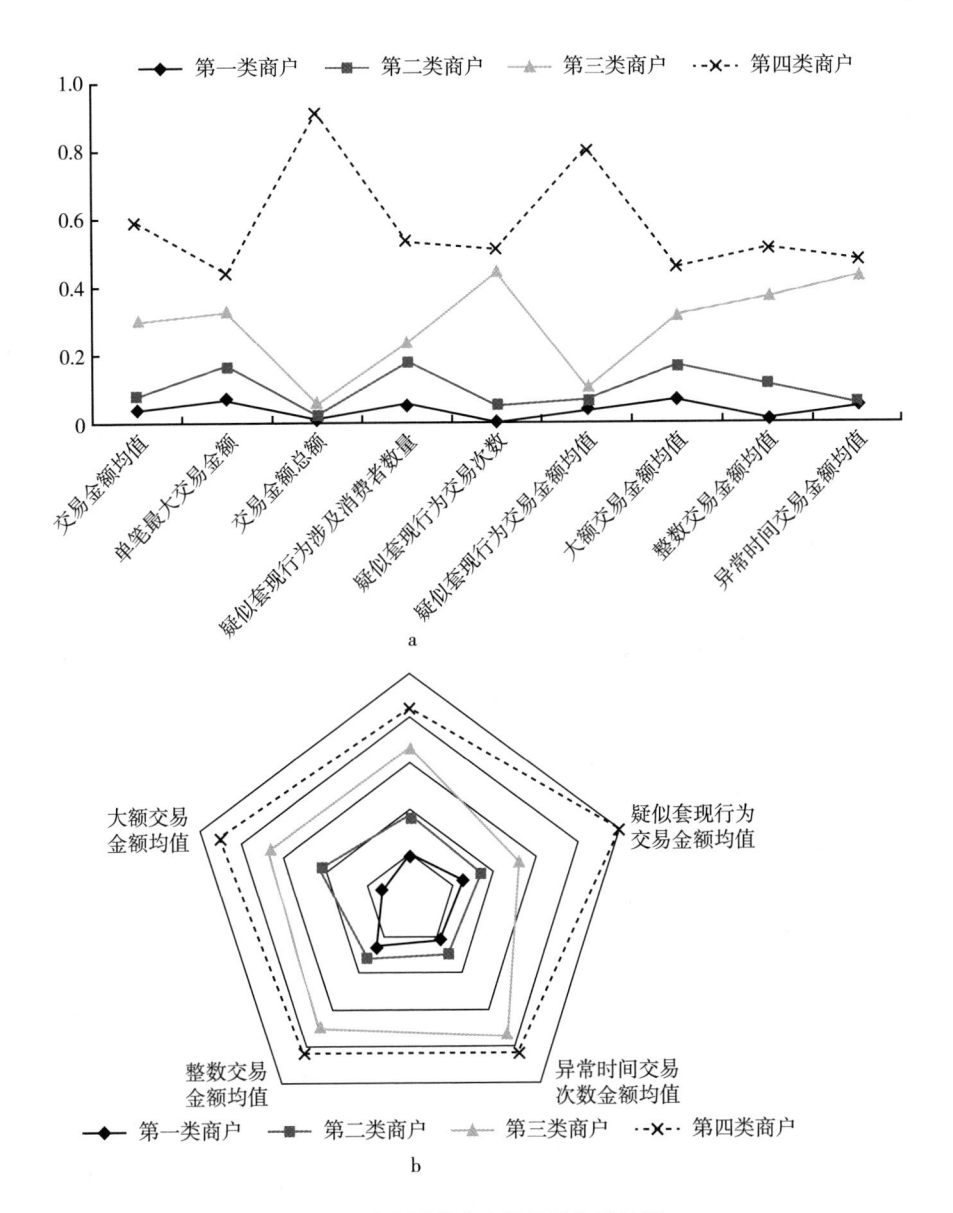

图 3　融合聚类中心折线图和雷达图

中，第三类对应的示例商户在一小时内和同一消费者重复产生三笔大额交易，存在套现行为，但整体来看，该类商户套现占比较低。

第四类：高套现风险商户。由图 3 可知，第四类类中心在所有风险交易

特征上均为最高。其中疑似套现指标尤为明显，第四类商户的疑似套现行为交易金额均值和涉及套现行为数量的平均水平远远高于前三类商户的平均水平。这类商户异常时间交易比例高、大额倾向明显，其行为特点明显符合实际的套现商户，因此将其概括为高套现风险商户。通过回溯交易流水可知，四类商户中，该类商户标注为套现交易的比例最高。如表5示例显示，该类对应的示例商户存在凌晨0~6点的交易，且金额较大，标注为套现交易。此外，此商户与同一个消费者（即同一个信用卡）高频重复交易5次，总金额达到3万元，这种同卡高频交易不符合正常交易行为，同样被标注为套现交易。

表5　各类商户交易流水示例

第一类商户交易流水

商户ID	消费者刷卡类别	消费者卡号	交易金额	交易时间	套现交易标注
861＊＊＊＊041	信用卡	621＊＊＊＊＊4167	10.5	2016/1/4 8:41	正常交易
861＊＊＊＊041	信用卡	621＊＊＊＊＊4167	10.5	2016/1/6 13:59	正常交易
861＊＊＊＊041	信用卡	622＊＊＊＊＊6813	10	2016/1/9 14:09	正常交易
861＊＊＊＊041	信用卡	622＊＊＊＊＊5632	10	2016/1/10 17:56	正常交易
861＊＊＊＊041	信用卡	403＊＊＊＊＊2577	20	2016/1/11 18:31	正常交易
861＊＊＊＊041	信用卡	403＊＊＊＊＊2577	20	2016/1/12 15:22	正常交易
861＊＊＊＊041	信用卡	625＊＊＊＊＊6144	17	2016/1/12 15:22	正常交易
861＊＊＊＊041	信用卡	621＊＊＊＊＊4167	17	2016/1/21 18:22	正常交易
861＊＊＊＊041	信用卡	622＊＊＊＊＊3011	38	2016/1/30 8:38	正常交易
861＊＊＊＊041	信用卡	622＊＊＊＊＊8604	12.5	2016/1/31 13:37	正常交易
……	……	……	……	……	……

第二类商户交易流水

商户ID	消费者刷卡类别	消费者卡号	交易金额	交易时间	套现交易标注
599＊＊＊＊859	信用卡	622＊＊＊＊＊8618	11	2016/1/13 18:22	正常交易
599＊＊＊＊859	信用卡	622＊＊＊＊＊3003	100	2016/1/14 10:23	正常交易
599＊＊＊＊859	信用卡	625＊＊＊＊＊6038	1200	2016/1/15 21:21	正常交易
599＊＊＊＊859	信用卡	621＊＊＊＊＊8656	1880	2016/1/19 19:24	正常交易
599＊＊＊＊859	信用卡	628＊＊＊＊＊3100	38	2016/2/1 13:28	正常交易

续表

第二类商户交易流水

商户 ID	消费者刷卡类别	消费者卡号	交易金额	交易时间	套现交易标注
599＊＊＊＊859	信用卡	622＊＊＊＊＊0580	41	2016/2/2 20:46	正常交易
599＊＊＊＊859	信用卡	625＊＊＊＊＊3073	1622	2016/2/2 21:12	正常交易
599＊＊＊＊859	信用卡	625＊＊＊＊＊0174	436	2016/2/3 17:36	正常交易
599＊＊＊＊859	信用卡	622＊＊＊＊＊6678	981	2016/2/4 16:33	正常交易
599＊＊＊＊859	信用卡	438＊＊＊＊＊2464	1858	2016/2/7 15:55	正常交易
……	……	……	……	……	……

第三类商户交易流水

商户 ID	消费者刷卡类别	消费者卡号	交易金额	交易时间	套现交易标注
820＊＊＊＊104	信用卡	524＊＊＊＊＊5977	9900	2016/2/13 18:01	套现交易
820＊＊＊＊104	信用卡	524＊＊＊＊＊5977	9900	2016/2/13 18:24	套现交易
820＊＊＊＊104	信用卡	524＊＊＊＊＊5977	9900	2016/2/13 19:22	套现交易
820＊＊＊＊104	信用卡	622＊＊＊＊＊5632	89	2016/3/3 13:32	正常交易
820＊＊＊＊104	信用卡	625＊＊＊＊＊6003	103	2016/3/3 18:41	正常交易
820＊＊＊＊104	信用卡	403＊＊＊＊＊2577	650	2016/3/3 23:06	正常交易
820＊＊＊＊104	信用卡	524＊＊＊＊＊5977	150	2016/4/6 12:10	正常交易
820＊＊＊＊104	信用卡	436＊＊＊＊＊3027	500	2016/4/6 12:20	正常交易
820＊＊＊＊104	信用卡	622＊＊＊＊＊7324	2400	2016/4/6 14:21	正常交易
820＊＊＊＊104	信用卡	622＊＊＊＊＊7324	1650	2016/4/6 18:22	正常交易
……	……	……	……	……	……

第四类商户交易流水

商户 ID	消费者刷卡类别	消费者卡号	交易金额	交易时间	套现交易标注
500＊＊＊＊543	信用卡	622＊＊＊＊＊5133	10000	2017/4/20 6:00	套现交易
500＊＊＊＊543	信用卡	625＊＊＊＊＊6106	15998	2017/4/20 6:10	套现交易
500＊＊＊＊543	信用卡	625＊＊＊＊＊6106	16998	2017/4/21 12:13	套现交易
500＊＊＊＊543	信用卡	622＊＊＊＊＊2155	1255	2017/6/10 17:00	套现交易
500＊＊＊＊543	借记卡	622＊＊＊＊＊2155	1500	2017/6/11 11:33	套现交易
500＊＊＊＊543	借记卡	625＊＊＊＊＊7787	6968	2017/7/17 9:35	套现交易
500＊＊＊＊543	借记卡	622＊＊＊＊＊9477	1674	2017/7/17 10:04	套现交易
500＊＊＊＊543	借记卡	622＊＊＊＊＊9477	1900	2017/9/2 13:03	套现交易
500＊＊＊＊543	借记卡	622＊＊＊＊＊0472	35	2017/9/2 13:06	正常交易
500＊＊＊＊543	信用卡	600＊＊＊＊＊5639	1200	2017/9/10 9:10	正常交易
500＊＊＊＊543	信用卡	600＊＊＊＊＊5639	879	2017/9/10 12:12	正常交易
500＊＊＊＊543	信用卡	600＊＊＊＊＊2209	5000	2017/9/10 12:14	套现交易

续表

第四类商户交易流水					
商户ID	消费者刷卡类别	消费者卡号	交易金额	交易时间	套现交易标注
500＊＊＊＊543	信用卡	600＊＊＊＊＊2209	8999	2017/9/10 13:20	套现交易
500＊＊＊＊543	信用卡	600＊＊＊＊＊2209	10000	2017/9/10 13:52	套现交易
500＊＊＊＊543	信用卡	600＊＊＊＊＊2209	5200	2017/9/10 13:54	套现交易
500＊＊＊＊543	信用卡	600＊＊＊＊＊2209	400	2017/9/10 17:55	套现交易
……	……	……	……	……	……

综上，将提炼出的新特征运用到融合聚类方法中，可以快速高效地识别异质性商户，划分商户的套现风险，为风控人员提供决策上的参考。此外，基于融合聚类方法，可以便捷地对输入的新商户进行类别判断，快速识别其商户类型。在判断某个新商户的套现风险时，只需输入该商户对应的特征向量，从而计算到4类类中心的特征向量的距离，找出距离最近的类中心，即可将新商户划分到此类，从而确定该商户所属人群，并采取相应的管理策略。

通过融合聚类结果及特征筛选，我们列举出对识别套现风险商户贡献最大的若干特征，如表6所示。此外，需声明以上结果均来自本文所用数据的分析，筛选出来的有效特征可能在其他数据集中有所不同。

表6 融合聚类模型主要特征

特征类别	具体特征
金额特征	交易金额均值 交易金额总额
大额交易特征	大额交易金额均值 单笔最大交易金额
整数交易特征	整数交易金额均值
异常时间交易特征	异常时间交易金额均值
疑似套现交易特征	疑似套现行为交易金额均值 疑似套现行为涉及消费者数量 疑似套现行为交易信用卡数量

四 总结

识别与检测信用卡套现群体是金融风控中的重要业务。随着金融科技的发展，商户的真实交易流水大数据，对识别套现风险贡献出愈加重要的数据支持。本文对商户交易流水信息进行深层次挖掘，提炼与套现风险相关的特征指标，并提出识别套现风险的模型框架。首先，从商户交易金额的经验分布、商户和消费者的关联信息两个角度，分别基于 KS 聚类、受限 LPA 算法，对商户进行划分，从而挖掘出商户的不同交易行为方式，并量化成可以为识别套现风险提供参考的特征指标。最终，融合本文提出的套现风险指标，建立基于 K-means 算法的融合聚类模型，全面刻画并划分商户的套现风险类别。此外，得益于 K-means 的快捷性，该模型能够对新商户的套现风险类别进行快速判断。

本文提出了识别套现风险的特征指标及模型框架，并通过真实数据集，检验该框架能够识别出商户的套现风险差异。但该方法仍存在不完善的地方。例如，本文未尝试加入其他数据源，如消费者在点评平台对商户的打分、评价等。覆盖更多的数据角度，能够完善商户画像，为风险识别提供更多参考，使得本文提出的套现风险识别框架更好地应用在实际业务中。

参考文献

[1] 邓景熹:《基于集成学习的信用卡欺诈识别方法研究》，兰州大学，2019。

[2] 方匡南、吴见彬、朱建平等:《信贷信息不对称下的信用卡信用风险研究》，《经济研究》2010 年第 S1 期，第 97~107 页。

[3] 郭雳:《信用卡套现责任体系之完善》，《法学》2010 年第 12 期，第 120~127 页。

[4] 姜盛:《基于 Logistic 的信用卡套现侦测评分模型》，《计算机应用》2009 年第 11 期，第 3088 – 3091 + 3095 页。

[5] 邵连华、张孝利:《浅谈信用卡诈骗案件中文件检验技术的应用》，《法制与社

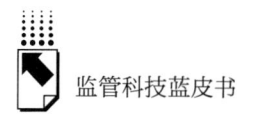

会》2010 年第 4 期，第 87 页。

［6］吴运奇：《信用卡套现管理系统探讨》，《中国信用卡》2010 年第 10 期，第 54～57 页。

［7］徐宪平：《关于美国信用体系的研究与思考》，《管理世界》2006 年第 5 期，第 1～9 页。

［8］虞月君：《中国信用卡产业发展模式研究》，中国金融出版社，2004。

［9］张卫东：《试论信用卡业务中的风险控制》，《国际金融研究》1991 年第 1 期，第 52－54＋40 页。

［10］Barber, M. J., Clark, J. W., "Detecting Network Communities by Propagating Labels under Constraints", *Physical Review E*, 2009, 80 (2): 026129.

［11］Chen, N., Ribeiro, B., Chen, A., "Financial Credit Risk Assessment: A Recent Review", *Artificial Intelligence Review*, 2016, 45 (1): 1－23.

［12］de Servigny, A., Renault, O., *Measuring and Managing Credit Risk*. McGraw-Hill Education, 2004.

［13］Devins, D., Gold, J., Johnson, S., et al., "A Conceptual Model of Management Learning in Micro Businesses: Implications for Research and Policy", *Education and Training*, 2005, 47 (8－9): 540－551.

［14］Drineas, P., Frieze, A., Kannan, R., et al. "Clustering Large Graphs via the Singular Value Decomposition", *Machine Learning*, 2004, 56 (1－3): 9－33.

［15］Hsu, F. M., Lu, L. P., Lin, C. M., "Segmenting Customers by Transaction Data with Concept Hierarchy", *Expert Systems with Applications*, 2012, 39 (6): 6221－6228.

［16］Huang, D., Zhou, J., Wang, H., "RFMS Method for Credit Scoring Based on Bank Card Transaction data", *Statistica Sinica*, 2018, 28 (4): 2903－2919.

［17］Jain, A. K., Murty, M. N., Flynn, P. J., "Data clustering: a review", *ACM Computing Surveys*, 1999, 31 (3): 264－323.

［18］Khobzi, H., Akhondzadeh-Noughabi, E., Minaei-Bidgoli, B., "A New Application of RFM Clustering for Guild Segmentation to Mine the Pattern of Using Banks' E-payment Services", *Journal of Global Marketing*, 2014, 27: 178－190.

［19］Li, Y., Sun, Y., Contractor, N., Graph Mining Assisted Semi-supervised Learning for Fraudulent Cash-out Detection. IEEE/ACM International Conference on Advances in Social Networks Analysis and Mining, 2017: 546－553.

［20］Lloyd, S., "Least Squares Quantization in PCM", *IEEE Transactions on Information Theory*, 1982, 28 (2): 129－137.

［21］Smirnov, N. V., "On the estimation of the Discrepancy between Empirical Curves of Distribution for Two Independent Samples", *Bulletin Moscow University*, 1939, 2: 3－14.

B.17
监管科技在支付行为和风险防控中的应用探索

乐刷科技有限公司[*]

摘　要： 创新科技的发展为监管科技打开了另一扇门。监管科技的应用也为第三方支付行业注入了新的血液，使支付系统性能、支付行为监控、支付风险防范等都有了新的提升。本文结合监管科技的发展及其在第三方支付行为和风险防控中的应用，分析监管科技面临的尚未建立数据标准化体系，"数据孤岛"、监管科技和人工监管尚未有效结合，尚未形成监管科技生态产业圈，以及本身存在的技术风险等几个问题，提出了建立健全数据标准化体系、建立数字化监管体系、建立监管科技生态产业圈、加强技术应用风险防控等对策。

关键词： 监管科技　风险防控　数据标准化

一　第三方支付安全的监管需求

近几年，随着科技日新月异的发展，我国第三方支付也开启了飞速发展的进程。从我国第三方移动支付市场的发展历程来看，大致可以将其分为三个阶段：线上场景驱动阶段，电商、互金转账的先后爆发持续推动了移动支付的快速增长；线下扫码支付规模全面爆发增长，线下场景的支付增速远高于

---

[*] 执笔人：李佳航。

线上场景支付的增速,引领移动支付经历了由线上驱动阶段到线下驱动阶段的转变;产业支付驱动阶段,以C端驱动的线上线下支付因C端流量见顶进入了平稳增长期,而产业支付伴随产业互联网的快速崛起正逐渐成为我国移动支付新的增长点。艾瑞咨询的研究报告数据显示,2019年,我国第三方移动支付交易的规模已经达到了226.1万亿元,预计2020年可达249.2万亿元。

从相关的政策法律和监管的缺失,到国家相关金融监管政策相继发布和出台,第三方支付业务的参与监管主体逐步扩大,第三方支付步入规范健康发展、快速增长的一个新阶段。随着第三方支付应用场景的丰富、科技创新的发展速度加快,以及移动支付市场规模的不断扩大,第三方支付业务合规问题和存在的风险也愈加凸显并受到重视。第三方支付的技术创新性、监管和政策的缺失性等诸多问题,对监管有效性提出了革命性的挑战。如果依靠现场的检查和书面的调查等传统监管手段,在产生高成本的同时,也可能无法有效地预防云计算等新兴技术所可能带来的跨领域的系统性风险,需要运用大数据、云计算等新兴技术融入监管。那么,创新模式下的监管科技,可以有效地解决这一技术性问题。

在支付结算领域,监管科技利用不同技术特征,解决支付场景中的信任、可靠、风险管理等问题。

二 监管科技在支付行为中的应用

监管科技可以渗透到支付行为的方方面面,具体应用场景如表1所示。

表1 监管科技在支付行为中的应用场景

应用场景	技术支撑	具体描述
支付基础设施建设	计算、区块链	支付清结算系统是支付机构最关键的基础设施,其性能直接关系到交易的资金安全、信息安全、产品体验等。区块链等技术将重塑传统支付清结算结构,分布式协作模式将替换传统的"流水线模式",特别是在跨境支付业务中,分布式清结算机制将极大提高效率。同时,在"5G+"的加持下,将保证各类终端场景下的支付效率

续表

应用场景	技术支撑	具体描述
客户身份识别	大数据、人工智能、区块链	客户身份审查，是支付机构在客户入网时必不可少的环节，也是支付监管体系中识别风险的重要环节。基于大数据和人工智能分析客户的主客观数据，精准刻画用户画像，基于区块链技术建立信任机制，预警可疑交易行为
支付行为监控	大数据、云计算	借助大数据和云计算技术，进行反欺诈、反洗钱、赌博等交易监控，实时识别交易异常行为，及时发现风险。通过对可疑交易的审查，进行风险预判，继而通过可追溯系统特性，监控可疑交易流向并做出冻结交易等相应措施
营销服务拓展	大数据、人工智能	基于支付，可以衍生出更多的商户服务。利用大数据和人工智能技术，进行精准营销与获客，提供智能管理、经营分析等功能，不断提供更多增值服务
客户信息安全	区块链、大数据、安全技术	采用指纹识别、人脸识别等技术，为支付交易信息安全传输、客户信息保密、身份认证等提供保障

三 监管科技在移动支付风险防控中的应用

移动支付的安全问题日益突出，新式犯罪行为趋于高科技化，也加大了相关部门的监管难度。所以，需要创新技术和规则，建立更为立体的风控体系，保障移动支付安全。

根据第三方支付机构的运营结构，搭建"事前""事中""事后"的风险防控体系，形成闭环，对每个环节内的风险和突发事件，形成有效监控和控制。下面结合乐刷智能风控，简要介绍监管科技在移动支付风险防控中的应用。

（一）商户评分机制

依托现有海量交易数据，打造乐刷系统内动态商户池。通过对商户的交易波动、身份特质、历史投诉等多维度建模分析，针对不同业务做不同的模

型设定，输出可参考性分值并对商户做差异化管理，精准识别风险商户，提升安全防护能力。

（二）事前风控模型

传统的模式下，注册的商户会进行实名认证和人工审核，认证和审核完毕后，商户就可以进行相应的交易。在交易之前风控业务人员和系统相配合对客户进行初始的风险评估，根据评估结果分配交易限额和交易权限。现在这些工作可以由人工智能技术完成：在商户入网时，以人脸识别方式进行检验，同时会针对存量客户身份进行再次识别；增加对商户身份证、银行卡等证件图片的OCR识别等措施；对于可疑商户重点排查，并将确认风险的商户相关信息录入黑名单。通过智能处理后，准入的商户直接完成入网，不准入的商户拒绝并交由人工处置，整个环节大大减少了人力工作，达到提升准入风险信息的识别率、有效控制和降低人工操作成本的主要目的。

（三）事中风控模型

多维度建立交易风险的监控模型，包括行业、交易的金额、交易的时间、交易的频次、失败率、地理位置等多维度因素，监控多场景交易行为，建立欺诈、洗钱、套现、大额、虚假交易等多维度的交易规则，精准识别违规交易行为。

（四）事后风控模型

建立集中处理模型，即只要输入事中模型反馈的结果，即可根据结果对商户的违规行为做智能预先处理，及时止损。同时结合人工二次审核，避免误判。

运用深度学习和知识图谱完善智能风控，利用大数据深层反查功能，可以通过案件中的不同维度对历史数据进行交叉维度深层反查，通过关联图谱及时发现关联商户风险并采取风控管控措施。

同时，案件形成样本数据和模型，进行样本数据分析和模型演练又可以优化模型、精炼规则，提供风险评价维度，完善事前、事中风控模型，形成风险防控闭环，共同实现对风险事件的监控和控制。

四　监管科技面临的挑战

（一）尚未建立监管科技的数据标准化体系

数据标准化是监管的技术核心和基础要素，监管科技的标准化和解决方案基于监管数据展开。目前虽然国际上已有一些关于监管数据的标准化协议，但不同国家和地区的机构在监管数据的定义和管理标准体系设定上的差异仍然存在，尚未形成全面、完整的数据标准化管理体系。由于数据的不完全兼容，监管科技公司也可能暂时无法设计和开发一套覆盖多地区多行业的标准化监管解决方案。同时，相关的技术如大数据、云计算、人工智能等也缺少相关法律法规的明确界定。因此，推进监管科技的首要任务是要建立健全相关法律法规，完善监管科技的标准化体系。

（二）监管科技面临着数据孤岛

监管信息在获取的质量、共享和整合利用三个环节都存在明显不足。一方面，传统信息监管模式下，无法快速地获取支付机构的数据；另一方面，机构为了保护信息安全，会设置相应的数据保护规则，那么某些关于数据保护或数据安全的规则，可能就会成为有效信息获取和共享的一个重要障碍，会直接形成一个"数据孤岛"。各部门之间数据的割裂，数据整合利用及相关部门之间的横向交流和信息资源共享力度不够，导致监管机构无法快速获取有效的信息，从而制约监管科技的应用。因此，如何在数据保护和数据有效使用之间取得平衡，也是政策制定者需要评估的重点。

（三）监管科技和人工监管尚未有效结合

传统的监管手段和模式是，中国人民银行各分支机构采用备案管理、走

访调查和商户现场巡检等方式进行监管。此方式效率不高，而且监管的覆盖面有限。目前第三方支付逐渐与互联网大数据、云计算等新兴信息技术相结合，产品更新速度加快，依靠传统的监管手段很难及时有效地发现和进行监管。这些问题都迫切需要引进监管科技来解决。

另外，随着互联网科技的发展和进步，监管科技在机构合规监管应用方面的整体解决方案日臻成熟，也将陆续在多个监管应用的领域和场景中取得进展。但从长期发展趋势来看，监管科技仍然无法完全替代人工监管和现场监管：特别是监管法律法规具有的争议和意见分歧问题，无法由技术进行解释并有效地解决；监管科技本身的功能需要人工不断地进行检测、完善和升级；在面对突发风险时，仍需要现场监管，通过人与人现场的沟通交流，识别风险和问题所在。

单纯地依靠一种监管方式，无法高效率地完成监管，这就需要监管科技和人工监管的有效结合。但目前监管科技刚刚起步，应用尚不完善。监管科技和人工的有效结合，尚有很大提升空间。

（四）尚未形成监管科技生态产业圈

监管产业和科技的快速健康发展，离不开产业各方的合作和共同努力。监管科技在中国市场仍然还处于刚刚起步的阶段，目前还没有出现被广泛接受的监管科技解决方案。国内监管科技公司的发展相对比较滞后，制约了我国监管科技的快速发展。监管科技专业产品针对性非常强，解决方案也需要监管机构、金融机构和监管科技公司等多方通力合作。行业内的沟通协调合作更有利于监管标准的建立和设定，解决监管应用程序中存在的问题和技术挑战。但是现在尚未形成监管科技的生态产业圈，监管科技面临较高的合作和沟通成本，需要通过举办学术峰会、研讨会等方式形成监管科技交流和沟通合作的网络，以更好地解决不同的机构和系统间的监管技术兼容问题，确定标准化的数字监管标准和流程，从而助力我国监管科技的快速发展和崛起，形成良性循环。

（五）监管科技具有较大的技术风险

监管科技最终目的就是降低机构的合规运营成本，提升监管的效率，但任何技术都会有风险，不能忽视其本身潜在的技术漏洞。当监管科技应用于金融领域时，也会对其原本的系统造成扰动影响。

监管科技所用的算法和模型，无法预测市场上的突发事件，从而难以对其产生的效应给予中肯的监管建议和监管提示。另外，监管科技产品应用效果和数据安全能力还有待验证，数据高度集中后可能存在泄露风险，监管技术与传统监管框架的融合也是值得关注的问题。

五 监管科技在支付领域应用的建议

（一）完善监管科技发展体系，建立健全数据标准化体系

对于我国的监管科技产业进行合理布局，制定监管科技长期的发展规划，建立统一管理规则，对企业行为和市场行为有所规范和制约。进一步加快和出台监管科技数据管理办法，对监管科技数据安全、采集、报送等各方面工作提供规则和法律保障。健全监管科技的技术标准管理体系，提升可操作性。

目前，我国一些第三方支付机构已经逐步开发和建立了自己的监管科技解决方案。但不同支付机构的监管解决方案兼容性差。针对这一问题，中国人民银行可以牵头开发一套"标准化"的通用支付交易监管的框架或软件平台。通过这些平台，实现监管科技自动化分析支付交易行为的有效和合规性。不同的第三方支付机构也可在这一平台的基础上自行开发个性化解决方案，保护核心数据和用户隐私，防止信息泄露。

（二）建立数字化监管体系，实现数据共享

建立数字化的监管信息体系，以大数据、云计算等先进的技术为支撑基

础，通过接入金融机构数据中心端口，直接采集风险数据并报送，完成动态监管。

在切实保证数据安全的基本前提下，实现监管数据共享。产业各方进一步加强业务的合作和信息技术资源的共享，打破监管"数据孤岛"，发挥监管数据的功能，联合识别金融风险，打击违法行为。同时，在征信、反洗钱、金融消费者合法权益保护等方面，加强多方协作和监管数据的融合，展开监管数据的全局性、穿透性分析，深度挖掘监管信息的附加值。

（三）建立监管科技生态产业圈，实现多方合作共赢

借鉴"监管沙盒"等成熟的国际经验，建立一个符合中国政策和市场的监管科技生态产业圈，鼓励多方介入对监管科技的研究，充分发挥各方资源优势，推动综合性监管科技的发展。结合监管部门的数据及监管相关专业知识的优势、科技研发公司的研发能力的优势，开发支付监管合规应用系统，实行政产学研多方的联动。引导和鼓励相关支付机构就监管科技规划、规范等内容提出建议。引导和推动支付机构加强监管科技的应用，提高对监管科技的应用深度和研究广度，加快系统的更新、升级，有效对接监管科技应用程序 API 等，实现支付领域监管科技信息的数字化和标准化。

探索建立适合监管科技发展应用的工作协调机制，通过实践探索适合支付产业监管的模式，平衡产业创新和风险，将监管科技的工作协调机制融合应用到支付监管体系之中，为监管科技产业的发展应用探索一条新路。

（四）加强技术应用风险防控

树立正确的监管科技安全发展观，做好监管技术应用的风险评估和防控，是支持和保障监管科技稳步发展的首要任务。要提升新兴技术在监管领域应用的适应度、匹配度和成熟度，加强综合风险评估和检测系统，强化监管技术的自身稳定性和合理风险规避，结合实际情况和监管应用场景及时做

出评估和判断。进一步建立健全监管科技系统研发应用的预期目标及更新和更正评估机制，持续完善监管科技应用模型，提升其可信度和可靠性。

参考文献

[1] 吉祖来、张建平、丁爱琴等：《监管科技在支付结算领域应用研究》，《金融会计》2019 年第 4 期。
[2] 周森：《第三方支付监管政策研究与建议》，《中国市场》2019 年第 12 期。
[3] 张新建：《基于支付系统数据的大数据分析平台设计研究》，《电脑知识与技术》2019 年第 6 期。
[4] 杜春泽：《基于网联平台的第三方支付反洗钱监管研究》，《福建金融》2019 年第 5 期。
[5] 杨庆：《第三方支付风险及监管建议》，《合作经济与科技》2019 年第 4 期。
[6] 尹振涛、范云朋：《监管科技（RegTech）的理论基础、实践应用与发展建议》，《财经法学》2019 年第 3 期。

B.18
监管科技在行业风险监测中的应用探索

武汉众邦银行股份有限公司[*]

摘　要： 随着我国互联网金融模式的快速发展，近年来互联网欺诈、客户账户信息泄露等事件日趋增多，保障客户信息及资金安全成为金融行业的重中之重，建立实时风险监测系统，实时发现并处置涵盖产品、系统、操作等多维度的智能风险预警，已逐步成为银行业互联网风险监测的前沿化发展方向。本文从理论上分析监管科技在行业风险监测中的应用场景以及解决的痛点，并结合具体的应用案例来探索监管科技在账户风险监测、交易反欺诈、反洗钱监测领域的应用。

关键词： 监管科技　反洗钱监测　交易反欺诈

一　应用背景及解决的痛点

（一）应用背景

近年来随着我国互联网金融模式的快速发展，衍生出跨行业、跨领域的互联网金融产品，产品呈现多样性和交叉性，伴随着金融科技的快速发展，新的欺诈手段也不断升级，黑色产业也不断调整策略和方针。银行业面临的主要金融欺诈风险归类为批量虚假注册/薅羊毛、账户盗用/账号信息窃取、

---

[*] 执笔人：李耀、田骏、丁智、石龙、史晋彪。

交易欺诈、商户虚假交易、伪卡欺诈、盗卡欺诈、信用卡申请欺诈和洗钱等八大类风险，欺诈渠道已由线下转移到线上。

根据 2020 年 3 月国家互联网金融风险分析技术平台数据，互联网支付累计交易额约 350 万亿元，一周活跃用户 1.35 亿人，收录互联网金融网站 63591 个，异常金融网站 25095 个，漏洞 1795 个，网站攻击 395.9 万次，假冒网站 4.81 万个，显示出我国互联网金融交易活跃且金额巨大，互联网金融欺诈的危害性也日趋严重。

金融机构风险管理能力、信息披露合规等问题逐渐引起监管机构的高度重视，监管部门相继针对金融机构制定了大量更为严格的监管规则，而同时新的监管体制反过来加重了金融机构信息披露和数据报送的义务和工作负荷，金融监管越来越受数据驱动，对于金融机构内控的要求趋于量化，导致金融机构合规成本不断增加，单纯增加人力投入已无法解决日益繁重的合规要求。金融机构同时又面临着技术手段相对滞后于金融科技快速发展的压力，难以实现对金融科技风险的有效识别和监测。

在这一背景下，监管部门多次发文支持金融机构寻求技术的帮助，将监管技术作为降低合规成本、适应监管的重要手段和工具。运用监管科技建立实时风险监测系统，实时发现并处置涵盖产品、系统、操作等多维度的智能风险预警，已逐步成为银行业互联网风险监测的前沿化发展方向。

（二）难点与痛点

随着金融与新型技术的不断融合，犯罪分子利用互联网风险控制薄弱环节实施洗钱、欺诈活动，高科技和智能犯罪率持续增加。金融机构基于传统业态形势下的人工、离线事后监测分析不足以应对新的行业风险；技术手段落后，缺少高科技手段甚至依靠手动检查客户资料库中的人员、资产和可疑交易间的关联关系，监控的有效性、及时性有待提升。

首先，互联网金融产品本身存在技术风险，如系统漏洞、病毒威胁、黑客攻击、数据泄露、系统中断或其他不可预见的事件导致无法提供安全产品或服务的风险。同时，互联网金融中的一切交易行为都在由电子信息构成的

虚拟世界中进行，使得金融机构对交易者的身份、交易的真实性验证的难度加大，交易者身份和真实性难以确认。越来越多的不法分子利用产品技术漏洞，非法开立虚假Ⅱ类账户，并以此作为鉴权源，跨行开立大量虚假Ⅲ类账户，造成账户风险交叉传染，蔓延扩大，对此，金融机构很难做到百分百风险防范。

其次，"了解你的客户"是反洗钱、反欺诈的基础，而互联网银行客户群体是庞大的、交易数据是海量的、数据结构是多维度的。目前，银行仍多用"结构化数据"，包括客户关系、会计系统以及相关数据库，通过对比每笔交易，不足以形成完整的客户画像，无法统筹考虑相关人物、事件、内容、地点、时间、原因等要素，无法更有效识别可疑交易。

再次，金融科技带来极致体验的同时也衍生出跨地域、跨行业、跨市场的业务模式，资金链路更加复杂，资金来源及去向追踪难度更大，且传播速度快，行业风险呈现隐蔽性特征。

最后，金融科技应用便利客户的同时，使不法分子有了更便捷的作案方式和更低的作案成本，不法分子可以远程、非工作时间在大量交易中隐藏不法行为，指数级增加的风险监控难度也降低了不法分子被抓获的概率，助长了不法分子的作案动机。

二　应用框架及实施路径

为了提升监管科技的应用效能，监管部门应当鼓励各方机构进行合作并建立数据联邦共享体系，以数字化为驱动、为核心建立全面的覆盖整个业务闭环的监管框架。监管科技的整体应用框架应围绕着事前、事中、事后3个业务环节（见图1）展开：事前将监管政策文件与内控合规性要求量化为监管规则协议，并搭建统一的监管平台并提供相关数据服务；事中向金融机构实时采集统一标准化的监管数据，进而实现风险态势感知与智能预测和分析；事后利用合规分析结果进行风险措施处理与防御、合规情况动态分析可视化、风险数据共享与服务化、监管模型智能优化等。

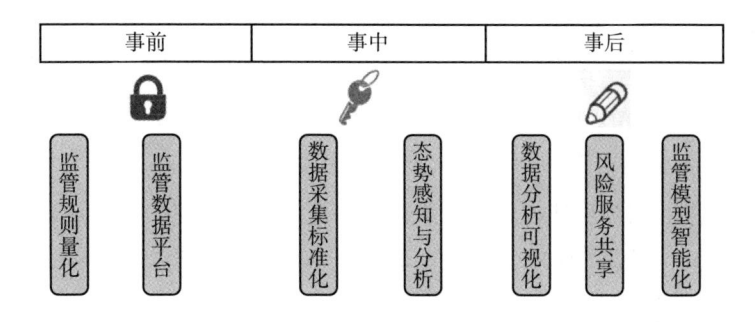

监管科技在行业风险监测中的应用探索

图 1　监管科技整体应用框架

监管科技应用离不开平台和新型技术的支撑，其中监管平台是重要的基础设施，新型技术是手段，如大数据、机器学习、区块链、云计算及DevOPS。实现监管政策落地的数字化、智能化、标准化、敏捷化，最大限度地提升对监管业务需求的响应效率和支持速度。

从监管层的视角看，金融市场参与者和市场结构在金融科技的影响下不断演化，监管机构需要不断利用新型科技手段来有效履行监管职责。其中风险分析是金融监管的重要环节，要充分利用大数据、人工智能、自然语言处理等技术手段实现风险监控的全面化、立体化、智能化，并采取主动防御、实时拦截、动态感知等全新监管措施。

监管科技的落地实施应该体现在以下三个层面。

（一）监管数据采集标准化和服务标准化

金融监管的本质是数据监管，因为监管数据的采集、萃取、提炼和分析是数据监管的基础，所以要建立完备的监管数据采集标准体系。不但要运用大数据和自然语言处理技术对监管规则进行提炼，确认采集的范围和指标，而且要运用微服务框架、容器化部署实现服务的标准化与原子化，为获取风险分析所需的信息化打好基础。

（二）监管风控处置的联机实时化

由于银行4.0战略的推进，银行的金融服务嵌入场景中，7×24小时全

时服务将成为常态。不法分子的风险交易隐藏在正常交易之中,风险随时产生,损失随时发生,及时地识别交易风险、实时地处置风险交易将是风险监测所必须具备的基本服务能力。

联机风险交易识别的实时化处理能力需要巨大的算力,目前云计算能力已经初步成熟,可以应用云计算能力根据交易量实时弹性扩展计算资源,既可以满足交易低谷时的低成本要求,也可以满足交易高峰时临时增加的算力需求。

(三)监管合规分析智能化

在金融科技飞速发展的今天,监管机构需要面临数量庞杂、数据结构和数据类型多样的数据,因而对监管机构的数据处理能力和处理手段提出了更严峻和更高的要求。依靠机器学习和人工智能等新技术,监管机构能对汇聚后的监管数据进行预处理,形成标准和规范化的数据特征变量,提升金融机构和监管主体对数据的处理水平,有助于提升监管效率。根据合规风险评估模型对金融机构的业务场景、产品特点、交易特性进行立体的梳理和分析并形成业务链条,剖析业务的本质,穿透数据流向,精准识别反洗钱、反欺诈等金融业务风险。

三 典型应用案例

区别于传统线下渠道,线上渠道的特点使得金融机构对用户身份的真实性、设备的真实性,以及意愿的真实性识别变得异常困难。同时线上渠道产生大量的结构和非结构化数据,在保障用户良好的体验的前提下,从业务场景和技术应用方面对金融机构提出了较高的要求。金融机构和监管机构可以利用大数据、人工智能、机器学习等新型技术,弥补短板,更好地防范和防控潜在的风险。

(一)反洗钱交易监测的应用

根据中国人民银行关于《义务机构反洗钱交易监测标准建设工作指引》

的要求，银行的可疑交易分析主要局限于账户资金交易分析，在海量的正常交易中发现可疑交易。从交易的来源和去向，分析其交易对手的人群特征和交易地区特征，仔细分析资金流向的重点账户，掌握交易规律与特征。从交易类型、交易时间、交易目的、交易金额分析其行为的异常特征。

运用机器学习技术计算可疑账户的相似度，发现关联账户并根据关系建立账户之间的图谱，有助于实现对恐怖融资、赌博、传销等特定反洗钱类型有指向的监测（见图2）。运用互联网人脸识别、活体检测、联网核查、在线签章等方面的技术运用，加强线上客户身份认证，解决账户持卡人和实际交易用户不是同一人的问题，最大化减少虚假交易，提高线上交易的真实性。

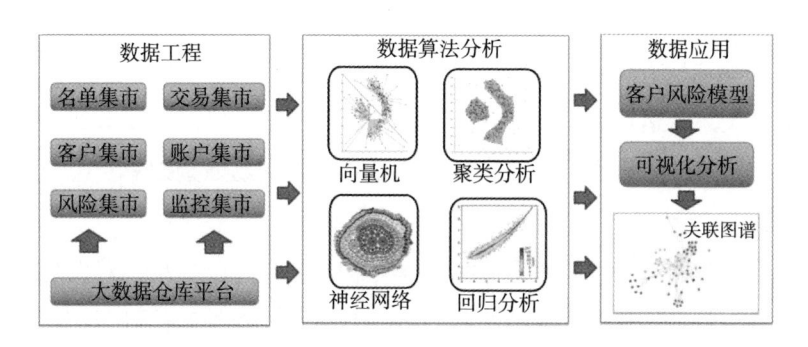

图2 大数据、人工智能在反洗钱监测领域的应用

1. 数据工程

通过大数据数仓平台抽取反洗钱交易监测所需的全部数据，包括但不限于存款、贷款、网贷、支付结算、客户基本信息等行内业务系统数据，借助包括工商、法院、司法等三方数据源，整合各系统数据源并建立反洗钱交易集市。对交易集市内的数据进行预处理，包括数据标准化、清洗、特征提取、二次加工，以客户、账户、交易三个维度进行数据的萃取并形成特征变量，处理特征变量时需要不同的技术并且要对业务数据要有深刻的理解。一方面数据要形成标准化，即对数据进行数据治理，以保障数据的完整性、统一性、有效性等，另一方面在做特征工程时对大量的特征数据进行筛选，如可以利用字段的IV、WOE等计量方法，判断这个特征是否选取，以免因维

度过多而导致维度爆炸。通过一系列的数据选取、加工最终形成有效的反洗钱指标库。

2. 数据算法分析

基于反洗钱交易集市对可疑案例进行分析，通过专家规则或者机器学习算法识别得到的可疑关联账户群组，根据指标体系计算积分，进行初步账户画像和识别。运用图计算、图挖算法，识别反洗钱典型场景里的电信诈骗、贪污腐败、非法融资、走私贩毒甚至恐怖活动等犯罪行为，结合识别的可疑账户进行特征加工和关联识别，形成有效的复杂关系网络。

在落地层面主流以 Hadoop 大数据平台为基础平台，以 Spark 为计算引擎，以 Neo4J 图数据库为数据存储，以 D3.js 为前端展示框架。利用 Spark Mlib 算法库选取 Kemans、Isolation Forest 等框架，得出用户、账户、交易之间的关联关系，运用 D3.js 对分析数据进行可视化展现，从技术到存储再到展现，三个层面综合发挥作用，提升反洗钱异常交易甄别效率。

3. 数据应用

基于知识图谱的图析平台和机器学习构建客户风险模型，对发现的可疑交易链路、可疑团伙和可疑账户进行进一步查证，挖掘其他可疑信息，进一步确认反洗钱的场景模式和线索。利用可视化交互分析工具有效提高甄别的效率，可视化分析工具通过交互结合了智能分析算法和可视化技术，以便从海量的数据中精准识别交易链路，各交易方的关联关系做到可溯源，整体进行客户视图构建、关系网络识别，并进行交易分析（交易主体和交易对手信息、交易渠道），从而减少误差，使反洗钱的监测质量提升一个台阶。在应用方面主要包括可疑行为分析和可疑客户甄别等。

（二）智能交易反欺诈风控平台

众邦银行智能交易反欺诈风控平台基于流式数据处理、复杂知识图谱、机器学习等核心技术，整合和分析用户数据、设备数据、操作行为数据、交易数据和外部欺诈数据，建立了基于交易欺诈评分的模型，实现毫秒级返回和欺诈环境监测，针对金融场景下数据高质量、高精准性的要求，利用人工智能和大数据技术，提升对用户的精准刻画能力，构建了全方位立体的实时智能反欺诈防控体系。

1. 主要功能模块

数据交换平台：负责采集和整合交易风控系统所需的各类数据，包含SDK采集的设备信息数据，从行方现有平台数据平台、业务系统获取历史客户信息数据，从业务系统获取实时数据以及外部合作数据，并从中提炼出风险特征、规则因子、模型要素等信息，进行风险数据整合和处理，为后续各模块提供资源支持。

智能风控决策平台：基于数据整合与分析模块的数据，通过规则引擎和机器学习引擎来进行实时与离线双层监控，对业务活动或者交易进行实时风险评分并及时进行处理。

事件管理平台：根据不同的风险评分，预先配置不同的处理策略，并将风险事件建议处置策略实时响应至业务系统对应渠道，由业务系统进行干预操作，如放行、告警、弱认证、挂起、强认证和阻断。事件管理可通过事后离线分析功能，辅助风控部门完成风险特征挖掘和分析，支持历史案例回溯、新欺诈特征挖掘和分析，帮助完成新规则的设定和优化，提高风险识别准确率。同时对接外呼、短信等平台，及时反馈。

后台管理平台：负责对交易风控整套系统提供辅助支撑：提供规则和模型输入，使规则引擎与机器学习引擎能够持续优化完善；提供图表展示和报表管理，使风控人员更加洞悉风险态势；提供黑/灰/白名单管理，积累形成名单库，持续提升风控能力；提供完善系统管理功能，杜绝系统操作风险。

2. 风险监测应用

首先，平台利用知识图谱、自然语言处理，构建C端个人业务的欺诈关联图谱与交易链路，通过行为及信用侦测手段，挖掘潜在的欺诈行为，同时利用概率图模型、自编码、异常检测、孤立森林、对抗神经网络等无监督人工智能算法的团伙反欺诈模型，从申请人身份证、申请人手机号、申请设备信息、银行卡号、单位地址、联系人手机号等维度动态分析客户群体间的关联关系，智能识别可疑群体，发现新类型的欺诈团伙和异常申请。

215

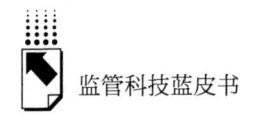

主要行为和信用侦测内容包括交易意向、地理位置、申请行为、环境异常等疑似行为，同时建立欺诈信息库和失信信息库，并对信息进行交叉验证。

其次，利用知识图谱结合机器学习，构建B端小企业的关联关系图谱与资金链路。利用风险传导的特性，通过挖掘申请企业的股东名称、股份比例、对外投资，注册地址、实际地址、通信方式、工商记载人员相似的疑似关联企业，并扫描评估关联人的风险状况，全面解析企业关联方关系和控制关系，结合大量样本数据机器学习的结果，并配合其他三方数据，能够对企业的基本信息、资产状况、运营情况、利润情况、上下游分布、逾期欠税、偿债能力等多项信息进行分析，识别风险，做到欺诈提前预警并主动防御。

最后，整个反欺诈交易监控体系涵盖事前、事中、事后等业务环节。事前实现对客户准入的监测与控制，事中实现交易预警、阻断与拦截，事后实现批量案件检测和风险数据智能分析，提升客户使用各类金融产品的安全体验（见图3）。

事前交易准备：事前在数据仓库对数据进行整合形成风险集市，结合自有和三方数据源，涵盖设备信息、手机通信、电商、税务、工商、公安、法院、交通、社交、消费、信贷黑名单、失信黑名单等多领域多维度数据对客户进行风险画像，对客户行为进行立体化的跟踪评估，同时为客户建立安全可信的运行环境。

事中实时处理：事中针对不同等级的风险交易，采取不同的行动方案和控制措施，在算法模型层面根据典型欺诈特征重点采集账户、产品类型、交易环境、LBS、用户行为、关系、偏好等多维度信息，通过对交易特征进行萃取和提炼用于机器学习风控模型，分析判断风险类型与权重，并对交易进行实时风险评分。对客户欺诈风险和信用风险的分析判断和决策分析采取数据量化评价方式，在风控系统中部署了复杂网络反欺诈模型、信用评分模型、分层决策矩阵、授信额度等模型。每一笔交易均由风控系统根据模型评估结果，自动输出审批结果，实时支持客户偿还能力、诚信状况、风险程度的评估工作。

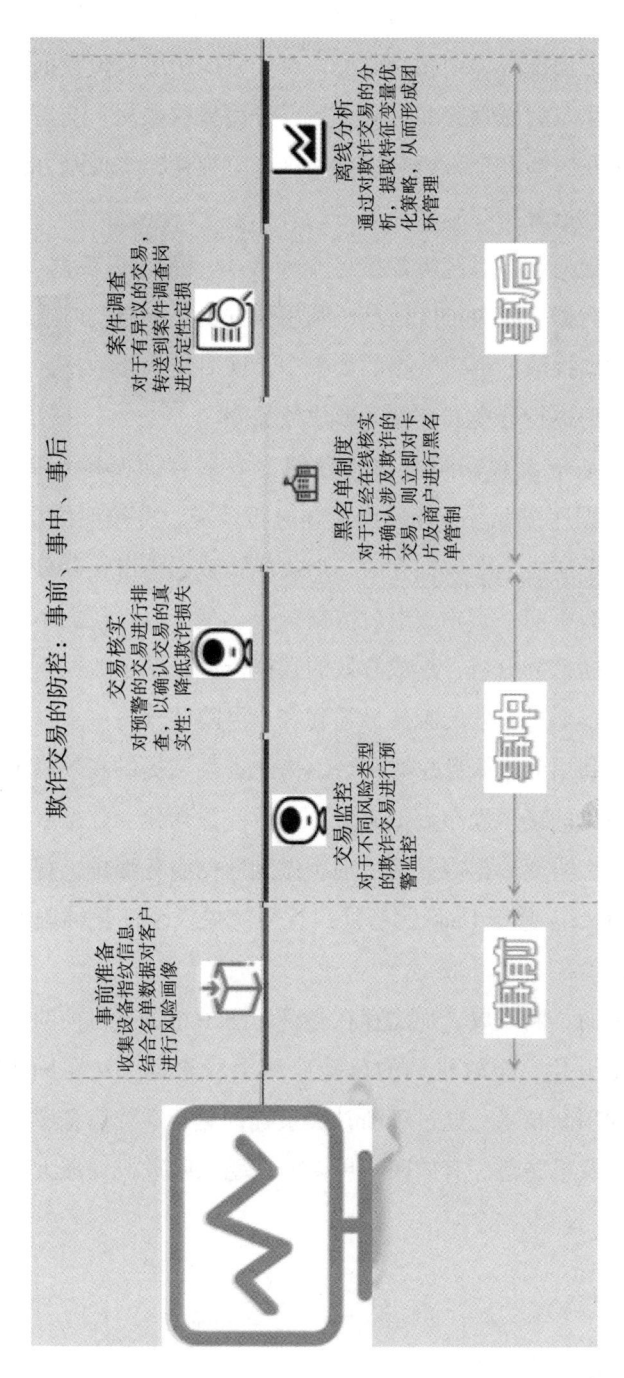

图 3 反欺诈交易监控环节

欺诈交易的防控：事前、事中、事后

事前准备
收集设备指纹信息，结合名单数据对客户进行风险画像

交易监控
对于不同风险类型的欺诈交易进行预警监控

交易核实
对预警的交易进行排查，以确认交易的真实性，降低欺诈损失

黑名单制度
对于已经核实涉及欺诈的交易，则立即对卡片及商户进行黑名单管制

案件调查
对于有异议的交易，转送到案件调查岗进行定性定损

离线分析
通过对欺诈交易的分析，提取欺诈特征变量优化策略，从而形成团环管理

事前　事中　事后

事后智能分析：事后建立风险案件调查库、风险规则库、风险标签库、黑白名单库，一方面配合事中实时监控，对实时或历史风险数据进行二次加工处理并根据结果及时做预警和拦截；另一方面提取账户、交易、客群等特征，建立群体关联关系及个人风险模型并进行可视化，实现全方位多维度的智能数据分析。数据分析实施路径如下。

数据汇聚：交易监控系统需汇聚各个业务类型的客户数据、账户数据、交易数据、行为数据等相关维度信息，利用数据交换平台实时或批量地从源业务系统进行数据抽取，形成数据的大集中，即对结构化数据、半结构化数据、非机构化数据进行分类和存储，形成数据湖。

数据融合：基于大数据的分布式存储为底层存储架构，利用 Hive 或 MPP 等分布式数据库按金融行业通用主题进行分类，并按明细层、汇总层、公共层的设计理念建立金融数据仓库，形成风险数据集市，以分而治之的思路实现交易监控的事前、事中、事后数据融合。基于风险数据集市利用机器建模平台进行数据挖掘分析，形成有效的数据模型，基于数据模型建立客户的风险等级分类，形成有效的画像标签和客户风险评分。

数据服务：利用数据服务总线平台，为业务系统提供高效稳定的服务接口，并实现可视化的接口发布数据服务，使业务数据化、数据服务化。利用分布式微服务框架实现数据服务的治理，做到数据服务编排，智能路由做到数据及服务即 DaaS。基于 DaaS 为智能风控系统提供个性化的服务接口，充分发挥数据的价值。

随着新技术的不断发展，加之存在各种无法预料、不可控的因素，金融行业的风险千变万化，金融机构的风险监测手段永远无法阻断 100% 的风险，但是可以利用新技术，通过不断升级系统，更新系统信息库，完善风险预警处置机制，及早防范、有效阻止更多的金融风险危机，最大限度地发挥风险监测的功能。

B.19
监管科技在商户风险管理中的应用

平安壹钱包电子商务有限公司*

摘　要： 本文分析了支付机构中商户违规的目的、风险商户的类型及金融、支付机构的应对，从而强调监管科技在商户风险管理应用的重要性。从准入、交易、运营三个环节，探讨监管科技在商户风险管理中的应用框架，提出通过搭建风险监控基础平台、引入智能技术提升识别效率和加强行业合作三个方面实现商户风险管理。最后结合具体案例，介绍了监管科技在准入、交易、运营环节的应用实例。

关键词： 商户风险管理　商户准入　交易监控　机器学习

一　应用背景及解决的痛点

（一）监管科技应用在商户风险管理中的背景

近几年，随着金融业务的持续发展，金融产品创新度、复杂度同步提升，监管机构面临着严峻的挑战，运用科技手段提升监管水平，成为金融监管机构的重点研究方向之一。与此同时，金融机构、支付机构等强监管行业为了应对严监管常态化的趋势，避免高额罚单，也逐步加大在合规、人力物

---

* 执笔人：诸寅嘉、王延斌、李志辉、胡怡文、胡明荣、王紫微、胡婷婷、魏翔、徐巍越、朱斌、何亮飞。

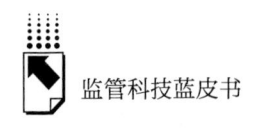

力、技术能力方面的资金投入。在这样的背景下,监管科技作为金融科技的一个分支,在监管机构的监督和金融机构的合规经营中得以迅猛发展。

监管科技的应用主体可能是监管机构,也可能是有合规需求的金融、保险、第三方支付等强监管行业。本文主要立足第三方支付机构,探讨监管科技在商户风险管理中的应用。

1. 商户风险管理的背景

支付机构在收付款人之间作为中介机构,提供部分或全部货币资金转移服务。作为商户与发卡机构、持卡人,以及商户与平台的资金沟通桥梁之一,支付机构起到了举足轻重的作用,同时也承担着商户违规所带来的隐形风险。不法商户在支付机构开展业务的主要目的包括利用支付渠道进行违法犯罪活动、套现、套取平台营销费用、套取优惠费率、洗钱及恐怖融资几个方面。

(1) 利用支付渠道进行违法犯罪活动

包括电信诈骗、赌博、色情在内的违法犯罪行为,在骗取受害人资金、吸收赌资过程中需支付机构为其提供收款和资金转移通道,实现转移资金并进行销赃。

(2) 套现

持卡人通过与商户勾结,将信用卡额度变现的同时向商户支付一定比例的手续费。专门从事套现业务的服务公司或不法商户向支付机构申请POS机,赚取手续费,不当得利,给平台造成经济损失。

(3) 套取平台营销费用

近年来网络购物交易规模快速上升,电商平台为了吸引消费者,通常会划拨巨额营销费用补贴商家进行促销。然而,部分商户联合黑产行业或平台"黄牛"(通过专卖商品获取利差)共同分赃,通过虚假交易、伪造物流信息套取优惠进行不当得利。

(4) 套取优惠费率

各第三方支付机构大力拓展线下收单市场,并针对部分交易频率高、规模大的行业推出各种优惠活动。但线下收单市场商户数量繁多、种类繁杂,对商户进行人工审核成本高、周期长,导致部分商户恶意错填、隐瞒所属行业,以错误商户信息进件,达到骗取返利的目的。

(5) 洗钱及恐怖融资

不法分子掩饰和隐瞒、转移走私、贪污受贿、贩毒等违法犯罪所得,使资金来源形式上合法化的行为被理解为洗钱。互联网支付具有复杂度高、隐蔽度高的特点,且不易受地点和时间的限制,无形中为洗钱活动的滋生创造了条件,极易被利用成为洗钱通道。恐怖融资类似,也是利用支付机构交易通道进行恐怖主义违法犯罪活动。

2. 风险商户的分类

为了通过第三方支付机构商户审核,不法分子通过伪造、买卖等手段获取大量商户资料递送支付机构审核,有些则通过虚报、瞒报经营范围等方式获得较低扣点费率。而支付机构需根据商户风险类型构建极具针对性的防控措施。目前,商户风险主要可划分为三类,即虚假商户、伪冒商户及劣迹商户。

(1) 虚假商户

不法分子通过伪造、变造虚假的商户资料进行入网申请,如企业不存在、经营异常、营业执照过期、企业法人代表不一致等情况。

(2) 伪冒商户

犯罪分子通过网络黑产渠道购买营业执照、法人代表信息、结算信息等全套的商户材料进行入网申请。材料真实但不属于申请者本人。

(3) 劣迹商户

不法分子或企业、个体户在多个收单机构入网,此类商户通常被纳入违法失信企业名录、行业污水池等黑名单,可能存在违法违规行为或申请材料本身存在瑕疵。

针对以上不同类型的风险商户,支付机构需结合商户入网动机、手段制定针对性的管控措施,本文将在监管科技的应用框架部分着重介绍商户管控措施的具体内容。

(二) 商户风险管理面临的难点

从金融机构或第三方支付机构的角度分析,应用监管科技进行商户风险

管理，一方面满足监管合规要求，保障金融市场环境的健康发展，另一方面也是支付机构防范交易风险、避免资金损失的重要措施，是外部、内部核心利益驱动的集中体现。

然而，在商户风险管理这一领域，传统监控方式多采取人工审核进件，事后报表监控交易风险。随着黑灰产业逐渐趋于团伙化、专业化、隐蔽化，商户在交易过程中隐藏真实的交易意图、伪造交易数据，传统的商户风险管理方式仍然存在着诸多亟待解决的困难，主要体现在四个方面：一是人工审核难度逐渐加大，二是海量交易难以挖掘风险交易；三是难以及时发现商户经营异象；四是缺乏权威信息检核及征信查询通道。

支付机构在开展互联网收单、扫码支付业务时或多或少都会遇到前述问题，风险管理团队亟须挖掘新的数字化、系统化、智能化方案以突破监控瓶颈。近年来，随着大数据、知识图谱、人工智能等新兴技术逐渐成熟，金融领域应用监管科技防范风险的应用框架不断完善、实现路径逐步清晰，业内也逐渐涌现出具有借鉴意义的应用方案。利用监管科技，可以高效地完成以往依靠人工大量进行的重复性工作，从海量数据中挖掘蛛丝马迹识别隐性风险，为商户风险监控注入新鲜血液。

二　应用框架及实现路径

（一）商户风险管理的主要框架

商户风险管理不仅仅是某一个孤立环节的管控，需要从进件、交易到运营进行全生命周期持续性的风险管理。进件环节是商户风控的第一道防线，需要从商户提交的材料中发现蛛丝马迹并拦截问题商户；某些隐匿较好的商户未在进件初期及时拦截，就需要进一步在后续的交易过程中对其进行持续监控；商户运营过程中还需时刻监测商户的工商信息、经营状态、商户门店情况以及各种负面舆情，发现问题及时调取商户交易凭证，确保商户全生命周期的健康发展。本文将从三个方面探讨商户风险管理的核心应用框架。

1. 商户准入环节风险监测

在商户准入环节，金融支付机构的风险管理平台需要结合实时进件风险决策、T+1图片材料审核两个阶段兼顾商户审核效率与风险水平控制。

在实时进件风险决策过程中，风控进件审核平台需根据商户提供的材料校验工商信息、法人身份信息，判断商户是否有虚假进件嫌疑；针对伪冒商户，需验证法人代表本人申请入网的真实意愿，通过人脸识别，或申请设备、销售代表等维度的异常综合判断是否存在伪冒申请的可能性；通过交叉验证反洗钱名单、行业协会黑名单、经营异常名录等名单类数据，判断商户经营状况以及是否存在频繁更换收单机构或经营异常的情况。此外，风控决策系统部署的实时规则可以根据进件时间、设备、IP、销售代表等维度进行异常情况的判断，发现异常聚集情况实时拒绝通过。

在T+1材料审核阶段，风控系统可进一步对商户提交的营业执照、证件照、经营场所图片材料进行批量审核，发现图片修改、伪造、拍摄位置异常情况后建立风险事件由风控专家进行审核。排除风险的商户可正常开展业务，否则及时处置。

此外，在准入环节中，支付机构还需调查商户的负面舆情，并根据商户基本信息、风险情况综合判定风险等级，根据分级进行差异化的交易、限额限次管控。

2. 商户交易环节风险监测

支付机构风控系统需7×24小时运作，持续对商户的交易形态、金额、时间、场景进行监控。通过部署监控规则和模型，对存在交易对象异常、交易金额异常、异地交易等风险特征的交易进行预警。对筛选出的高风险交易实时拒绝，并通过调单排查风险，对于风险商户采取降低交易限额、延迟资金结算、暂停交易、清退商户等管控措施。

在发现风险商户之后，可进一步根据设备、客户、地理位置信息等维度进行图数据关联反查，对有相似特征的其他商户进行关联性排序调查，进一步挖掘更多的团伙案件。

3. 商户运营环节风险监测

特约商户的风险等级不是一成不变的。在后续的运营环节，风控系统依据特约商户欺诈率、拦截率、风险事件发生次数等定量指标，以及公开舆情、违法违规、黑名单记录等定性指标，对特约商户风险评级进行调整。对于风险等级较高的特约商户，对其开通的受理卡种和交易类型进行限制，并采取强化交易监测、设置交易限额、延迟结算、增加检查频率等措施防范风险。

同时，在运营环节，支付机构定期对商户进行巡检，内容包括企业名称、法人代表、结算账户信息真实一致、营业执照是否到期及工商状态是否异常、商户是否正常经营、是否被列为工商异常名录等。针对材料异常商户及时要求其更新证明材料。如遇到不配合的商户则依据风控规章采取降额、冻结甚至清退等措施。

（二）商户风险管理的实现路径

商户风险管理平台建设路径分三个阶段：业务接入初期，需搭建基础运营平台，支撑商户进件及日常监控。随着业务量的增加，需要针对监控薄弱点及时引入智能技术，提升管控效率。随着收单市场的不断成熟，及时引入数据供应商加强数据交叉验证，同时加强同业协作实现行业联防联控能力。具体建设路径介绍如下。

1. 搭建风险管控基础平台

近年来随着支付行业的竞争日益激烈，为商户提供便捷的进件渠道并快速进行在线资质审核，成为支付机构快速拓展收单市场的基础。为此，必须搭建线上商户进件审核平台，实现商户进件材料在线提交、信息真实性核验、证照信息审核、商户资质审核、客户识别等。

搭建商户实时风险交易侦测系统，是商户交易行为监控的关键环节。通过构建交易侦测系统，运用内外部数据、风险因子库提供决策依据，通过规则引擎、模型引擎对交易进行实时风险判断，综合商户机具位置、交易信息、用户聚集度信息，多维度综合识别异常行为。对于套现类商户，联动账户侧禁止贷记交易；对于薅羊毛商户，拒绝发奖；对于移机移码及黄赌毒等违规违法商户，采取自动降额、禁止交易的处罚措施，并通过调单，进一步核实后冻结款项、终止合作。

2. 引入智能技术提升识别效率

面对海量的商户进件及交易，依赖传统的进件流程系统、交易监控系统已无法满足风险识别要求。需引入多种人工智能技术提升风险识别效率。

（1）生物识别技术

SDK 内嵌式的人脸识别技术通常无法应用到商户进件场景。随着近年来人脸识别技术的发展，H5 人脸识别技术已相对成熟，通过 H5 页面对接不同的应用环境，通过 RGB 人脸活体监测和唇语活体监测等技术识别图片翻拍、视频预录等欺诈行为，结合视频图片截取与公安网联网核查验证身份有效性。这无疑扩展了人脸识别的应用边界。在商户入网审核场景中，系统可以结合规则、模型灵活调用 H5 人脸验证入网申请是否为企业法人本人授权，有效打击了商户伪冒申请。

（2）专家规则＋智能模型

专家规则的特点是准确率高，对于有明显风险特征的商户或交易行为能够及时做出响应；智能模型则可以综合各种特征向量发现未知风险，挖掘黄赌毒、电信诈骗等犯罪行为。

（3）人工智能

人工智能可以完成的特定任务，如图像识别、语言理解、文字识别等技术，可以帮助支付机构解决人力不足、监控滞后的问题。例如，运用自然语言识别技术对商户营业执照上的经营范围进行分词、语义理解，自动判断商户所属行业。或是利用卷积神经网络进行图片识别，判断商户经营场所照片的真实性，将深度学习用于挖掘潜在交易风险、运用 OCR 技术校验证照信息、通过知识图谱发现隐藏的犯罪网络等。

3. 加强行业合作实现联防联控

近年来随着收单市场爆发式发展，各类买卖商户资料的黑产盛行。为了共同促进行业健康发展，行业间合作也不断加强，并涌现了较多的数据服务商。目前市场上商户数据服务内容主要包括工商信息查询及法人身份核验、

企业关联图谱及负面舆情类数据（投诉、法律诉讼等）。收单机构可根据自身需要选择性接入，提升商户审核效率。

中国支付清算协会牵头搭建的商户风险共享系统实现了同业商户黑名单报送及共享机制，并对商户频繁变更机构风险进行提示。中国人民银行牵头搭建的电信诈骗平台对于涉案商户实行在线联动冻结机制。微信、支付宝等行业头部机构开放商户黑名单查询，并基于账户侧监控识别出的异常商户建立了联动协查等机制。行业内联防联控力度越来越强，收单机构需要积极融入行业联防事业中，对劣迹商户形成围堵之势，共同促进行业健康发展。

三 典型应用案例分析

作为一家科技背景浓厚的支付公司，平安壹钱包自2014年起逐步涉足互联网收单、预付费卡发行与受理、线下扫码支付等多项支付领域核心业务，在商户风险管理方面积累了丰富的反欺诈经验。近几年，结合风控业务具体情况研发的商户智能风控系统，在原有的初代风控系统基础上引入智能化的监管科技手段，覆盖商户准入、交易、运营的全流程风险管控。本部分将以壹钱包商户智能风控系统为例，介绍监管科技在商户风控各环节的实践案例。

（一）壹钱包的商户准入风控应用案例

银行等金融机构及第三方支付等非金融机构与线下实体特约商户进行签约前，通常会要求商户提供真实有效的营业执照、证件照及经营场所照片。在商户准入环节，智能风控系统除了完成工商信息查询、核验，行业黑名单比对等基础的信息比对、检核之外，还需对图片材料进行审核。每个商户在入网过程中需提供的图片数量平均为8张，若每张都经过风控运营人工审核，将耗费巨大的人力成本。

商户智能系统结合"高风险材料人工审核+低风险材料自动审核"的方式对商户进件图片进行多维度交叉智能识别。结合OCR、地理位置服务、图片内容识别等信息综合比对判断（见图1）。

图 1 商户准入图片材料审核

（1）OCR 识别

商户提交的审核图片，通常都需现场拍摄真实照片，而不法分子用于申请的虚假材料通常是从互联网随意下载的图片。根据这一现象，商户智能系统运用 OCR 技术抓取图片上的关键信息，自动判断是否为网络图片、手机截屏等，以此发现虚假材料。

商户准入审核时需填写社会统一信用代码、法人身份证号等，而不法分子上传的营业执照和身份证照片并不能与实际商户信息匹配一致。运用 OCR 技术可以识别营业执照、身份证照片上的信息并进行合法性校验以发现异常。

（2）商户图片材料属性异常

商户入网时须提交真实有效的经营场所照片，确保营业场所真实存在，如门头照、内景照、收银台照等。商户照片作为电子文件信息，可从其文件属性信息中捕获到异常行为的蛛丝马迹，主要包括 GPS 信息、图片指纹和其他属性。通过对这些关键信息的变化、异常进行识别和审核，可以有效发现商户的虚假进件。

（3）营业场所照的内容交叉识别

如果商户经营场所照片（门头照、内景照）不符合要求，如拍摄不全

（如缺乏合格的商户招牌），或者与经营业务不符，风控将拒绝进件。如果采取人工审核则需要消耗大量人力、物力，而且影响商户进件效率。壹钱包商户智能风控系统提出了一种判定商户经营场所真实性的智能方案（见图2）。

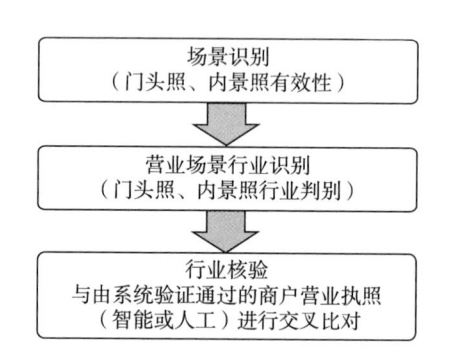

```
场景识别
（门头照、内景照有效性）
    ↓
营业场景行业识别
（门头照、内景照行业判别）
    ↓
行业核验
与由系统验证通过的商户营业执照
（智能或人工）进行交叉比对
```

图2　壹钱包判定商户经营场所真实性的基本流程

通过场景识别鉴别商户上传的内容是否为指定的经营场景；接着应用GoogleNet构建分类模型进行门头照行业识别；最后对行业进行交叉比对核验。在上述流程中，所有生成的风险事件，都将依据风控策略退回商家进行材料补充，或转移至风险管理部门进行进一步核查。

（二）壹钱包的商户交易监测应用案例

商户交易环节是发现商户违法犯罪、违规经营的关键环节。伪冒、虚假商户通过交易环节转移资金躲避监控，劣迹商户则通过联合"黄牛"分散购买商品、虚假发货，套取营销费用。本部分分别从防范黄赌毒犯罪和防范商户薅取营销费用两个角度举例探讨交易监控。

（1）商户交易风险侦测模型

针对不同的商户交易风险类型，除部署针对通用风险侦测模型外，还特别地针对具体的风险类型建立差异化的交易监测模型，如针对赌博、"跑分"（收集个人、商户收款码用于违法犯罪行为）等非法交易部署的基于XGBoost算法的侦测模型，2018年以来累计侦测风险商户超过2万家，涉及金额上亿元。

实践中，根据不同风险商户的侦测、识别、处置总结的处理流程，提炼了商户交易风险侦测模型的方法步骤：风险行为分类、类型特征提取、特征量化入模、模型迭代优化。

特别地，针对"跑分"等风险商户的行为，壹钱包从开户材料、工商信息、交易特征、风险传递、舆情监测等维度考量，覆盖材料异常、批量注册、异地交易、境外交易、拓展人风险传递、商户舆情风险等15个指标大类68个指标小类，结合历史风险商户标签，建立基于XGBoost算法的赌博风险商户侦测模型，模型验证集AUC值达到0.8以上，KS值0.45以上，上线后结合主动侦测识别及外部风险反馈结果，模型风险商户识别准确率达到91.3%，风险商户召回率达到79.2%。

（2）地理位置识别防范商户薅取营销费用

壹钱包商城促销活动丰富，个别违规商户罔顾商城营销活动，与"黄牛"勾结制造虚假交易，严重影响营销效果。"黄牛"通过招募"水军"分散购买，躲避常规规则稽核，在收货地址中夹杂暗号以便勾结快递员投递到"黄牛"窝点。传统地址模糊匹配技术比对时效和精度均无法满足实时稽核要求。商户智能风控系统创新性将LBS技术应用于"黄牛"单防范，将客户收货地址转换为经纬度，并在实时下单环节对数字化收货地址进行聚集稽核，综合收货地址、手机、付款账户、IP等多维度甄别"黄牛"单并实时拦截。

地理位置聚集识别的实现方案及范例见图3。

（三）壹钱包的商户运营风险监测应用案例

商户运营阶段，壹钱包根据商户风险等级定期进行巡检、时刻关注商户负面舆情，发现风险商户后继续挖掘其他相似的风险商户等。下面就从商户信息巡检、负面舆情监控两个角度为例介绍商户运营风险监测的应用。

（1）商户信息巡检

商户信息在入网时已经经过严格的审核，但在整个生命周期过程中发生的工商信息变更、证照到期、经营异常等情况需持续跟进。壹钱包商户智能

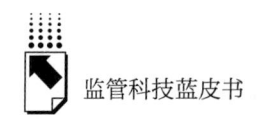

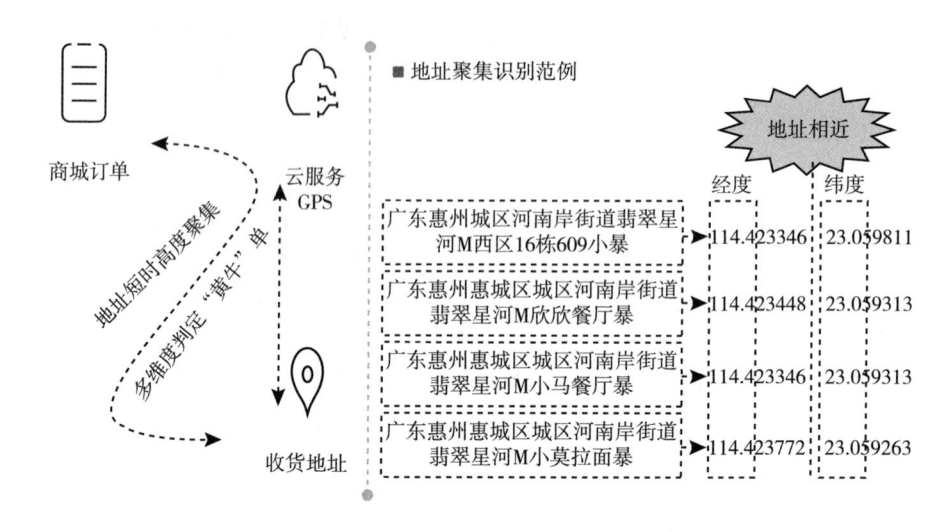

图 3　地理位置聚集识别的实现方案及范例

风控系统的信息巡检模块能够智能地对商户信息变更做出响应，生成事件供人工审核、处置。

商户信息巡检模块可大致划分为巡检名单生成、巡检比对、巡检事件处理几个环节。在巡检名单生成环节，系统根据商户类型、风险等级、入网时间、交易情况等若干维度自动判断是否需要进入巡检；在巡检比对环节，系统调用金融科技服务机构接口、行业协会接口，结合舆情信息、网址、ICP/IP地址/域名备案信息情况等数据综合比对，发现商户异常情况并生成巡检事件供人工审核重新收集商户材料或及时处置风险商户。

（2）负面舆情监控

舆情监控是指对于高风险商户，自动监控主流新闻网站及投诉网站，获取商户关联新闻信息。考虑到当前互联网信息巨大，为避免搜索舆情过多导致信息失效的问题，壹钱包建立商户风险标签库，从海量新闻中过滤出影响互联网支付、收单风险的负面舆情信息。相关风险标签包括法律诉讼、涉嫌欺诈、破产清算、监管处罚等。

同时为了进一步精准化筛选，智能风控系统还根据被监控对象所处位置对筛选结果做进一步过滤，如筛选监控对象为债务人的诉讼新闻，过滤作为债权人类诉讼新闻；筛选监控对象作为被告相关新闻，过滤原告方新闻；等等。

参考文献

［1］孙国峰主编《中国监管科技发展报告（2019）》，社会科学文献出版社，2019。

B.20
监管科技在互联网金融风险防控中的应用

中移动金融科技有限公司[*]

摘　要： 本文介绍了监管科技产生的背景，从理论上分析了监管科技在互联网金融防控中的应用背景及解决的痛点，并结合具体案例，探讨了监管科技在互联网金融风险防控中的应用框架及实现路径。利用监管科技构建统一的互联网金融防控平台，包括构建结合流处理和智能学习的交易风险防控体系、结合设备指纹和关系图谱的营销套利防控体系、结合智能信贷技术的信贷欺诈防控体系。最后结合"御瞳"大数据风控系统的案例，具体介绍监管科技在反欺诈团伙挖掘中的应用。

关键词： 交易风险防控　营销套利防控　信贷欺诈防控　"御瞳"大数据风控系统

一　应用背景和解决的痛点

金融市场是各类主体直接交易或借助金融中介间接交易的市场，载体是货币形式的信用风险。因此，传统金融模式与互联网金融模式的本质在于信用风险的传递不同。当投资者的收益与信用风险定价相关联，信用风险分散到金融市场的同时也受到竞价逻辑、交易过程中的信息不对称和人群的非理性等诸多要素影响。

---

[*] 执笔人：王钊、杨健。

监管科技在互联网金融风险防控中的应用

黑色产业是在互联网经济建立以来伴生的违法行业，欺诈分子通过互联网的便利性，通过黑客手段进行攻击平台的数据库等手段，获取大量的正常用户完整的个人在互联网上的信息。随着黑产行业的利益不断膨胀，开始伴生出诸多线下赠送小礼物扫码，扫码注册免费拍照等诸多收集个人信息的灰色产业出现，一条黑色产业链逐渐发展完善。据不完全统计，目前黑产从业人员已达到数百万人，每年损失的资金达数亿元，虽然我国公安机关每年都会进行清扫行动，但因为利益巨大，总会如野火燎原后的野草一般生长，因此使金融企业自身具备完整的业务风控体系就变为业务开展的核心。

金融企业通过多年与风险的博弈，已经初步具备了行业风控意识，以及相关风控技术，但随着科技的发展，黑产的攻击手段也发生了日新月异的变化，不法分子的攻击开始批量化、团伙化、真实化，以及机器短时化，对企业的攻击开始变成有分工、有组织、有技术的攻击模式，很多风控手段已经不再对防控有效果。2014年起，实时风控的概念开始占据了风控领域的主导地位，大数据实时风控体系的搭建，是目前任何一家有责任有社会义务的企业应该具备的能力，利用大数据、知识图谱和机器学习等技术，提高欺诈风险、信用风险的识别和拦截能力成为监管科技发展的主要方向之一。

实时风控系统是在毫秒级对数亿条的数据量进行实时计算，实时指标分析，在业务的注册、登录、绑卡、交易、下单、申请等各个业务环节进行实时防控，对用户的每一次操作通过复杂的计算和分析，及时判断当前的操作是否存在风险以及触发风险后的差异化应对策略。机器学习技术是大数据实时风控体系的建模能力升级，在行业专家规则防控的极限基础上，通过GBDT、神经网络、LASSO等算法结合，对欺诈行为数据、正常行为数据进行特征工程分析及建模，可以大幅度提升识别的准确率以及降低误杀率，而知识图谱技术在进行分析统计时，会对业务内所有数据进行关联分析，直观地展示出潜在的风险团伙的相互关联，改变了以往数据通过大数据比对分析，由业务风控人员进行人为建模分析的方式，不仅减少了人为分析的错误率，而且极大提高了团伙识别能力，为后续的规则以及模型防控质量提供更高的保障。

二 应用框架及实现路径

(一)交易业务防控体系

交易欺诈主要的特点是实时的欺诈行为,传统的基于历史数据规则、模型的防控手段往往是基于案发后的事后总结与优化。通过引入实时计算的大数据技术,做到风险的实时发现、实时学习、实时拦截、实时自学习优化。

1. 交易场景风险分析

由于支付业务有实时性、非面对面、无感知支付等要求,针对支付可能包含的充值、转账、提现、消费、代付、代扣等业务流程需进行实时风险控制,需要在交易发生的瞬间对交易请求进行风险判断,得出当前这笔交易申请的风险特征、风险等级、风险逻辑等,目前支付行业所面临的风险主要为虚假注册、盗账号、盗卡、虚假交易、洗钱、商户欺诈等。通过详细的调研及分析,对黑色产业链的完整流程进行了梳理,如图1所示。

拖库:黑客通过攻击手段对平台的数据库进行攻击后,对平台的业务数据进行批量下载和复制。

洗库:不法分子通过对拖库的数据清洗进行邮箱、手机号、QQ、密码、支付密码、银行卡号等信息的清洗,最终形成每个包含数万条详细用户信息的信件进行转卖。

撞库:不法分子通过用户信息在被攻击的平台进行不断的账号和密码尝试登录,最终获取到该账户和密码在互联网上的轨迹以及使用行为。

2. 交易场景风险防控

目前被盗刷以及账号被盗等问题不断发生,虽然在法律上双方均存在责任,但风险事件发生之后对平台内用户及公司造成了严重损失。因此,对每一笔交易需要进行严格的风险防控,但以往依据数据库技术进行风险防控只能做到事后分析或者准实时分析,这两种防控方式都是在风险已经发生后进行风险核查以及责任判定,只能起到一定程度的挽回客户好感和及时止损的

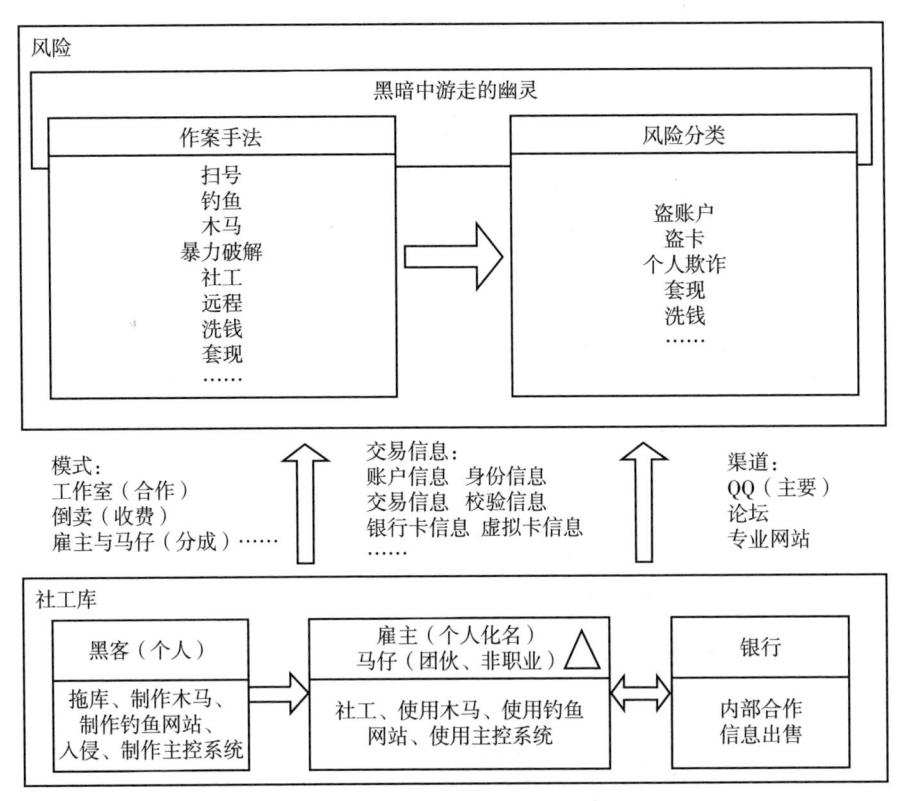

```
┌─风险─────────────────────────────────────────────────┐
│          黑暗中游走的幽灵                                │
│  ┌─────作案手法─────┐        ┌─────风险分类─────┐     │
│  │   扫号           │        │   盗账户         │     │
│  │   钓鱼           │  ⟹    │   盗卡           │     │
│  │   木马           │        │   个人欺诈       │     │
│  │   暴力破解       │        │   套现           │     │
│  │   社工           │        │   洗钱           │     │
│  │   远程           │        │   ……             │     │
│  │   洗钱           │        │                  │     │
│  │   套现           │        │                  │     │
│  │   ……             │        │                  │     │
│  └─────────────────┘        └─────────────────┘     │
└──────────────────────────────────────────────────────┘
        ↑              交易信息：           ↑
 模式：              账户信息  身份信息      渠道：
 工作室（合作）      交易信息  校验信息      QQ（主要）
 倒卖（收费）        银行卡信息 虚拟卡信息   论坛
 雇主与马仔（分成）……   ……                  专业网站

┌─社工库───────────────────────────────────────────────┐
│ ┌─────────┐    ┌──雇主（个人化名）──┐    ┌────────┐ │
│ │黑客（个人）│    │  马仔（团伙、非职业）△│    │  银行   │ │
│ ├─────────┤ → ├──────────────────┤ ↔ ├────────┤ │
│ │拖库、制作木马、│  │社工、使用木马、使用钓鱼│    │内部合作│ │
│ │制作钓鱼网站、│  │网站、使用主控系统    │    │信息出售│ │
│ │入侵、制作主控系统│ │                  │    │        │ │
│ └─────────┘    └──────────────────┘    └────────┘ │
└──────────────────────────────────────────────────────┘
```

图1 黑色产业链结构

作用，但在整个风险发生过程中，业务平台一直处于被动状态。

因此，在交易发生的当前阶段，对交易所涉及的每一个环节进行风险核对以及风险用户画像就显得尤为重要。通过结合我公司业务风险的分析以及国内外目前风控的主流趋势，引入实时计算的大数据技术，做到对支付业务环节风险的实时发现、实时学习、实时管控、实时自学习优化等实时风控。流处理技术、专家规则、设备指纹、反欺诈模型等主流风技术和策略是做到实时风控的基础，实现对优质客户的无感风控，以及对不法分子的全业务流程监控与管制。

（1）流处理模式介绍

流处理框架是完全不同于批处理的模式。相较于批处理，流处理不用操作整体的数据集合，而是实时计算进入系统的数据。这种计算方式消弭了流处理的数据集边界，同时流处理会实时地输出结果，根据流入的不同事件得

出实时的不同结论。

流处理非常适合应用于无限的数据集进行实时的计算，对系统的整体性能及逆行功能上的优化。同时，在金融和电信数据分析领域，有时候会有对峰值变化做出及时反应的需求，或者需要关注数据的实时变化趋势，这些都是流处理的常用场景。目前比较常用的流处理框架有 Apache Spark Streaming 和 Apache Storm 等。

（2）智能学习技术

随着实时数据处理技术与机器学习技术的不断发展完善，风控的主要模式从以往靠耗时耗力的人工建立风控模型、风控模型再作用于风控分析，且往往只能做到事后提高风控的精准度以及查全查准率的模式，逐步向可以实时地对业务的各个环节进行决策，以专家规则及风控模型双模式对风险做到更精准的识别的实时风控模式转换。

智能学习平台是进行建模分析、迭代学习的平台。基于海量数据，平台具备超大规模数据存储技术、性能卓越的大数据并行计算框架，结合机器学习算法，可实现比风控规则更深层次的参数分析与设定，智能决策平台是模型的实时决策能力在业务风控流程环节内与风控策略共同作用，增强行为特征的准确性，同时通过智能学习技术的自学习能力，对发生的风险特征进行自学习，不断提高实时模型的准确性及防控能力。

图 2 给出了智能学习技术的示意。

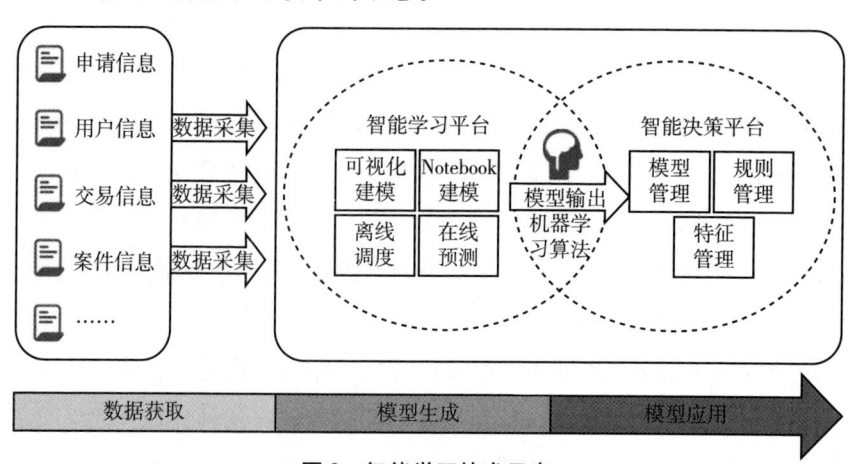

图 2 智能学习技术示意

（二）营销套利防控体系

营销套利主要的特点是黑产利用大量的套利黑产小号，实施规模化"薅羊毛"，其作案特点往往具备典型的关系特征。通过引入关系图谱，结合运营商特有的数据能力，进行黑产关系挖掘，使黑产潜在的交易小号显性化，使其无处遁形。

1. 营销场景风险分析

公司在开展互联网业务时，普遍会开展各种营销活动来推广本公司产品，而针对营销活动的各种形式的欺诈行为（俗称"薅羊毛"）也日渐兴起且规模逐渐扩大，给公司造成了严重的资金损失，同时使营销活动的效果大大降低，且大量的"羊毛党"通过更先进的设备以及更好的网络带宽，极大地占用了正常用户的营销资源，往往在活动开始阶段，资源就被"羊毛党"大量占用，从而耗尽营销资源，使得正常用户对营销活动的真实性存在质疑，对公司声誉造成恶劣的负面影响，如图3所示。

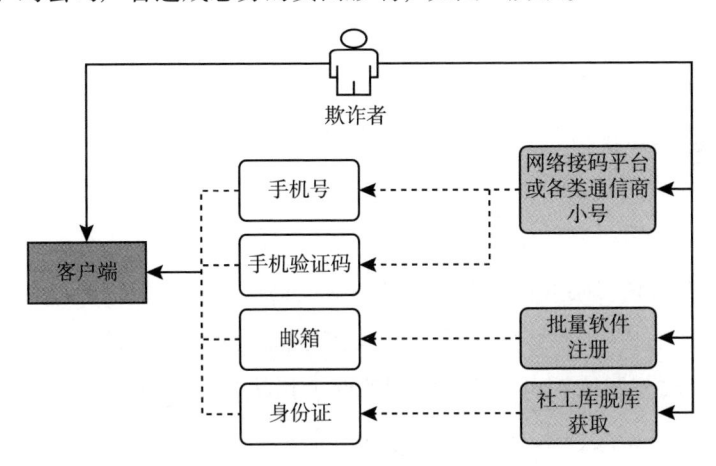

图3 营销套利示意

接码平台：对需要进行验证码打码服务的账号进行打码服务，每条几分钱，由机器打码或者平台雇佣人员进行打码，可破解绝大多数验证码。

号码服务商：黑产内部称呼为猫池，是对外提供号码服务的平台，其平

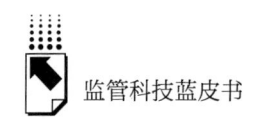

台可以提供多种不同的类型的号码，可以养号，最终达到符合"羊毛党"需要的手机号状态。

批量注册软件：网络上存在大量的批量注册软件源代码，机器操作注册，可以模拟多种注册形态，达到混淆视听，黑产内部也会对特定的平台如移动、中石油等雇佣黑客开发特定的注册软件。

2. 营销场景风险防控

通过以上的分析，"羊毛党"在"薅羊毛"的行为上具备很强的特征，如大批量的注册，多账号使用同一设备、IP相同、团伙作案、机器行为、操作行为单一等。通过种种特征分析，"羊毛党"在进行营销套利之前，要进行大量的手机号购买，设备准备、网络准备，购买相关服务，"羊毛党"欺诈分子会在短时间内大量且频繁地操作进行套利，在公司营销活动审核人员未发觉的情况下，快速地转移营销活动利益进行变现。

因此，应通过对营销活动的注册手机号属性进行解析，对活动的机器单一操作行为，对多人团伙作案的行为，对多账号关联度高的行为进行风险防控。在注册、登录、认证等前段营销业务环节，通过对手机号以及IP的解析，分析手机号是否为虚假手机号或者号码商平台手机号，对大量的注册手机号进行设备维度分析，检测是否存在多账号共用一台设备的情况。采用设备指纹技术对大量账户的设备进行监控，为每一台设备生成唯一的设备指纹码，对账号、手机号、IP、银行卡、设备信息的关系分析以图谱形式，直观展现出其中信息之间的多种潜在联系，对图谱确定的营销套利团伙进行当前活动的发放管控、人工电话核查、风控系统的自动行为监控，最终达到"羊毛党"在公司体系内所获得的利益低于其前期投入的成本的目标。

（1）设备指纹技术介绍

设备指纹技术是目前在风控领域较为成熟的风控技术。设备指纹通过JS以及SDK插件，嵌入公司内部的业务前端，通过采集合法的设备相关要素，传送到后台服务端后通过逻辑运算，为每一台设备分配唯一的编号作为该设备的唯一标识，设备指纹技术是防"薅羊毛"策略中至关重要的维度。欺诈者在进行批量操作时，不可能拥有大量的终端设备，必然是通过固定的设备进行的操作。设备指纹技术通过技术手段为每一台物理设备分配一个唯一的设备编码，该编码嵌入该设备上的每一笔交易中，以对交易和账户进行关联。当一台设备登录过多账户或进行过多营销套利时，可判定该设备为高风险设备。

（2）关系图谱技术介绍

关系图谱是基于图数据库建立起来的可视化分析工具，从用户之间各种维度数据的关系角度出发，将目前的基于规则和名单的"单点"反欺诈的现状，升级为多维度信息判断用户或交易的欺诈风险，"多点"进行反欺诈。

关系图谱可以通过社团划分算法进行团伙划分，并通过黑名单标记得到可疑社团。因为团伙类欺诈，一般行为和模式都比较集中，关联性比较强，社团算法能充分利用关联特性，将具有高内聚的团伙识别出来，如果某个社团涉黑占比较高，那么社团中非黑成员很大程度上也具有比较高的欺诈风险。可以利用专家规则或者机器学习算法对特性进行风险传导和团伙识别。

借助关系图谱技术，将数据以简洁直观的可视化图谱形式展现给用户，复杂的关系型数据以简洁直观图谱的形式呈现，在提高工作效率的同时，节约了数据分析成本。

（三）信贷风险防控体系

信贷风险主要的特点是身份伪造，实施骗贷行为，其伪造的身份往往是看上去"完美""优质"的客户，令防控者难以辨别真伪。通过将运营商数据与金融数据的融合，打破"数据孤岛"，通过机器学习建模，找到真正的优质用户，去伪存真。

1. 信贷风险分析

线上信贷场景的本质是贷款方为贷款主体提供便利的线上金融服务，线上金融服务不需要面对面进行申请，且具备快捷、高效、审核时间短等特点，依托于金融场景可以为用户提供最便捷的金融服务，但在便捷的同时，

线上信贷也面临着欺诈分子的虚假申请行为。结合行业内发生的骗贷案件，总结目前的信贷风险主要为以下几点。

本人欺诈：恶意贷款申请人通过伪造身份、交易流水、账单财力、营业执照等信息，人为制造一个"流水充足"的假象，绕过公司授予的贷款审核机制，获取与还款能力不符的资金。

他人冒用资料欺诈：欺诈分子通过社工库等渠道获取到被害人手机号、密码、电商信息、邮箱、银行流水、银行卡信息、常用住址、公司地址等诸多信息，采用被害人的信息伪装成被害人本人申请。

中介团伙欺诈申请：中介可以利用其相关资源帮助目标客户进行伪造包装，包装过的客户在信贷业务内可以获得与还款能力不符的金额，而后中介从中收取一定的中介费用。

2. 信贷风险防控

欺诈防控需要收集线上相关用户多维度的数据，依据信贷反欺诈技术进行风险防控。

针对本人欺诈行为，可以依靠申请人申请的资料进行多头借贷、运营商数据、欺诈数据等数据，分析与校验评估当前人在其他信贷平台的借贷、逾期、还款综合能力；本人欺诈是所有风险里占比最高的，也是最难把控的。

针对他人冒用行为，可以使用如IP侦测技术，判断当前申请人的IP归属，使用归属地数据库，侦测当前人身份证归属地、银行卡归属地、预留银行卡手机号归属地和申请手机号归属地。首先判断当前申请环境是否异常，如是IDC服务器IP还是代理IP等，通常正常客户群体是不会使用此类环境的。然后，也可以使用设备指纹等进行反侦测，通过设备指纹关联申请过的身份证次数、IP省市、银行卡张数等，判断线下是否有物理性的大量申请。

针对团伙欺诈通过中介或团伙进行大规模申请的特征，可以采用IP定位及通信定位等校验当前申请物理环境与网络环境的重叠性，然后结合设备指纹判断申请重复性和量级。

（1）信贷风险防控类数据

数据量的增多有助于提高信贷风险的整体把控能力，如银行领域内部使用的人行征信报告，一些外部合规的征信机构的黑名单、申请人、次数、金额等相关数据。

针对一些有技术含量的欺诈数据，需要 IP 精准识别，包括代理、IDC、基站、教育网等，并且需要运营商参与，如手机信号实时通信定位、基站定位以及虚拟手机号、通信小号等合规数据真实性校验。外部合法数据以及运营商数据相结合，可以在信贷业务初始环节，通过风控系统的数据分析，形成第一道对借款人真实性以及借款还款能力的审核，极大减少人工审核的工作量。设备指纹技术是当前比较成熟可靠的技术手段之一，是锁定操作人物理设备编号的一种辅助手段技术，可以用于信贷申请的各个环节的风险防控。

（2）信贷风险防控

信贷风险防控应用在贷前环节，针对信贷申请人的申请数据，结合外部数据及运营商数据，同时对该用户的历史业务情况进行机器学习建模，授信模型等是在数据的防控第一道环节后，利用智能学习技术结合风控系统规则，形成的信贷业务中第二道风险识别及还款能力评估关键技术。

在贷中及贷后阶段，对借款人的还款情况以及还款行为、风险特征要素，结合智能信贷技术进行信贷业务智能建模，提高风险防控的准确性以及差异化授予授信额度，辅助业务在开展推广的同时，将风险降低到最低，同时为每一位信贷申请用户量身打造最符合自身财务情况的信贷服务体验。

三　典型应用案例

（一）"御瞳"大数据风控系统介绍

1. 背景介绍

中移动金融科技有限公司以大数据风控平台为核心，基于 IP、位置、强大的社交属性的通信行为等中移动金融科技特色数据，融合金融行业数据，利用机器学习算法进行数据分析，建立"御瞳"风控系统，助力互联

241

网金融健康发展。

2. 平台整体架构

架构说明如下（见图4）。

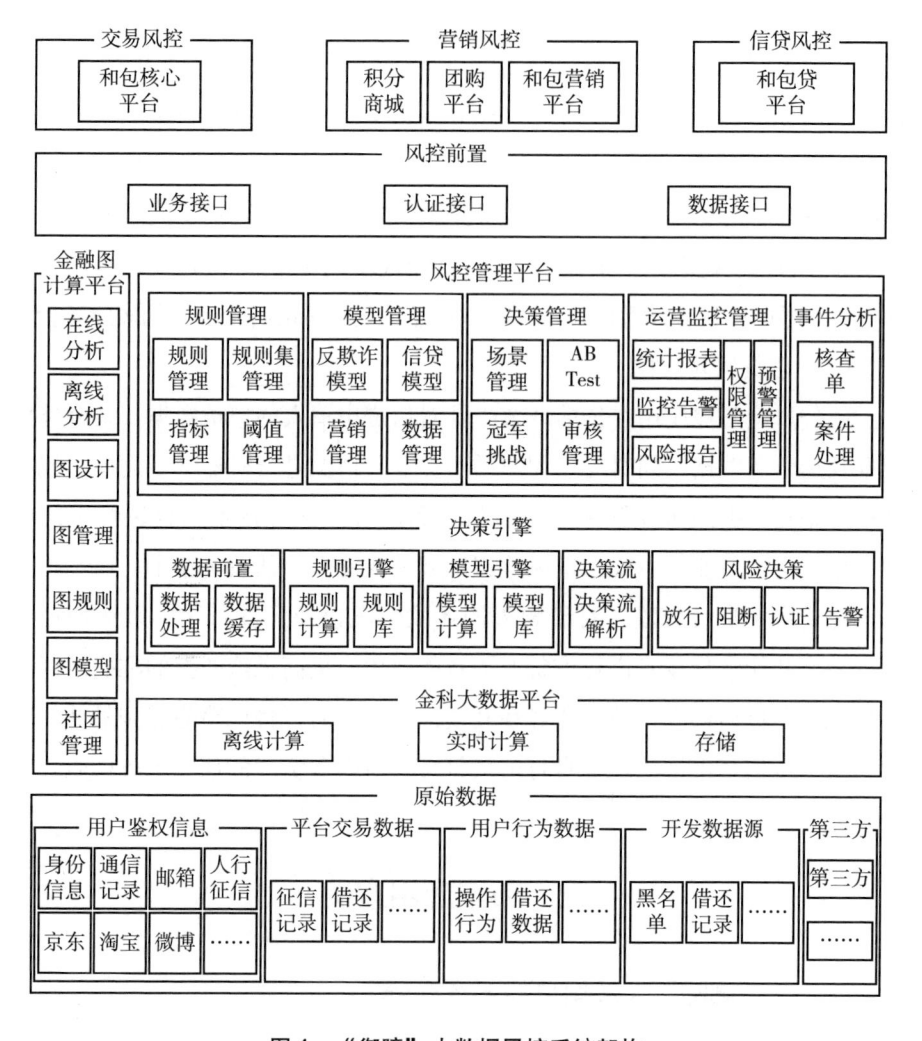

图4 "御瞳"大数据风控系统架构

原始数据层：对接合法合规的外部交易类、行为类、鉴权类等数据，以及公司内部数据。

数据层面：大数据平台，主要进行内部以及外部数据的离线计算、实时计算及数据存储。

决策引擎：决策引擎包含了数据前置、规则引擎、模型引擎、决策流及风险决策，通过上述引擎，对配置的规则及模型进行风险的识别，通过结合风险决策，对触发的风险进行决策操作。

风险管理平台：主要管理规则和模型，同时根据触发的交易的结果进行决策及运营。通过事件分析对触发规则的事件进行深入分析及核查。

风控前置：提供业务接口、认证接口及数据接口服务。

业务层面：对接到交易、营销、信贷各个业务场景。

技术平台：通过使用金融图计算技术，更加准确地识别风险并且进行管控。

3. 平台技术特点

（1）运算结果分布式存储

实时指标计算引擎自带存储方案，这是一个分布式的、可伸缩的 NoSQL 内存数据库，其主要有如下特点。

- 高可靠：依靠多副本数据同时储存以及集群节点间的自动同步技术，遇到单点故障时分布式缓存能可靠地自动转移存储数据，做到数据零丢失。
- 高可扩展：在不中断服务的情况下，在线增加集群节点，存储数据在集群节点间自动完成平衡分布，无须人工干预以提升服务能力。
- 分布式一致性：当数据存在多个副本时，客户端更新主数据的时候会同时更新其他副本的数据，保证各个副本间数据的一致性。

（2）实时处理技术

实时处理技术总结下来有如下特点。

- 时钟驱动：实时指标计算引擎运算指标结果包含时间的概念，因此能随着时间窗口的移动持续得到精确的计算结果。
- 数据驱动：新的增量数据流入实时指标计算引擎后，实时指标计算引擎能够根据计算脚本中定义的时间单位，自动识别是否需要合并老数据并更新指标计算结果。同时还实现了根据定义的失效时间，当新数据到达时，将过期数据剔除缓存以达到节省内存的

目的。

- 时间窗口任意伸缩：存储在缓存中的计算指标结果，可以根据指标定义，任意选择查询时间单位，即可得到想要的结果。

(3) 计算模型管理简单方便

实时指标计算引擎内置了大数据应用实际场景中大部分的计算模型，实时指标平台计算模型管理主要有如下特点。

- 预置算法函数库丰富：支持求和、平均、标准差、K 阶中心矩、连续、方差、递增/递减、唯一性判别、最大连续递增/递减等多种分布式实时计算模型；同时支持基于事件驱动的模式识别技术（CEP）；与此同时，实时指标计算引擎能够支持上下文的处理功能，能处理诸如"统计某用户过去 24 小时最大的交易时间间隔"等问题。
- 计算脚本编写简单：基于预置算法函数库的计算脚本编写简单方便，计算脚本编写工时以分钟计，大大提高了工作效率。
- 计算脚本部署快捷：计算脚本在线编写，即时部署即时生效。

(4) 低延时，高并发

由于采用了分布式架构以及全增量处理模式，实时指标计算引擎能够在同时订阅将近 50 个包含各种计算复杂模型的情况下，单物理节点（普通 X86 服务器）处理 40000 笔每秒以上的数据流水（8 节点集群部署可达百万笔流水每秒的查询处理能力），其处理时效性均为毫秒级。

（二）基于关联图谱的反欺诈团伙挖掘

在欺诈产业中，团伙欺诈非常常见。欺诈团伙常常有多个设备、账户、IP 池、身份和银行卡信息等，而传统的反欺诈系统只能针对单个目标的信息，往往难以防备这种欺诈团伙。

通过引入基于图数据库的关联图谱，能够构建不同维度数据间的联系，存储高度关联的数据，支持灵活多变的数据模型，相较于传统关系型数据库，在查询层次递进时，能提高 N 个数量级的查询时间响应速度。同时，将现有的 MySQL 类的结构化数据以关系型的非结构化展现，通过点、边关系构建反欺诈图谱。

关联图谱是解决团伙作案的非常有效的手段，不同于以往的基于风险特征的对交易和账户进行单一预警的模式，关联图谱能够识别交易之外的风险。通过利用图技术将如设备信息、IP信息、账户信息、交易信息、联系人等多种信息结合起来，从单一的交易进行多层维度的向外关联，深度挖掘团伙信息。通过研发的可视化渲染与布局技术、团伙发现、PageRank等图算法技术，结合非结构化的图数据库为业务人员分析数据和挖掘风险团伙提供多种辅助工具。实现图设计、图展示、图分析和决策等重要功能，大幅提升业务场景的欺诈团伙分析挖掘效率。多维度数据的反欺诈团伙图谱如图5所示。

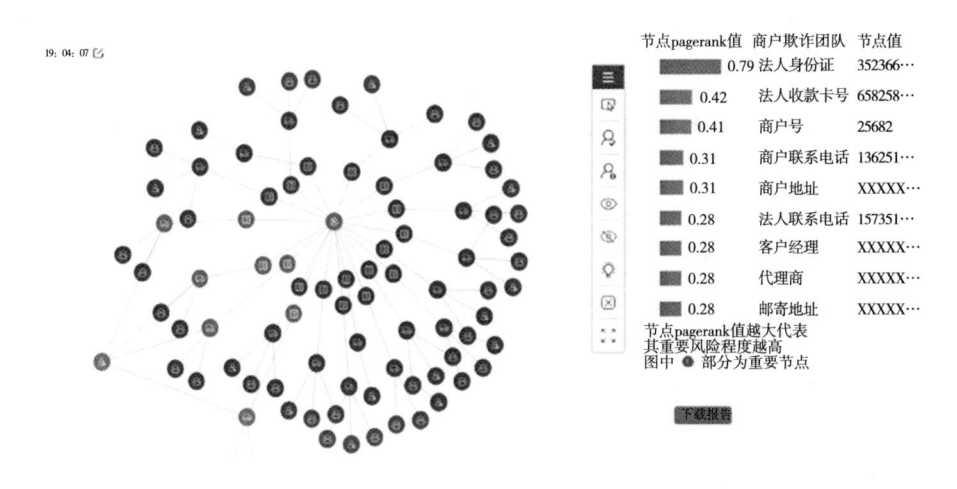

图5 反欺诈团伙图谱分析

以营销场景下的反欺诈团伙挖掘为例，通过对历史交易数据的分析，锁定一个非黑名单的设备，以这个设备为起点，通过分析这个设备的IP、登录信息、交易信息、实名信息等，从多个维度进行数据的关联，关联两层后发现该设备关联到了黑产设备上。最终通过这个非黑设备挖掘出一个黑产欺诈团伙，这个团伙共拥有黑产账户多达5000余个，非黑账户4000余个。通过利用关联图谱进行黑产团伙的挖掘，很好地弥补了传统"单点"反欺诈的缺点和不足。目前，"御瞳"风控系统已经启动应用到中移动金融科技有

限公司的支付、商城、金融类业务领域，极大地保护了系统业务的平稳、良好运行。

参考文献

[1] 孙国峰：《发展监管科技构筑金融新生态》，《清华金融评论》2018年第3期，第16~19页。

[2] 杨东：《互联网金融风险规制路径》，《互联网金融法律评论》2015年第2期，第22~25页。

[3] 谢平、邹传伟、刘海二：《互联网金融监管的必要性与核心原则》，《国际金融研究》2014年第8期，第3~9页。

[4] 李文红、蒋则沈：《金融科技（FinTech）发展与监管：一个监管者的视角》，《金融监管研究》2017年第3期，第1~13页。

[5] 李伟：《金融科技发展与监管》，《中国金融》2017年第8期，第14~16页。

[6] 许多奇：《金融科技的"破坏性创新"本质与监管科技新思路》，《东方法学》2018年第2期，第4~13页。

B.21 金融科技创新助力金融反洗钱监管

北京中科金财科技股份有限公司[*]

摘　要： 近年来，面对不断隐蔽、复杂的洗钱手法，监管部门和金融机构急需通过采用更先进的技术来提高整个反洗钱监管系统的效率和有效性。人工智能技术在金融风控领域掀起变革浪潮，本文分析了国内外反洗钱合规形势及当前监管工作面临的人才存在缺口、系统建设落后、缺少可视化工具等痛点问题，提出运用多种新兴技术组合的方式识别洗钱行为，并结合具体案例分析如何构建反洗钱智能风控体系，降低合规成本，提升有效性。

关键词： 知识图谱　机器学习　反洗钱　交易行为监测

一　国际国内反洗钱合规监管形势

一般认为，密集审查通常会促进指定司法管辖区加强监管审查，并推动立法和监管改进。随着金融行动特别工作组（FATF）第四轮互评估的推进，近年来各国或地区在反洗钱和反恐融资、制裁合规、反逃税、网络安全与信息科技风险等方面普遍加大监管力度，全球监管规则趋于严格，特别是反洗钱的处罚事件频繁发生，处罚力度显著加大。

在国际方面，美国金融机构合规问题及其他一些经济发达国家和地区的

---

[*] 执笔人：朱烨东、周伊丽、王雷、程明。

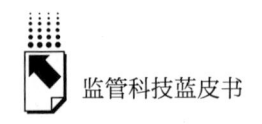

反洗钱合规新闻也频繁成为头条新闻。例如，2018年因违反反洗钱和反恐融资法，澳大利亚联邦银行同意支付澳大利亚监管部门7亿澳大利亚元（约合5.3亿美元）的罚金。本次罚金不仅是澳大利亚企业中最大的一笔，也是全球金融机构中少有的罕见巨额罚款；还有因为未能阻止客户通过荷兰国际集团洗钱，违反了荷兰《反洗钱和打击恐怖主义融资法》，荷兰国际集团将上缴7.75亿欧元罚款。同时，中资银行海外分支机构也在意大利、西班牙、美国等国家因反洗钱违规而遭受境外当地监管调查、处罚。

在国内方面，我国涉众型的经济犯罪高发频发，洗钱活动多领域渗透，除传统金融行业外，互联网金融、房地产、贵金属等行业都成了风险扩散的载体，形势不容乐观。监管机构为了有效遏制洗钱违法行为，防范金融风险，会要求金融机构协助排查可疑洗钱行为，挖掘洗钱团伙，这也加大了金融机构反洗钱合规工作的难度。

二 加强反洗钱监管工作面临的痛点问题分析

（一）反洗钱处罚原因分析

根据近期国内反洗钱处罚案例，处罚原因重点集中在以下几点。

第一，未按照规定履行客户身份识别义务，如个人客户身份证已过有效期，单位客户营业执照、法定代表人、授权办理人、受益所有人身份证件过有效期等。

第二，对非自然人客户受益所有人识别工作的规定和实施不完善。

第三，与身份不明客户发生业务往来，如工商已注销客户、身份证号码规则不正确等。

第四，未按规定报送大额交易报告和可疑交易报告，存在漏报、迟报和对可疑交易案例的人工分析不到位等情况。

从国际反洗钱处罚案例看，除了客户身份识别和交易监测方面存在不足，金融机构在涉制裁、恐怖融资与扩散融资的名单筛查工作上也需要进一步加强。监管机构收到来自报告机构海量的可疑交易报告和大额交易报告，2018年中国反洗钱中心共接收报告机构报送的大额交易9.19亿份；可疑交易报告160.20万份，面对海量报送和业务数据，提高处理效率，能够使其从繁复的监管工作中脱离出来，成为一项优先事项。

（二）被监管机构反洗钱问题的痛点

被监管机构在上述合规问题中存在缺陷，主要有以下痛点问题。

1. 反洗钱人才存在缺口

根据银反洗发〔2018〕19号《法人金融机构洗钱和恐怖融资风险管理指引（试行）》的通知，要求法人金融机构的洗钱风险管理人员资源配置要与业务发展相匹配，专职人员应当具有三年以上金融行业从业经历。而实际情况是，基层金融机构普遍存在反洗钱岗位人员流动性大，对资历、学历和专业不设基本要求，从而造成基层金融机构反洗钱人才短缺的现状，极大地影响了反洗钱履职的有效性。未来的重要主题之一是在整个机构内培养具有反洗钱/反恐怖融资能力和胜任力的人员，横向覆盖各业务条线和支持部门职能，纵向覆盖洗钱风险管理的第二道和第三道防线。

2. 反洗钱监管金融科技系统建设落后

近年来洗钱逐步向规模化、综合化方向发展，给金融行业带来了极大威胁。随着黑色产业链的不断升级，基于规则的反洗钱可疑交易筛选面对不断隐蔽、复杂的洗钱手法，存在明显的短板和瓶颈，急需通过采用更先进的技术来提高整个反洗钱监管系统的效率和有效性。

3. 传统的交易监控系统产生大量误报

国内金融机构的交易监控系统主要采用传统以规则为本的检测引擎，对有限的属性进行基本分析（如支付金额超过阈值、支付频繁超过阈值、高风险地区监控等），只能检测预先指定的基本模式，而不能发现隐藏的模式。而且基于规则的交易监控系统容易产生大量误报，许多金融机构不得不将高度专业化、技能娴熟的调查人员重点投入低价值的警报上，金融机构的可疑交易模型开发水平有待进一步提高。

4. 缺少可视化工具

分析可疑交易时往往耗费大量的人力和时间，尤其是缺少可视化工具来分析交易时序、资金流向和潜在网络关系，不但影响业务处理效率，对业务和人员标准化管理也带来了极大的困难。

三 金融科技助力反洗钱金融监管

在新的监管形势下，反洗钱金融监管工作不断加码升级，借助新兴创新技术应用于反洗钱监管工作已成趋势，关于监管机构和金融机构是否采用人工智能和机器学习等先进技术推动反洗钱合规工作的探讨，已经从"如果"的问题变成"何时、如何及何种规模"的问题。

（一）反洗钱工作的金融科技系统建设整体规划

根据目前金融机构在反洗钱工作中的痛点问题，构建智能反洗钱体系，主要解决以下问题：从日益增长的海量交易数据中高效甄别出可疑的洗钱实体、可疑洗钱实体的团伙关系，对新开客户进行风险评级，通过可视化的交互方式高效进行案宗核查（见图1）。

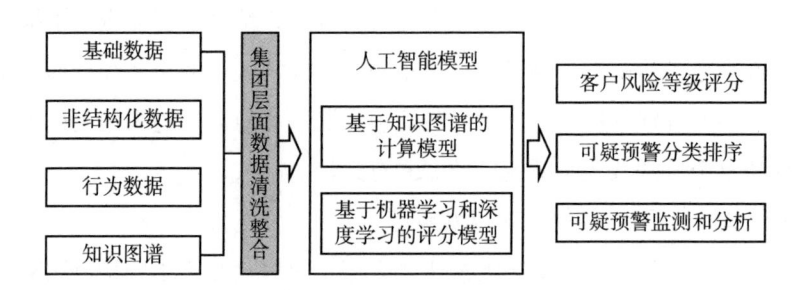

图1 智能反洗钱系统设计

传统的反洗钱规则系统是业务专家规则沉淀的平台，基于规则的反洗钱可疑交易识别具有可解释性强的特点，有利于监管机构的检查，满足合规性要求，但存在误报率高、规则设计难度大等问题。而反洗钱可疑交易识别引擎不依赖传统规则、阈值的设定，以高维特征为基础在模型训练过程中自动寻找最优参数，提升识别可疑交易和团伙的效率，降低反洗钱可疑交易的误报率，保持稳定的可疑交易上报质量，提升反洗钱可疑交易上报效率，减少人工复核投入的成本。因此，反洗钱智能引擎是传统的反洗钱规则系统的有效补充。

依据目前人机结合的反洗钱可疑交易检测模式，智能反洗钱体系架构可包括机器学习平台和知识图谱平台。机器学习平台主要是通过机器学习算法从海量大规模数据中识别出可疑交易账户。常用的机器学习模型包括逻辑回归、XGBoost、Random Forest、GBDT 等，国内领先的金融科技公司的机器学习模型能力可以达到资深反洗钱专家95%的水平，辅助人工审核能节省30%以上的人工审核量，同时可以减少人工失误、人才流失等问题。知识图谱是大规模的语义网络。所谓语义网络，是表达了各种各样的实体、概念及其之间的各类语义关联，从实体关系的角度分析问题的方案。在对可疑案宗排查审核过程中，结合知识图谱可以对找出的可疑账户进行扩展，识别出与其关联的团伙，分析异常关系、隐藏关系和多个实体间的"共同关联信息"等，合并形成由节点和边组成的风险子图，如资金闭环、洗钱的聚合分散模式等，使审核人员能快速研判账户的可疑行为并形成可疑交易报告（见图2）。

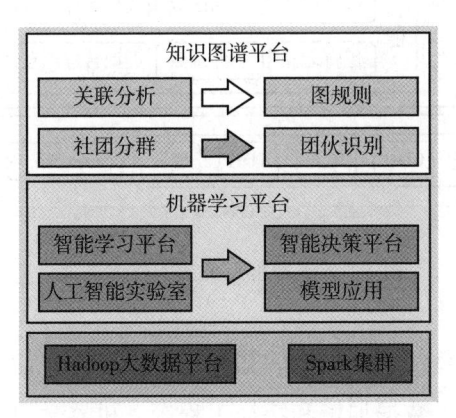

图2 智能反洗钱体系架构

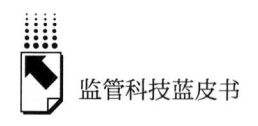

智能反洗钱整体规划主要基于现状并融合新技术建立监管科技平台，在实践中需要分阶段、有具体目标、不断迭代，逐步提升反洗钱的智能化水平。

由此我们设计出人工智能在反洗钱场景中的通用应用架构。

人工智能是一套复杂的系统工程，如何将人工智能技术和现有传统反洗钱体系及金融机构的IT体系融合，并高效地解决反洗钱场景的痛点问题至关重要。我们将智能反洗钱体系构架分为三层，具体构架如图3所示。

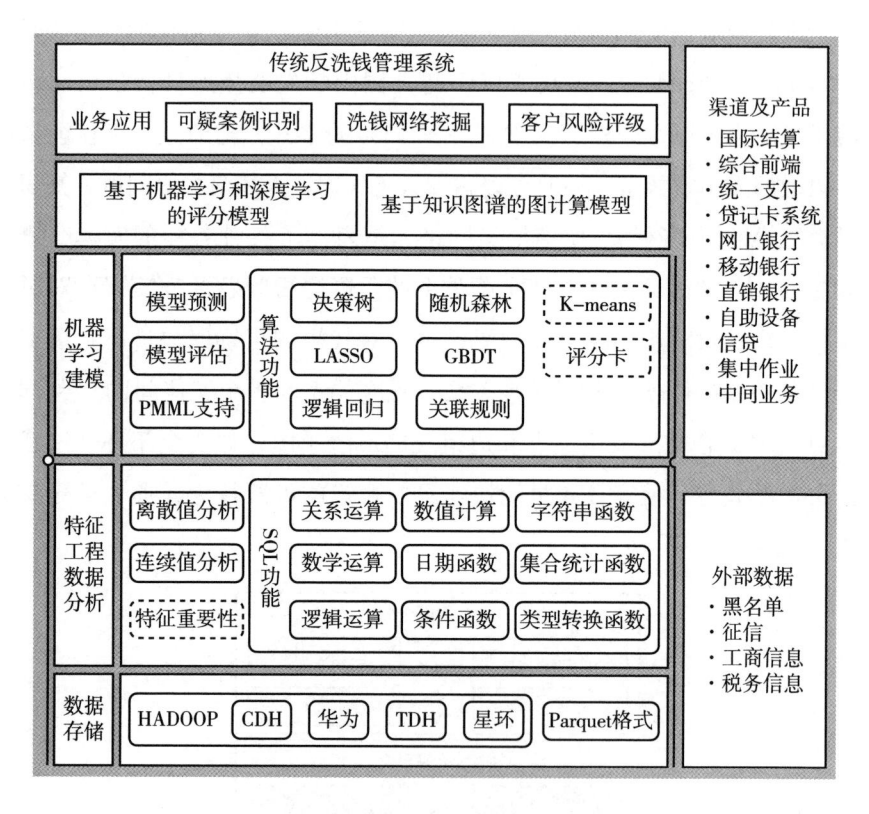

图3 人工智能反洗钱的整体构架

模型平台主要负责一些建模的基础工作，数据存储和特征工程数据分析层负责数据处理、数据加工和特征工程等；机器学习建模层包含基础算法和模型库维护等；模型评分和计算层，主要是根据不同的业务场景设计具体的算法计算引擎；业务应用层主要是依据不同的业务场景，输出相应业务解释、可视化的结果输出，以及和金融机构其他反洗钱系统的对接，使人工智能模型的结果能充分和其他系统融合，使反洗钱业务人员上报可疑交易报告更加便利。从图3可看出，人工智能反洗钱系统不会完全替代金融机构原有反洗钱系统，是和旧系统并行运行的，同时是旧系统的有效补充。

（二）人工智能反洗钱场景建模

整个建模过程包括业务场景分析、数据治理、特征工程、模型训练及验证等环节。

1. 业务场景分析

洗钱活动有多种上游犯罪类型，不同的场景洗钱手法也各不相同，通过对多种洗钱行为的总结和梳理，提取一些重要的行为特征，作为后续特征工程的业务输入。表1为洗钱场景的业务梳理实例；表2梳理了网络赌博场景关键特征。

表1 地下钱庄场景（疑似非法汇兑型）关键特征

序号	特征归纳
1	交易频繁，日交易一般在20笔以上
2	交易金额巨大（如账户日交易金额上百万元，甚至达到千万元）
3	资金交易模式具备分散转入、分散转出特点
4	资金呈现快进快出，当日不留或少量余额
5	频繁混合使用多种业务（目前以网上银行和ATM方式比较突出）
6	个人账户跨地区、跨银行交易频繁，账户分散交替使用，更换比较频繁，多个账户使用同一网银交易IP，交易分散在同一区域多个网点
7	账户存在沉睡期，交易前先进行账户测试
8	与汇率关联密切，金额可能有接近官方或黑市汇率的特征（单笔或者一天总额）
9	个人账户：多个账户资料有相同点（如开户人特征、地址、电话等）；单位账户：多以个体工商户为主，注册金额小，地址可疑，法定代表人（主要负责人）身份信息存在疑点

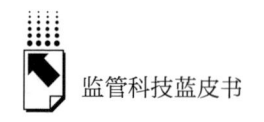

表2 网络赌博场景关键特征

序号	特征归纳
1	多为异地开户,留存职业多为自由职业、学生等
2	开户后会有一段休眠期,使用前先进行几元至几十元的小额测试,有时会进行多次持续性测试
3	交易对手众多,账户分布在多个省区市
4	累计接收到一定数量资金后通过电子银行将资金转出,具备分散转入、集中转出的网络特征
5	整个关系网络结构明显,在入账阶段表现为分散转入、集中转出(主要表现为接收参赌人员转账资金,然后统一转入过渡账户中);在分账阶段呈现集中转入、集中转出的特征(归集和过渡涉赌资金),在融合阶段呈现分散转出(用于赌资的返还)
6	账户分散交替使用,更换比较频繁
7	电子银行交易多发生在午夜或者凌晨,或者与体育彩票、重大体育赛事出结果时间高度关联
8	操纵账户IP多为国外地址

2. 数据治理

在构建人工智能反洗钱模型时,数据治理是模型质量的有效保证。反洗钱建模的数据源通常来源于多个系统和不同格式类型。需要进行数据融合和对异常数据进行处理。在具体实践过程中,需要根据字段的业务含义,对每个字段做数据类型校验,如时间数据使用不同的分割符进行分隔以确保在正常时间范围内;年龄字段取值是否符合常理;性别字段是否有异常取值;组织机构代码字段是否符合统一标准等。对存在异常的数据条目采取删除、修正等方式进行处理以确保在后续特征工程阶段不会产生偏差。

3. 特征工程

特征工程是有监督机器学习的重要环节,反洗钱业务专家及建模人员会深入研究所有已知的上报案宗,根据交易信息、客户属性信息(开卡时间、客户性别、年龄、职业等)、网银信息、开户机构位置、客户登录交易IP、已上报案宗信息等,进行基础特征提取和衍生特征变量加工,设计出数千个特征,表3对部分特征的分类进行了描述和举例。

表3 特征工程举例

字段数据类型	字段举例
数值类特征	对公账户年销售额、对公账户注册资本、基于分桶的交易金额统计、交易频次统计、特殊交易金额统计等
类别类特征	性别、国别、开户网点、年龄段、注册地、交易渠道等
文本类特征	公司名称、公司经营范围、公司地址等
时间序列数据	基于每天/周/月的交易频率、交易金额、交易时间间隔各种统计等
图特征	股东关联关系、交易的出入度等

针对洗钱这种复杂场景的机器学习模型，模型的效果很大程度上取决于特征工程的质量，而特征工程更需要将反洗钱业务经验和多种数据量化算法充分融合，不断迭代，最终选择高区分度的特征作为训练模型的基础。

4. 模型训练及验证

常见的机器学习算法主要包括随机森林、GBDT、XGBoost等，根据经验及算法效率，在可疑交易识别模型中XGBoost算法表现较优。

GBDT（梯度提升决策树），全称是Gradient Boosting Decision Tree。梯度提升是一种广泛被用于回归、分类和排序任务的集成方法，该类算法通过以上一轮基于学习器的误差的负梯度为训练目标训练本轮的基学习器，不断降低集成模型在训练集上的偏差以实现高精度的集成。XGBoost是"Extreme Gradient Boosting"的缩写，是从GBDT衍生出来的基于决策树的集成算法，它的运算效率比GBDT高，同时，它与GBDT最大的不同点是目标函数的定义不同，XGBoost对原始的目标函数做泰勒展开，近似取值为二阶导数项前面的部分，使得算法效率又大幅提升。XGBoost通过多棵决策树进行多轮迭代训练出最优模型，如图4所示。

一般来说，在模型训练过程中，会将数据分为训练集、验证集和测试集。

训练集——用来训练模型，产出模型文件；

验证集——用来拟和模型参数，建立初始模型；

测试集——用来验证和评估模型效果。

对数据做分割的目的是防止模型过度训练，即模型过多地拟合训练集特

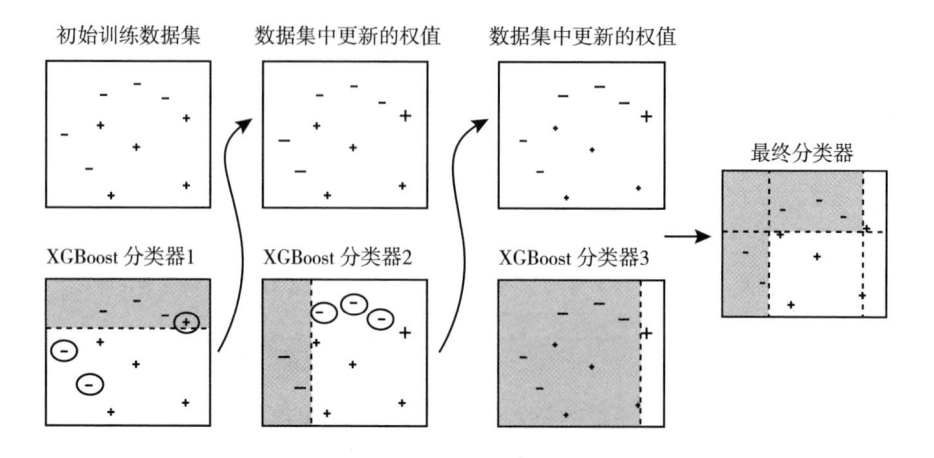

图 4　多轮迭代训练出最优模型

有的规律，造成模型对参与模型训练的样本预测效果较好，而对没有参与模型训练的新样本预测效果较差。一般而言，我们会先用训练集建模，用验证集进行模型、参数调优，然后用测试集来验证模型效果。通过图 5 我们可以看出待筛查的可疑交易经过机器学习建模、训练、预测等过程，对可疑洗钱账户进行高准确率评分排序，精确定位可疑案宗。

在模型验证方面，可疑交易风险评级是一个二分类有监督模型，因此主要评估指标包括 PR 曲线、ROC 曲线等。

PR 曲线是指 Precision（精确率）和 Recall（召回率）曲线，在同样召回率的情况下，精确率越高越好。同理，在同样精确率的情况下，召回率越高越好。

ROC 曲线：横轴为假阳性率（FPR），纵轴为真阳性率（TPR）。相比 PR 曲线，当正负样本的分布发生变化时，ROC 曲线的形状能够基本保持不变，而 PR 曲线一般会发生剧烈的变化，所以在实际场景中，正负样本往往分布不均衡，而 ROC 比较稳定，更能判断模型的好坏。AUC 是 ROC 曲线下的面积，AUC 值越大，说明分类器可能把真正的样本排在前面，分类性能越好。

图 6 为在某银行智能可疑案宗识别模型的效果指标，AUC 可达到约 0.96，

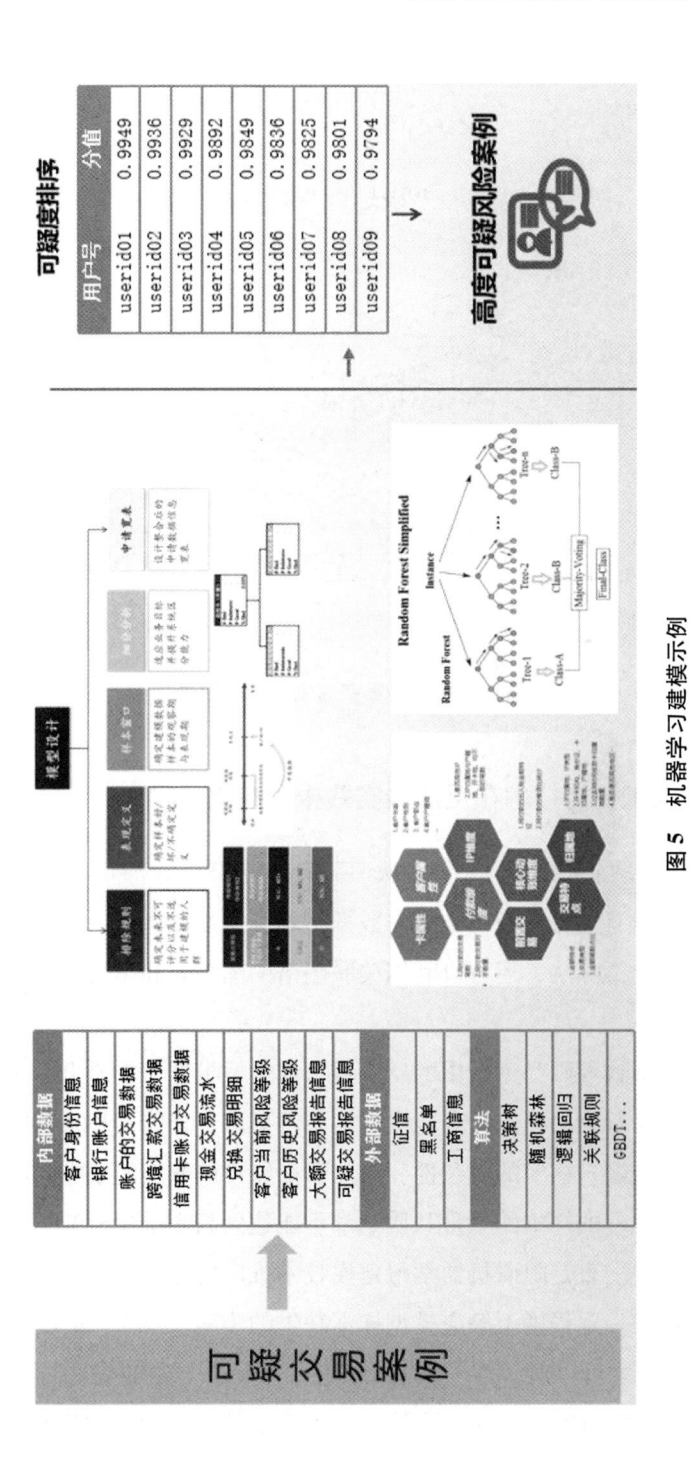

金融科技创新助力金融反洗钱监管

图5 机器学习建模示例

因此，从 PR 曲线结果上看，可疑案宗识别模型使可疑交易识别准率有大幅提升。

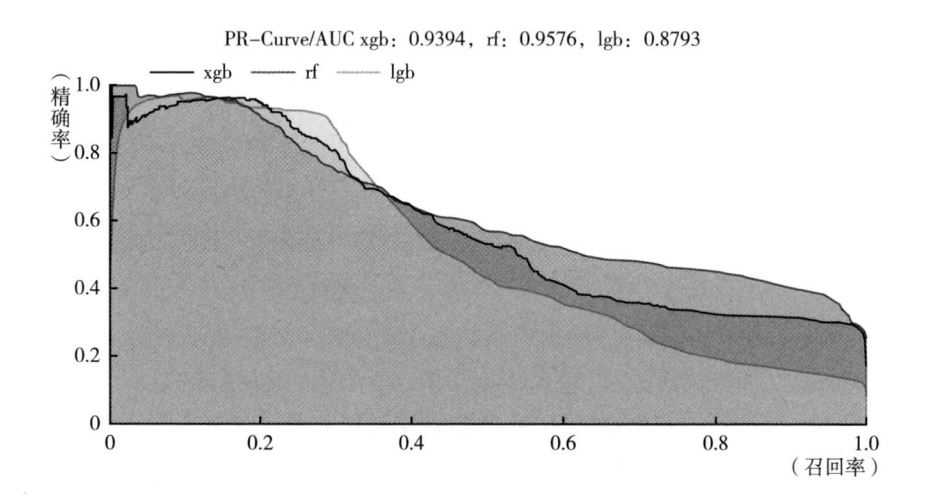

图 6　某银行智能可疑案宗识别模型的效果指标

（三）人工智能技术在反洗钱实践中的应用

1. 利用关联图谱扩展黑样本及团伙识别案例及效果

在机器学习有监督任务中，样本数据不均衡是主要存在的问题之一，除了传统的数据分类算法，还可以利用关联图谱的图关联和图规则补充黑样本数量。

传统的反洗钱规则和创新中的反洗钱机器学习模型，本质上都是单点可疑账户或者交易行为的抓取，未能实现关系的抓取，未能实现系统团伙的抓取。由于反洗钱账户核实的复杂性，单点可疑账户的核实的成本较高，进而能够用于机器学习的样本的数量和质量都不能达到高质量建模的要求。高质量样本的缺失，一直是阻碍机器学习建模技术推广的主要原因。关联图谱技术的应用可以在一定程度上解决模型样本缺失的难题。

关联图谱技术可以对已经确认的单点的洗钱账户，通过各种深度关系寻找一层及多层关联的账户关系（见图 7）。在反洗钱场景中，经常使用的团伙关系包括：

资金流水关系，如转账关系、消费关系等；

账户关系，如法人关系、股权关系、担保关系等；

交易环境关系，如同物理设备交易关系、同 IP 地址交易关系、同 GPS 地址关系、同家庭地址关系等。

关联图谱技术
1. 基于机器学习初步预测的样本进行多层关联
2. 通过多种条件筛选高质量的关联关系
3. 高质量关联的黑样本作为扩展黑样本提供给机器学习模型进行进一步学习

扩展黑样本 ⇄ 预测黑样本

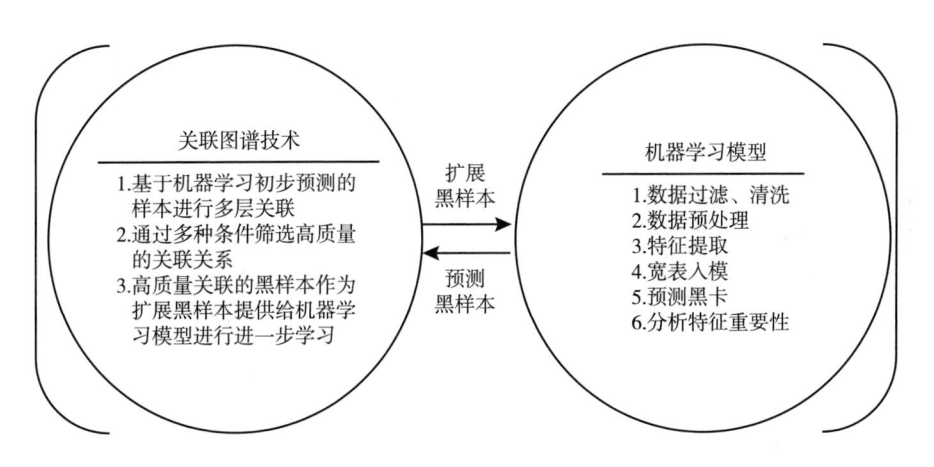

机器学习模型
1. 数据过滤、清洗
2. 数据预处理
3. 特征提取
4. 宽表入模
5. 预测黑卡
6. 分析特征重要性

图 7　关键图谱技术示意

2. 人工智能技术在反洗钱的应用过程中，可以充分发挥关联图谱技术和机器学习模型技术的各自优势

如果在反洗钱场景中已经拥有了初步的样本，可以基于该样本进行初级的建模尝试，基于初始的样本和模型的输出，作为关联图谱技术平台的初步输入。

关联图谱平台对输入的可疑样本通过资金关系、账户关系、交易环境关系等关系进行复合、多维度的深度关联，并对明显成图聚团的账户进行识别，并将其作为扩展的黑样本输入给机器学习模型。

机器学习模型基于扩展的黑样本进一步训练模型，由于输入的样本经过了关联图谱平台的验证，质量优于第一批模型样本，进一步训练的模型的质量将明显优于初级的模型。

在某金融机构银行卡反洗钱建模项目中，利用图规则和图关联的方法，

从某可疑账户出发，发现其资金主要流向了 5 张卡。通过这 5 张卡往外探索，根据资金流向，可以发现团伙成员的资金链形成环状。环状一般由 4～5 个账户进行关联成环，且可能形成多个环，此次发现的团伙其成员间的资金链路共形成 5 个环。通过关联图谱挖掘出来高度可疑的资金交易流水，可以为有监督机器学习建模补充 10%～20% 的黑样本数据（见图 8）。

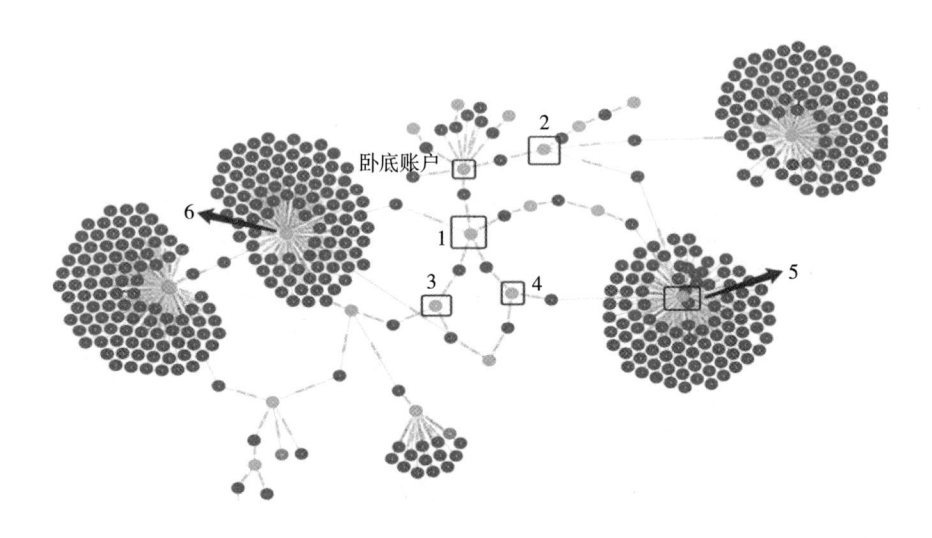

图 8　某金融机构关联图谱团伙挖掘案例

3. 利用机器学习对可疑交易进行评分和排序模型

目前一般行业内可疑交易误报率高达 95%，通过以规则模型为主导，人工智能模型为辅助可以降低 20%～30% 的误报率，能够极大地减少人员投入。

机器学习通过已确认的可疑交易数据或涉罪交易数据（黑样本）的风险程度，对预警交易进行评分和排序。基于风险为本的原则，通过评分的级别匹配不同的尽职调查流程和能力相匹配的调查人员，如图 9 所示。

通过使用基于业务经验和关联图谱技术扩增增强的黑样本进行机器学习建模，可以建立效果更加优化的模型。通过模型的预测，对可疑交易的风险性进行更加优化的评级和排序，区分可疑交易风险的高中低，并把不同级别的风险对应到不同的专家级别，流入不同的处置流程。将模型确认为高风险的可疑交易匹配给资深的处置专家，进行复杂流程的分析处置。对于模型

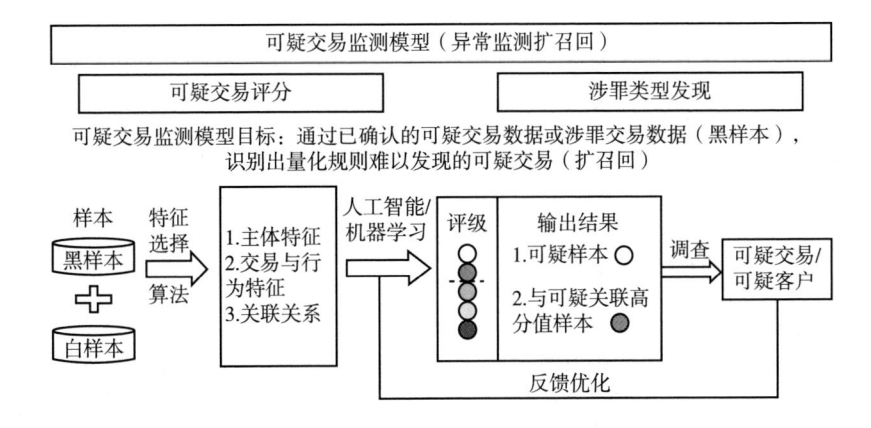

图 9　可疑交易监测模型

确认为低风险的交易，可以不进行处置或者分配给初级人员进行处置，以降低调查处置的人力需求，降低人员的浪费，提升反洗钱工作的效率，如表 4 所示。

表 4　可疑交易风险性排序

预警案例编号	风险分类	重要性排序	处理人员等级及尽调流程
20200005	重点可疑	1	资深专家 – A 流程
20200006	一般可疑	1	高级专家 – B 流程
20200007	一般可疑	2	高级专家 – B 流程
20200008	正常交易（不可疑）	3	初级业务人员 – C 流程
20200009	正常交易（不可疑）	2	初级业务人员 – C 流程
202000010	正常交易（不可疑）	1	系统自动关闭

结合反洗钱合规中面临的诸多挑战，我们目前已经通过人工智能技术的实践解决了部分痛点问题，总结下来有以下几方面价值。

第一，低成本解决了可疑交易量增大导致的合规成本上升。

第二，通过高维机器学习算法，运用数据资源，构建高维和拓扑特征体系，对反洗钱可疑案宗进行精确评级。

第三，仅需要核查排名可疑前 70% 交易，减少了 30% 的工作量，提升

了洗钱案例筛选效率。

第四，优化反洗钱可疑交易筛查效率，根据洗钱特征难易程度安排合适的员工核查，提高可疑交易筛选质量和效率。

第五，大幅提高了可疑交易识别的准确性、覆盖率及可持续的合规体系。

第六，对规则系统过滤出来的可疑交易进行风险评级，模型的准确率为95%以上。

第七，反哺反洗钱知识库，实现知识积累，迭代优化反洗钱规则体系，并实现反洗钱审核闭环优化体系。

四 反洗钱工作的未来展望

在金融行动特别工作组第四轮互评的大背景下，预计未来国内和国际反洗钱监管形势都将进一步趋严趋紧，每家涉及反洗钱义务的机构都应基于"风险为本"的原则，重新审视反洗钱工作，通过金融科技创新手段全面加强反洗钱体系的智能化建设。

金融机构利用人工智能在反洗钱领域的创新应用，将从技术升级提升到价值升级。通过技术升级，改进规则系统可疑交易识别滞后、准确率低、覆盖率不全、规则无法优化等问题。同时也会使合规工作的价值有所提升，大幅降低合规成本、从事后监测到事前预警，切实提升反洗钱工作的有效性和高效性，实现通过科技手段助力反洗钱的综合管理能力的上升，使其成为维护国家金融安全、参与全球治理体系、扩大金融业双向开放的重要保障。

参考文献

[1] 艾瑞咨询：《2020年中国知识图谱行业研究报告》。

[2] 中国人民银行：《2018年中国反洗钱报告》。
[3] 中国金融新闻网：《加强金融科技反洗钱监管》，http://www.financialnews.com.cn/ll/gdsj/201904/t20190415_158189.html，2019-04-15。
[4] 中国金融新闻网：《提升基层金融机构 反洗钱履职效能》，http://www.financialnews.com.cn/ll/gdsj/201808/t20180827_144837.html，2018-08-27。
[5] 搜狐网：《机器学习技术在商业银行反洗钱领域的应用》，https://www.sohu.com/a/325042072_672569。
[6] 维基百科：https://en.wikipedia.org/wiki/Natural-language_processing。
[7] 搜狐网：《反洗钱任重道远：行业平均误报率仍95%》，https://www.sohu.com/a/382744499_208700。

B.22 监管科技在支付机构反洗钱领域的应用探索

汇付天下有限公司*

摘　要： 在支付行业经营环境变化的情况下，本文通过梳理支付行业反洗钱领域监管科技应用中存在的客户身份识别局限性、交易监测能力有待加强等痛点，从合规端与监管端两个层面，探索了以大数据、人工智能、生物识别、机器学习、网络分析为主要内容的监管科技在支付行业反洗钱领域的应用框架，介绍监管科技应用于反洗钱工作的具体案例，最后提出监管科技需要注意新技术带来的潜在风险、个人金融信息安全保护仍待加强等问题，以及提出发展监管科技要加强国际合作，重视反洗钱中的"数据合规"等建议。

关键词： 监管科技　支付机构　反洗钱

一　应用背景及解决的痛点

（一）支付行业经营环境变化

近年来，我国支付行业迅速发展，不仅支付服务质量高，而且细分场景

---

* 执笔人：马龙、黄伟、朱天旭、张程、曹圣夕、戴银芳。

丰富，在服务民生和推动消费转型升级方面作用明显。伴随着支付工具和方式的不断创新，支付行业反洗钱工作面临的挑战也越来越大。

一方面，金融科技的快速发展在提高金融服务效率、降低成本、普惠金融等方面起到了巨大的推进作用，但同时也带来了超出传统金融范畴的风险问题。例如，支付产品和服务的复杂性提高，风险识别更加困难；创新的支付服务业务模糊了传统金融的边界，游离在监管之外等。金融科技及业务的快速发展，使得支付机构的反洗钱管理部门和反洗钱监管机构难以及时响应，在反洗钱工作的有效性方面亟待加强。

另一方面，支付行业的反洗钱监管不断升级，反洗钱合规成本不断攀升。支付机构面临的各类反洗钱处罚不断加码，受处罚数量和单笔最大罚金逐年攀升。

（二）支付行业的洗钱风险点分析

与银行等传统金融机构相比，支付机构较少拥有实体网点。在客户身份识别方面，支付机构对于支付账户较难实现面对面开户，大多采用非面对面开户认证方式，此类账户开立及验证效力弱于传统面对面方式，增加了支付机构对资金来源及去向的管控难度。

在网络支付业务方面，由于线上交易过程迅速、无时空限制等特点，容易为违法犯罪活动所利用。近年来不法分子利用第三方支付平台进行网络赌博、电信诈骗、非法集资等违法犯罪活动的案件也多次发生。在银行卡收单业务方面，各机构在严峻的市场环境下，较多存在外包服务商约束不严、特约商户准入门槛降低、片面追求快速结算等现象，客观上弱化了风险控制，使得不法分子有机会以非法套现、借记卡大额转账等交易方式通过终端转移非法资金。

（三）支付机构反洗钱工作的难点

1. 客户身份识别存在局限性

当前，支付机构 KYC 工作大部分仅停留在客户身份信息的联网核查和

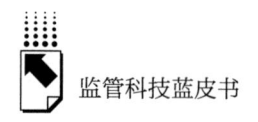

客户资料形式审核层面，不仅花费时间长、支出成本高，同时也存在精准度低、识别能力有限的问题。运用监管科技能够有效节省认证时间，控制合规成本，提升认证效率。

2. 交易监测能力有待加强

在交易监测方面，支付机构一般通过规则监测交易，主要依赖于预先设置的参数和阈值。其中参数和阈值往往根据已知的洗钱或恐怖融资（ML/TF）类型和专家经验进行配置，对新的风险类型反应迟缓。交易监测规则往往未考虑客户和业务的不同，容易产生大量误报，导致资源浪费。此外，当外部风险环境变化时，以前建立的参数和阈值将失效，如犯罪分子利用低于众所周知的阈值进行交易，可轻易地绕过监控规则。支付机构通过运用机器学习等监管科技工具，可以改进基于规则的监控方法，不断优化规则，提高可疑交易监测能力。

3. 对海量数据的处理能力有限

随着支付机构业务模式的不断创新，交易规模的持续扩大，支付机构依托自身产品、业务、客户的生态系统，产生海量数据，这对支付机构的交易监测、分析、报告等形成了巨大的挑战。为了满足监管指标要求，支付机构需要对大量的基础数据进行整合，数据的及时性、准确性、完整性得不到保证，尤其是当监管指标口径变更和支付机构分析、报数人员变更时，面临较大的压力。

4. 现有技术平台难以满足反洗钱工作要求

伴随着业务及产品的增多，支付机构反洗钱信息技术水平的问题也逐渐暴露出来。控台核心代码基于模型开发，不利于复杂业务的拓展，使得二次开发逻辑不够严谨，一旦出现问题，会大大增加数据风险。部分核心逻辑处理过于依赖 Oracle 的存储过程实现，处理进度无法人为干预，一旦出现问题处理起来非常棘手。大量的运算、业务逻辑、规则均堆积于跑批模块，业务数据不断增长，对应的反洗钱管控规则也在不断增长，每日规则执行完成的时间越来越靠后，很大程度上影响了反洗钱业务人员对洗钱风险的管控时效。

（四）反洗钱监管机构面临的问题

从监管端来看，反洗钱监管机构会收到大量的可疑交易报告，囿于支付行业机构规模和风险管理水平的不同，这些可疑交易报告的质量参差不齐，增加了监管机构的压力。同时，为了提高反洗钱的监控能力，反洗钱监管机构会主动扩大数据源。面对海量数据，监管机构也迫切需要先进的数据分析工具来分析他们所掌握的大量结构化数据（如交易涉及的金额）和非结构化数据（如邮件、报纸和社交媒体中的文本、图片等信息）。此外，监管机构调查可疑交易也是一项耗时的工作，借助监管科技工具可以提高监管机构的处理效率和监管效能，将转化的资源重新分配，集中在更高风险的事项上。

二 监管科技在支付反洗钱中的应用框架

（一）监管科技用于提升支付机构 KYC 效率

根据《支付机构反洗钱和反恐怖融资管理办法》，支付机构应当勤勉尽责，针对具有不同洗钱风险特征的客户、业务关系或交易采取相应的合理措施，了解客户及其交易目的和交易性质，同时对客户进行洗钱风险评估，划分洗钱风险等级，并在业务存续期间持续关注和定期调整。但由于支付业务的非面对面开户的特性，加之缺乏有效的身份认证手段，支付机构的客户KYC和洗钱风险评级工作存在一定瑕疵，利用监管科技手段可以有效提升支付机构反洗钱工作的质量。

1. 视频/面部识别技术，解决非面对面难题

目前支付机构普遍采取间接认证模式（通过对接公安、工商、电信运营商、银行等机构的数据库，进行身份信息核验），不足以应对日益严峻的电信诈骗和洗钱犯罪形势，也无法满足日趋严格的反洗钱工作的要求。与之相比，视频/面部识别技术在客户身份识别方面具备诸多优势，在简化客户

体验的同时能更便捷和更安全地核实其客户的身份，主要体现在，一是视频/面部识别能够降低冒充欺诈的风险，有效防止通过盗用个人身份信息进行违法犯罪的行为。通过与用户身份证件照进行比对，确保用户是本人；二是通过视频与客户交谈，可以了解到客户开户和办理业务的真实意愿，同时视频也可作为支付机构核实开户意愿的工作证明。

2.运用机器学习、自然语言处理等技术，实现精准的洗钱风险评级

互联网时代，支付机构可以掌握到大量数据，如客户身份属性数据、交易行为数据等，运用机器学习、自然语言处理等技术对这些数据进行分析，可以从更多维度刻画客户身份，建立客户洗钱风险视图。利用规则引擎和算法模型计算洗钱风险评分，实现精准的洗钱风险评级，有助于支付机构提高对客户洗钱风险的评估能力和监测风险的能力。

基于包括支付机构在内的许多金融机构的KYC需求，越来越多的监管科技公司专门投入"提供KYC服务"的领域。这些监管科技公司通过汇集多种KYC数据源，能够将客户的身份信息与一些全球数据库和信用机构的信息进行匹配，并自动进行全球制裁和PEP筛选，以对决策者提供更丰富准确的数据。

（二）监管科技用于提高支付机构可疑交易监测能力

可疑交易监测需要判断交易是否可疑，以及涉及何种洗钱犯罪，这实际上是一个分类的过程。机器学习算法是指利用历史数据（经验）作为训练样本，根据学习策略，输出某种模型（规律），并利用此模型预测未来的一种方法。支付机构利用机器学习算法建立和优化交易监测模型，有利于弥补其传统上基于规则的监测体系所存在的缺陷，如依赖专家经验、滞后性等。机器学习算法中的监督学习利用已标注可疑的数据，通过训练，寻找出最优的模型，使得能对新输入的未标示样本进行预测，达到识别可疑交易的目的；而试图发现新的可疑场景时，则可通过各类统计分析、无监督聚类算法，侧重数据的分类、分组、分层，以识别异常。

正如上文所讨论的，交易监测系统会发出大量警报，其中许多是误报，不仅浪费大量资源在警报处理上，人工排查过程中的尽职调查或业务暂停也会给业务带来负面影响。为了解决这一问题，可以使用量化分析工具来对警报进行优先级划分。通过应用多种调查指标，包括客户类型、业务场景、客户风险等级划分、历史警报情况等，对警报进行风险评分。基于风险评分，对可疑交易线索进行优先级排序，从而对人工甄别工作安排予以指导，分配不同的资源、精力，有效践行"风险为本"的基本原则。这种优先级划分的形式可以是首先审查"高风险"警报，或者让更资深的分析师审查"高风险"警报，或者对风险程度极低的做自动排查。

（三）监管科技用于分析洗钱犯罪网络

金融犯罪分子通常通过有组织的关系网和分散交易来隐藏非法资金的来源和去向。洗钱者组成的账户组可能看起来并不相关，他们利用这些账户进行一系列复杂的交易，而单独来看，这些交易并未触犯监控规则，这使得一些洗钱行为难以被发现。反洗钱监测通常基于对市场主体（如交易情况与企业规模/经营场景匹配性）及其关系网（如相同的交易对手、企业法人）的分析，判断哪些是有效的关系，哪些是需要剔除的噪声，尤其是在纷繁复杂的交易关系中，需要大量的数据分析工作来厘清。

图像学习是一种根据数据点之间的推断或已知关系，从数据中自动生成图的技术。运用图像学习技术有助于检测到人工监测不易发现的异常交易、关系和网络。例如，英国金融市场行为监管局正在试验图像学习，以根据订单和执行数据识别市场参与者潜在的或正在进行的网络共谋行为。

（四）监管科技用于丰富对支付机构的监管手段

高级数据分析工具可以用来评估支付机构的洗钱风险。具体是通过计算支付机构"不符合 AML/CFT 要求"的概率，来衡量支付机构面临的洗钱风险程度。例如，加拿大金融交易与报告分析中心开发了一个启发式模型，该

模型使用了与机构概况、合规历史、报告行为和其他情报相关的几个风险因素。这些风险因素是基于大量数据，并利用多种不同的数据分析方法（如主成分分析、地理空间分析）来确定的。基于这些风险因素，该模型计算出金融机构"不符合 AML/CFT 要求"的概率，作为金融机构的风险评分，风险评分越大，即表示金融机构面临的洗钱风险越大，反之越小。风险评分还可以协助反洗钱监管机构确定现场检查的优先次序，或与执法部门共享，以支持其工作。

三 典型应用案例

汇付天下有限公司在实施数字化转型战略过程中，积极开展反洗钱领域的数字化探索，利用大数据、云计算、人工智能、机器学习等提升反洗钱工作效率。

（一）汇付反洗钱数字化平台整体架构

数字化平台反洗钱架构体系可以分为基础硬件设施与设备、数字化应用、结果输出等层面，如图 1 所示。其中：

基础硬件设施与设备主要包括机房、计算设备、存储设备、网络设备等硬件，是数字化平台的物理基础。

数字化应用部分包括数据接受平台、数据汇集交换平台、数据存储平台、数据计算平台、数据智能分析平台、数据学习平台、数据输出平台、数据共享平台、数据运维平台等，是整个数字化平台的核心部分。

结果输出层面主要包括反洗钱成果展现，主要包括客户身份识别、交易报告、反洗钱客户评级、报表统计、黑名单展现等。

（二）反洗钱数字化平台中监管科技的应用

1. 数据接收和汇集

汇付反洗钱数字化平台上线了 SKY 技术，该技术是一种基于大数据的

汇付反洗钱数字化平台

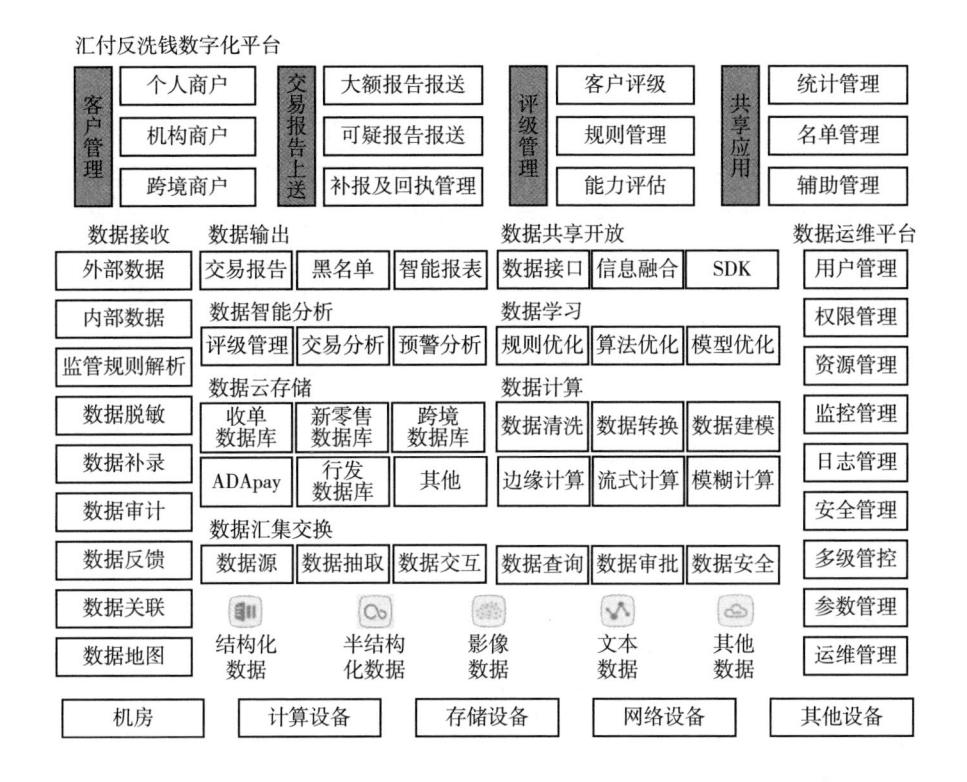

客户管理	个人商户	交易报告上送	大额报告报送	评级管理	客户评级	共享应用	统计管理
	机构商户		可疑报告报送		规则管理		名单管理
	跨境商户		补报及回执管理		能力评估		辅助管理

数据接收	数据输出			数据共享开放			数据运维平台
外部数据	交易报告	黑名单	智能报表	数据接口	信息融合	SDK	用户管理
内部数据	数据智能分析			数据学习			权限管理
监管规则解析	评级管理	交易分析	预警分析	规则优化	算法优化	模型优化	资源管理
数据脱敏	数据云存储			数据计算			监控管理
数据补录	收单数据库	新零售数据库	跨境数据库	数据清洗	数据转换	数据建模	日志管理
数据审计	ADApay	行发数据库	其他	边缘计算	流式计算	模糊计算	安全管理
数据反馈	数据汇集交换						多级管控
数据关联	数据源	数据抽取	数据交互	数据查询	数据审批	数据安全	参数管理
数据地图	结构化数据	半结构化数据	影像数据	文本数据	其他数据		运维管理
机房	计算设备		存储设备	网络设备		其他设备	

图 1 汇付反洗钱数字化平台架构

信息自动化采集识别技术。利用该技术，汇付反洗钱数字化平台可以实现对内、外部数据进行整合、挖掘。通过 SKY 技术对商户的运营网站进行监测，对其运营网页内容进行提取，并对相关网页内容进行分析，自动匹配，通过对网页敏感词汇的提取、分析，可以及时、有效地识别黄赌毒类、传销类、电信诈骗类等涉案商户，打击洗钱犯罪、维护金融秩序（见图 2）。

2. 数据计算和分析

汇付基于 Kettle、Vertica、阿里云 Maxcompute、Kafka、Flink 等 Pass 平台，构建了统一的云数据计算和分析平台。支持最多 PB 级的数据存储，支持离线和实时数据分析，动态可扩容。数据接入方面，支持 Mysql、Oracle、MongoDB、Hbase、文本等多种数据类型，通过 Dataworks 和 Kettle 进行数据清洗并完成数据模型，从数据产生到分析完成时间间隔为半小时。支持流式

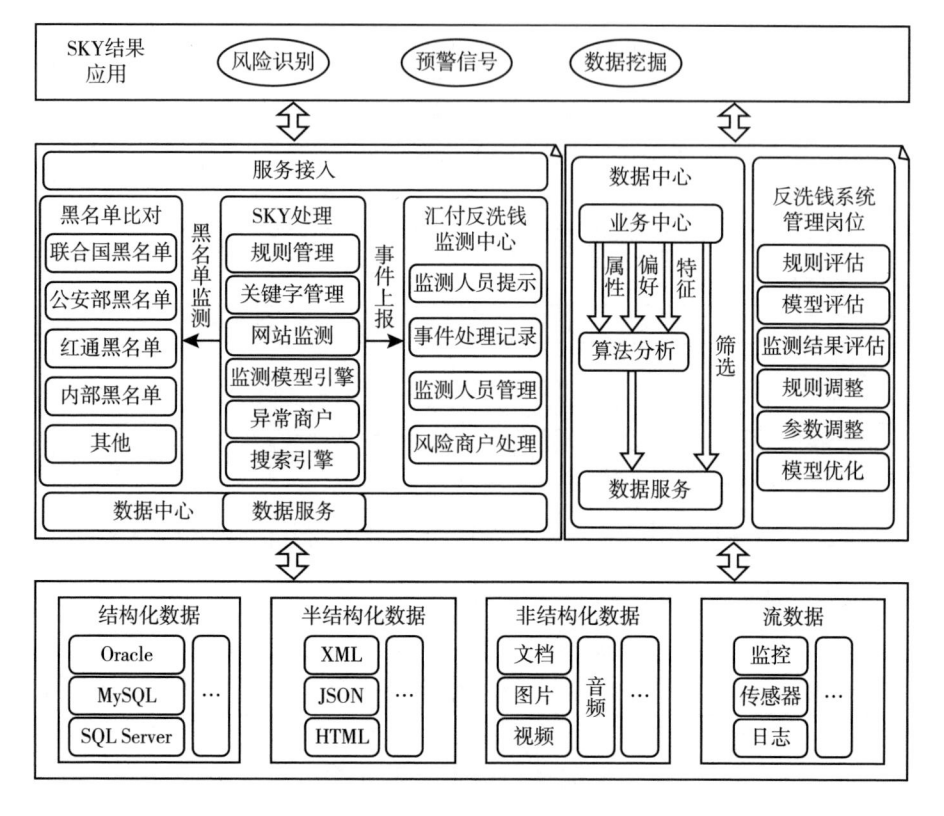

图 2　SKY 数据处理模型设计思路

计算、边缘计算等，可以实时对数据分析、检查、清洗。根据对数据的实时处理及智能风险模式建立可疑交易监测，该模块从与用户行为有关的大量数据中捕捉异常信号，采用机械学习对有关信号进行实时分析并识别异常交易。

3. 数据学习与输出

针对高风险业务特点，运用大数据分析和人工智能机器学习，结合已自主建立的交易监测模型，通过系统对同模式下历史数据的分析，通过构建特征工程，模型（算法）训练，根据规则逻辑计算出推荐的监控阈值，提升了阈值的计算效率，通过这种方式不断优化迭代规则，确保可用性后将此规则部署在可实时生效的规则引擎中。实现了可疑交易监控规则的快速布控，优化了可疑交易监测标准。例如,运用相关技术对黄赌毒交易进行分析、建模,对黄赌毒商户的交易特征和KYC信息进行甄别和分类,不断自动优化迭代黄赌毒模型相关规则和阈值,使得黄赌毒模型规则的监测效率进一步提升。

4. 数据共享

汇付通过数字化管控的实施,打造共享服务平台,基于流程优化与再造,力争建立与前、中、后台部门全方位的连接,实现所有业务反洗钱工作自动化、柔性化和可度量。进一步完善反洗钱数据资产管理,围绕决策、营销和员工赋能提供数据分析和可视化工具。目前所累积的结构化数据超过2000亿条,形成了覆盖570个种类的可视化标签体系,在风控、营销和运营等场景中广泛应用。

四 监管科技应用需关注的问题与建议

(一)监管科技应用需关注的问题

1. 新技术的潜在风险

大数据技术方面,海量数据的质量及整合仍是亟待解决的问题。机器学习方面,回归、分类、聚类等算法类型目前并不能满足复杂数据模式的需求,针对数据添加正确的交叉特征或多项式可能非常棘手且耗时。生物识别技术方面,人脸识别的技术规范、肖像权与公民隐私保护等领域的问题尚未得到充分解决,人脸识别应用于支付行业仍然存在着风险因素。另外,我国区块链技术的自主创新程度、成熟情况、法规政策制定等尚未完善,其底层算法安全性问题也尚未得到验证,仍然存在一定的安全性风险。

2. 个人金融信息安全保护仍待加强

个人金融信息数据的安全与保护的水平,制约着监管科技在金融业务中的应用。支付机构积累了大量的客户信息数据,如身份证件号码、银行账户信息、手机号码、人脸及指纹等生物特征信息,这些数据信息如果被不法分子积累到一定量级以后,经过技术处理也能够抓取出一些敏感信息,从而刻

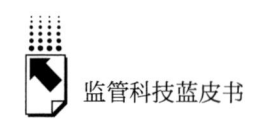

画出特定身份的客户群体的特征,实施犯罪活动。另外个人金融信息安全保护不仅是针对数据本身,数据的存储、使用、分析、报告等多个过程也需要进行数据安全保护。

而且,在现有的技术环境下,个人金融信息数据安全保护采取的技术方式与手段会导致数据膨胀和冗余,导致系统性能和运行效率下降。

3. 仍需加强人员队伍建设

监管科技的应用需要跨越多个专业,包括计算机、经济学、金融学、统计学等,从业人员需要具备数据分析、产品运营、合规、法务等多样化知识和应用能力,学习和积累经验的时间和成本在不断加大。监管科技的应用方面仍然存在着较大的人才缺口。

(二)监管科技发展建议

1. 监管科技是补充而并非替代品

尽管智能技术具有非常多的优点,但人的判断力仍是反洗钱工作的基础。拥有足够的具有专业知识技能、丰富从业经验的反洗钱专业人员对于成功打击洗钱和恐怖融资犯罪至关重要。监管科技应被视为反洗钱部门经验丰富的工作人员的补充,而非替代品。

2. 国际合作加速监管科技发展

国际协调与合作将有助于加速监管科技的发展。全球标准制定机构和国际组织可以为监管机构和金融机构提供平台,以交换其监管科技项目的信息,或用来合作开发监管科技解决方案。洗钱是一个国际问题,常常需要国际合作。国际合作开发监管科技工具,有助于打通跨境反洗钱合作所需要的数据库系统。

3. 应重视反洗钱中的"数据合规"

随时随地使用移动设备和社交媒体已成为一种常见的生活方式,金融消费者留下了他们的数字足迹和元数据。监管科技的使用也使得获取客户数据越来越容易。反洗钱义务主体为履行反洗钱义务而收集、处理个人数据时,应当保证数据收集及处理目的特定、明确、合法,遵循最小化原则,且应当向客户履行告知义务，而不能以履行反洗钱义务为保护伞，肆意收集及处理个人数据。

参考文献

[1] Coelho, R., de Simoni, M., Prenio, S. J., "Applications for Anti-money Laundering", *FSI*, 2019.

[2] di, Castri. S., Hohl, S., Kulenkampff, A., et al., "The Suptech Generations", *FSI*, 2019.

[3] ACIP. Adopting Data Analytics Methods for AML/CFT, 2019.

[4] 京东金融研究院：《Comptech：监管科技在合规端的应用》，2018。

[5] 京东金融研究院：《Suptech：监管科技在监管端的运用》，2018。

[6] 唐梦沅、盛于兰：《反洗钱视角下的〈个人金融信息保护技术规范〉解析》，2020。

[7] 李函晟、陈芳、玄立平：《提升我国反洗钱工作有效性的思考——FATF第四轮互评估的启示》，《现代企业文化》2018年第36期，第294~295页。

[8] 陶峰、万轩宁：《监管科技与合规科技：监管效率和合规成本》，《金融监管研究》2019年第7期，第68~81页。

[9] 胡娟：《大数据技术在第三方支付机构反洗钱监管领域的应用研究》，《北京政法职业学院学报》2018年第2期，第95~98页。

[10] 深圳前海微众银行股份有限公司：《基于区块链的金融资产反洗钱管控方法、设备及存储介质》，2018。

[11] 胡唐济：《新技术在金融机构反洗钱工作存在的问题及对策》，《金融科技时代》2019年第2期，第68~70页。

[12] 郭仁静、封思贤：《移动支付洗钱风险的监管策略研究——基于三方群体演化博弈分析》，《金融理论与实践》2020年第2期，第1~8页。

[13] 周森：《第三方支付监管政策研究与建议》，《中国市场》2019年第12期，第7~9页。

[14] 高增安、梅德祥、叶艳妍：《我国反洗钱研究文献的科学计量分析》，《世界科技研究与发展》2014年第3期，第309~316页。

[15] 高同裕：《支付机构洗钱风险评估探究》，《中国信用卡》2019年第5期，第40~43页。

[16] 赵星：《监管科技在金融领域的应用与思考》，《金融科技时代》2018年第4

期，第39~42页。
［17］何红、张红利：《支付机构反洗钱自我管理、自主管理机制研究——健全制度、提高认识、防范洗钱》，《价值工程》2019年第21期，第91~94页。
［18］谭明红：《监管科技在央行分支机构的应用思考》，《时代金融（上旬）》2019年第3期，第84~85页。
［19］赵懿：《电子账户弱实名问题和解决路径——解构实名认证原理视角》，《浙江金融》2014年第9期，第46~50页。
［20］何海锋、银丹妮、刘元兴：《监管科技（Suptech）：内涵、运用与发展趋势研究》，《金融监管研究》2018年第10期，第69~83页。

数据治理篇

Data Management

B.23
监管科技中的数据标准问题探讨

——以金融数据标准为切入点

中国人民大学区块链研究院[*]

摘　要： 本文围绕新型基础建设的时代背景，从明确建立数据标准的意义入手，研究了美国、英国、澳大利亚、金融稳定理事会等国家和国际金融组织的数据标准现状，分析出中国存在着部门监管协同不足、数据处理技术稚嫩等问题。对此，提出了五种解决途径：统一数据标准，发展数字化监管系统，实现安全的数据共享，促进监管机构、金融机构和监管科技开发者三方协作，借鉴域外经验。最后，回归时代背景，再次申明数据标准的建立要与大数据中心等新基础设施建设相契合，实现带动我国数字经济建设发展的

---

[*] 执笔人：杨东、彭心怡、刘高立洁。

目标。

关键词： 监管科技　数据标准　新型基础设施　数据共享

数字经济时代的竞争核心是数据[1]。习近平总书记在中央政治局集体学习中多次提到，必须构架以数字技术为核心的数字经济。十九届四中全会首次提出数据是当前重要的生产要素，对于社会经济效率的提高尤为关键。目前，新型冠状病毒的影响也加快了数字转型步伐。数字经济依托算法算力等新技术优势和大平台优势，通过信息聚合、数据共享，为全社会资源调配、物资流转、网上办公等服务，在抗击疫情的过程中起到了重要的支撑作用[2]。对此，中共中央常委会针对数字中心建设以及5G网络等新型基础设施的建成进行了深入探讨[3]。

"新基建"的提出是党中央长期以来的经济政策的新时代表达，早在2018年，中央经济工作会议就重新定义了基础设施建设，把5G、人工智能、工业互联网、物联网定义为"新型基础设施建设"[4]，2019年，政府首次对创新形式的基础设施建设进行了系统性阐述，并将其加入我国最新政府工作报告中[5]。新型基础设施在为数字经济注入新动能的同时，离不开数据的支撑；而统一的数据标准无疑能便利于这些设施收集、分析数据，

---

[1] 杨东：《数据争夺是新一轮国际竞争核心》，《中国金融》2019年第15期，第55页；费方域、闫自信、陈永伟等：《数字经济时代数据性质、产权和竞争》，《财经问题研究》2018年第2期，第3页；陈晓红：《数字经济时代的技术融合与应用创新趋势分析》，《中南大学学报》（社会科学版）2018年第24期，第2页。

[2] 杨东：《发挥数字经济优势战疫情，推动经济社会正常有序》，《经济参考报》2020年3月10日，第7版。

[3] 新华网：《新型基础设施建设中蕴藏哪些新动能？》，http://www.xinhuanet.com/politics/2020-03/06/c_1125673676.htm，2020-03-06。

[4] 贵州省综合信息网：《解读：中央经济工作会议定义"新型基础设施建设"》，http://www.gzic.gov.cn/html/2019/gzyd_0111/1482.html，2020-04-08。

[5] 人民网：《新基建"新"在何处？》，http://capital.people.com.cn/n1/2020/0306/c405954-31620225.html，2020-03-06。

加速其建成。在此背景下，探讨如何建立统一的监管科技数据标准是尤为必要的。

一 建立监管科技数据标准的价值

（一）提高数据收集效率，发展监管科技

监管科技的运用，需要全面、精确的监管数据做支撑。如果没有统一的数据标准，数据收集与配置将面临速度慢、质量低的问题。以传统银行业为例，数据资源闲置的问题普遍存在，不同银行系统已收集的数据之间难以流动[1]，相同的数据被重复收集，采用特殊标准的不同数据又无法共享，从而使得信息收集速率偏低。同时，由于没有通用的数据概念、分类体系和统计口径，数据的可比较性、可计算性和可评价性都很低，质量难以满足实际需求。

（二）抑制监管套利，实现综合性监管

数据标准的不一致使得信息难以跨部门传递[2]，深刻影响着不同部门间的监管合作。若各个监管部门根据其收集的信息对经济行为进行分类监管，则金融机构可以将其分散的业务安排到服从成本最低或受强制监管最少的部门[3]，从而规避金融管制、谋取额外利益。所以，应当制定全面覆盖金融机构各类业务的统一数据标准，截断监管套利的途径，实现综合性监管和穿透式监管[4]。

---

[1] 杨东、蔡仁杰：《开放银行：从数据孤岛到数据共享社会》，《金融博览》2019 年第 11 期，第 55~57 页。

[2] 许欢、孟庆国：《大数据推动的政府治理方式创新研究》，《情报理论与实践》2017 年第 12 期，第 52~57 页。

[3] 项卫星、李宏瑾：《当前各国金融监管体制安排及其变革：兼论金融监管体制安排的理论模式》，《世界经济》2004 年第 9 期，第 70 页。

[4] 参见刘晓鑫：《全球最新金融数据标准化借鉴》，《中国金融》2018 年第 24 期，第 96~97 页。

（三）有效降低合规成本和监管成本

合规成本和监管成本过高是当前需要解决的问题。一方面，金融机构需要研究如何利用有限的预算和资源满足不断更新变化的监管要求。与英国奉行的"Comply or Explain"[1]治理原则不同，中国对企业的监管更强调其经营管理行为必须符合中国证券监督管理委员会发布的规范性文件。我国《上市公司治理准则》中有类似的规范性条文，明确规定了公司治理的原因和差异情况[2]。但几乎所有企业都选择披露合规报告。另一方面，面对数量庞大、类型各异的微观金融数据，监管部门不可能针对每个金融机构或每种金融数据单独建立分析模式。因此，必须在数据标准化的基础上，借助人工智能等新监管技术实现数据管理能力提高，从而有效降低合规成本和监管成本。

（四）有助于建立公平合理的国际数据流动、监管体系

数据被类比为石油，但不同于工业时代石油的相对稀缺性，数字时代的数据是一种可再生资源[3]，具有非排他性以及可复制、易增值性，其价值随着二次使用、交互等行为不断增加[4]。鉴于数据的此种特性，数据在全球范围内流动是大势所趋。颇为遗憾的是，缘于各国数据监管规则各异以及对公民数据隐私保护的担忧，数据的跨境流动并没有建立起如世界贸易组织的全球组织[5]。

---

[1] Comply or Explain 是以公司治理准则推动上市公司实际改进其公司治理情况的核心原则，已在英国上市公司报告中实行了25年，并被其他国家广泛模仿。上市公司要在其年度报告中依照该原则，对其遵守英国公司治理准则规定的情况进行披露，对未遵守公司治理准则规定的情形，给出解释，交代背景、未遵守的理由和缓和措施等，并给出预计能达到公司治理准则规定的时间。

[2] 《上市公司治理准则》第八十八条规定："上市公司及其他信息披露义务人应严格按照法律法规、自律规则和公司章程的规定，真实、准确、完整、及时、公平地披露信息。"

[3] See Silverman & Jacob, "Privacy under Surveillance Capitalism", *Social Research*, 2017, 84 (1): 147-164.

[4] 胡贝贝、王胜光：《互联网时代的新生产函数》，《科学学研究》2017年第9期，第1308~1312页。

[5] 贾开：《跨境数据流动的全球治理：权力冲突与政策合作——以欧美数据跨境流动监管制度的演进为例》，《汕头大学学报》（人文社会科学版）2017年第5期，第57~64页。

欧盟和美国签订的《隐私盾协议》[1]提出，对相关数据问题进行监管的监察员必须独立。而在全球监管体系中，监管科技最适宜担当这个独立的监察员。例如，笔者构想的区块链监管体系，将监管规则内嵌于区块链中，通过代码行使法律法规，实现公正、透明、高效监管[2]。

无论是采用区块链还是其他的监管科技，必须要取得各国监管数据。统一的数据标准正是各国监管部门数据间的连通器，使跨国数据传输、交流更为容易。对规范的数据进行处理时，也会简化监管科技对杂乱数据的预先处理步骤，提高数据处理能力，改善监管响应机制。

当前，中国的金融科技产业已经走到国际前列，应以更积极的态度更多地参与国际规则的制定，与国际组织和其他国家的监管部门保持紧密联系，实现跨国监管的一致步调与统一标准。

二　国外监管科技数据标准建立现状

（一）美国

2010年，美国金融研究办公室提出设立一个标准化的金融法人识别系统（LEI）[3]的构想。之后，LEI得到G20的支持，并由金融稳定理事会发

---

[1] 《隐私盾协议》是继《安全港协议》之后，为解决欧美跨境数据流动的困境的新框架协议。在《安全港协议》被裁定无效后，欧盟表示希望在2016年1月底之前与美国达成新的数据贸易协议；否则，欧盟数据保护机构将单方面宣布他们认为合适的数据跨境流动方式。经过艰苦谈判后，欧盟谈判组终于在同年2月初宣布与美国达成了新的框架协议，从而暂时解决了跨境数据贸易可能陷入中断的困境。新协议的主要内容包括三个方面：第一，美国公司将承担更多的数据隐私保护责任；第二，美国政府给出书面承诺，保证美国执法部门只在明确限制条件和监管之下才对欧洲公民数据进行审查；第三，新协议为欧洲公民提供了多个渠道的救济措施。

[2] 杨东：《加强对区块链技术的监管与治理》，http://www.financialnews.com.cn/if/jgzc/201906/t20190610_161471.html，2019-06-10。

[3] 国际金融危机后，为构建国际统一的金融监管框架，提高全球范围内系统性金融风险识别能力，金融稳定理事会于2011年7月动议构建全球LEI体系，为参与国际金融交易的机构分配唯一编码以便识别交易对手，加强全球参与金融交易机构的信息管理，并（转下页）

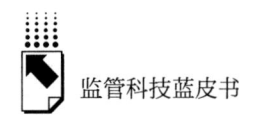

起实施。截至 2020 年 4 月 14 日，全球 LEI 总量达 1621700 家，覆盖了全球 200 多个国家和地区；其中美国发码数量最多，为 214594 个，[①] LEI 系统的全球化已经取得显著进展。

LEI 系统中，每个参与交易的法人拥有用于身份识别的唯一的数字识别码。同时，拥有该识别码的法人必须向系统提交公司的名称、地址以及所有权结构信息等标准化的数据信息[②]。借助 LEI 系统，能够实现技术关联，构建全球金融企业网络图；能够清晰地展现机构间的交易和从属关系，支持金融监管部门开展金融风险监测、风险敞口汇总、统计分析、金融机构处置等业务，使得跨境监管难度降低，有效防范系统性金融风险。

当前，美国证券和交易委员会要求货币市场基金报送的监管数据中提供注册人、发行人以及回购协议等交易方的 LEI。

（二）欧盟

2018 年 6 月，欧盟委员会为了审查现有欧盟法律法规与当前欧盟范围内的金融科技行业发展的适配性，专门成立专家小组，小组在 2019 年 12 月 13 日发表了一篇名为《金融科技监管、创新与融资的三十条建议》的专题报告[③]。报告中，欧盟委员会将与欧洲账户体系（ESAs）和欧洲央行系统

（接上页注③）于 2012 年 6 月开始着手筹建这一体系。
中国人民银行 2014 年 8 月 18 日宣布，全球法人机构识别编码（LEI）国内注册系统已建成运行并开展服务。美国、英国、德国等欧美国家已相继组建全球 LEI 体系本地系统，印度、日本、韩国等亚洲国家也正在积极推进本国 LEI 编码注册和数据管理。建成的全球 LEI 体系将提供全球 LEI 编码注册、编码年检、数据更新、编码迁入、质疑与反馈、数据查询与数据下载等服务，受理全球 LEI 编码申请，可满足我国参与国际金融交易的机构对全球 LEI 编码的各类需求。

① 该数据取自 GLEIF 官网：https://www.gleif.org/en/lei-data/access-and-use-lei-data。
② 伍旭川、王达：《金融数据标准化的国际经验与启示》，《金融纵横》2019 年第 1 期，第 10 页。
③ European Commission. Final Report of the Expert Group on Regulatory Obstacles to Financial Innovation：30 Recommendations on Regulation, Innovation and Finance. https://www.researchgate.net/publication/274377022_Final_Report_from_the_Expert_Group_on_Retail_Sector_Innovation，2020-04-14。

(ESCB)合作，促进金融部门中基于参与者、服务、产品和流程共同分类的法律术语和数字标准的标准化；同时，尽可能使报告和合规流程既具有机器可读性，又具有人类可读性。报告还指出，国际合作对制定金融科技监管标准、增强监管政策互操作性方面非常重要。

（三）澳大利亚

2017年8月，澳大利亚政府发布《澳大利亚开放银行回顾》（*Review into Open Banking in Australia*）①，该报告提出开放银行的监管框架和数据传输标准的具体实施步骤，明确将推动消费者数据权利立法作为实施开放银行的重要环节。

2019年8月，澳大利亚政府通过《消费者数据权利法案》（*Consumer Data Right*，CDR）②，提出了一系列可操作的标准，促进数据平台共享机制的建立。该法案设立了一个数据标准咨询委员会，由其负责数据标准的制定和修改，并严格规定了制定和修改程序③。

（四）英国

数据影响了有效监管、监督和监测公司和市场的能力。2018年，英国

---

① Review into Open Banking in Australia: Final Report. https://apo.org.au/node/132196，2020-04-16.
② 2017年7月20日，澳大利亚时任财政部部长Scott Morrion委托Scott Farrel主持"澳大利亚开放银行评估"工作，即为澳大利亚开放银行业务推荐最合适的运作模式。随后，澳大利亚政府在2017年11月26日宣布引入消费者数据权（CDR）。政府决定在银行业率先引入CDR作为"开放银行"的一项策略，随后将在能源行业、通信行业效仿并实施，以更好地从竞争角度上促进产业发展。
③ 同时，法案规定对以下方面必须制定数据标准：（a）提出和响应产品参数请求、消费者数据请求；获得或撤回授权和同意；（b）CDR数据收集、使用，包括参与者在征求消费者同意方面应当满足的要求；（c）CDR数据的披露和安全；（d）CDR数据的类型和这些类型的描述，供CDR参与者在提出和响应请求时使用；（e）应请求提供CDR数据的格式；（f）CDR参与者应满足的要求；（g）CDR参与者通知其他参与者撤销同意或授权的具体操作流程；（h）CDR参与者必须要提供一些辅助性服务来协助CDR参与者彼此之间的通信服务。

金融行为监管局、英格兰银行联合进行数字监管报告项目工作[1]。这项工作的总体目标是探索技术如何使企业更容易满足其监管报告要求，并提高其向监管机构提供的信息质量[2]。

（五）亚洲国家

2013年，韩国未来创造科学部与放送通信委员会制定了以促进大数据产业发展并兼顾个人信息保护的数据共享标准。2019年6月初，监管机构金融服务委员会公布了《金融大数据基础设施建设计划》。计划目标之一是建立名为CreDB的开放数据系统，由韩国信用信息服务负责，旨在提高金融数据的共享水平，消弭数字鸿沟。将从金融机构、公共机关等收集到的数据集提取样本后，进行非识别措施，以统计编制和学术研究为目的，为使用者提供数据库。

日本特别关注大数据利用的课题，针对信用卡公司都有因数据格式不一致而难以利用的问题，提出设立"关于信用卡数据的数据标准化工作组"[3]，作为讨论信用卡公司面对信用卡数据标准化的具体对策的场所。同时，经济

---

[1] 2008年金融危机后，监管部门对企业的要求更加严格，企业需要满足的监管条例越来越多，企业在提交监管报告方面的负担也随之增加。欧盟委员会的监管报告适用性检查结果表明，大部分企业报告成本占总运营成本的1%以上。在此背景下，英国金融行为监管局推出数字监管报告项目。该项目的主要流程是将关于监管报告的规则转换成机器可以执行的代码，然后将其运用在经过标准化处理的企业数据上，从而获得监管部门所需信息，最后生成监管报告。
2017年11月，英国金融行为监管局和英国央行举办TechSprint，在这两周时间里，英国金融行为监管局以监管规则SUP16.12 FSA001为例探索数字监管报告模型。到2018年末，英国金融行为监管局已经完成了数字监管报告模型第一阶段的试验，并发布成果报告。

[2] 在2019年，顺利完成了第一阶段的试点工作，数字监管报告中发现：监管报告的自动化，不仅需要将指令转化为代码，而且该代码最终需要引用公司提供的数据，为了有效地做到这一点，必须以标准格式提供数据。在数字监管报告愿景中，企业数据是根据商定的数据标准进行数字标记和识别的，这意味着同样的数据可以很容易地在公司和系统中识别出来。试点期间，项目组根据英国金融行为监管局的"PSD001"模式对抵押数据进行了标准化，发现根据特定监管格式对数据进行标准化并不是一个可扩展的解决方案，将着眼于构建跨多个监管报告的数据格式。

[3] 工作组针对会员商店的位置信息和会员商店的行业信息（从收单方发送到国际品牌和发行方的销售数据）建立了统一的响应策略。经济产业省「クレジットカードデータ利用に係るAPI連携に関する検討会」による。

产业省研究与信用卡数据使用相关的 API 合作时，提出了信用卡公司的 API 规范标准化的构想①。

印度由其央行实行数据监管职责，要求金融数据以标准的、机器可读的格式报告，使得数据共享更加容易。同时，央行支持"账户聚合"系统，用户将能够收集各种财务数据——支出模式、账单偿还、纳税申报表、商业交易——可以选择立即和暂时共享这些数据。

（六）国际金融组织

当代金融工具种类众多，不同国家有关金融工具的规定和组织管理也存在较大差异。为推动金融工具的标准化分类发展，金融稳定理事会（FSB）、国际清算银行（BIS）、国际货币基金组织（IMF）等国际金融组织以及各国私人部门对此深入研究并提出不同的解决方案。金融信息交换协议（FIX）②把各类证券金融业务需求流程格式化，在每个业务功能接口上统一交换格式，方便各个功能模块的连接；金融产品标记语言（Financial Products Markup Language，FpML）用于商业对商业场外市场的金融衍生交易③；金

---

① 在以往的"开放式 API 的理想方法研讨会"中，金融机构中 API 规范的标准化已分三个阶段进行了讨论：开发原则、开发标准、电文规格标准。在汇总开发原则和开发标准的同时，电文规格标准留待继续讨论。本次"与信用卡数据使用相关的 API 合作研讨会"进一步指出，关于信用卡公司通过 API 协作提供的服务，与金融机构相同的内容，将开发原则和开发标准作为统一的方向是适当的。关于电文规格，可以考虑通过标准化来削减开发成本、促进新加入等，比起大多数信用卡公司拥有单独的 API 规格，更多的是尽可能地共同化。另外，应该研究中间商的有效性，以实现信用卡公司和金融科技企业之间的连接器作用。
② 金融信息交换协议。它是由国际金融信息交换协议协会组织提供的一个开放式协议，目的是推动国际贸易电子化的进程，在各类参与者之间，包括投资经理、经纪人，买方、卖方建立起实时的电子化通信协议。金融信息交换协议的目标是把各类证券金融业务需求流程格式化，使之成为一个个可用计算机语言描述的功能流程，并在每个业务功能接口上统一交换格式，方便各个功能模块的连接。
③ 金融产品标记语言是一种基于可扩展标记语言（XML）的商业信息交换标准，它使用互联网进行商业对商业柜台市场的金融衍生交易。金融产品标记语言可用来在参与公司之间交流柜台市场交易详细资料，它也可以在公司内部分享柜台市场交易信息，也可用于在参与公司和外部公司之间提供关于柜台买卖交易的服务。金融产品标记语言是免费使用的，因为它独立于软件或硬件被参与公司用来确保他们协同工作能力。金融产品标记语言强调利率互换和远期利率协议（FRA），但是最终它将用于柜台市场交易的各个方面。

融业务本体模型（Financial Industry Business Ontology，FIBO）则是定义和描述金融服务行业的业务和商务概念的一个工业参考标准。

金融危机爆发的原因有很多，场外衍生品交易（Over-the-Counter，OTC）的不透明性也是其中之一。向当局提供有关贸易活动的数据，是查明和解决OTC市场的金融稳定风险的关键部分。近年来，各国监管部门收集的OTC微观交易数据呈现指数级增长态势，传统的数据管理和分析方法较难应对。金融稳定理事会2014年9月公布的《场外衍生品数据汇总方法可行性研究》的最终报告建议采取一些关键的准备步骤，以便在全球范围内有效汇总场外衍生品交易报告数据。其中一个准备步骤是协调向交易存储库报告的重要数据元素，包括创建特定产品识别码（UPI）①和特定交易识别码（UTI）②，以及在全球引入法律实体识别码（LEI）。2017年金融稳定理事会发布UTI和UPI技术指导文件和治理框架征求意见稿；2018年发布UPI全球治理框架征求意见第二稿；2019年5月宣布，指定衍生品服务局（DSB）作为未来UPI系统的服务提供商；同年9月，正式发布UPI和UTI治理框架，并指出若法律主体识别码监管委员会对其现行治理进行适当调整，将成为UPI、UTI及其他关键要素最佳国际治理机构。

三　中国监管科技数据标准存在的问题及解决途径

当下新型的互联网平台以独特的流量资源为依托而构建的数据垄断行为，是以前未发生过的，非常隐蔽，不易被察觉，这对立法和监管都提出了新的挑战③。在数字经济时代，最重要的是如何以更高效率，更低

---

① UPI将特定识别向交易仓库（Trading Repository）报告的场外衍生品交易所涉及的产品。这将有助于当局按产品汇总场外衍生品交易数据。这种汇总将有助于有效利用场外衍生品交易报告数据，帮助当局评估系统风险和发现市场滥用。因此，它将为场外衍生品市场实现G20改革的关键目标之一。
② UTI的主要目的是在向交易仓库提交的报告中特定标识单个金融交易。特别是通过最小化同一笔交易被多次计算的可能性（例如，因为一笔交易的多个交易对手或多个交易仓库报告了该交易），UTI有助于确保场外衍生品交易的一致性汇总。
③ 杨东、李子硕：《审慎对待数据垄断》，《中国国情国力》2019年第8期，第18~19页。

成本，更佳的组织方式和利益分配来解决数据的问题①。我国对于数据标准问题的探索一直在加快脚步，不断总结国内数据标准管理的实践经验，形成相关理论知识的最新成果②。在实践方面，我国应着力打通数据标准差异对监管造成的困难，充分利用先进的监管科技开展实时动态监管。

（一）现实问题

伴随着数字经济革命催发的新一轮经济发展，数据基础设施落后、数字资产界定归属与流转规则模糊、数据共享与跨境流动受限、数据隐私与数据利用博弈等运转困境也逐渐暴露③。实现监管科技数据标准体系的建立，也是金融数据标准化的重要领域之一。没有金融数据的支持，监管科技无法正常工作，因此金融数据标准化的推动也能对今后监管科技的发展给予支持。通过分析对比各国数据标准建立现状得出，我国的数据标准建立需要解决好以下两方面的问题。

1. 监管部门的协同

数据标准的建立应包括业务属性、技术属性及管理属性④。对于属于管理属性中的相关机构，要注意区分数据治理机构和数据标准的归口机构。数

---

① 杨东：《共票：区块链治理新维度》，《东方法学》2019年第3期，第56页。
② 2017年中国银行业监督管理委员会发布《中国银监会银行业金融机构监管数据标准化规范》，中国银行业监督管理委员会在其中重新整合了《中国银监会监管数据标准化规范（中小银行及农村金融机构）2.0版》（银监办发〔2014〕315号）和《商业银行监管数据标准化规范》（银监办发〔2016〕31号），具体细化了国内依法设立的银行机构对应EAST系统所需要的相关规范；2018年国家出台了《国务院办公厅关于全面推进金融业综合统计工作的意见》，提出要制定统一的数据标准，建立标准统一、时间连续的微观金融数据库，统一金融数据统计口径，助力金融监管协同；《中国人民银行2019年预算》提出要制定统一的金融业综合统计基础标准和工作机制，建设国家金融基础数据库；中国信通院发布的《2019数据标准管理实践白皮书》梳理了各行业（如工业、电信、金融、互联网、能源、教育、交通等）数据标准管理面临的难点痛点，力求搭建一个完整的数据标准管理架构。
③ 杨东、龙航天：《数字经济重构经济发展新格局》，《金融博览》2019年第2期，第58～59页。
④ 农发行总行信息科技部课题组、邵世敏、杨建华：《银行数据标准体系及构建方法》，《农业发展与金融》2017年第11期，第74～77页。

据治理机构负责牵头组织行业内的数据标准工作，对数据标准的落地进行协调、监督、推进。数据标准的归口机构则更像是具体的业务部门，负责对标准进行维护、解释及落地后实际执行的跟进。当前，国内金融科技市场仍处于起步阶段，对数据的监管还处在探索创建阶段，还没有形成在行业内普遍行之有效的监管方案。在监管科技产品的开发阶段，监管部门之间沟通与合作不够畅通，这不利于数据标准的设定，也很难为市场提供较为清晰的规范指引。

2. 数据处理的安全和技术

对数据的监管需要经过收集、传输、处理等过程，在这些过程中需要符合安全要求的加密技术予以保障，以确保数据在整个过程中的安全使用。这要求数据监管者必须保证数据的安全性、可用性、完整性，通过使用已有的技术手段来确保所监管数据的私密和安全。

但任何的去标识化和匿名化都可能因技术不成熟而存在一定的漏洞与缺陷[1]，因此监管有必要结合一定的安全技术和措施，如通过访问控制、认证授权等对监管分析结果进行保护，一方面保护具有价值的大数据分析成果，另一方面也防止分析结果的泄露以及遭反向追溯引发数据与隐私泄露风险。值得重视的是，个人信息安全的相关风险已经不容忽视，这主要包括个人信息泄露风险加剧、数据所有者权益难以保障等问题[2]。

我国的监管不仅需要制定好数据标准，还要使数据标准落地。国内的数据标准化工作发展了多年，但是数据标准取得显著效果的案例并不多。出现这种情况主要有两个原因：一是制定的数据标准本身有问题。有些标准一味地追求先进，向行业领先看齐，标准大而全，脱离实际的数据情况，对数据的共性提取不当，导致标准很难落地。二是标准化推进过程中出了问题，其中就包括上文提到的监管部门的协作问题。

---

[1] 齐爱民、张哲：《识别与再识别：个人信息的概念界定与立法选择》，《重庆大学学报》（社会科学版）2018年第2期，第119~131页。

[2] 全国信息安全标准化技术委员会：《大数据安全标准化白皮书（2018版）》。

（二）解决途径

1. 统一数据标准

目前有关数据的标准协议，在标准的制定上尚未统一，如 LEI/UPI/OTI 和 ISO200022 标准等。只有统一数据标准，完善审批流程，监管科技才能在不同国家展开应用，扩大监管范围，维护金融科技等行业的稳定发展。通过统一数据标准，可以促进技术与标准的相互啮合，规范行业认知和共识。数据标准确定后还要让其实际落实，也就是需要受到监管的各个平台使用该标准。需要注意的是，技术在日新月异地发展。因此，对数据标准的制定也要及时跟进更新，相应的监管机构应促进业界对标准的认可和遵守，并对不断涌现出的新的数据概念保持开放的理念。

2. 发展数字化监管系统

监管离不开技术的应用，要充分利用大数据、云计算、区块链等新兴技术实现数字化的动态监管[1]，通过接入金融机构数据端口对有关数据进行直接采集。实现数字化监管的前提是实现"机器可读"[2]，即利用人工智能等技术落实相关的监管政策和规定，对数据进行合规。同时，监管机构需要为金融机构提供相应的监管应用程序接口，签订监管协议并生成监管报告。数字化监管系统的建立将把目前的被动监管、事后监管变成实时监管，提高监管效率。同时，由于数据可以实现实时同步更新，会大大提升弄虚造假的成本，相应地也会提高监管的效率和效果。

3. 实现安全的数据共享

目前，金融行业面临的主要挑战之一是在监管层面上尚未针对金融数据共享的需要进行有效的回应和调整[3]。保护数据安全是数据共享的前提。与

---

[1] 杨望、戴颖：《监管科技推动新金融生态建设》，《中国金融》2018 年第 10 期，第 44~45 页。

[2] 杨宇焰：《金融监管科技的实践探索、未来展望与政策建议》，《西南金融》2017 年第 11 期，第 22~29 页。

[3] 杨帆：《金融监管中的数据共享机制研究》，《金融监管研究》2019 年第 10 期，第 53~68 页。

数据有关的法律和监管规定与个人数据隐私保护之间有着千丝万缕的联系[1]。监管部门需要长时间地对金融科技的发展进行关注和评估,从中分析其对数据安全和隐私保护的影响,通过监管确保市场发展在数据保护与数据有效使用之间取得平衡。对平台滥用市场支配地位等数据垄断行为的反垄断法规属于事后审查,具有滞后性和被动性[2],除了加强对平台跨行业并购整合数据行为的事前审查之外,优化数据的开放分享机制也是促进我国互联网行业竞争的关键之举[3]。某些平台的数据保护或数据的本地化规则[4],是影响有效信息共享的主要障碍,尤其是大型平台对数据的垄断,往往导致产生"信息孤岛"[5]。在信息革命时代,超级平台对数据进行垄断,进而借此影响市场正常竞争的行为需要监管部门予以重视和警惕[6]。因此,监管必须考虑如何消除数据的安全使用及共享的法律障碍和技术障碍。目前,国内在司法领域已经引入区块链技术,兼顾数据的开放与共享[7],对金融行业的监管,可以借鉴司法领域的成功经验。我国可以采取以区块链技术为依托的监管科技,需要构建内嵌型的、技术辅助型的解决政府与市场双重失灵并考虑技术自身特性的有机监管路径[8],从而满足复杂多变的监管需求。

---

[1] 王忠、殷建立:《大数据环境下个人数据隐私治理机制研究——基于利益相关者视角》,《技术经济与管理研究》2014年第8期,第71~74页。

[2] 曹阳:《互联网领域滥用相对优势地位行为的法律规制》,《法学论坛》2019年第3期,第79~88页。

[3] 杨东:《数据争夺是新一轮国际竞争核心》,《中国金融》2019年第15期,第55~57页。

[4] 李海英:《数据本地化立法与数字贸易的国际规则》,《信息安全研究》2016年第9期,第781~786页。

[5] 张玉智、潘玥:《新时代金融监管的信息孤岛及其破解思路研究》,《情报科学》2019年第9期,第22~28页。

[6] 杨东、张昕炎:《数据竞争的国际执法案例与启示》,《检察风云》2020年第3期,第56~57页。

[7] 杨东、徐信予:《区块链与法院工作创新——构建数据共享的司法信用体系》,《法律适用》2020年第1期,第12~22页。

[8] 杨东:《区块链如何推动金融科技监管的变革》,《人民论坛·学术前沿》2018年第12期,第51~60页。

4. 促进监管机构、金融机构和监管科技开发者的协作

根据协同理论和治理理论形成的协同治理理念[1]，主要强调治理主体的多元性、平等性、协同性和有序性。监管科技产品的服务群体相对明确，市场针对性很强，任何解决方案的设计和落地都离不开金融机构、产品开发者和监管机构的三方合作。此外，设计监管解决方案既需要考虑到监管框架的设立，也要照顾到具体监管规则的细化。面对数据标准的制定，监管机构应该保持开放的讨论态度，努力创造一个探讨协商的窗口，使得各方能坦诚交流数字监管过程中存在的问题和挑战，这也有利于数据标准落地后的推进。

5. 学习借鉴国外监管模式与经验

政府部门可以通过借鉴"监管沙盒"[2]、创新指导窗口（Innovation Hub）和创新加速器（Innovation Accelerator）等较为成熟的国外经验，形成监管机构、金融机构、金融科技企业之间的良性互动，这有助于提高整个市场对监管方案的理解，推动监管方案的普适性，同时也有利于降低监管设计和执行中不必要的博弈成本。金融科技业务本质的认识是随着监管实践不断深化的，其监管原则也不是一成不变的[3]。目前，我国监管科技的发展仍然滞后于金融科技的发展，应加大对监管科技的研究，大力推动新兴技术在该领域的应用，积极借鉴国外的成功经验，实现监管科技和金融科技的互促互进，构建科技驱动型监管[4]的新体制。

四 新基建背景下建立数据标准的未来展望

中国经济正迈向高质量发展的新时代，我国不仅是基建大国，也是基建

---

[1] 张仁汉：《视听新媒体协同监管体系建设研究——以国家文化安全为视角》，《社会科学战线》2016年第6期，第274~278页。

[2] 范云朋、赵璇：《澳大利亚金融科技"监管沙盒"的经验与启示》，《财会月刊》2020年第1期，第131~138页。

[3] 陈彦达、王玉凤、张强：《我国金融科技监管挑战及应对》，《金融理论与实践》2020年第1期，第49~56页。

[4] 杨东：《监管科技：金融科技的监管挑战与维度建构》，《中国社会科学》2018年第5期，第69~91页。

强国。金融基础设施不只影响当前金融体系运行的效率,更需要引起重视的是,金融基础设施的发展质量与规模类型还会深刻塑造并影响着金融结构的调整[①]。基础设施的内涵和外延在新兴技术的蓬勃发展中也不断地得以丰富,可以实现高质量的经济发展。人工智能、5G、工业互联网、物联网、大数据中心等已成为"新型基础设施建设"[②] 的典型代表,"新基建"已成为2019年的行业热词。

在信息时代,数字化和智能化的发展脚步在逐渐加快,大规模数据中心的建设是现代经济发展的必然要求,是大势所趋。毫无疑问,数据标准等信息基础设施是发展数字经济的必要驱动力和为市场带来多种发展机遇的催化剂。在当下产业结构升级的背景下,大力发展大数据中心等新型基础设施的建设对我国数字经济的发展具有重要的意义。

新基建背景下,数据标准作为最基本的信息基础设施,其重要性不言而喻。数据标准落地后能发挥多大效用是目前亟待考虑和解决的问题,数据标准的建立必须符合当下大数据中心等新型基础设施建设的特点——适应灵活的系统、支持分布式部署、高效的统一调配和协同能力,从而才能反过来促进新基建的发展,推动产业结构升级转型,带动我国数字经济的建设发展。

参考文献

[1] 陈彦达、王玉凤、张强:《我国金融科技监管挑战及应对》,《金融理论与实践》2020年第1期,第49~56页。

[2] 曹阳:《互联网领域滥用相对优势地位行为的法律规制》,《法学论坛》2019年第3期,第79~88页。

[3] 范云朋、赵璇:《澳大利亚金融科技"监管沙盒"的经验与启示》,《财会月

---

① 程炼:《金融科技时代金融基础设施的发展与统筹监管》,《银行家》2019年第12期,第32~34页。
② 马荣、郭立宏、李梦欣:《新时代我国新型基础设施建设模式及路径研究》,《经济学家》2019年第10期,第58~65页。

刊》2020年第1期,第131~138页。

[4] 杨东:《"共票":区块链治理新维度》,《东方法学》2019年第3期,第56~63页。

[5] 胡贝贝、王胜光:《互联网时代的新生产函数》,《科学学研究》2017年第9期,第1308~1312页。

[6] 项卫星、李宏瑾:《当前各国金融监管体制安排及其变革:兼论金融监管体制安排的理论模式》,《世界经济》2004年第9期,第68~76页。

[7] 刘晓鑫:《全球最新金融数据标准化借鉴》,《中国金融》2018年第24期,第96~97页。

[8] 马荣、郭立宏、李梦欣:《新时代我国新型基础设施建设模式及路径研究》,《经济学家》2019年第10期,第58~65页。

[9] 杨东:《监管科技:金融科技的监管挑战与维度建构》,《中国社会科学》2018年第5期,第69~91+205~206页。

[10] 杨东:《区块链如何推动金融科技监管的变革》,《人民论坛·学术前沿》2018年第12期,第51~60页。

[11] 杨东、徐信予:《区块链与法院工作创新——构建数据共享的司法信用体系》,《法律适用》2020年第1期,第12~22页。

[12] 杨东:《数据争夺是新一轮国际竞争核心》,《中国金融》2019年第15期,第55~57页。

[13] 杨东、张昕炎:《数据竞争的国际执法案例与启示》,《检察风云》2020年第3期,第56~57页。

[14] 杨东、龙航天:《数字经济重构经济发展新格局》,《金融博览》2019年第2期,第58~59页。

[15] 杨东、蔡仁杰:《开放银行:从数据孤岛到数据共享社会》,《金融博览》2019年第11期,第55~57页。

[16] 杨东:《对超级平台数据垄断不能无动于衷》,《经济参考报》2019年6月26日。

[17] 张守文:《反垄断法的完善:定位、定向与定则》,《华东政法大学学报》2020年第2期,第6~16页。

[18] 杨东、顾雷:《开放银行的理念创新及监管价值取向》,《清华金融评论》2019年第11期,第73~76页。

[19] 杨东:《发挥数字经济优势战疫情,推动经济社会正常有序》,《经济参考报》2020年3月10日。

[20] 杨帆:《金融监管中的数据共享机制研究》,《金融监管研究》2019年第10期,第53~68页。

[21] 杨望、戴颖:《监管科技推动新金融生态建设》,《中国金融》2018年第10

期,第 44~45 页。
[22] 朱磊:《数据标准化的强音符与快应对——对 2017〈银行业金融机构监管数据标准化规范〉的解读》,《银行家》2017 年第 6 期,第 112~113 页。
[23] Silverman, J., "Privacy under Surveillance Capitalism", *Social Research*, 2017, 84(1): 147-164.

B.24
数字身份认证与政务数据合规流转研究

湾区国际金融科技实验室[*]

摘　要： 数字化治理的核心逻辑是构建数字公民镜像，即打破跨部门的数据鸿沟，实现统一的公民数据共享和安全保护标准。例如，将公安身份数据、通信用户数据和金融信用数据进行融合，构建权威、可信的统一数字身份服务体系，以5G网络的建设红利期为契机，快速构建一个有序健康的数字化社会治理系统。为此，本文提出采用e公民数字技术解决政务数据合规流转问题，并以此作为基础设立数据资产合规流转中心，为数据治理和相关合规监管提供即时高效的合规监管工具，有利于构建粤港澳大湾区数据资产产权制度，规范数据产业生态的健康发展。

关键词： 数据治理　合规流转　大湾区　e公民　政务数据

一　背景

中共中央政治局第二次集体学习时强调，要建立健全大数据辅助科学决策和社会治理的机制，推进政府管理和社会治理模式创新，实现政府决策科学化、社会治理精准化、公共服务高效化。

数字化治理的核心逻辑是构建数字公民镜像，即打破跨部门的数据鸿

---

[*] 执笔人：陈波。

沟，实现统一的公民数据共享和安全保护标准。例如，将公安身份数据、通信用户数据和金融信用数据进行融合，构建权威、可信的统一数字身份服务体系，以5G网络的建设红利期为契机快速构建一个有序健康的数字化社会治理系统。

二 必要性

（一）建立数据产权制度是先行示范的重要内容

随着互联网和新技术的发展，全国各地政府部门在公共数据和电子政务领域创新实践，积极推进政务信息系统整合共享，随着各地政府数据向社会公众开放步伐的加快，推动数据作为关键生产要素的解放，其开放共享和开发利用具有重要意义，是数字经济供给侧改革的重要措施，有着巨大的经济社会价值。

《粤港澳大湾区发展规划纲要》提出共建粤港澳大湾区大数据中心，深圳作为特色社会主义先行示范区，也明确了探索完善数据产权和隐私保护机制，共享开放机制，打破"数据孤岛"，促进公共信息资源开放、互联互通以及规划建设汇聚国际国内各领域数据资源的大数据中心，在安全可控的前提下探索数据资源跨境、跨域、跨级融合互通和协同应用的行动方案。

（二）政务数据是金融科技生态体系的关键性资源

在大数据、人工智能、区块链等新技术支持下的金融科技正在成为金融发展的主要推动力，金融科技是未来全球金融竞争的制高点，谁掌握好这一最先进的生产力，谁就拥有最强的金融核心竞争力。2019年8月22日，中国人民银行《金融科技（Fintech）发展规划（2019～2021年）》中提出应当完善数据治理机制，包括数据确权、控制数据用途、保障数据安全等。

数据是金融科技赖以发展的基础，特别是政务数据，具有巨大的经济社会价值，其开放共享和开发利用对金融行业的健康发展、风险防范和提供更好的服务有着重要的意义。建设数据资产合规流转中心，促进数据共享以及合规使用是推动经济社会的良性发展，推动数据资源融合应用，打破"数据孤岛"，突破金融服务"最后一公里"制约，使金融行业降本提质、打开中小企业融资市场空间的关键。

同时，政务数据共享及合规使用是地方政府推动金融业健康发展和打造一流营商环境的重点，是建设粤港澳大湾区数据中心和打造金融服务生态的重要基础，以全新思路破题，通过技术手段解决在政务数据流转中的合规性、安全性、便利性等难题，为数据资产的有效利用和监管树立标杆，为深圳建设国际金融创新中心提供助力。

（三）数据合规流转中心是数据安全共享和监管的基础设施

近两年，《中华人民共和国密码法》《中华人民共和国网络安全法》《信息安全技术个人信息安全规范》等系列法律法规的正式生效以及《中华人民共和国个人信息保护法》和《中华人民共和国数据安全法》的制定，对重要信息系统和数据资源保护、完善隐私保护机制的要求将进一步加强。

随着数据安全、隐私保护和各项数据保护法律法规的出台，对于数据交易的管控也将愈趋严谨，中国人民银行关于金融科技规划的文件明确提出强化金融数据治理，加强监管科技应用，在"切实保障个人隐私、商业秘密与敏感数据前提下"，实现数据资源有机整合与深度利用。高度敏感、隐私的数据发掘和利用受到法律法规和商业利益两方面限制：在法律法规方面，用户在将隐私数据分享给企业之后，便可能失去对数据的控制权，很难获知实际数据的使用情况，个人敏感数据存在被滥用的可能；在商业利益方面，作为企业的核心资产之一，不受控的数据分享会削弱企业的核心竞争力甚至打破企业自身的商业壁垒。

因此，设立数据合规流程中心，构建数据共享环节治理规则和安全体系，不仅为存量业务中隐私数据属主的合法权益提供了保障，同时为金融科技的发展提供了基础能力支撑，为深圳构建全链条、全方位的金融科技产业

生态和打造全球金融科技标杆城市，不断提升服务实体经济和防范金融风险的能力提供助力。

三 数据合规流转技术原理

（一）理论基础

1. 数据融合

随着大数据、人工智能、区块链、云计算等新兴技术兴起，大数据融合概念及相关技术研究也随之兴起。孟小峰等、Ngbede Salefu 等分别对大数据融合概念进行了研究，认为大数据融合是建立数据间、信息间、知识片段间多维度、多粒度的关联关系，是对独立或联合生成数据的集合分析，能实现更多层面的知识交互，为基于价值挖掘的决策改进提供有力支持。目前关于大数据融合的研究，主要集中相关技术、算法、模型和实现等，总体处于研究的初级阶段，理论研究、系统研究和综合研究不多。

2011 年以来，我国共有 8 份国务院文件、6 份部委文件、14 份国务院公报提到数据融合或大数据融合。[1] 政府对数据融合概念的使用，早期由气象局提出，偏向于多源数据融合处理的技术层面（和学术界相同)[2]。2015 年，《国务院关于印发促进大数据发展行动纲要的通知》（国发〔2015〕50 号）发布，首次提出"推动跨领域、跨行业的数据融合和协同创新"。至此，推动不同领域的数据融合应用（特别是大数据融合应用）受到政府高度重视，数据融合的概念也开始脱离早期纯技术范畴，进入当前我们所熟悉的应用范畴。

---

[1] http://sousuo.gov.cn/a.htm? t = zhengcelibrary.
[2] 2011 年《气象局、发展改革委关于印发气象发展规划（2011~2015 年）的通知》提到，"发展基于数据融合技术和高分辨数值模式产品适用的精细化预报技术，提高精细化预报能力"。2014 年《中国气象局关于印发国家气象科技创新工程（2014~2020 年）实施方案的通知》，要求开展"气象资料质量控制及多源数据融合与再分析"。

2. 数据开放共享

数据开放共享和 Data Sharing、Open Data、Sharing Data 等相对应,但目前未有文献专门研究该定义的内涵和外延。实践方面,数据开放共享主要和政府数据相联系。黄如花等提供了 2005～2015 年关于政府数据开放共享的研究综述,指出政府数据开放共享可定义为政府机构在法律范围内开放、共享其生产或拥有的按照一定标准规范组织过的数据集。这部分数据可供企业、公民、研究者等自由使用,为社会创造价值。

3. 数据安全

数据安全即 Data Security,根据最新发布的中华人民共和国国家标准 GB/T 37988－2019,《信息安全技术 数据安全能力成熟度模型》定义,数据安全是通过管理和技术措施,确保数据有效保护和合规使用的状态。其中包括保密性,使信息不泄露给未授权的个人、实体、进程,或不被其利用的特性;完整性,准确和完备的特性;可用性,已授权实体一旦需要就可访问和使用的数据和资源的特性。

数据安全过程包括数据生存周期安全过程(采集、传输、存储、处理、交换、销毁 6 个阶段)和通用安全过程。数据安全能力是指组织在组织建设、制度流程、技术工具及人员能力等方面对数据的安全保障能力。

(二)基本原理

数据作为信息时代最为重要的价值载体,合规流转的先决条件在于数据确权和安全保障。数据资产合规流转的实质是数据的确权,其中包括三个基本环节:数字身份认证(所有人)——数据真实性验证(真实性)——数据资产存证(确权/交易),即通过数字身份认证技术建立数据资产所有者的数字孪生镜像,然后通过电子签名技术实现数据真实性的验证,最后通过第三方司法存证技术实现数据资产的确权和交易确认。

由于数据资产的规模小且分散、交易频率极高的特点,传统的资产合规和确权制度很难适应,因此需要建立一套高性能的数据资产合规流转系统,在短时间内完成大规模的数字身份认证、数据真实性验证和数据资产存证

功能。

为此，拟采用e公民数字技术解决政务数据合规流转问题，并以此作为基础设立数据资产合规流转中心，为数据治理和相关合规监管提供即时高效的合规监管工具，有利于构建粤港澳大湾区数据资产产权制度，规范数据产业生态的健康发展。

（三）技术特色

通过e公民数字技术的数据确权、隐私保护等服务构建数据共享环节治理规则和安全体系。基于e公民数字技术搭建数据资产流转中心，在依法合规、保障安全的前提下，以"用户合规授权、企业合规使用、使用过程留痕、政府校验监管"为出发点，遵循"用户授权、最小够用、全程防护"原则，依托公安部权威身份认证、数字身份动态标示化服务和特征提取等技术解决数据脱敏和减少数据流转、保存、使用中的安全风险；通过数字签名、第三方司法存证完成用户明示和自主授权实现数据合规流转；在使用环节，通过e公民数字技术唯一身份可信根和动态标示转换，在不归集、不共享原始数据的前提下，借助区块链、模型运算、多方安全计算等技术，实现数据的使用。

在通过e公民数字技术实现数据合规、安全的前提下，基于物理分散、逻辑集中的原则，在保持现有数据中心职能不变，维持当前数据物理存放位置和运行主体不变，保障各方数据所有权不变的前提下，构建"一个数据流转管理平台+N个数据中心（数据源）"的数据架构，对接政务数据、通信数据以及其他跨机构、跨领域数据，实现数据规范共享和高效应用。为监管部门制定实施统一的数据管理规则、实现数据的集中监管提供了条件，为金融数据治理和监管政策的制定提供了试点和基础。

通过搭建数据合规流转中心，一方面，可以合法、安全地对接更多可信数据源，作为央行征信系统的补充，帮助金融机构更好地基于大数据实现服务创新和业务拓展；另一方面，依托数据合规流转中心的实践，帮助监管机构完善数据治理的顶层设计和数据规划，更合理地制定数据资产的管理制度和监管规则。

基于 e 公民数字技术构建数据合规流转中心，为金融科技的发展提供助力，促进金融生态的健康发展，为推动粤港澳大数据中心的建设、加强政府的数据治理和数据资产管理能力、构建以数据为核心驱动力的创新能力以及推动大数据和实体经济的融合发展提供了范本和基础。

四　实施案例

（一）数据合规流转平台

对接"i 深圳"平台，将其作为政务数据合规流转的枢纽，为数据合规流转平台提供支撑能力。

（二）整体方案简述

以现有的统一线上政务服务 App"i 深圳"为支撑，构建为金融机构服务的政务数据安全校验平台，依托 e 公民数字身份提供的可信身份认证和电子签名服务能力，结合区块链技术，实现政务数据合规流转，为解决政务数据流转难题和政务有效监管提供新思路，突破金融服务"最后一公里"制约，实现金融行业降本提质、打开中小企业融资市场空间的关键。

政务数据校验平台不留存用户数据，只负责数据校验并对金融机构所获数据的合法使用进行监管，以规避数据所有权等问题和清晰划分数据流转边界，实现"用户合规授权、企业合规使用、使用过程留痕、政府校验监管"。

未来基于此平台服务，实现和其他地市的数据协同，建立跨行业、跨区域的数据安全、合规的流转。

（三）方案设计流程

用户通过"i 深圳"平台发起获取个人数据请求，"i 深圳"将用户请求传递给具体委办局的同时，将数据的校验值同步传输给"政务数据校验平

台"链上存储以备后续校验使用。

用户通过e公民数字身份提供的可信身份认证和电子签名服务进行授权,授权后由数据提供部门发送数据至用户的"i深圳"App,数据由用户本人存储;同步发送摘要至"i深圳"后台,由"i深圳"上传至联盟链。

用户办理业务时,用户本人将授权的数据发送至金融机构,在授权同时可以对数据的使用范围和期限进行约定。

金融机构获得用户的授权数据后,提交数据给"政务数据校验平台"进行校验,确定数据来源有效、数据完整和真实。

"政务数据效验平台"通过e公民数字身份服务完成对金融机构提交的数据与用户授权进行比对,确保用户授权的法律有效性和真实性后返回数据的比较效验结果,并通过e公民数字身份技术对授权进行签名。

"政务数据效验平台"还将在链上记录金融机构对数据的使用情况,以备提供后续服务,如授权时间终止时,提醒金融机构和用户续约(见图1)。

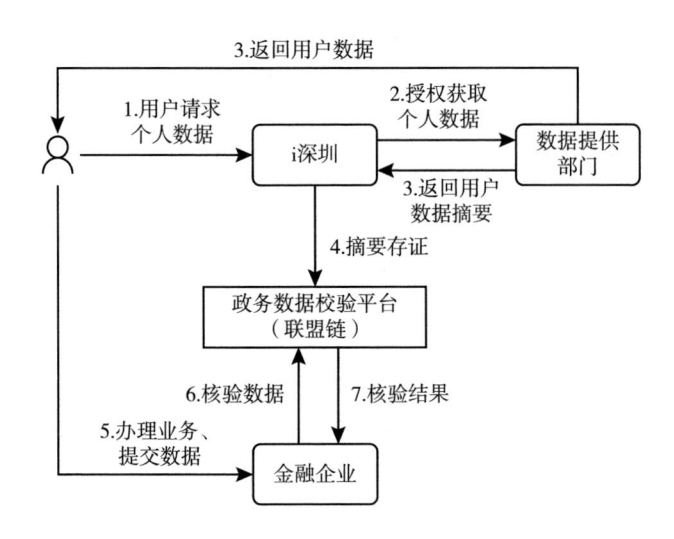

图1 数据流转

(四)方案说明

用户数据保存于用户个人终端,不集中保存至服务器,避免了数据泄露的风险。数据由数据提供部门提供给用户，并由用户提供给金融机构，金融机构无须向数据提供部门提调取数据请求。

通过链上数据摘要，确保数据真实未被篡改，并通过区块链提供数据的验证途径。

由用户控制、保管个人数据，获取和使用均由用户授权，符合相关规定及发展趋势。

（五）电子签名存证

1. 方案简述

当用户办理业务时，如需要使用用户数据时，"i 深圳"通过授权书告知用户将被使用的数据及数据使用情况。用户通过 e 公民平台进行授权，形成授权书签名文件，并将签名文件存放至区块链存证系统。

2. 方案设计流程

"i 深圳"向用户明示授权书，告知数据内容及用途；

用户阅读同意授权后，通过 e 公民平台对授权书签名；

e 公民平台将授权书摘要及签名值存入区块链存证平台（见图 2）。

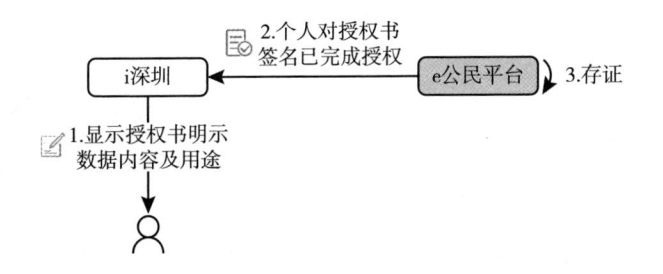

图 2 电子签名存证

3. 方案说明

"i 深圳"通过调用 e 公民提供的 API 接口提示用户对授权书签名；用户通过 e 公民电子签名平台，完成对授权书的签名。

存证平台只存储授权书的摘要及签名值，不会涉及用户隐私以及"i 深

圳"自身的业务数据。

湾区电子签约存证平台可以提供电子数据存证、取证、出证等服务。

五 总结

本文提出如下三点思考和建议。

第一，积极推进政府向数字化执政能力的转变。政府的数字化建设应当从重视基础设施投入向重视数据场景应用的思路上转型。政务数据是我国数据资产的核心内容，这些数据的应用具有巨大的经济社会价值，其开放共享和开发利用对数字经济的健康发展有着重要的意义。应当高度重视政务数据的合规共享和价值挖掘，以构建具有中国社会主义特色的数据资产确权制度为核心目标，基于e公民技术建设数据资产合规流转中心，通过个人数据的确权和授权机制，合法确保数据的使用和安全，打造良好的数字化基础设施，避免数字化建设的同质化和碎片化。尤其建议各级政府统筹安排，增加在突发公共安全事件领域的建设投入，构建社会风险管理的数字化协同治理机制。

第二，大力推动企业向数字化运营能力的转变。企业的数字化转型是数字经济的核心逻辑，以互联网企业为代表的科技企业已经走在了数字化转型的前沿，但是仍有大量传统企业有待进行全面的数字化改造，其中最大的障碍是成本和人才。因此，应当从两个方面进行重点突破：一是构建良好的数字化营商环境，减少企业数字化转型的风险，政府可通过e公民数字技术等实现政务数据的合理共享，创造应用场景，降低企业参与的成本；二是大力推进数字化人才的培养工作，加强应用型人才的培养，重点解决大数据人才成本过高的问题。同时通过数字身份和电子合约在金融领域的应用，加快金融行业的数字化转型，以金融科技的发展带动传统产业的数字化改造，与互联网行业的数字化协同，形成我国数字经济发展的两大核心驱动力。

第三，全面促进社会向数字化管理能力的转变。本次疫情的防控体现了群众参与的力量，防控措施精准地覆盖到每个社区和村庄，这体现了社会主义制度的优越性。数字化实名网络在社会公共事件处理上体现出了巨大的潜力和价值，但是也存在重大的风险隐患。应逐步解决数据隐私保护和公共安全管理之间的矛盾，构建良性的数字经济底层逻辑。同时，应大力倡导在线教育、在线办公等新型的工作学习模式，以效率提升降低疫情对经济的损害，加快数字化社区和数字化农村的建设工作，提高公共服务的数字化水平。

这次疫情是对治理体系和治理能力的一次大考，政府已充分意识到全面提升政府数字化执政能力已经势在必行：应尽快建立起以信息与数字技术为根基的国家、社会、行业、单位规范化、专业化、标准化、数字化、精细化、案例化的现代数字治理基础体系；应建立科学、简约、高效以及责、权、利清晰的治理体系，同步建立政府信息、过程、结果更加公开、透明，可追溯、可追责、奖罚分明、监督到位的激励约束机制；应全面并加速推进经济、管理与服务三个维度的深度数字化转型升级，真正实现治理能力的现代化、高效化。

参考文献

[1] 湾区国际金融科技实验室：《数字治理迎来重大转型机会》，《中国经营报》2020年2月。

B.25
数据治理与个人隐私保护的研究

中信网安认证有限公司[*]

摘　要： 数字时代的到来，引发了生产工具的变革，数据成为解放生产力的核心生产工具，然而，由于缺乏有效的数字身份制度和监管机制，网络空间的数据滥用和个人隐私数据泄露现象屡见不鲜。本文首先对个人数据进行定义与理解，再通过分析近年典型数据滥用和个人数据泄露事件，从个人、企业、国家三个层次分析数据问题带来的风险，再结合我国应用市场现状，提出基于SIM卡构建完善的数字身份体系，配合有效的监管机制，实现数据治理和个人隐私保护的设想。

关键词： 个人数据　数据治理　隐私保护　SIM数字身份

一　数据的相关定义与理解

（一）网络空间的个人数据定义

个人数据，指的是自然人作为数据主体的相关信息数据，包含自然人的静态数据和行为数据两种类型。自然人是一个能够被直接或间接识别的个体，通过诸如姓名、身份证号、地址数据、网络标识或者其所特有的生物数据而识别个体。

---

[*] 执笔人：常远、吕晶、张凯。

静态数据，包括但不限于数据化自然人的遗传性或因具有获得性基因特征而获得的基因数据（如年龄、性别、民族等）；基于技术处理自然人的相关身体、生理或行为特征而获得的生物识别数据（如声纹、指纹、人脸等）；标签化自然人的部分条件（如个人爱好、经济条件、常用地址等）而获得的画像数据。

行为数据，指的是自然人在网络空间进行任意行为操作而产生的源数据以及通过技术手段分析源数据而产生的结构化统计数据。元数据行为包括但不限于登录、搜索、查阅、消费、交易、评论、互动、游戏、直播等。

（二）个人数据的处理方式

个人数据的处理指的是对单独的个人数据或者对一系列相关联的个人数据进行操作的行为。操作行为包括但不限于收集、记录、组织、构造、存储、调整、标记、更改、检索、咨询、使用、通过传输而公开、散布或其他方式对他人公开、排列或组合、限制、删除或销毁而公开等方式。

个人数据所有权应当归属于数据主体即产生数据的自然人，因此个人数据处理应当基于数据主体的同意或者数据处理者提前与数据主体签订的数据使用协议；除此之外，数据处理者只能在履行法定义务、为公共利益或基于官方权威的情况下对个人数据进行处理。

（三）数据对现代社会的重要性

数据是数字时代的核心资产，在我国第十九届四中全会上，"数据"被公开定义为生产要素。政府机构作为社会管理者，需要数据资产的支持，可使用、可流转的资产化个人数据才能为数字化社会治理体系提供各种各样的信息支撑，并依托合理判断处置机制，为社会管理者提供更加准确、快速响应的决策基础，推动现有社会治理体系的整体效能提升。

解放数据生产要素的前提是可使用、可流转的资产化个人数据，而个人数据的发掘和治理受到法律法规和商业利益两方面限制：在法律法规方面，用户在将包含个人隐私的个人数据分享给企业之后，便可能失去对数据的控

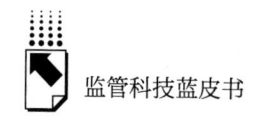

制权，很难获知实际数据的使用情况，个人数据存在被滥用的可能；在商业利益方面，作为企业的核心资产之一，个人数据泄露会削弱企业的核心竞争力甚至打破企业自身的商业壁垒，不当的个人数据处理同样会带来企业名誉受损和经济损失。

二 数据滥用与隐私泄露的危害与风险

数据滥用的危害是逐渐被认识到的。2015年中国互联网协会发布的《中国网民权益保护调查报告2015》显示，90.5%的网民认为隐私权是其最重要的权益，同时82.3%的网民亲身感受到了个人信息泄露对日常生活造成的影响。

（一）个人数据泄露与大数据滥用的危害

当前，群众对个人数据的保护意识已经基本觉醒，但由于缺乏强有力的保护机制和办法，数据滥用和个人数据泄露事件屡见不鲜，下文从三个层次分析个人数据泄露与数据滥用给社会各个角色带来的危害。

1. 第一层风险：个人数据泄露带来的被骚扰与大数据滥用的视界问题

首先，个人数据泄露带来的危害最基础的风险就是骚扰电话，其次是垃圾短信与邮件，再进一步就是电信诈骗。2016年的"徐玉玉电信诈骗案"更是引起了举国上下的关注，正是由于不法分子准确掌握了被害人的姓名、电话、身份证号、住址等详细信息，才酿成了一场18岁花季少女生命逝去的惨案。"徐玉玉电信诈骗案"后，个人数据的安全成为社会舆论的中心，网络基础设施重建设轻防护的现象得到改善，也间接地推动了电话实名制的落实应用和社会群众对诈骗信息的敏感程度。

尽管如此，包含隐私信息的个人数据泄露事件在网络空间依然严重，个人数据的买卖已经成为一条灰色的产业链。人民网曾在2019年揭露过来自某网站的个人数据售卖始末，泄露的个人数据包括了姓名、身份证号、手机号、住址等诸多个人隐私。也正是因为个人数据的泛滥，骚扰、诈骗信息才层出不穷。根据有关机构发布的《2019中国手机安全状况报告》，2019年手机应用拦截的骚扰电话超过290亿次，骚扰短信超过95亿条，"安宁权"成为广大群众的核心诉求。

其次，大数据滥用对个人也存在一定的危害。大数据技术作为数字时代的数据分析核心，其技术本身没有是非对错，广泛运用在电商领域，智能推荐等功能可以为用户带来提高购买意愿、货比三家等效果；但大数据分析的滥用会带"信息茧房"的严重后果：把智能推荐等功能滥用在内容的分发机制上时，虽然降低了用户获取内容的时间成本，却会导致用户只关注自己喜好的内容，减少了对其他信息的接触，随着时间的积累，就像蚕一样被自我编织的孤立信息茧所困顿，即"信息茧房"效应。数据的滥用使得用户获取内容信息的被动渠道（即推送等方式）被主动渠道（即主动搜索）所影响，产生的严重后果是个人的视界将收窄，知识体系将封闭，进而认知会出现巨大偏差。

2. 第二层风险：企业因数据问题会造成巨大损失

首先是企业名誉受重创。当知名企业发生大规模个人数据泄露时，社会群众会对企业的管理制度、技术能力等各方面产生怀疑，对企业的不信任感加剧，进而选择该企业的同质竞争对手，造成企业的客户大量流失以及潜在客户转化率的下降。例如，2018年12月全球酒店行业巨头万豪国际酒店集团爆出旗下酒店集团喜达屋发生大规模数据泄露，据事后统计，数据被盗波及3.83亿名客户，涉及姓名、邮寄地址、电话号码、电子邮件、护照号码、出生日期、性别、到达与离开信息、预定日期和通信偏好等大量个人隐私数据。数据泄露事件公开后2个月内，万豪会员计划的人数已减少了25%。

其次，企业面临法律诉讼和经济损失。无论是企业发生数据泄露事件，还是因滥用数据受到监管机构的调查，都将面临法律诉讼的危险，并伴随着高额的行政处罚和赔偿金。根据相关机构调查，欧盟《通用数据保护条例》（即GDPR）在2018年5月25日正式生效后，截至2019年9月24日，欧洲数据监管机构对共计22家87起件案件做出行政处罚，罚金总额高达3.7亿欧元。案件中有30个被罚原因是缺乏数据处理的合法性，占比31%；其他

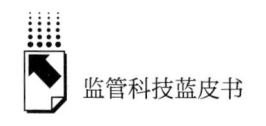

需要注意的是，因为数据处理的安全性（完整性与保密性）而被处罚的数量为 25 个，占比 26%。

再次，引起公司高层震荡。一场数据问题必然是由企业内部的各种矛盾引起的，因此，当企业发生严重的数据问题时，往往需要有公司高管为此承担责任，引咎辞职或者被罢免下台。2017 年 11 月底，知名企业 Uber 被爆出隐瞒曾发生过的 5700 万个账户数据泄露的事件，并为此向黑客支付了封口费 10 万美元。消息一出，Uber 从一家颠覆传统的科技创新公司变成了保护隐私数据不力的典型负面公司，因为数据泄露事件影响，Uber 公司解雇了时任首席安全官，随后安全部门的 3 位高级经理也相继辞职。

3. 第三层风险：数据的存储和使用影响到国家安全

首先，数据泄露导致国家安全受到威胁。网络安全事关国家的安全和国家发展、事关广大人民群众的工作和生活，大规模的数据泄露事件最终危害的是广大人民群众的利益。例如，2011 年韩国发生的大规模数据泄露事件，约有 3500 万网民的个人信息外泄，包括名字、身份证号、生日和地址等，而当时韩国人口一共才 5000 万。数据泄露事件直接导致了韩国网络实名制的废除，历时 5 年、花费无数网络监管成本所做的努力都打了水漂。

除了大规模数据泄露事件外，偶尔敏感信息泄露并落入别有用心的人手中也会产生危及国家安全的风险。2017 年，一名澳大利亚学生在 Strava 公司公开的运动轨迹记录地图上发现了美军多个军事基地的轮廓，原来是因为相关人员在健身慢跑时使用了轨迹记录功能，各个国家的部队基地纷纷中招，不知不觉就将军事机密泄露出去了。

其次，数据滥用会导致舆情存在被操控的风险。数据分析滥用在智能推送功能上，同样也会对社会和国家带来危害。最典型的案例莫过于 2018 年爆出的 Facebook 与剑桥数据事件，被公众普遍认为操控影响了 2016 年美国总统大选。首先由 Facebook 未经授权泄露了 5000 万名用户个人数据给剑桥数据公司，然后剑桥数据公司根据用户的个人数据对用户进行精准用户画像，最后向用户精准推送符合其喜好的内容来影响用户的判断，达到影响用户偏向的目的。

（二）我国手机 App 收集个人数据现状的思考

当前我国的手机 App 应用普遍存在着个人数据的过度、重复收集的问题。根据第 44 次《中国互联网络发展情况统计报告》，截至 2019 年 12 月，我国国内上架的移动互联网应用 App 数量是 367 万款，依据《中华人民共和国网络安全法》，网络运营者在与用户签订协议或者确认提供服务时，应当要求用户提供真实的身份信息。用户不提供真实身份信息的，网络运营者不得为其提供相关服务。

因此，几乎每一款 App 应用服务提供商在用户注册、登录环节，均会向用户索取姓名、电话、身份证号等个人信息，通过明文比对的方式确认用户真实身份，并存储个人信息在网络服务器中。在收集存储了大量用户个人数据之后，App 应用服务提供商或由于安全保护技术能力不足，或由于管理经营不善而导致了最终用户个人数据泄露的事件。过度重复的明文收集用户个人数据，缺乏在网络空间有效的身份认证方式和机制，为 App 应用服务提供商数据泄露事件埋下了伏笔。

三 数据治理与个人隐私保护的思考

（一）构建完善的 SIM 数字身份体系

由于缺乏在网络空间进行身份认证满足实名制监管需求的手段，App 应用服务提供商需要用户明文上传个人信息数据来进行身份验证。构建完善的数字身份体系，基于数字身份为 App 应用服务提供商和个人在网络空间提供可信身份认证服务，同时通过技术手段避免明文信息的留存和使用，从源头对个人数据进行保护，并为数据的合规使用提供信任基础和能力支撑。

1. e 公民 SIM 数字身份体系介绍

中信网安联合运营商共同构建基于 SIM 卡的 e 公民 SIM 数字身份技术体

系。采用国密芯片 SIM 卡，支持国密算法，以手机 SIM 卡为载体，搭载公安部"互联网+"可信身份认证平台（简称 CTID 平台）签发的"网证"及工信部授牌电子认证服务机构签发的数字证书，为 SIM 卡持有人提供可信身份认证、电子签名和交易保护等服务。

（1）e 公民 SIM 数字身份搭载"网证"介绍

"居民身份证网上功能凭证"（简称"网证"）是公安部"互联网+"可信身份认证平台以居民身份证为信任基础，将身份证登记项目（姓名、居民身份证号码、有效期限等）作为要素进行映射，经去标识化处理、数字签名形成与实体身份证唯一绑定的电子文件，是法定信任基础级的身份凭证，可以加载在 SIM 卡内安全域中，作为网络身份认证过程中的重要认证基础。

（2）e 公民 SIM 数字身份搭载数字证书介绍

截至 2019 年末，在我国只有工信部授权的 48 家电子认证服务机构（简称 CA 机构）才能提供法律认可、可靠有效的电子签名服务。在 SIM 卡上存放由 CA 机构签发的数字证书凭证及私钥，通过调用 SIM 卡中的私钥签名为用户提供符合《中华人民共和国电子签名法》要求的可靠、可追溯、不可抵赖的电子签名服务。

（3）e 公民 SIM 数字身份认证因子介绍

e 公民 SIM 数字身份的认证方式为多因子认证，目前认证因子包括：基于人脸识别的认证、基于硬件 SIM 卡（手机号）的认证、基于二代身份证的认证、基于预设 PIN 码的认证。

2. e 公民 SIM 数字身份功能介绍

（1）溯本追源的保护个人数据

用户使用 e 公民 SIM 数字身份在网络空间进行身份认证，通过调用 SIM 卡内的"网证"，将认证请求发送至公安部 CTID 平台，CTID 平台通过核验后，将身份认证结果返还给 App 应用服务提供商，App 应用服务提供商依据身份认证的结果为用户提供互联网服务。相比传统的认证方式，App 应用服务提供商不再需要留存大量用户个人数据，同时也满足了监管要求，从根源上缓解数据泄露及数据滥用的问题。

(2) 保障数据的所有权、使用权

用户在网络空间产生的个人数据的所有权应该属于数据主体即用户本身，而 App 应用服务提供商在征得用户授权的前提下，可以对用户的个人数据行使使用权。依托 e 公民 SIM 数字身份构建数据保险箱，用户通过调用 SIM 卡内数字证书私钥进行电子签名授权，允许 App 应用服务提供商使用。

(3) 促进数据合法合规流转

流通的数据才能发挥价值，基于 e 公民 SIM 数字身份可以有效推动数据合法、合理、透明的流转。用户依托数字身份对个人数据享有实际所有权和使用权，通过授权功能实现个人数据对第三方的开放，允许第三方对个人数据进行再处理和价值创造，同时用户可以依托数字身份随时撤回授权，第三方在处理数据时基于数字身份来证明其获得了用户个人数据的使用权。通过这种方式，在不影响个人数据自由流动的同时保护了个人数据的安全。

（二）构建有效的个人数据监管机制

除了构建 SIM 数字身份制度，通过技术手段来保障个人数据安全和数据的合理使用外，还需要通过法律手段及依托立法来构建个人数据监管机制，让数据治理有法可依，让个人隐私保护得到法律保障。

1. 通过立法明确个人数据的归属

通过法律的形式来明确用户对个人数据的控制权，具体包括但不限于以下几个方面。

(1) 访问权

用户有权知晓其个人数据是否正在被处理，若在被处理中，则有权知道被处理的个人数据类型、处理目的以及从何渠道获取的个人数据。同时用户还享有访问自己个人数据的权利。

(2) 修改权

用户有权对自己的个人数据进行修改更正。

(3) 被遗忘权

用户拥有要求个人数据的存储方擦除关于其个人数据的权利，尤其在用

313

户撤回其个人数据的授权使用权后，其个人数据应当在App应用服务提供商的服务器上删除。

（4）转移权

用户有权获得其提供给App应用服务提供商的个人数据，并可以依法无阻碍地将此类数据传输给其他角色。

2. 制定合理的惩戒制度

在监管机制当中必不可少的就是惩戒制度，具备良好尺度的惩戒制度有利于震慑宵小之辈，为数据治理和个人隐私保护树立法律权威。在发现有企业发生数据滥用、个人数据泄露事件或者个人参与了数据泄露的灰色产业链时，相关部门应及时介入，综合评估事件的规模、损失和影响范围，对主要责任者实施重罚，以儆效尤。

3. 监管机构的权利与责任

（1）保留申诉渠道

作为网络空间数据管理的监管机构，需要设置合理的申诉渠道，为广大用户提供个人数据的法律诉讼保护，保障用户的权利。

（2）调查数据权利

监管机构有权对App应用服务提供商收集和使用的用户个人数据进行调查，有权从App应用服务提供商处获取访问个人数据并依法对数据处理的过程和方法进行调查。

（3）持续引导数据意识觉醒

监管机构有责任持续宣扬数据治理与个人隐私保护的重要性，引导社会舆论重视网络空间的个人数据安全，为数字化时代的发展打下群众基础。

参考文献

［1］IDC：《数据时代2025》，2018。

［2］中国互联网协会：《中国网民权益保护调查报告2015》，2015。

［3］刘保奇、陈炜：《揭秘个人数据地下交易的"灰色江湖"：一条360借条数据仅售3分钱》，《人民创投》2020年4月23日。

［4］360互联网安全中心：《2019中国手机安全状况报告》，2019。

［5］蒋梦惟、武媛媛：《25%会员流失"泄露门"重创万豪会员计划》，《北京商报》，2019年1月11日。

［6］中兴通讯、数据法盟：《GDPR执法案例精选白皮书》，2019。

［7］中国互联网络信息中心：《第45次中国互联网络发展状况统计报告》，2020。

B.26
数据治理技术探索：可验证凭证

中钞信用卡产业发展有限公司　杭州区块链技术研究院[*]

摘　要： 针对我国监管科技数据治理中存在的"数据孤岛"、数据质量、数据融合困难、数据滥用等问题，提出了将可验证凭证数据模型用于数据治理的解决思路。本文介绍了可验证凭证的概念、数据模型、关键技术与主要技术特征，并探讨可验证凭证用于数据治理的几个方向，同时介绍了可验证凭证技术的规范和应用成熟度。可验证凭证具有安全性、隐私性、真实性、一致性、时效性、互操作性等技术特征，契合了大多数当前数据治理中存在的痛点，有助于提高数据质量、提供隐私保护合规方案、促进数据互通。

关键词： 可验证凭证　数据治理　数据质量　隐私保护

数据是数字经济时代的基础战略性资源，金融业是数据密集的行业，做好数据治理、充分发挥数据的价值，有利于推进金融业数字化转型，推动金融业务高质量发展。

一　我国监管科技中面对的数据治理问题

在2019年12月1日举行的"第四届中国新金融高峰论坛2019"中，

---

[*] 执笔人：张一锋、潘鲁鲁、平庆瑞。

中国人民银行科技司司长李伟发表主旨演讲,谈到当前数据治理主要有四方面的问题。

(一)数据孤岛问题

随着数字经济和大数据产业的发展,政府和企业都产生了大量的数据。"数据孤岛"是指金融机构面临的数据共享困境,由于缺乏数据共享激励机制、数据共享交换协同机制、数据共享隐私保护机制,海量数据散落在众多机构和信息系统中,形成一个个的"数据孤岛"。

(二)数据质量问题

金融科技背景下,高质量数据成为金融服务与创新的重要基础,也是大数据提升金融精准施策能力的关键前提。金融业整体数据质量不高仍然是一个突出的问题。

数据质量问题主要表现在数据的完整性、准确性和一致性方面。

由于缺乏统一的数据治理体系,有些金融机构在数据采集、存储、处理等环节可能存在不科学、不规范等问题,从而导致错误数据、异常数据、缺失数据等"脏数据"产生,无法确保数据的完整性和准确性。

由于不同部门、分支机构体系不同,业务种类多样,各部门各自进行数据的收集、统计、整合,没有统一的标准过程;而且数据本身的概念、类别体系没有行业标准,统计模式与统计口径也没有成熟的类标准模式,同一数据源在不同部门的表述可能完全不同,最后得到的数据也标准不一,影响全局数据的建模、分析和运用,影响数据挖掘的效果。

(三)数据融合困难

金融数据的来源广泛、关系复杂、远近亲疏各不同,需要以数据融合的方式实现集成。数据融合依赖于高效的信息技术支撑和可靠的基础设施保障,建立数据间、信息间多维度、多粒度的关联关系,实现更多层面的信息交互,是最大限度发挥数据价值的一种手段。

部分金融机构，特别是中小机构的科技投入相对不足、短期内人才匮乏，利用数据建模分析解决实际问题的能力有待提高。数据挖掘不深入、应用领域狭窄，导致数据的潜力未得到充分利用。

（四）数据滥用问题

我国数据治理的法律法规尚不健全，《个人信息保护法》《数据安全法》于2020年正式进入立法进程，当前仍缺少个人信息数据使用的系统性立法，金融机构使用个人信息数据的规范细则还有待完善健全。长期以来，企业采集和使用个人数据的违法违规成本低，为谋求商业利益，过度采集数据、违规使用数据、非法交易数据的情况经常发生，电信欺诈、骚扰电话、暴力催收等行为屡禁不止，既影响个人信息安全，也影响个人资金安全，严重侵害了用户权益。

二 可验证凭证的基本原理与技术发展情况

可验证凭证（Verifiable Credential），是现实世界中物理凭证的一种数字化表现形式。W3C的可验证凭证数据模型（Verifiable Credentials Data Model 1.0）规范中定义了可验证凭证的数据格式。它是一种标准化的数字凭证的表达方法，使用场景、核心模型设计均参照了现实世界中的物理凭证，目的是将物理凭证的优势引入数字世界中。可验证凭证的典型特征是密码学安全、隐私保护和机器可读。

物理凭证包括证件、执照、证明、回执等各种可用于身份或资质验证的有效物件，如护照、医师执照、银行开具的收入流水证明、出租车小票等等。凭证上一般载有一系列关键信息以及凭证来源方的印章等防伪手段，这些信息通过其物理载体由数据所有者保管，并在使用时提交、复制或出示给凭证的接收方。物理凭证具备可验证的特点，如医师执照可用于判断其主体是否具有从事医生职业的能力、银行流水证明可用于判断其主体是否具有贷款偿还能力，等等。

（一）可验证凭证模型

可验证凭证模型中包含四类角色（见图1）：

- 凭证所有者：拥有可验证凭证，并向凭证验证方出示凭证的角色，如个人或企业。
- 凭证发行方：创建可验证凭证，并传送给凭证所有者的角色。
- 凭证验证方：接收并处理可验证凭证的角色。
- 可验证数据注册表：系统角色，用于维护需要被上述多个角色使用和验证的数据，主要为标识符、标识符关联密钥、可验证凭证模板、凭证撤销注册表、发行凭证的公钥等。它的实现方式可以是中心化或去中心化的，如可信数据库、分布式数据库、政府数据库或分布式账本，它们具有不同的安全性、扩展性和成本。

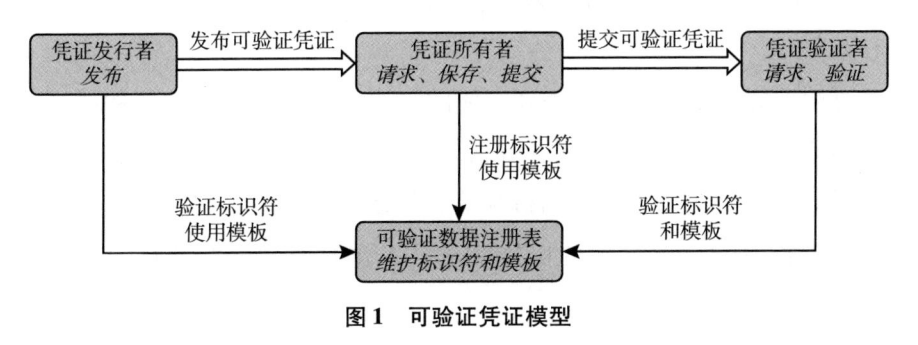

图1 可验证凭证模型

（二）可验证凭证数据

可验证凭证中的数据包括声明、可验证凭证和可验证凭证组合。

1. 声明

声明是与主体关联的属性信息，一个声明使用"实体－属性－值"的数据模型进行表示，如"Alice－毕业学校－Faber大学"。多个声明可进行组合用于表达复杂的数据关系，如和其他主体或其他主体的数据之间的关系。声明所使用的这种数据模型具有很强的灵活性和丰富的表现能力，可对任何数据进行编码（见图2、图3）。

319

图 2　声明数据模型

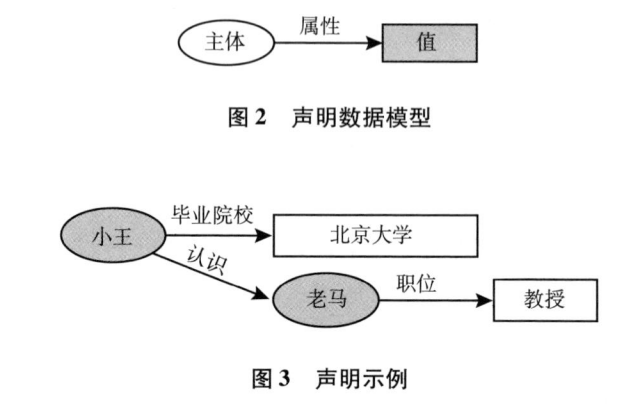

图 3　声明示例

2. 可验证凭证

可验证凭证中一般包含一个或多个声明，这些声明由同一个声明发行人发出。可以由一个实体（如个人或组织）自己发出，也可以由另一个凭证发行方发出。

可验证凭证中除了关于凭证主体的声明信息，还包含凭证的描述信息和密码学证明。凭证的描述信息通常包括凭证发行方、凭证过期时间、凭证验证公钥、凭证撤销机制等。凭证由发行方签名，可通过密码学证明是否由凭证中声称的实体签发且未被篡改，因此被称为可验证凭证。

3. 可验证凭证组合

可验证凭证组合是凭证持有方向凭证验证方出示凭证的数据格式，一般包含一个或多个不同凭证发行方签发的可验证凭证，由凭证持有方进行选择和组合，代表与该凭证验证方相关的特定场景中的用户画像。

与可验证凭证相似，可验证凭证组合中也包含凭证组合的描述信息和密码学证明。密码学证明一般为数字签名，可证明是否由凭证组合中记录的实体生成且内容未被篡改。

以上声明、可验证凭证、可验证凭证组合中的数据关系均可用图形描述，图 4 是一个可验证凭证组合的示例。

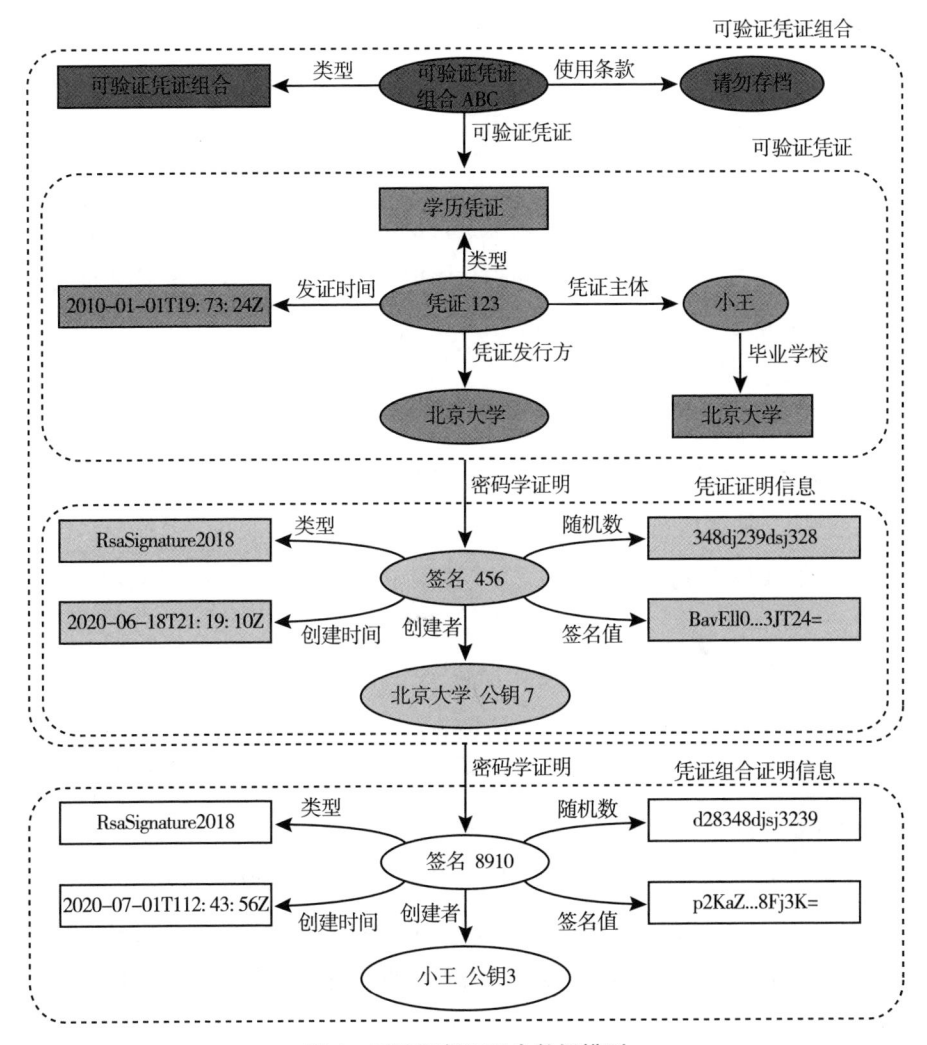

图 4 可验证凭证组合数据模型

（三）可验证凭证实现的相关技术

上述可验证凭证数据模型实现过程中使用的技术主要是数据编码、密码学技术和分布式账本这三个方面。

1. 数据编码

可验证凭证数据模型的实现需要采用标准的数据编码方式，便于计算机

识别和处理。规范只定义了数据模型的结构，对数据编码方式没有要求。规范中推荐了 JSON 和 JSON-LD 两种编码方式，但任何数据表示语法都可以用于表示可验证凭证数据模型，如 XML、YAML 等。

2. 密码学技术

可验证凭证的技术特性主要来源于将密码学技术应用于数据计算、存储过程，以提供对数据的可信证明和隐私保护。以下列举几种可验证凭证的实现中常见的密码学技术。

（1）数字摘要

数字摘要是采用单向 Hash 函数将需要加密的明文"摘要"成一串固定长度（128 位）的密文，这一串密文又称为数字指纹，它有固定的长度，而且不同的明文摘要成密文，其结果总是不同的，而同样的明文其摘要必定一致。数字摘要可用于确保数据的完整性和防止篡改。

（2）数字签名

数字签名使用了"非对称密钥加解密"和"数字摘要"两项技术来实现一种类似纸质物理签名的效果。信息的发送者对信息生成摘要，并用私钥对摘要信息加密产生一段字符串，即数字签名；信息的接收方用信息发送方的公钥对数字签名进行解密，获得摘要数据，再根据信息原文验证摘要数据是否正确。非对称密钥技术保证了只有相同的信息原文和签名私钥才能产生相同的数字签名，别人无法伪造，因此数字签名是对信息的发送者和信息真实性两方面的有效证明。数字签名具有不可抵赖性，可用于验证数据的真实性和完整性。

可验证凭证和可验证画像中的密码学证明一般采用数字签名技术，由数据的签发者对数据内容计算数字签名后将数字签名附在数据内容后，以保证数据的接收者确认数据来源的不可抵赖、数据内容未被篡改。

（3）基于零知识证明的匿名凭证技术

零知识证明的理念是通过将约束关系关联到计算困难性理论，在证明者不透露被证明数据明文的前提下，向验证者证明约束关系的正确性，被证明数据有极大概率满足验证者指定的约束关系，如证明转账金额不是一个非法的负数。

匿名凭证技术具有很强的隐私保护特性，在可验证凭证中用于计算声明中的属性值。除了对属性的选择性披露外，匿名凭证技术还允许凭证验证方在不获取属性值的明文或密文的情况下，仅获得对属性值的密码学验证结果，实现对数据的最小化披露。

3. 分布式账本

分布式账本主要用于实现可验证数据注册表。尽管规范没有限制可验证数据注册表的实现技术，但从注册表的功能考虑，注册表需要被多方信任，当在开放环境中使用或参与角色较多的时候，使用分布式账本是较好的选择。

分布式账本的主要作用是维护被多个角色使用和验证的数据。首先，在签发凭证之前，凭证发行方根据自身业务需求来定义一个凭证中包含哪些声明，将该定义作为可验证凭证模板公开发布到分布式账本中。同时，凭证发行方还需要将签发凭证的公钥、凭证撤销注册表公开发布到分布式账本中，用于验证凭证的有效性。其次，当凭证发行方撤销凭证时，通常需要更新凭证撤销注册表，以便及时更改凭证的有效性。

分布式账本也可以为可验证凭证的应用系统带来更高的系统安全性，如可验证凭证可以通过链上和链下两种方式进行存储管理。链上凭证通常仅需要在链上存储凭证的哈希值，凭证则存储在凭证所有者可以访问的任何数据存储中，包括指定的保管人或分散式存储系统（如IPFS）。凭证接收方可以通过计算凭证哈希值并与在区块链上找到的哈希值进行比较来检查数据的完整性。凭证也可以完全脱链存储，直接在凭证所有者的设备上和/或由指定的保管人存储。但是，仍然存在链上机制来处理撤销和其他凭证状态更新。

（四）可验证凭证的技术特征

作为一种全新的数据模型，可验证凭证具有以下六点技术特征。

1. 安全性

国际标准化组织/国际电子技术委员会对"信息安全"的定义为：

保持信息的保密性、完整性和可用性①。

可验证凭证规范要求可验证凭证和可验证组合中包含至少一种密码学证明机制和证明数据，来保持它们的可验证性。这种证明机制和证明数据均由数据源头计算给出，除了数据源本身，其他用户不知道数据源的私钥，无法伪造相同的证明数据。数字签名技术保证了数据内容和证明数据的一致性，只有在数据完整且未经篡改的情况下才能验证正确。所以可验证凭证模型可保证数据的完整性、可核查（验证）性和不可否认性。

2. 隐私性

信息安全是隐私保护的基础，但隐私保护不完全等同于信息安全。隐私保护的目标在于防止隐私数据被非授权的主体使用或者以一种未授权的方式使用。隐私数据的范畴包括了所有的非公开数据。对于个人来讲，隐私数据是关于自己和周边环境包括社交网络的个人数据。对于企业来讲，隐私数据是关于自己和合作伙伴的业务和其他非公开数据。

传统的数据共享方法通常是业务系统之间进行数据传输，用户既不知情也无法控制共享了哪些数据以及是否有隐私数据。可验证凭证模型中，数据共享必须经过凭证所有者，凭证发行方和凭证验证方之间不需要直接通信，这避免了用户授权环节的缺失。同时，可验证凭证模型提供了基于属性的灵活的数据共享策略，且通过密码学技术可支持不同程度的数据最小化披露。凭证验证方向凭证所有者请求数据，可指定需要哪些属性、是否仅需要密码学验证结果。

3. 真实性

真实性指数据是否真实准确地反映客体的实体存在或真实的业务。可验证凭证模型中要求凭证发行方将其凭证模板和凭证发行服务在全网公开以提供验证，且每个可验证凭证中必须包含凭证发行方信息，这使得凭证发行方的行为可被追溯，对数据真实性的要求也相应更高。

---

① 此外，也可包括如真实性、可核查性、不可否认性和可靠性等其他属性。

4. 一致性

一致性指相同的数据有多个副本的情况下数据不一致、数据内容冲突的问题。可验证凭证中由于数据持有方管理数据，对于数据不一致的情况，数据持有方作为数据属主，且从数据使用的角度出发，会识别正确数据，并舍弃错误数据。

5. 时效性

时效性指可验证凭证是否能及时体现当前的有效性。可验证凭证数据模型规范中要求可验证凭证中必须包含"签发时间"属性，签发时间包含了日期和时间，表示该凭证开始生效的时间。凭证失效有两种方式：一种是在签发可验证凭证时写入"失效时间"属性，预先定义凭证的失效时间；另一种是在凭证发出后由凭证发行方执行撤销操作，将失效凭证加入公开的凭证撤销注册表，在对该凭证进行验证时能够得到已被撤销的结果。

6. 互操作性

可验证凭证规范为数据的跨域跨系统交互定义了一种标准格式，可用机器可读的语义网技术进行编码。符合规范的数据可被不同系统识别和使用，再加上业界在对可验证凭证数据交换制定协议、推进开源工程，使得不同主体之间具有互操作性。

三 可验证凭证用于数据治理的探索

（一）可验证凭证的应用方向探索

可验证凭证作为一种新型数据模型，相对于应用系统来说是一种底层技术，并不直接影响业务功能。它的多个技术特性为改善数据治理现状提供了一种新的思路。

1. 提高数据质量

数据质量管理是集方法论、技术、业务和管理为一体的解决方案，影响数据质量的因素主要有技术、业务、管理三个方面。

技术方面，质量问题通常存在于以下过程中。

- 数据模型设计，例如：数据库表结构、数据库约束条件、数据校验规则的设计开发不合理，造成数据录入无法校验或校验不当，引起数据重复、不完整、不准确。
- 数据源采集，例如：有些数据是从生产系统采集过来的，在生产系统中这些数据就存在重复、不完整、不准确等问题。
- 数据采集过程，例如：采集点、采集频率、采集内容、映射关系等采集参数和流程设置的不正确，数据采集接口效率低，导致数据采集失败、数据丢失、数据映射和转换失败。
- 数据传输过程，例如：数据接口本身存在问题、数据接口参数配置错误、网络不可靠等都会造成数据传输过程中发生数据质量问题。
- 数据存储过程，例如：数据存储设计不合理，数据的存储能力有限，人为后台调整数据，引起的数据丢失、数据无效、数据失真、记录重复。

业务和管理方面的问题大多数需要从相应的角度出发考虑，可验证凭证能够解决大多数技术原因引起的数据质量问题。

（1）数据模型设计简单

可验证凭证数据模型规范经过数年多次的修订，具有通用性、扩展性，可用于表达不同的数据对象。相比于存储于数据库的数据模型，可验证凭证提供了一个成熟模板，设计难度更低。数据产生方只需要根据业务需求考虑一个凭证中包含哪些声明信息，不用考虑技术上如何优化设计，可减少因技术能力引起的数据模型设计质量问题。

（2）数据源对数据质量背书

可验证凭证具有真实性特征。凭证发行方将其凭证模板和凭证发行服务在全网公开以提供验证，且每个可验证凭证中必须包含凭证发行方信息，这使得凭证发行方的行为可被追溯。凭证发行方对数据质量背书，可减少因数据源产生的质量问题。

（3）由数据模型保障的数据特性

如前文所述，可验证凭证具有安全性、完整性、可核查性、不可否认性、真实性、一致性、时效性等多种技术特性，可减少数据在采集、传输、交换、存储等过程中产生的技术性错误，也能杜绝操作人员故意修改数据作假的行为。

（4）减少业务人员数据输入错误

在传统方案中，数据输入依赖于业务人员填写表格，既花费时间，也容易出错。在可验证凭证模型中，凭证所有者可将已有凭证直接提交用于填表，避免了数据输入错误引起的质量问题，减少了对数据录入人员的依赖性。

2. 提供隐私保护合规方案

影响隐私保护的因素通常有隐私设计和技术能力两个方面。

隐私设计理论近年来获得国际组织、各国政府、企业及专家学者的高度认同。机构可以在系统设计阶段考虑用户个人信息保护问题，将个人信息保护的需求通过设计嵌入系统之中，制定产品服务和商业实践的前提规则。增强数据使用透明度、提升用户控制力、遵循数据最小化收集均是隐私设计理论的重要实践。

技术方面的挑战一是隐私保护需求因人而异，对预先定义固定规则的信息化系统极不友好，隐私保护解决方案应提供灵活的系统适配性和扩展性；二是与现有技术架构的兼容性问题，如云厂商的隐私保护方案与自身云服务接口深度结合，难以分离使用；小程序等轻客户端应用预置的密码学类库比较有限，前沿的密码学算法库无法直接加载。隐私保护方案设计应充分解耦，尽力避免依赖任何特定平台的非通用特性。

可验证凭证模型满足以上几点要求。

如前文所述，可验证凭证具有隐私性。一是数据使用需数据所有者授权；二是提供了基于属性的数据共享策略，支持多种算法实现不同程度的数据最小化披露。同时基于属性的数据共享策略还可以灵活适配系统需求，不需要在系统设计时预先定义好所有权限。

可验证凭证实现方案具有分层解耦的架构。W3C 规范定义了底层的数据模型，数据模型上可加载不同的密码学算法，这些都是与具体平台无关的。在应用中，由解决方案实现商根据系统环境相应地实现与上层应用通信的接口，构建一个模块化的数据交换生态系统。

3. 结合区块链技术，打破"数据孤岛"，实现数据互通

当前"数据孤岛"的产生主要是由于商业原因不愿共享，或者由于技术障碍而不能共享。商业原因通常包括认为用户数据是企业的战略资源，将数据共享给其他机构或使用其他机构的数据所需要的信任成本高昂，等等；技术原因一般指基础设施不完善，如缺乏互操作性、安全性，等等。

可验证凭证与区块链技术相结合有望打破"数据孤岛"的问题。两者从特性、架构上互相支持。区块链技术被业界认为是"信任机器"，可支持机构在互不信任的情况下进行协作，为可验证凭证的流转提供底层的信任机制；可验证凭证支持隐私数据的可信交换，为区块链技术的应用增添了一种隐私数据的链下交互机制。两者的结合已被广泛用于分布式数字身份解决方案中，用于解决互联网身份的"数据孤岛"问题。在金融监管和数据治理方面，相信两者的结合会有更精彩的应用。

（二）可验证凭证的发展情况

可验证凭证数据模型契合了数据治理中的大多数痛点，可以积极尝试。同时可验证凭证技术本身无论是规范标准化研究成果还是实际应用都取得了丰富的进展，其成熟程度能够用于实践。

1. 规范逐渐成熟，支持方众多

2019 年 11 月 19 日，W3C 可验证声明工作组发布可验证凭证数据模型（Verifiable Credential Data Model 1.0）正式推荐标准（W3C Recommendation）。该规范的作者来自 Digital Bazzar、Consensys、Evernym 等多个分布式数字身份的早期参与公司，并得到了如 Christopher Allen 等近百人的审阅支持。

2. 应用广泛，不乏商业应用

可验证凭证作为一种参照物理凭证的核心模型和使用场景设计的数据模

型，其中一种应用场景是基于可验证凭证中属性信息对用户进行身份认证、提供应用系统的授权访问，与物理凭证在现实世界中的应用相似。

在这一类应用场景中，可验证凭证通常与分布式标识符相结合，构成分布式数字身份方案。根据 W3C 发布的 DID 规范，分布式数字身份标识符（DID）是由字符串组成的标识符，用来代表一个数字身份。它注册在分布式账本上，是一种去中心化可验证的标识符，实体可自主完成 DID 的注册、解析、更新或者撤销操作，不需要中央注册机构就可以实现全球唯一性。

目前，使用可验证凭证技术的分布式数字身份解决方案在全球发展迅速。W3C 起草的分散标识符和可验证凭证规范发布了 1.0 版本；W3C 的 DID 注册表中已注册了 50 多个项目；去中心化身份基金会（DIF）正在推进标准的开源技术、协议和参考实现；非营利基金会 Sovrin 发起的开源项目 Hyperledger Indy 已在多个产品中应用。

同时，可验证凭证只是一种信息系统底层的数据对象，适用于各种跨域数据交换的场景。微众银行的 WeIdentity 可信数据交换解决方案中就使用了可验证凭证作为数据交换的载体。将可验证凭证用于可信数据交换中，会为这一技术带来更多可能性和想象空间。

四 结语

可验证凭证技术作为一种新型数据模型，具有安全性、隐私性、真实性、一致性、时效性、互操作性等技术特征，其规范定义和实际应用经过了时间的考验而逐渐成熟。这种数据模型契合了大多数当前监管科技数据治理中存在的痛点，有助于提高数据质量、提供隐私保护合规方案、促进数据互通。

参考文献

[1]中国银行业监督管理委员会：《银行业金融机构数据治理指引（征求意见

稿）》，http://www.cbrc.gov.cn/chinese/home/docView/B03260D8FEF04ECB8BD95DE873C1D189.html。

［2］ 新华网：《李伟：做好数据治理 更快更好地推进数字化转型》，http://www.xinhuanet.com/fortune/2019-12/02/c_1125298138.htm，2019-12-02。

［3］ W3C. Verifiable Credentials Data Model 1.0：Expressing verifiable information on the web. https://w3c.github.io/vc-data-model/.

［4］ 谢宗晓、董坤祥、甄杰：《信息安全、网络安全与隐私保护》，《中国质量与标准导报》，2019-07。

［5］ 石秀峰：《数据治理系列5：浅谈数据质量管理》，微信公众号，https://mp.weixin.qq.com/s/ovSa7Uhv5IyKzyb-l3PHaA。

［6］ 微众银行区块链团队：《WeDPR方案白皮书：即时可用场景式隐私保护高效解决方案》，2020。

［7］ 中国信通院：《"互联网+行业"个人信息保护研究报告（2020年）》，2020。

B.27
反洗钱数据治理中的个人隐私保护探究

平安壹钱包电子商务有限公司*

摘　要： 数字化时代的个人隐私一般被认为涉及公民私密性的信息，属于个人信息中的隐私信息，一旦被披露或者公开，就不再具有可恢复为隐私属性，其本质侧重保障公民的人格。在监管科技背景下，反洗钱义务机构不断加码反洗钱数据治理工作，在其过程中存在着个人隐私保护不到位等问题。本文从立法保护、强化执法、政府共享平台搭建等监管层面措施，并通过完善数据治理框架、加强安全审计等，对解决数据治理中的个人隐私保护问题做出初步探究。

关键词： 监管科技　反洗钱数据治理　个人隐私保护

一　背景及现状介绍

（一）监管科技下的数据治理

在反洗钱监管领域，监管科技的主要应用是通过借助大数据、机器学习等技术手段助力义务机构的反洗钱履职成果。例如，人工智能智能在客户身份识别中的应用；大数据模型实现实时、动态地监控业务产品的洗钱风险；

---

* 执笔人：诸寅嘉、王延斌、胡怡文、万晓芳、徐丽芹、潘捷、谢娟霞、朱乐琦、王一勋、胡凭智、洪伟。

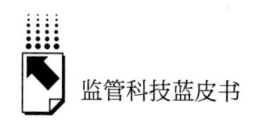

通过数据仓库、数据挖掘、数据分析能够更及时、更全面地监测客户信息和交易信息，监控洗钱风险；人脸识别、声纹识别、指纹识别等技术已经用于客户身份识别，生物识别与身份资料相结合，极大地弥补了传统方式的不足与低效。

数据是监管科技应用的重要基础，如何应对当前监管科技应用中因数据问题产生的监管难题，是需要监管端与合规端共同探索和解决的问题。

（二）反洗钱数据治理持续加码

通常来说，数据治理主要由数据准则、数据质量、数据生命周期等环节构成，其中，数据质量与标准是基础、数据价值管理是目标，是对数据持续监控和评价的过程，目的在于更好地管控数据风险和实现数据价值。大数据时代的个人数据处理，最集中的要点为数据收集、分析处理和应用；纵观当前监管科技在反洗钱合规工作中应用及成效，义务机构正不断加码数据治理工作，旨在进一步实现科技在合规管理工作中价值的最大化，其主要内容包括以下三个方面。

1. 数据收集

主要集中在客户身份与交易信息的数据治理环节，客户身份识别是洗钱预防措施的基础工作，是反洗钱的核心义务；完整、准确、有效地采集客户基本身份信息是各义务机构开展客户洗钱风险等级划分和管理，开展可疑交易监测等反洗钱业务的基础；同时，也是监管机构关注的重要内容。

当前主要存在客户信息采集不全、信息登记留存错误、未建立统一的数据标准等问题，造成无法高效利用大数据工具助力于客户身份识别场景中的应用。交易数据庞大复杂，难以进行抽取、清洗、转换、整合等数据加工工作，无法完整准确地还原上游业务数据，对于可疑交易监测模型的监测效果大打折扣。

2. 数据处理

在互联网金融环境下，各义务机构主要依托各网络、移动设备等媒介，通过电子方式获取到大量客户信息数据和交易数据；与此同时，各义务机构也通过公检法部门、公共事业单位、权威商业数据等途径获取第三方数据。面对各种途径各种渠道收集的数据，义务机构需对数据的完整性、真实性与有效性进行评估。对于冗余的数据，应当按照标准与要求进行数据清洗、验证与整合，清除无效甚至错误数据，且对于有效性数据应当建立独立数据仓库进行集中管理；对于缺失的数据，应当积极调研各种可能补齐的方式，如优化业务流程向客户补充收集，或从政府等公共事业平台进行获取，或利用大数据进行挖掘补充等。

3. 数据共享

大数据和人工智能技术的应用，依赖于更完整、更多维的数据来源，所以在基础数据层面打通各行业之间的数据隔阂，在行业内外建立更大的反洗钱数据池，加强同行、跨行合作，利用科技手段，将有利于挖掘和打击洗钱犯罪活动，提升义务机构反洗钱合规的整体水平。

（三）监管科技运用与数据治理依赖个人隐私

1. 个人隐私的范畴

在数字化高度发达的当下，个人信息与个人隐私均与公民个人有关，又都可以表现为信息或者数据形式；并且主要通过网络、移动终端等介质进行收集与传输。

《中华人民共和国个人信息保护法（草案）》规定，个人信息是指以电子或者其他方式记录的能够单独或者与其他信息结合识别自然人个人身份的各种信息，包括但不限于自然人的姓名、出生日期、身份证件号码、个人生物识别信息、住址、电话号码等。《关于依法惩处侵害公民个人信息犯罪活动的通知》规定，公民个人信息既包括公民的姓名、年龄、有效证件号码、婚姻状况、工作单位、学历、履历、家庭住址、电话号码等能够识别公民个人身份的信息，也包括涉及公民个人隐私的信息、数据资料。《信息安全技术个人信息安全规范》认为某些个人信息在授权范围外扩散，就会给信息主体带来风险；超出个人信息适用范围就会给信息主体带来风险。实际举例

333

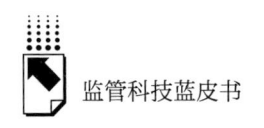

的话，涉及个人隐私（数据）主要是指涉及个人信息中的敏感信息，如身份证号码、手机号码、政治观点、宗教信仰、基因、指纹、人脸、财务状况等。

用户对于个人隐私数据拥有知情权、选择权、限制处理权与异议权等，以及对数据进行更改、删除等支配能力的控制权。目前对于数据保护探讨大部分集中在：是否获得用户的授权同意并以正当和合法的手段采集加工、是否告知用户数据使用范围、是否超出用户授权范围构成侵权使用、数据侵权是否要救济等几个方面。

2. 相互关系

监管科技的推广应用依赖于数据的有效治理，在数据治理的过程中，需经历数据收集、数据处理与数据共享等环节，在这些环节中，又面临着数据安全及个人隐私保护的问题。数据安全与隐私保护是前提条件，合法合规地收集、规范处理加工、安全传输与共享数据信息是数据治理的基本要求。

数据是含合规科技在内的当前所有监管科技应用的基础，大数据分析是其中常用的技术手段，应用于客户通过互联网介质在各义务机构诸多业务场景中留下的个人数据，如身份信息、交易信息、网络行为规则信息等。增加科技在合规工作中使用的应用场景，一方面能够发挥数据价值倍增效应，助力义务机构落实合规工作；另一方面也增加了个人信息的安全问题，义务机构在利用网络介质与新兴技术手段开展包括信息收集、信息传输、信息加工、信息应用与信息共享等数据活动中，如何保护数据隐私安全是开展有效数据治理活动的必要前提。

反洗钱的数据治理通常是基于客户的身份信息开展的，客户基本身份信息采集的完整性在一定程度上决定了大数据、人工智能等技术手段在数据治理方面的有效性。为了满足监管科技运用的要求，义务机构需要不断提升客户基本信息采集的完整性，获取更多的客户基本信息以满足各类监管场景的要求。义务机构获取的客户信息越多，个人隐私保护的义务就越大。在监管层面，运用监管科技的主要目的在于提升监管的有效性，无论是针对某项特定事项的监管还是全行业共享数据库的搭建，都需要完善的客户基本信息作为支撑。基于庞大的海量数据，监管机构应当建立相对应的数据保护机制，明确数据保护的义务与责任。

二 反洗钱数据治理中的个人隐私保护现状

反洗钱数据治理覆盖信息数据采集、信息数据加工、信息数据留存和信息数据应用等多个场景，在数据治理实际开展过程中，未健全数据治理与应用的机制，存在未按规范与要求进行数据采集、留存、传输、应用与共享等现象，造成这些环节都存在侵犯或泄露客户个人隐私的风险。

（一）信息采集环节告知义务不到位

义务机构在反洗钱合规工作中依法采集客户基本信息时，通常会向客户说明采集客户信息的法律法规和监管规定，告知客户需要采集的内容与使用范围。按照规定，在采集个人数据时，不仅需要获得客户的同意，还要限于为实现征求同意的用户协议或用户告知书中所表明的数据采集目的的最小数据量，且在未获得客户新的同意时，不得用于其他不相关的目的。

在大数据应用背景下，对于隐私权的特征已发生更新，也扩充了隐私权的范围，仅传统意义上的告知义务已不能满足用户隐私的需要。用户数据的再加工、深度挖掘可以从已收集的用户信息中分析出用户信息图谱，对用户行为甚至心理活动进行侧写，从而导致在传统环境下不属于隐私范畴的信息，却可以挖掘分析出隐私的内容，而这一过程未向数据属主告知。即在未实现取得客户新的授权情况下，将信息用于其他新的业务场景及应用的情形，这是当前数据治理中关于隐私数据保护需要考虑与检视的重要问题。

（二）信息传输环节安全措施不到位

在信息采集的同时，义务机构还需借助合法有效的途径对客户部分信息进行核验，验证其信息的准确性与真实性。义务机构在进行客户身份识别

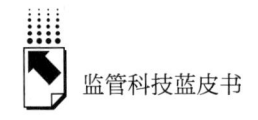

时，可以向公安、工商行政管理或权威第三方商业机构等核实客户的有关信息。义务机构在对外传输客户数据的时候，应当着重考虑传输通道的安全性，避免因安全技术不到位的问题而导致在传输过程中，遭到黑客技术通过网络监听、拦截等方式对传输数据进行篡改、伪造和窃取等风险。

此外，在数据传输活动中存在数据输出方未对数据接收方的信息安全水平进行评估，或未在合作协议中对接收方应当承担的隐私保护相关义务及救济措施进行明确，都将导致客户隐私信息缺乏管控，存在客户隐私信息泄露的风险。

（三）信息留存环节安全措施不到位

义务机构在采集客户的基本信息后，通过业务系统人工录入或接口形式传输等记录和留存客户信息，客户信息留存的方式与媒介往往会存在隐私泄露的风险。比如员工安全意识不强，随意处置客户的隐私信息，将客户隐私信息泄露给其他不相关主体；数据使用权限不明，使得客户信息数据能够被非权限内人员查询访问；数据存储不当，未进行数据脱敏，导致敏感数据被拷贝、外泄；信息安全措施不到位，遭受外部恶意攻击或信息数据被窃取等。信息留存环节是义务机构面临信息安全问题的关键风险因素之一，信息安全措施的有效性对客户隐私信息的保护起到了决定性的作用。

（四）信息运用环节风险控制措施不足

因数据治理的实际需要，为了完善客户信息的完整性，义务机构会对不同业务场景采集的客户信息进行清洗或融合，最终形成以客户为单位的数据存储方式。首先，在数据使用过程中，或存在未限制数据使用权限，数据内容向非授权用户开放使用；未限制数据使用方式，隐私数据可以被下载、复制、传播等；未对敏感信息进行加密处理，在数据加工中直接以明文形式呈现等风险情况。其次，义务机构缺乏有效的内控管理制度，对于违规使用数据、造成个人隐私遭受侵害的行为未明确惩处原则，加之数据使用人员隐私保护意识或有待加强等，这些对于义务机构落实个人隐私的保护工作有重要影响。

三 反洗钱数据治理中个人隐私保护建议

个人隐私数据保护是一项需要集多方合作的体系工程，需要国家、行业等各方形成合力，从完善法律机制、推动监督机构建设、建立隐私保护体系、提升个人隐私保护意识等多个方面进行完善。

（一）国家层面的个人隐私保护建议

1. 立法与执法保障

完备的基础性数据安全立法是数据安全与隐私保护的基础，通过采用较为全面的数据保护或隐私法律来保护个人数据已成为国际共识。例如，欧盟《通用数据保护条例》，《通用数据保护条例》被称为史上最为严格的数据保护法案，它通过明确个人数据保护的范畴，以及个人数据涉及的控制者、处理者、接收者等主体应当遵循的原则和规则，提出应当以"合法"、"公正"与"透明"方式进行处理个人数据。又如，美国加利福尼亚州《消费者隐私保护法案》、英国《数据保护法案》、瑞典《瑞典数据法案》、爱尔兰《2018数据保护法案》等欧美主要几国立法或修订法案都围绕个人数据的收集、使用、保存、分享、转移等，对数据控制者和处理者、数据主体的权利义务进行了全面规定。

借鉴他国经验，结合我国国情，应当加快关于隐私保护的专门领域立法出台，以解决当前关于个人隐私保护的法规政策未能形成统一界定，散见于各行政法律、法规和司法解释之中的现状，以及立法阶位不高等现状。通过专门立法来明确隐私保护在数据收集、储存、处理、利用和公开等全流程各环节的明确要求；以及明确数据拥有者、使用者、管理者等各方的责任、权利与义务。当出现信息隐私侵权的情况时，能做到"有法可依""违法必究"。

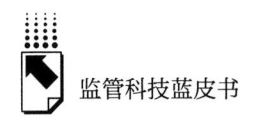

此外，随着信息技术的不断发展，在新型技术不断应用于金融机构或义务主体的合规风控背景下，针对法律及相应政策如何快速覆盖新兴技术业务隐私保护问题，以及如何更好地保护个人信息并明确监管科技中涉及的执法监管机制问题，要求立法与监管不断实践与创新。

除了立法外，还应当进一步加快专门保护监督机构建设，以及健全数据安全和个人信息保护配套标准。通过监督部门的监督检查制度，有效地执行法律法规，督促义务机构遵照法律规定开展信息保护。制定安全保护技术标准，作为法律法规的重要补充和配套，对个人隐私收集、保存、使用、流转等环节进一步提出更详细的标准要求。

结合反洗钱合规工作来看，义务机构依照法律规定进行客户身份识别、向监管机构提交大额交易和可疑交易报告，其涉及的内容是客户身份信息、交易信息，且依照法律规定进行披露，目的主要是打击洗钱和恐怖融资犯罪，维护国家及社会公众利益。义务机构在使用或披露相关客户隐私信息前，并不会事先征得客户同意，在一定程度上侵害了客户的隐私权。因此，在立法时需要明确义务机构这些行为的合法性，法律应予以保护；依照法律规定所做出的披露不得视为构成隐私侵权、违反合约，依法披露的机构与人员不承担损害赔偿的法律责任。

2.建立共享与开放平台

虽然政府职能部门掌握着大量的数据，但由于各层级、地区、领域之间存在壁垒，导致未能充分发挥数据的性能价值并服务于实体发展。随着国家政策的意向越来越明确，政府部门也在探讨在加强安全保障与隐私保障的前提下，通过推动建立政府部门和事业单位等公共机构数据平台，加强对政府部门数据的国家统筹，推出政府数据统一开放平台，并由政府机构牵头共建数据共享平台。

通过政府数据开放与共享、统筹大数据基础设施建设，发挥政府部门在数据保护中的权威职能效应，提升数据的获得性与透明性，减少因繁复的数据处理造成的数据安全及隐私问题。整合手中掌握的大量数据源，打破层级、地区、领域之间的限制，统筹向义务主体提供实时服务，提升行业的透明性。在完善机构主体数据治理的同时，实现数据治理与个人信息保护的双赢局面。

3. 持续强化执法力度

随着我国对个人信息数据安全越来越重视，已形成以个人信息保护为核心的法律制度框架，各监管部门基于自身职能，以专项行动为牵引，持续加强监督执法力度。与此同时，还应当进一步减小我国与国际上关于因数据保护等问题面临的合规风险与责任间的差异。

从国外监管机构的惩处的案例可见，当前国际社会对于数据保护的关切越来越强，相关企业或义务主体因数据信息保护不力造成用户隐私泄露面临的监管惩罚越来越严格。例如，Facebook 因用户数据外泄事件缴付 50 亿美元（约 350 亿元人民币）罚款，成为美国政府对科技公司开出的最大罚单。英国航空公司（BA）因数据安全事件中泄露约 50 万名乘客的私人信息，该公司目前或将被处以 2.3 亿美元的罚款，约合人民币 15.9 亿元。

这些案例对于我国执法机构强化执法力度有借鉴意义，加强对违反隐私数据保护的处罚力度，提高义务机构及相关企业违法成本是加快数据信息与隐私保护落实的有效措施。

4. 提升公众隐私保护意识

隐私保护是一项系统工程，除了上文介绍的国家是否出台专门、翔实的、覆盖范围广的法律及规章制度；是否有权威的执法机构、执法力度是否足够适配；行业是否自律之外，公民隐私保护意识与自我防范行为是构建整个隐私保护体系中不可或缺的一环。

公民隐私的保护意识、自我防范行为，甚至与国家的信息产业战略、经济发展布局、媒介发展状况和科技发展水平等都有直接关系。根据中国青年政治学院互联网法治研究中心与封面智库联合发布的《中国个人信息安全和隐私保护报告》问卷调查结果，我国公民隐私权保护呈现"有意识无行动"的特点，即大部分调查对象认为个人信息泄露安全问题严重，有隐私担忧和保护意识，但是当个人信息隐私遭受侵害时维权意识不强，也不知如何维权。

固然法律保护在隐私保护上应当成为第一道坚实的保护壁垒，但由于大数据时代隐私权变化较快，法律保护较难跟上技术发展和隐私变迁的速度；个人信息泄露存在复杂性和隐匿性，法律只能事后打击和治理，故存在一定的滞后性。因此，针对公民个体的普法教育和使公民切实提升个人信息安全防范意识也不可或缺。

（二）义务机构层面的个人隐私保护措施

1. 完善数据治理架构

反洗钱数据治理是提升义务机构反洗钱工作的有效性、防范合规风险的重要基础，各义务机构应当建立管理架构，明确职责分工、要求和实施系统化的制度、流程与方法。在搭建整套数据管理框架设计和研发开始时，需将数据保护和隐私保护提前考虑进去，加大资源投入，制定数据安全策略与标准。

以"合法性、正当性和必要性"的基本原则，明确个人数据控制权，保证用户充分享有对自己数据的知情权、退出权和控制权；并按照标准流程安全、正当地进行数据采集、应用与存储等数据管理。

2. 明确分工与责任

对于各义务主体而言，在数据保护上，应当明确各信息数据行为发生阶段的职责，如数据采集阶段、信息数据保存阶段、信息应用阶段等。将每个应用阶段涉及的数据采集者、数据使用者、数据处理者（含第三方数据提供方）等都纳入数据安全与隐私保护的责任中，建立数据全链路，自上而下的各方都应当承担合规风险与义务，形成责任共担机制。

具体而言，如通过信息安全部门统筹建立一套完整的安全保障体系，覆盖义务机构的各个相关部门，将数据治理中的各个环节纳入体系管理。明确各方责任与各环节要求，基于安全制度与流程、安全技术、数据管理等模块，落实数据安全机制建设。

3. 设置安全审计职能

为有效地检视数据质量与安全，各义务机构应当新增信息安全审计职能，定期对信息安全等问题进行审计，包含但不限于信息安全制度建设与管理体系的搭建，保障系统安全与数据存安全、网络安全、信息安全以及进行信息安全意识教育和培训等多个方面。

根据审计结果不断完善安全技术手段、提高人员隐私保护意识，对违反个人信息数据安全，违反内控制度、流程甚至是相关法律法规等情形，应当依据相应处罚制度予以惩处。在"机制+审计"框架下，推行落实数据安全保护机制与要求。

4. 完善技术保障措施

对于义务主体来说，需提升安全技术手段来应对互联网环境下黑客攻击、木马病毒等技术，避免造成个人信息泄露。数据加密、权限管理等都可以作为保护敏感数据和信息方面的第一道防线；义务机构还需提供与实际业务数据规模相适配的安全技术手段。

同时，人工智能等新兴技术由于其专业性的固有属性，存在一定的复杂性和不透明性，某些特定场景的大数据分析可能对个人隐私具有侵入影响，也应当避免因为庞大的网络数据"黑匣子"而造成信息泄露等问题。

另外，还需加强数据共享的安全能力保障。除反洗钱执法部门或监管部门等公共机构可获取、共享和传输金融机构及各义务主体个人信息的权利外，出于反洗钱工作有效性的考虑，长远来看，跨机构和跨行业数据共享机制将成为监管与各行各业致力推动的目标。在实现这一目标时，提升数据共享的能力是包括义务机构在内的监督部门、执法部门等所有涉及方都必须思考与探索的问题，只有基于完善的安全技术才能以合理合法的方式实现互联互通。

参考文献

［1］孙国峰主编《中国监管科技发展报告（2019）》，社会科学文献出版社，2019。
［2］高富平：《个人数据保护和利用国际规则：源流与趋势》，法律出版社，2016。

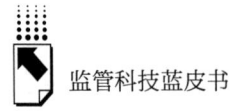

［3］《加州消费者隐私权法案》（*California Consumer Privacy Act of 2018*），2018。

［4］欧洲数据保护委员会（EDPB）:《关于 GDPR 实施和各国监管机构作用和手段的报告》，2019。

［5］王敏:《大数据时代个人隐私的分级保护研究》，社会科学文献出版社，2018。

［6］张莉主编《数据治理与数据安全》，人民邮电出版社，2019。

［7］余赢波:《中国个人信息安全和隐私保护报告：6 成人不知维权》，https://www.sohu.com/a/119646328_119038。

国际视野篇

Global Insights

B.28
全球监管科技格局

——生态前沿与趋势展望

浙江大学互联网金融研究院*

摘　要： 本文通过对全球监管科技业态分布、政策动向、制度创新的探讨以及对各国生态系统的多维度分析，全面展现了监管科技从2.0阶段过渡至3.0阶段下的发展格局。同时聚焦监管科技的关键技术发展及2019年热点、亮点，深入分析目前五大监管科技主流技术及其应用实践，指出网络和信息安全是2019年备受关注的监管科技应用领域，并对2020年全球监管科技的发展趋势做出预判，为监管科技的未来发展提供有益参考。

---

* 执笔人：贲圣林、罗曼、李心约、刘家铄、钱昕玥、孔维莹。

关键词： 全球监管科技　监管科技生态　主流技术　应用场景

监管科技这一概念于2015年问世以来在全球范围内引发广泛关注，监管科技行业成为金融科技领域投融资新风口，新兴企业大量涌现，呈现高速发展的态势，2019年表现越发突出。部分国家和地区的监管科技体系逐渐建立健全，"监管沙盒"等创新举措应用加速，相关投融资总量虽增速放缓但仍维持高位。与欧美领先国家相比，中国监管科技起步较晚，基础相对薄弱，目前仍处于探索阶段。但随着国内金融科技高速发展加剧了金融监管难度，叠加金融监管强化导致金融机构合规压力上升，监管科技发展需求越发强烈。此外，监管层面对监管科技发展的大力支持，以及监管科技相关技术创新的不断推进，也为监管科技的未来发展提供了越发强劲的动力支撑。

一　全球监管科技发展概览

（一）全球监管科技发展阶段及其特点

1. 从2.0到3.0：未来已来，将至已至

国内外学者[①]将监管科技的演变划分为三个阶段（见图1）：监管科技1.0时代以20世纪90年代为起点，延续到2008年全球金融危机前夕。在这一阶段，全球化进程加快，金融机构规模进入快速扩张期，服务对象从本国拓展到国际，监管挑战剧增。金融机构合规和风险管理部门规模快速扩张，开始引入新兴技术监测和分析特定法规或流程的风险。

监管科技2.0缘起于全球金融危机后的强监管及随之而来的合规成本上涨。这十年间监管合规业务和技术更为紧密的结合实现了监管和合规数据报

[①] 具体如：KPMG, There's A Revolution Coming, 2018; Arner, D. W., Barberis, J. N., Buckley, R., FinTech and RegTech in a Nutshell, and the Future in a Sandbox, 2017; 蔚赵春、徐剑刚：《监管科技RegTech的理论框架及发展应对》，《上海金融》2017年第10期。

```
1900          2000          2010          2020
```

金融机构引入新技术来监视和分析特定法规或流程的风险

1.0

2.0

从2008年全球金融危机后到近两年大概十年间,实现了监管合规义务和技术的结合

3.0

从"了解您的客户"到"了解您的数据"的转变

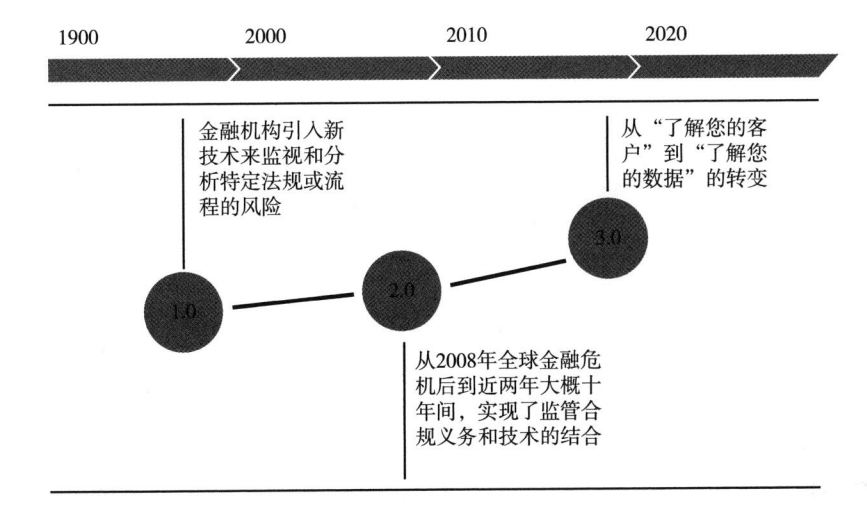

图1　全球监管科技发展三阶段

资料来源:KPMG, There's A Revolution Coming, 2018。

送的自动化、流程化、数字化。该阶段监管科技的应用主要包括反洗钱(AML)、了解您的客户(KYC)、实时审慎监管报送、资本评估和压力测试以及交易账户风险管理等。

部分专家认为现在监管科技已步入3.0阶段,该阶段监管以数据为中心,核心是数据主权和算法监管。同时,金融机构的目标也从"了解您的客户"(KYC)转变为"了解您的数据"(KYD),并普遍认为通过技术和数据的结合可以实现风险管理和预测。3.0阶段,全球各国纷纷着手建立监管创新机制,如英国率先发起的"创新办公室""监管沙盒"等,并逐步实现监管端的政策建模、合规端的规则标记以及监管合规报告标准化等功能[1]。而中国监管科技3.0的工作核心则是建设一个运转高效的监管大数据平台,辅助监管人员对市场主体进行全景式分析、对市场总体情况进行实时监控监测,维护市场交易秩序[2]。目前我国监管体系中中国证券监督管理委员会已先行一步,正持续加速构建科技监管能力,并已基本建成监管科技

---

[1] Barberis, J. N., Arner, D. W., Buckley, R., The RegTech Book, 2019.
[2] 中国证券监督管理委员会:《中国证监会监管科技总体建设方案》,2018。

345

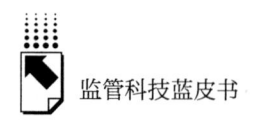

3.0的规章制度体系。

2. 全球监管科技现阶段特点

当前，全球监管科技正处于从2.0时代升级到3.0时代的关键时期，这一时期技术融合交互推动监管应用创新，监管机构争相布局监管科技发展，合规及网络和信息安全领域引领行业。

（1）技术融合交互推动监管应用创新

现阶段，大数据、人工智能、区块链、云计算、API等技术不断突破壁垒，引领信息技术的新一轮跨越式发展。但这些技术并非孤立地发展，主要技术的融合交互正不断推动监管应用的创新。图2展示了监管科技的核心技术架构，机器学习是人工智能的重要分支，但其对数据强大的挖掘、处理能力也离不开大数据技术的支持；数字身份技术是区块链、大数据等交叉融合的新技术解决方案。此外，监管应用往往依赖于多种技术的共同作用。例如，风险管理采用了数据传输协议、预测分析、语义/图像分析等技术，用户身份识别需要区块链、机器学习、图像识别、语音识别等技术支持。

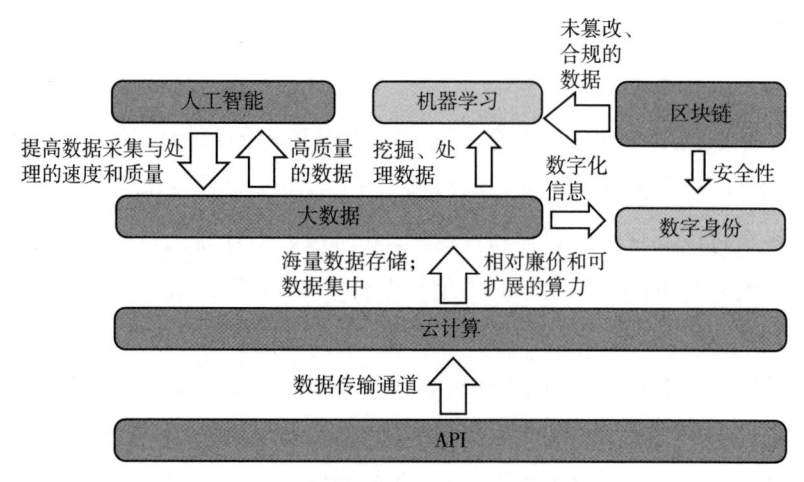

图2 监管科技核心技术架构

资料来源：中国信息通信研究院。

（2）监管机构争相布局监管科技发展

随着监管科技在全球范围内被广泛接纳和应用，各国、各地区纷纷出台相应政策扶持和引导监管科技的发展。图3按时间顺序展示了2019年全球部分监管科技重要政策。总体而言，2019年各国家和地区政府通过积极出台监管科技支持政策、设立专门机构和加强国际合作等方式鼓励监管科技创新发展。然而，受发展起步时间不一等因素影响，现阶段国家和地区间监管科技发展水平各异，政策针对重点也不尽相同。欧洲以英国为金融监管科技发展的引领者，形成了较为完善的"监管沙盒"和牌照制度体系；北美地区以美国最为活跃，多部门联合管理与执法态势明显；而在后起之秀亚太地区，数个国家（或地区）结合自身国情出台了针对监管科技的政策方案。

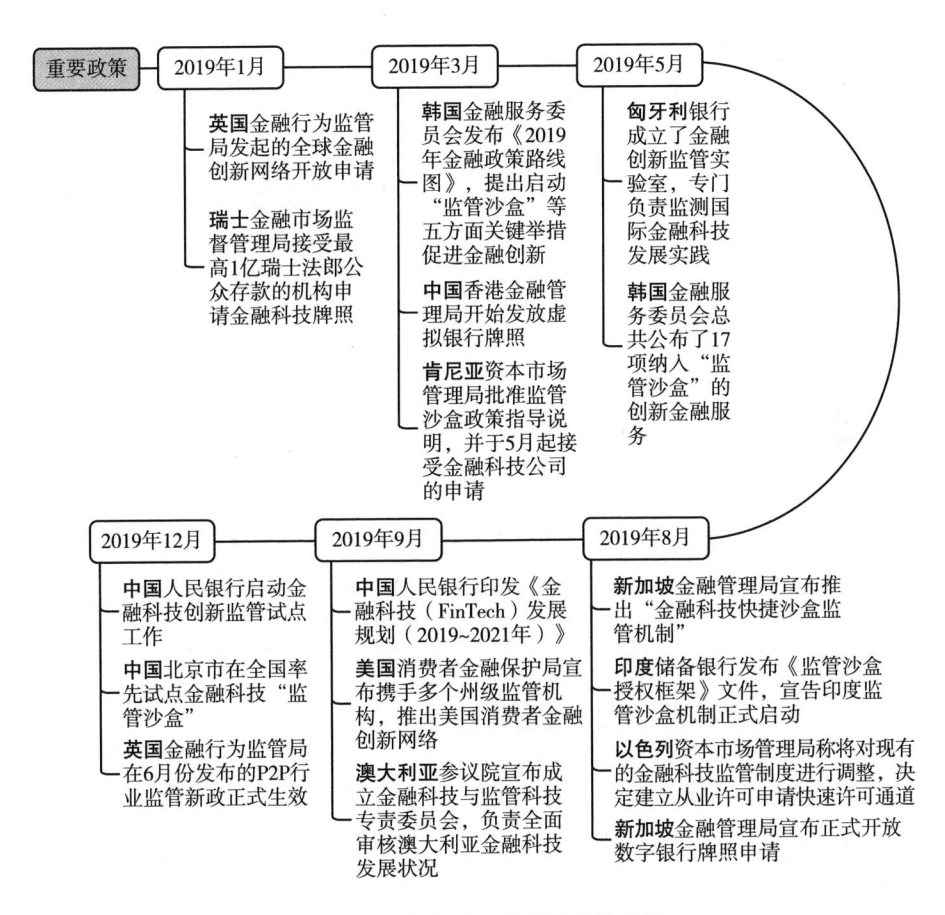

2019年1月
- 英国金融行为监管局发起的全球金融创新网络开放申请
- 瑞士金融市场监督管理局接受最高1亿瑞士法郎公众存款的机构申请金融科技牌照

2019年3月
- 韩国金融服务委员会发布《2019年金融政策路线图》，提出启动"监管沙盒"等五方面关键举措促进金融创新
- 中国香港金融管理局开始发放虚拟银行牌照
- 肯尼亚资本市场管理局批准监管沙盒政策指导说明，并于5月起接受金融科技公司的申请

2019年5月
- 匈牙利银行成立了金融创新监管实验室，专门负责监测国际金融科技发展实践
- 韩国金融服务委员会总共公布了17项纳入"监管沙盒"的创新金融服务

2019年8月
- 新加坡金融管理局宣布推出"金融科技快捷沙盒监管机制"
- 印度储备银行发布《监管沙盒授权框架》文件，宣告印度监管沙盒机制正式启动
- 以色列资本市场管理局称将对现有的金融科技监管制度进行调整，决定建立从业许可申请快速许可通道
- 新加坡金融管理局宣布正式开放数字银行牌照申请

2019年9月
- 中国人民银行印发《金融科技（FinTech）发展规划（2019~2021年）》
- 美国消费者金融保护局宣布携手多个州级监管机构，推出美国消费者金融创新网络
- 澳大利亚参议院宣布成立金融科技与监管科技专责委员会，负责全面审核澳大利亚金融科技发展状况

2019年12月
- 中国人民银行启动金融科技创新监管试点工作
- 中国北京市在全国率先试点金融科技"监管沙盒"
- 英国金融行为监管局在6月份发布的P2P行业监管新政正式生效

图3　2019年全球重要监管科技政策

资料来源：浙大AIF观智国际金融科技研究室。

（3）合规及网络和信息安全引领行业发展

2015~2019年新创监管科技企业高度集中于合规领域。如图4所示，新成立的合规咨询企业数量占比高达41%。近几年全球监管法规持续出台，如2015年证券融资交易法规（SFTR）实施，2018年金融工具市场指令Ⅱ（MiFID Ⅱ）生效、通用数据保护条例（GDPR）正式实施，2019年支付服务法案第二版（PSD Ⅱ）推行。市场对于合规产品及合规解决方案的需求逐步提升，推动了这一领域的蓬勃发展。

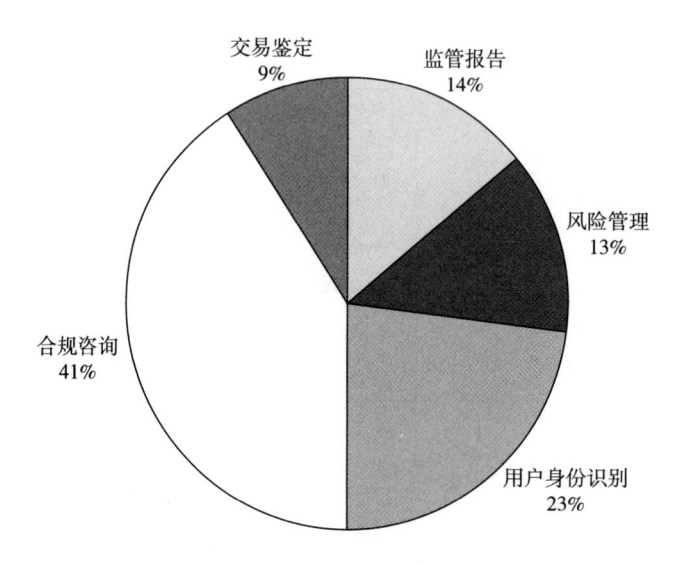

图4　2015~2019年成立的监管科技企业按细分领域分布情况

资料来源：浙大AIF观智国际金融科技研究室、德勤RegTech Universe 2020。

（二）全球监管科技区域发展格局

总体来看，以英美为代表的欧美发达国家持续领先，以澳大利亚、以色列、新加坡为代表的亚太地区奋起直追，非洲国家如南非，南美国家如巴西逐渐兴起。

监管科技企业数量是衡量一个地区和市场监管科技发展状况的重要参考指标。受市场需求、行业发展、监管科技政策等因素的影响，监管科技企业分布有较明显的区域聚集趋势。德勤 RegTech Universe 2020 覆盖的 357 个全球主要监管科技企业分布于 34 个国家和地区，主要集中于欧洲、北美洲和亚太地区。如图 5、图 6 所示，欧洲监管科技企业数量多达 221 个，占总数的一半以上，其中英国以 97 个监管科技企业数居首；北美洲有 87 个，约占全球的 24%，其中美国以 75 个监管科技企业数位列全球第二①。而亚太地区则拥有 45 个监管科技企业，约占全球的 13%，多集中于澳大利亚、以色列和新加坡三国。而非洲和南美洲等经济较落后地区监管科技企业数量仍屈指可数。

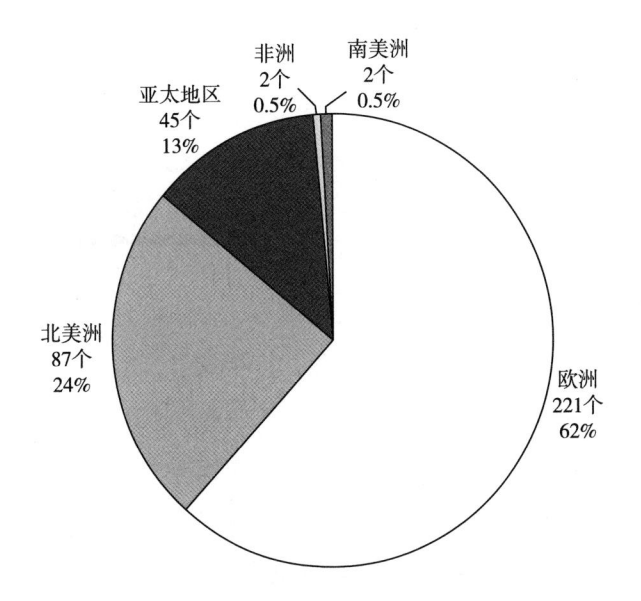

图 5　全球监管科技企业地区分布

资料来源：浙大 AIF 观智国际金融科技研究室、德勤 RegTech Universe 2020。

1. 以英美为代表的欧美发达国家持续领先

从监管科技企业数量上看，英国、美国各有 97 个和 75 个企业入围，欧

---

① 德勤 RegTech Universe 2020 将总部位于英国的 RequirementONE 公司计为美国监管科技公司，我们基于公司官方网站（https://www.requirementone.com/about_r1#）的信息将此公司计为英国监管科技公司，并对德勤提供的区域监管科技公司数据做出相应调整。

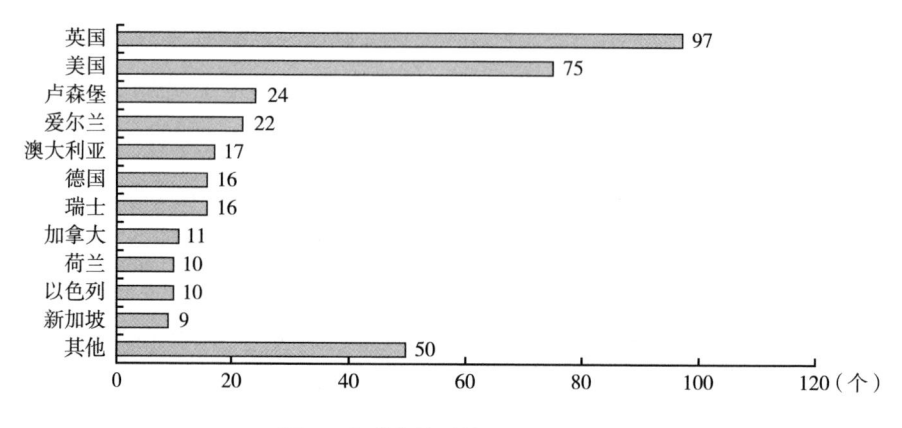

国家	数量
英国	97
美国	75
卢森堡	24
爱尔兰	22
澳大利亚	17
德国	16
瑞士	16
加拿大	11
荷兰	10
以色列	10
新加坡	9
其他	50

图 6　全球监管科技企业国家分布

资料来源：浙大 AIF 观智国际金融科技研究室、德勤 RegTech Universe 2020。

洲、北美洲共计 308 个监管科技企业，约占全球监管科技企业数量的 86%。从政策支持上看，欧美发达国家在 2019 年持续推出创新监管举措，如英国发起的"全球金融创新网络"开放申请，美国推出"消费者金融创新网络"等。加之欧美发达国家监管科技发展起步早，市场较为成熟，在新制度、新政策的推动下，其在监管科技领域持续保持领先。

2. 亚太地区奋起直追

尽管欧美发达国家目前依然在监管科技领域占据主导地位，但亚太地区仍有部分国家表现抢眼，成为后起之秀。澳大利亚以 17 家监管科技公司数量位居全球第五，以色列、新加坡也分别有 10 家和 9 家企业入围。此外，印度、韩国、马来西亚、新西兰、越南、阿联酋等均有监管科技企业上榜。这些国家的监管机构也正积极拥抱和促进监管科技的发展，紧跟欧美发达国家脚步，推出新的政策措施，如新加坡推出了"金融科技快捷沙盒监管机制"，以色列则建立了从业许可申请快速许可通道。此外，虽然中国监管科技发展起步较晚，尚处于初级阶段，但经历几年的规划布局，从 2018 年 8 月发布实施《中国证监会监管科技总体建设方案》，到 2019 年末启动金融科技创新监管试点工作，北京在全国率先试点金融科技"监管沙盒"，中国推动监管科技加速发展的意愿愈加强烈（见图 7）。

全球监管科技格局

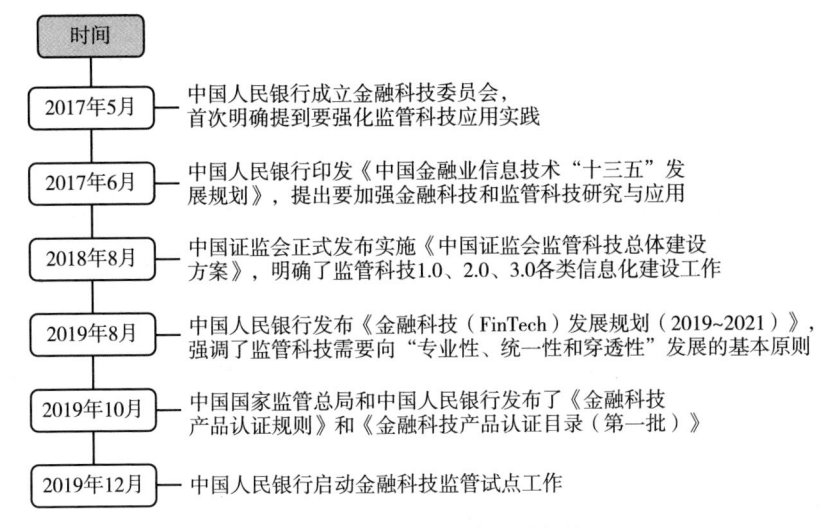

时间	
2017年5月	中国人民银行成立金融科技委员会，首次明确提到要强化监管科技应用实践
2017年6月	中国人民银行印发《中国金融业信息技术"十三五"发展规划》，提出要加强金融科技和监管科技研究与应用
2018年8月	中国证监会正式发布实施《中国证监会监管科技总体建设方案》，明确了监管科技1.0、2.0、3.0各类信息化建设工作
2019年8月	中国人民银行发布《金融科技（FinTech）发展规划（2019~2021）》，强调了监管科技需要向"专业性、统一性和穿透性"发展的基本原则
2019年10月	中国国家监管总局和中国人民银行发布了《金融科技产品认证规则》和《金融科技产品认证目录（第一批）》
2019年12月	中国人民银行启动金融科技监管试点工作

图7　中国监管科技发展时间线

资料来源：浙大AIF观智国际金融科技研究室。

3. 非洲、南美洲逐渐兴起

由于经济发展较为落后，金融创新性较弱，非洲、南美洲地区在监管科技领域难与欧美、亚太地区匹敌，但发展势头逐渐显现。作为非洲和南美洲的代表，金砖国家南非和巴西均有2家监管科技企业，在地区中走在前列。虽然非洲和南美洲监管科技企业数量仍较稀少，但部分国家已开始尝试从监管政策和技术应用层面推动监管科技的发展。比如肯尼亚计划推出"监管沙盒"，并已接受金融科技公司的申请。尼日利亚、卢旺达、秘鲁等国家的监管机构也正积极支持大数据、人工智能、API等技术的发展。

二　全球监管科技生态分析

（一）全球监管科技生态系统主要参与者

以监管科技供应商为代表的供给端、以监管机构及金融机构为主要构成的用户端以及监管科技投资者代表的资本端三方互为支撑，共同发力，构成了全球监管科技生态圈。如图8所示，对监管科技产品和服务的主要需求来自金融机构合规端以及监管机构监管端。而监管科技产品和服务的供给则受诸多市场主体的影响，既包括监管科技公司等产品市场供给方，也包括以私募股权投资与风险投资（PE&VC）为主的资本市场供给方。与此同时，以各国监管机构和各大国际组织为代表的监管政策制定者，同时具备监管科技应用者与监管政策制定者的双重身份，通过自上向下的顶层设计，全方位影响着监管科技的发展。而行业协会及科研机构则对监管科技的能力构建至关重要，通过促进"产学研用"协同发展及人才培养，参与共同打造监管科技良性生态圈。

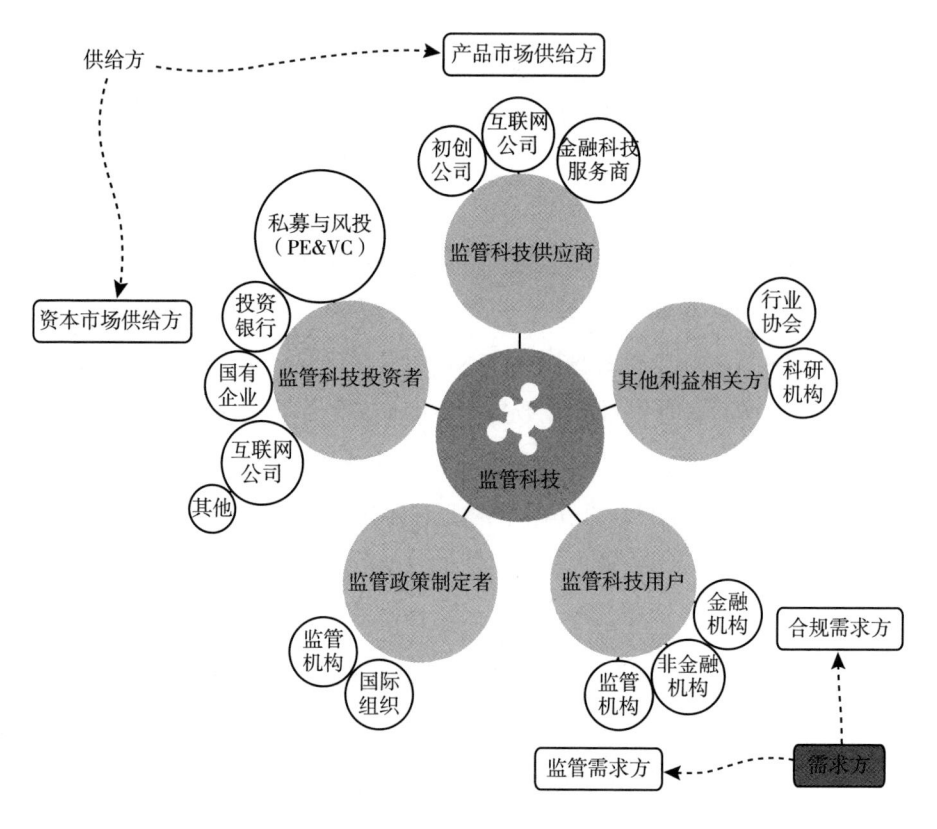

图8 监管科技生态

资料来源：浙大AIF观智国际金融科技研究室。

（二）监管科技需求侧分析

1. 监管科技用户

监管科技合规需求应用方以金融机构为主，但已逐渐延伸至非金融行业。剑桥大学新兴金融研究中心（CCAF）2019年发布的 *The Global RegTech Industry Benchmark Report* 调查显示，金融机构仍是监管科技的重要应用方，几乎所有接受调查的监管科技供应商（约92%）都将银行列为潜在客户，并有61%选择向保险公司提供服务，57%将金融科技公司作为潜在客户[①]。此外，也有58%的被调查样本拥有金融服务行业以外的客户，包括软件行业、房地产、能源/公用事业、制药和医疗设备等受到严格监管的行业，监管科技用户正在由单一的金融领域拓展到非金融领域。

应用监管科技的金融机构主要包括银行、证券、保险、基金等。银行逐步由业务驱动转向数字驱动，由被动监管转向自主监管。如图9所示，来自欧洲的桑坦德银行、瑞士信贷、瑞银、法国巴黎银行等和来自亚洲的中国银行、香港汇丰银行等银行已通过与监管技术供应商合作，获得行业领先地位。此外，证券业需要运用监管科技以应对证券发行、信息披露、证券投资交易、证券违法行为、证券市场风险及证券投资者保护等方面的合规需求[②]，如东京证券交易所利用日立的"日立人工智能技术"来识别市场操纵等不法行为。保险行业可以将监管科技应用于识别和处理风险与虚假索赔。例如，国内保险机构运用监管科技，搭建商车反欺诈大数据监控平台，试点开展牲畜身份智能识别认证工作等[③]。监管科技同样可以为基金公司所用，如监管科技公司Confluence针对投资公司报告现代化法案为基金公司建立监管报告平台，以应对新的年度投资组合报告表格（N-PORT）和年度报告表格（N-CEN）带来的数据密集型要求的挑战[④]。

---

① Barberis, J. N., Arner, D. W., Buckley, R., The RegTech Book, 2019.
② 京东数字科技研究院：《证券监管中的监管科技》，2018。
③ https://www.iyiou.com/p/118449.html.
④ 京东数字科技研究院：《证券监管中的监管科技》，2018。

客户名称	提供服务的监管科技公司	客户名称	提供服务的监管科技公司
Santander	Appway, AxiomHQ, BearingPoint, COMPENDOR, ecertic, fenergo, Electronic IDentification	Deutsche Bank	Appway, CloudMargin, smartKYC
CREDIT SUISSE	Acin, Appway, BearingPoint, cleversoft, CYBSAFE	Standard Chartered	Acin, BearingPoint, kx
HSBC	Appway, BearingPoint, kx, JUMIO, cleversoft	中国银行 BANK OF CHINA	fenergo, Appway, Fortia
UBS	IDnow, fenergo, Compliy, EVENTUS	BARCLAYS	ClauseMatch, cleversoft, imeta
BNP PARIBAS	fenergo, Fortia, Corvil, BearingPoint	BBVA	fenergo, fonetic, regbot

图 9　2019 年各大银行与监管科技公司合作情况

资料来源：FinTech Global。

如图 10 所示，目前非金融领域如 IT、能源与环保、房地产业对于合规管理的智能化及数字化需求也愈加迫切。许多 IT 公司运用其快速迭代的后发优势向金融牌照延伸，通过金融科技创新转型为"类金融机构"。然而由于缺乏风险意识和流动性管理能力，这些机构亟须被纳入新的监管框架进行统一监管①。而能源与环境保护行业则可利用监管科技，监测能源消耗和促进可再生能源项目的融资，以及设计更有效的碳排放交易计划。

剑桥大学新兴金融研究中心 2019 年发布的 *The Global RegTech Industry Benchmark Report* 调查显示，66% 的受调查监管科技供应商将监管机构等公共部门列为潜在的监管科技用户。2008 年金融危机引发全球金融监管制度深刻变革，为应对日益高涨的监管成本，各国监管部门纷纷开始关注和研究监管科技。表 1 展示了 2019 年全球主要国家（或地区）监管机构所采用的

---

① 亿欧：《监管科技——实施难点与展望》，https://www.iyiou.com/p/117931.html，2019。

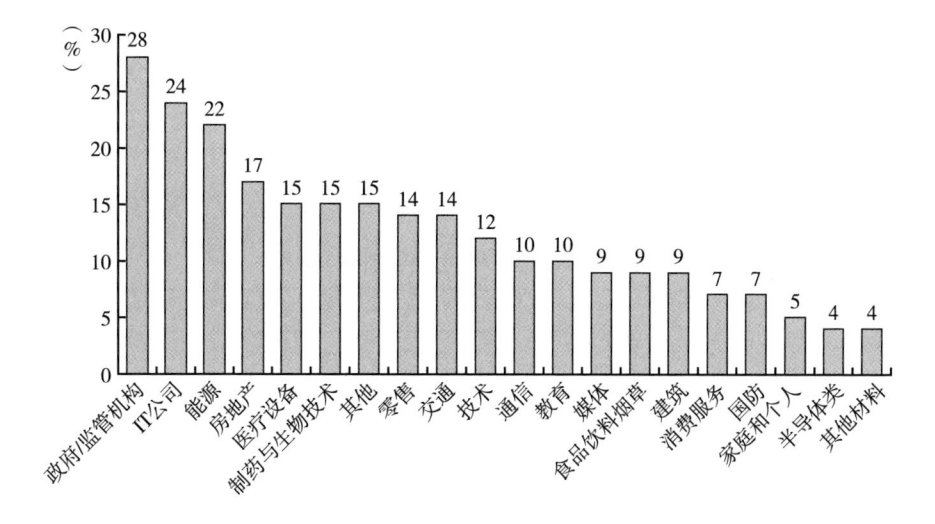

图 10　监管科技公司目标非金融行业用户排名

资料来源：CCAF, The Global RegTech Industry Benchmark Report。

监管科技。

从应用主体来看，目前应用监管科技的监管机构以金融监管机构为主，具体可分为监管银行业的各国央行、监管证券业的证券监督管理委员会、监管保险业的保险监督管理委员会和其他金融监管当局等。银行层面，各国央行正积极运用监管科技加强行业监管，如奥地利央行"AuRep"系统可用于标准化转换并自动推送商业银行原始数据。证券领域，各国监管机构也已有不少监管科技应用实践，如美国证券交易委员会尝试在证券发行阶段，用机器学习技术的自然语言分析来审查企业发行人的申报文件[1]。保险行业相关监管机构也正积极开展动作。加拿大正在成为全球保险监管创新枢纽，魁北克省的金融市场监管机构 AMF 已经公开表示将以开放式的姿态容纳保险科技和监管科技商业体[2]。

---

[1] 亿欧：《监管科技——RegTech 前沿技术与应用研究》，https://www.iyiou.com/p/117931.html，2019。

[2] https://www.iyiou.com/p/77817.html.

从地区分布来看，欧洲的监管机构凭借总共22个监管科技应用，成为全球监管机构中最活跃的监管科技应用者。从应用技术角度看，全球监管机构应用最多的技术为大数据，共有24家监管机构采用，其次是机器学习、人工智能等技术。

表1 全球监管机构主要支持的技术

大洲	国家/地区	监管机构	云计算	大数据	人工智能	机器学习	API	区块链	数字身份
北美洲	美国	证券交易委员会	√	√	√	√			
		消费者金融保护局		√			√		
		美国联邦储备系统		√					
		金融业监管局				√			
大洋洲	澳大利亚	澳大利亚证券投资委员会	√	√	√	√			
		澳大利亚交易报告和分析中心		√	√	√			
非洲	肯尼亚	肯尼亚资本市场管理局		√					
	尼日利亚	尼日利亚银行		√			√		
		尼日利亚银行间结算系统					√		
	卢旺达	卢旺达银行		√			√		
南美洲	墨西哥	墨西哥国家银行和证券委员会	√	√	√				
		国家退休储蓄系统委员会		√		√			√
	秘鲁	秘鲁银行保险基金监管局			√				

续表

大洲	国家/地区	监管机构	主要支持的技术						
			云计算	大数据	人工智能	机器学习	API	区块链	数字身份
欧洲	奥地利	奥地利央行		√	√	√			
	欧盟	欧洲央行		√				√	
	意大利	意大利银行		√		√			
	立陶宛	立陶宛银行		√					
	荷兰	荷兰银行	√	√	√	√			
	俄罗斯	俄罗斯银行		√		√			
	瑞典	瑞典银行		√					
	英国	金融行为监管局	√	√	√	√			
		英国银行							
亚洲	文莱	文莱金融管理局		√					
	中国香港	香港证券及期货事务监察委员会		√					
	印度	印度唯一身份标识管理局							√
	日本	日本银行		√		√			
	菲律宾	菲律宾央行			√		√		
	新加坡	新加坡金融管理局	√	√	√	√			
	泰国	泰国银行						√	
总计	22	29	6	24	11	14	8	2	2

资料来源：浙大 AIF 观智国际金融科技研究室、UNSGSA FinTech Working Group and CCAF（2019）。

2. 合规需求和监管需求并驾齐驱

与监管机构相比，金融机构在监管科技的研发和应用方面具有更强的灵活性，制度约束更小、转化成本更低。金融机构大范围、长时间利用监管科技创新金融产品与服务、优化金融业务流程，一方面催生了提供专业服务的监管科技公司，另一方面可能导致监管机构在监管科技研发与应用方面处在被动地位，进一步加剧金融监管滞后于金融创新的现象[①]。

---

① https://www.iyiou.com/p/85155.html。

（三）监管科技供给侧分析

1. 产品市场供给分析——监管科技供应商

全球主要监管科技供应商包括提供监管科技解决方案的互联网公司以及300余家专注监管科技初创企业。如图11所示，根据Burnmark的统计，监管科技初创企业数量占全行业的88%[1]。大多数监管科技初创企业都是面向金融机构提供合规性服务的B2B供应商，还有一部分面向监管机构（B2G）。68.8%的初创企业将提供合规支持作为主营业务[2]。如表2所示，Planet Compliance综合考虑监管科技公司设置、团队成员、资金等方面，计算并赋

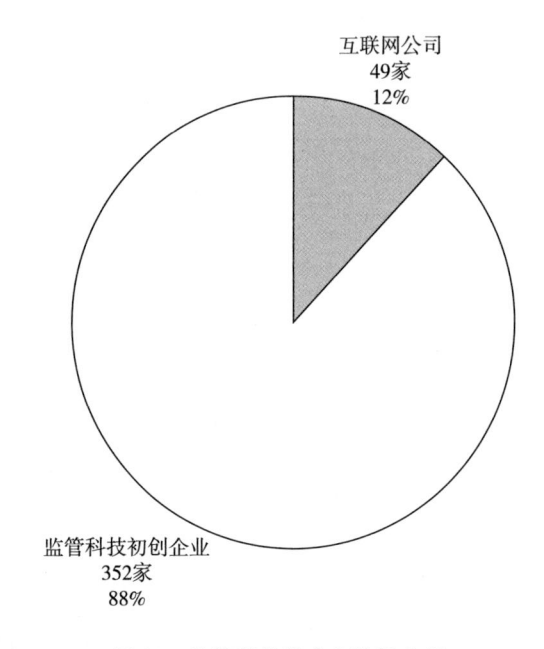

图11　监管科技供应商数量分类

资料来源：Computools：RegTech Ecosystem. Current State & Trends，2019。

---

[1] Computools, RegTech Ecosystem. Current State&Trends, https://computools.com/RegTech-ecosystem-current-state-trends/, 2019.

[2] Barberis, J. N., Arner, D. W., Buckley, R., The RegTech Book, 2019.

分得到全球监管科技公司排名表。该排名表显示全球排名前十的监管科技初创公司中有9家提供合规服务，5家提供KYC/AML服务，2家提供网络数据安全服务，并主要来自英国等欧洲地区。

表2 全球监管科技初创公司Top10

排名	公司名称	国家	提供业务	评分
1	Fenergo	爱尔兰	AML/KYC、风险管理、监管报告、合规咨询、客户生命周期管理(CLM)	99.11
2	Alyne	德国	网络安全、风险管理和合规服务	97.54
3	CUBE	英国	自动化识别、分析和监视全球法规要求，提供了世界上第一个由人工智能驱动的RegTech解决方案	95.73
4	Kompany	奥地利	用于全球业务验证和业务KYC	91.53
5	Encompass	澳大利亚	提供针对AML/CTF法规的KYC解决方案	91.44
6	Cappitech	以色列	监管报告，建立交叉监管平台Capptivate	89.4
7	Exate Technology	英国	保护数据安全，提供完整的数据隐私解决方案	85.89
8	Arctic Intelligence	澳大利亚	提供金融犯罪审计、风险评估和AML合规解决方案	85.17
9	Apiax	瑞士	数字化复杂的法规	82.98
10	Kompli-Global	英国	提供AML和KYC的全球标准合规性服务	82.29

资料来源：PlanetCompliance，The RegTech Top 100。

由IBM、Oracle、FIS Global和SAS等国际互联网公司和国内BAT等巨头首先发力，互联网企业也开始加快监管科技布局。与此同时，一部分金融服务机构也进行着内部监管科技创新发展，或与监管科技公司合作提供数字化转型咨询服务，如高盛2018年启动向"科技企业"转型的GS Accelerate内部创新机制。四大会计师事务所正通过与监管科技公司合

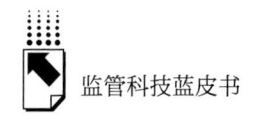

作，结合监管科技公司的领先技术与咨询公司的法规、税务和咨询专业知识。

监管科技供应商通过科技创新，运用大数据、人工智能、云计算、区块链等新兴技术手段，不断拓展监管科技应用场景，以新技术的应用来解决传统合规和监管工作中的痛点、难点。根据德勤的数据，全球监管科技企业从2017年的153家迅速增加到2020年的357家，为监管科技市场的技术迭代、更新和跃迁提供了雄厚的技术积累。

2. 资本市场供给分析——监管科技投资者

2019年全球监管科技头部投融资数据显示，监管科技市场主要投资来自私募股权投资机构、风险投资机构、投资银行、互联网公司以及少数国有企业和其他金融服务机构。

（四）政策制定者对监管科技发展的影响分析

1. 监管机构全方位影响一国监管科技发展

监管机构除了作为主要用户影响监管科技需求，同时也是监管政策的重要制定者。全球领先国家的监管机构近年来争先建立健全完整严密的监管规则体系，研究设计符合国情的创新监管工具，与监管科技企业一同影响监管科技供给。2019年各国监管机构进一步加大政策支持力度，推出新的扶持性政策，鼓励利用监管技术丰富监管手段，提升跨行业、跨市场交叉性风险的甄别、防范和化解能力。

2. 国际组织立足全球视野进行自上而下的监管政策设计

除了各国监管机构，以国际证监会组织、国际货币基金组织等为代表的国际组织也积极推出相应监管政策，加强对全球金融行业的监管。如表3所示，2019年国际证监会组织（IOSCO）、国际货币基金组织（IMF）、金融稳定理事会（FSB）、国际清算银行（BIS）等国际组织也不断发布相关监管政策，进一步加强数字货币、加密资产方面的监管，持续关注反洗钱、银行风险和金融稳定，进一步推进监管科技应用。

表3 2019年国际组织相关监管政策

国际组织	2019年相关监管政策
国际证监会组织（IOSCO）	2019年5月IOSCO发布《与加密资产交易平台有关的问题、风险和监管考虑因素》，详细描述了迄今为止发现的与CTP加密资产交易相关的问题和风险，并提供了相应的关键监管考虑因素和工具包，以帮助监管机构在其监管框架范围内评估CTP，为其加强监管提供借鉴
国际货币基金组织（IMF）	2019年IMF明确指出洗钱和资助恐怖主义是金融犯罪。旗下金融行动特别工作组（FATF）制定了反洗钱（AML）和打击恐怖主义融资（CFT）规则，并希望不同地区的监管机构可以在此基础上出台更本地化、更具体和更严格的规定
	2019年12月12日，IMF发布专题文章《央行数字货币的"四问四答"》，讨论央行数字货币带来的好处以及面临的挑战。IMF目前正在调查跨境央行数字货币（CBDC）影响，帮助各国评估有关CBDC的政策，并研究改善支付系统的替代手段
金融稳定理事会（FSB）	2019年5月31日，FSB对外发布了一份加密资产监管专题报告，这份报告主要关注投资者保护、市场诚信、反洗钱、银行风险和金融稳定等话题，分析现行监管工作并明确未来监管调整方向
	2019年12月17日，FSB发布了2020年工作计划，指出将坚持前瞻性的监管理念、识别、评估和解决新出现的问题漏洞，坚持实施后危机时代改革，计划针对监管科技实践展开分析
	2019年12月9日，FSB发布《金融领域的BigTech：市场发展和潜在的金融稳定性影响》和《云服务中的第三方依赖关系：对金融稳定性的影响》，指出大型科技企业和第三方云服务商的确可以给金融产业带来许多好处，但同时也会带来流动性、稳定性和网络安全性威胁
国际清算银行（BIS）	2019年10月17日，BIS发布了《监管科技时代》（The SupTech Generations）的专题报告，对全球39个金融监管机构的监管科技举措进行了分析。报告指出，"创新技术"专指金融监管机构在监管工具或监管活动中应用的人工智能和大数据两项新兴技术

资料来源：浙大AIF观智国际金融科技研究室、公开资料整理。

3. 数字基建支撑监管科技发展

监管科技提升智能化、数字化水平离不开数字基础设施的完善健全。5G、窄带物联网多网络的协同发展，支持大数据应用和云端海量信息处理的云计算基础设施，人工智能的基础服务平台等新型数字基础设施，将使监管科技的应用深化、广化，并进一步丰富监管科技的应用场景，加快技术落地和价值转化。

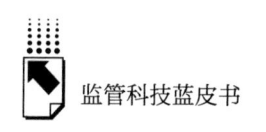

（五）行业协会及科研机构推动监管科技能力构建

1. 全球主要行业协会

全球监管科技行业协会主要集中在欧洲地区，2017年在瑞士成立的国际监管科技协会（IRTA）旨在支持和建立全球RegTech生态系统，致力于在全球推广监管科技[①]。其他监管科技行业协会包括英国的Innovate Finance，针对荷兰地区的Holland FinTech，在瑞士地区创造协同效应的Swiss Finance Startups和卢森堡金融技术之家（Luxembourg House of Financial Technology）等。

2. 重要科研机构

剑桥大学新兴金融研究中心、浙江大学互联网金融研究院等高校学术机构持续关注监管科技。2019年剑桥大学新兴金融研究中心发布《全球监管科技基准报告》《替代金融监管——全球监管机构调查结果》，浙江大学互联网金融研究院与剑桥大学新兴金融研究中心共同开展《金融科技监管：国际实践与中国机遇》课题研究。Thomson Reuters、Burnmark、RegTech Analyst、亿欧等智库和研究平台不断推出监管科技最新研究。

3. "产学研用"联动促进监管科技能力构建

目前监管科技生态面临各主体能力不均衡、信息不对称的问题。金融机构可以充分利用资本市场来募集资金以构建满足合规需求的先进监管科技系统，但也存在着监管套利的风险；监管机构缺乏监管科技专业人才，将导致在构建满足监管需求的监管科技系统时面临理论、制度、技术等多方面的约束。

因此，监管科技未来发展迫切需要"产学研用"的紧密协同，让成果转化更为顺畅，促进监管科技能力构建。其中，行业协会可以充分调动地区协同集聚效应，制定行业准则促进监管科技企业规范化发展；科研机构和学

[①] Apiax, RegTech: The Ultimate Guide (2020 edition!), https://www.apiax.com/RegTech-guide/, 2020.

者可以运用专业知识，为监管机构制定监管政策提供参考；业界研究机构可以加快技术革新，探索新的技术应用领域；监管机构、金融机构等用户可以综合运用监管科技开发新的应用场景。只有"产学研用"积极联动、形成合力，才能使监管科技产业链整体竞争力不断增强，监管科技生态不断完善。

三 2019年全球监管科技技术发展及应用实践

（一）全球监管科技技术发展

全球监管科技发展至今，所应用的技术不断丰富。目前，监管科技依托的五大主要核心技术为大数据、人工智能、区块链、云计算和API。表4展示了五种主要技术在监管合规领域的作用，并依次举例介绍其主要功能。

表4 主要技术在监管及合规领域的作用功能举例

技术	在监管及合规领域的作用	功能举例
大数据	大数据的实时处理技术可从大量可用的异构数据和文本数据中创造价值	大数据工具和技术可以帮助监管机构处理金融机构为配合监管和合规需要而产生的大量数据，自动生成报告，将被监管机构的信息推送到监管机构，再利用数据验证工具检查数据接收的完整性、正确性等，还可用于数据清理和数据质量检查
人工智能	可以运用无监督学习和监督学习等方法，对风险数据和企业的信用和经营状况进行分析预测	基于人工智能的监管系统可以依据监管规则即时、自动地对被监管者进行监管，在无须监管对象报告的前提下对其实现监管，更有效地识别和应对系统性风险
区块链	通过密码验证、强大的计算能力和大量互联网用户数据，区块链技术能够快速且安全地完成并记录交易，免去集中授信的需求	根据区块链可提供具有透明性信息的特性，监管机构可以从中获得各个金融机构最直接和最具时效性的信息，而各个金融机构很难在区块链的系统上对信息进行造假、掩盖或者篡改

续表

技术	在监管及合规领域的作用	功能举例
API	允许现成的监管科技工具直接与监管报告系统进行交互，可解决不同软件程序间的兼容问题	银行可以通过发展和分享 API 来与从事监管技术的公司建立合作，监管机构可以通过 API 来创建金融行业中常用的合规意见书和服务水平协议(SLA)，自动获得监管中所需要的数据
云计算	为监管科技提供廉价的计算和存储资源，通过数据集中汇聚提供大规模的数据资源，提升监管工具的共享程度	共享实用功能与云应用提了一个公共的平台，使各机构可在该平台上分享各自开发的回归功能并通过共享获利。当实用功能被金融行业内多个机构共享时，开发机构可以通过共享平台优化其核心流程并且通过规模经济获得超额收益

资料来源：浙大 AIF 观智国际金融科技研究室整理自公开资料。

除了上述核心技术类别，还有诸多细分及交互技术在监管领域得到应用，如机器学习、数字身份、自然语言处理、机器人过程自动化（RPA）、生物识别等技术，对金融机构和监管机构都具有重要价值。其中数字身份技术在 2019 年得到重点关注。

（二）应用场景分化

监管科技发展至今，应用场景已非常丰富，不同机构的划分也有细微的差异，但总体逻辑相似。中国信息通信研究院《监管科技（RegTech）前沿技术与应用研究》将应用场景划分为用户身份识别、市场交易行为监控、合规数据报送、法律法规跟踪、风险数据融合分析、金融机构压力测试六种；剑桥大学新兴金融中心 The Global RegTech Industry Benchmark Report 等研究则将其划分为分析和尽职调查、监管报告、风险分析、动态合规及市场监测五类。本文将基于德勤 RegTech Universe 2020 提出的架构，将监管科技主要应用场景划分为监管报告、风险管理、用户身份识别、合规咨询和交易监控五大类（见表5），力图系统展现监管科技应用的全景。

1. 五大主要应用场景

监管报告主要采用大数据、云计算、机器学习等技术，通过大数据分析、实时报告和云计算实现自动化数据分发和监管报告；风险管理主要采用数据传输协议、预测分析、语义/图像分析等技术，检测合规和监管风险，评估风险并预测未来可能存在的威胁；用户身份识别主要采用区块链、机器学习、图像识别、语音识别等技术，促进对交易方的尽职调查、KYC 程序、反洗钱和反欺诈筛选与检测；合规咨询主要采用云计算、机器学习、自然语言处理等技术，实时监控和跟踪合规现状以及即将出台的法规；交易监控主要采用大数据、云计算、区块链、数据传输协议（DTP）等技术，是实时交易监控和审计的解决方案，同时也通过区块链技术和加密货币来利用分布式账本的优点。

表5 监管科技应用、技术及企业数量

应用场景	主要采用技术	监管科技企业数量（约占比）
监管报告	大数据、云计算、机器学习等	50（14%）
风险管理	数据传输协议、预测分析、语义/图像分析等	47（13%）
用户身份识别	区块链、机器学习、图像识别、语音识别等	83（23%）
合规咨询	云计算、机器学习、自然语言处理等	146（41%）
交易监控	大数据、云计算、区块链、数据传输协议等	31（9%）

资料来源：浙大 AIF 观智国际金融科技研究室、德勤 RegTech Universe 2020。

2. 网络和信息安全

除了上述五大主要应用场景，网络和信息安全新晋成为 2019 年最受关注的监管科技应用领域。RegTech Analyst 的数据显示，网络和信息安全相关企业在全球监管科技交易活动中所占的份额从 2018 年的 20.7% 增长到 2019 年的 37.2%。网络和信息安全公司引领了 2019 年全球监管科技行业投融资的增长。

一些专用于监管科技的工具正被开发。这些工具通过利用诸如区块链、生物识别技术和复杂的密码学之类的先进技术来解决相关的信息安全问题。专注于信息安全的监管科技代表性公司有 Sysnet Global Solutions、1Password、Attila Security 等。可以预见未来也将有更多的监管科技公司提供信息安全服务。

四 2020年全球监管科技趋势预测

2019年全球金融监管科技发展势头迅猛，各国家和地区监管机构争相布局监管科技发展。就技术层面而言，多项监管科技融合交互推动监管应用创新；从行业层面来看，合规及网络和信息安全领域引领行业发展。

（一）监管科技走向金融监管的全链条运用，监管端与合规端合作发展监管科技成为主要路径

京东金融研究院何海锋指出现阶段监管科技的应用主要集中于事中监管阶段，在事前和事后监管方面作用尚微。当前，各国家和地区以及国际组织的监管主体正在努力探索实现监管科技在金融监管中的全链条运用，包括事前将监管政策与合规性要求"翻译"成数字化监管协议，并搭建监管平台提供相关服务；事后利用合规分析结果进行风险处置干预、合规情况可视化展示、风险信息共享、监管模型优化等。

与此同时，随着近年来科技、创新能力由政府主导逐渐转向市场主导，特别是在人工智能等领域，金融监管机构开始寻求与银行等金融机构、金融科技公司合作研发，并逐渐成为趋势。

（二）着重关注云计算、机器学习和人工智能技术以推动完成监管科技3.0转型，同时区块链技术将成为监管科技重要组成部分

云计算、机器学习和人工智能技术有望成为2020年监管科技关注的核心，助力监管科技3.0的转型。与此同时，区块链技术在金融监管领域有望得到进一步开发与利用。

（三）现有监管报告业务外包化合作化、合规咨询业务集成化将成趋势，监管科技产业外延将进一步拓展

现有的监管报告和合规管理业务模式将在2020年迎来变革，监管报告

业务显现外包和合作的趋势，合规咨询业务则或将实现集成化。此外，监管科技产业外延不断拓展，细分市场前景拓展。

此外，监管科技业务将向其他行业横向拓展，不再局限于金融行业。监管科技可以运用于任何受监管规制的行业，诸如医药卫生、食品安全、环境监测、反垄断和反不正当竞争等。监管科技、合规科技、内控科技、风控科技不断向其高级阶段——智能监管、智能合规、智能内控、智能风控升级。

参考文献

[1] Alten Calsoftlabs, RegTech: the necessary innovation in the regulatory compliance space, 2017.

[2] Apiax, RegTech: The Ultimate Guide, 2020.

[3] Computools, RegTech Ecosystem. Current State&Trends, https://computools.com/RegTech-ecosystem-current-state-trends/, 2019.

[4] Deloitte, RegTech is the future of banking, 2017.

[5] Deloitte, RegTech Universe 2020, https://www2.deloitte.com/lu/en/pages/technology/articles/RegTech-companies-compliance.html, 2020.

[6] Finra, Technology Based Innovations for Regulatory Compliance in the Securities Industry. 2018.

[7] Industry Experts Speak, Top 10 RegTech Trends for 2020 and Beyond, https://blog.cappitech.com/industry-experts-speak-top-10-RegTech-trends-for-2020-and-beyond, 2020.

[8] Barberis, J., Arner, D. W., Buckley, R. P., The RegTech Book, 2019.

[9] KPMG, There's a Revolution Coming, 2018.

[10] KPMG, RegTech: the revolution is coming, https://home.kpmg/uk/en/home/insights/2018/09/RegTech-revolution-coming.html, 2019.

[11] RegTech Analyst, What can RegTech companies learn from the coronavirus outbreak? http://member.RegTechanalyst.com/what-can-RegTech-companies-learn-from-the-coronavirus-outbreak/, 2020.

[12] Thomson Reuters, The rise of RegTech and the role of startups, 2019.

[13] 傅强：《监管科技理论与实践发展研究》，《金融监管研究》2018年第11期。

[14] 何海峰：《监管科技具有八大发展趋势》，http://www.ifmbj.com.cn/meiyuezazhi/

jigou‐‐8226‐quyu/201905/23‐2100.html，2019‐05‐23。

［15］霍学文：《大力发展监管科技 助力地方金融监管》，《清华金融评论》2019年第5期。

［16］京东数字科技研究院：《证券监管中的监管科技》，2018。

［17］李强：《金融科技风险积聚，监管如何应对挑战？》，https：//www.iyiou.com/p/112493.html，2019。

［18］蔚赵春、徐剑刚：《监管科技RegTech的理论框架及发展应对》，《上海金融》2017年第10期。

［19］亿欧：《金融科技风险积聚，监管如何应对挑战？》，https：//www.iyiou.com/p/112493.html，2019。

［20］亿欧：《监管科技五大应用场景：2018年监管科技发展研究报告》，2018。

［21］张夏明、张彧通、何海峰：《全球监管科技发展态势分析》，《中国监管科技发展报告（2019）》，2019。

［22］中国证券监督管理委员会：《中国证监会监管科技总体建设方案》，2018。

［23］浙江大学互联网金融研究院：《2020全球金融科技中心城市报告》，2019。

B.29
各国监管科技发展比较研究

上海财经大学金融学院 浙江大学互联网金融研究院*

摘　要： 本文梳理了2019年全球主要国家（或地区）监管科技相关政策，围绕重点国家（或地区）监管机构的组织体系、监管科技业态格局与发展特色展开比较分析。最后基于我国现状，提出我国须先从完善顶层设计、健全法律法规入手，考虑到金融业务边界逐渐模糊，应将"双峰式"监管模式作为金融改革长期目标，并加强金融基础设施建设，重视国际合作的建议。

关键词： 全球监管科技　监管结构　监管科技企业

一　主要国家或地区监管科技政策概览

（一）全球监管科技发展现状

2019年，国际清算银行（BIS）下设金融稳定协会（FSI）对31个国家和地区的金融科技政策进行了比较，并在此基础上提出"金融科技树"的概念框架：树梢是金融科技行为，树干是相关的核心技术，树根则是作为支撑的政策环境，主导着整个金融科技树的健康发展方向。

监管科技作为金融科技的一大分支，"金融科技树"中的大多数赋能技

---

* 执笔人：邓辛、高尚、蔡岑、黄效东、贾圣林、李心约、孔维莹、罗曼。

术也为监管科技所采用。目前这些技术主要包括API、云计算、生物识别、分布式分类账技术以及机器学习和人工智能。

由于不同的监管科技侧重的研究方向不同,适用的应用场景各异,所面临的技术风险也不尽相同,因此各国针对各自的国情对各项技术的政策力度也有所差异。一方面,市场采用水平的差异性使得一些技术比其他技术更受到监管当局关注。API、云计算和生物识别在金融服务提供中被高度采用,各国监管机构对这三项技术的管控也相对严格。而针对机器学习和人工智能以及分布式分类账技术的监管力度则相对较弱,主要围绕风险评估和一般性技术准则制定。另一方面,各国家和地区的金融科技市场发展的差异导致了各国监管科技政策实施力度的分化。多数欧美国家已进入相关法律法规的制定和调整阶段,而一些亚非国家还在调查在赋能技术方面所需采取的具体行动。

(二)2019年主要国家或地区监管科技政策汇总

金融科技影响力大、涉及面广,面对快速变化的金融科技发展,各国政府积极调整监管科技政策、设立机构和加强国际合作,以此来鼓励金融科技创新,确保金融体系稳定。

欧洲以英国为金融监管科技发展的引领者,形成了较为完善的"监管沙盒"和牌照制度体系;英国作为"监管沙盒"的提出者,不断探索监管"沙盒"机制并将"沙盒"概念向全球推广,旨在实现一个跨国跨部门的"沙盒"体系。其他欧洲国家,如瑞士,探索推行牌照管理制度;匈牙利则效仿美国设立相关机构,协助推动引进和落实金融监管科技本土化。

北美地区以美国最为活跃;从联邦政府到各州政府,美国各大金融监管机构都密切关注监管科技的发展。在执法层面,主要金融监管机构争相制定针对监管科技的措施,意图在监管科技规范性和先进性问题上拥有话语权。

亚洲地区,数个国家(或地区)结合自身国情出台了针对监管科技的政策方案,重点关注"监管沙盒"和牌照制度业。就监管内容而言,韩国和印度重点推进本土"监管沙盒"的发展,韩国于2019年4月正式启动金融"监管沙盒",截至2019年底,已有35项创新金融服务被纳入"沙盒"。印度于2019年8月启动"监管沙盒"机制,于11月正式开放首批"监管沙盒"申请。新加坡和中国香港则专注推行牌照制度。

二 主要国家或地区监管科技发展比较分析

从监管机构来看,金融监管科技职责通常划分为三种结构:①混合金融监管模式,包括具有审慎行为监管的"双峰式"和"牵头式"监管体制;②按行业划分的分业监管模式;③高度集中统一的综合监管机构模式。

(一)美国

1. 监管体系

美国在联邦体制、三权分立等因素的共同作用下,实行机构型监管和功能型监管相结合的"双层多头"监管体制。但在2008年金融危机后,"双层多头"监管体系的缺陷逐渐暴露,美国财政部便将"双峰式"监管模式作为金融监管改革长期目标,审慎监管机构包括美国货币监理署(OCC)、联邦存款保险公司(FDIC)、国家信用社管理局(NCUA)和美联储,行为监管主要由消费者金融保护局(CFPB)负责。

2. 业态格局

和英国"双峰式"监管不同,美国受到自身监管框架和方法的制约,导致"监管沙盒"起步较晚,进展缓慢,截至2019年12月,美国已有三个州推出"监管沙盒",但目前尚未有联邦级"监管沙盒"。CFPB提出的"催化剂项目"(Project Catalyst)类似于"监管沙盒",该项目通过向符合要求的金融科技创新公司颁布"无异议函"(No-action Letter),为公司提供良好的政策环境,支持其最大限度进行创新。但和"监管沙盒"相比,"催化剂项目"并没有实际的法律效力。CFTC成立的CFTC实验室与OCC创新中心类似,旨在成为金融机构与金融科技公司的创新互动园区。此外,CFTC实验室还推出CFTC2.0计划,推动区块链技术的研发和应用,探究运用区块链技术来实现

企业合规报告的收集和监管报告的分发等。

除监管机构外，美国各金融机构也正积极转型升级，不断增强研发投入力度以适应金融科技化的趋势。

据德勤 RegTech Universe 的统计，美国入围的监管科技公司业务涉及监管报告（6 家）、风险管理（8 家）、用户身份识别（19 家）、合规咨询（35 家）、交易监控（7 家）。这些市场参与者中既包含发展历史悠久的传统合规服务供应商，又有数量众多的新兴初创监管科技企业；这些监管科技公司的服务对象既包括美国货币监理署等政府监管机构，也包括银行等传统金融机构及金融科技企业（见图1）。

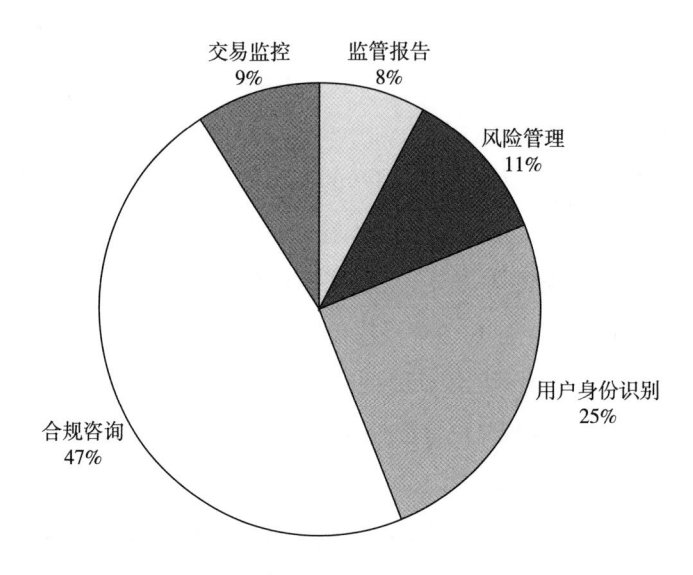

图 1　美国入榜监管科技企业分类

资料来源：浙大 AIF 观智国际金融科技研究室、德勤 RegTech Universe 2020。

专栏 1　美国监管科技公司介绍

（1）人工智能欺诈检测平台 Feedzai——将 AutoML 引入反欺诈领域。

Feedzai 主要利用大数据、机器学习和人工智能，为银行和金融机构提供分析、识别欺诈交易的解决方案。将 AutoML 引入防欺诈领域，能有效提高机器学习、模型创建等工作的效率。该平台通过收集、清洗、分析多个渠道的数据，如用户行为、交易数据和信用评级等，并结合人工智能大量分析历史上欺诈案例获得的知识，预判潜在的账户异常，帮助机构降低交易风险。

（2）基于 SaaS 的 GRC 平台 FixNix——信息安全流程自动化。

FixNix 以公司治理、风险管理及合规审查（GRC）为重点，为企业提供审计管理软件、风险管理软件、安全事故管理软件、规定管理软件、资产管理软件这五类产品。目前 FixNix 正进一步深入区块链领域优化和简化客户满足法律要求的风险和合规规定。

根据 RegTech Analyst 数据，2015～2019 年，北美地区监管科技公司吸引了 52.2%～65.7% 的资金注入。而美国几乎占到北美地区总市场份额的 90%。

3. 发展特色

美国金融监管权限分工界限明显，无法在国家层面出台统一的监管法律，呈现以功能性监管为主，多部门协同监管，沟通紧密的特征。

美国在信息技术应用方面一直走在前列。针对内幕交易等欺诈行为，SEC 执法部（Division of Enforcement）在 2013 年设立风险与量化分析中心（RQA）和合规监察部（OCIE），通过数据分析，识别可能对投资者造成损害的潜在风险和威胁因素；2017 年根据综合审计追踪法案（Rule 613）建立的 CAT 系统负责统一管理交易信息，法案要求相关机构在 2019 年 11 月前完成金融交易数据库建设并将数据提交到中央数据库，交易记录信息的完善增强了数据挖掘和分析发现金融犯罪的能力。此外，为了保障市场交易的合规和安全，SEC 还应用市场信息数据分析系统（MIDAS）来跟踪监控证券交易行为，其微秒级的时钟精度可用于对高频交易和算法交易的监管。而纳斯达克则是将人工智能引入美国股市监管系统，利用深度学习、迁移学习（Transfer Learning）等监测异常价格波动和潜在的市场操纵行为，并用智能

市场监控系统（Smarts Market Surveillance System）实现实时交易监控，维护市场的完整性。美国金融业监管局欺诈检测部门和市场情报办公室（OFDMI）使用的新闻分析和市场监管（SONAR）系统负责监测基于重大内幕消息的非法交易等违规行为，并将收集到的监测信息共享给SEC等监管机构，除此以外，美国金融业监管局应用于市场监管的监管科技还包括内部监督和交易分析视图（VISTA）、市场质量报告卡（QMRC）和增强审计跟踪（EAT）等。美国金融业监管局的市场监测系统日均事件处理量高达500亿个。

（二）英国

1. 监管体系

英国最初是基于原则的综合管理模式，由金融服务局（FSA）对金融体系所有机构和产品进行监管，在英国北岩银行事件以及2008年金融危机后，英国加快深化监管体系改革，于2013年正式走向"双峰式"监管模式，而FSA也被英国金融行为监管局和英国审慎监管局（PRA）两个平行的监管机构所代替，英国金融行为监管局负责规范金融机构行为，保障市场诚信，保护消费者。PRA采取前瞻性、专注性、基于判断的监管思路，强化审慎监管。形成两个职能相互补充的监管机构，以此防范系统性金融风险的爆发。

2. 业态格局

在建立创新工具方面，英国金融行为监管局于2015年3月率先提出"监管沙盒"，并在2016年5月正式启动，随后又创建了"虚拟沙盒"（Virtual Sandbox）和"伞形沙盒"（Sandbox Umbrella）。截至2020年3月，英国已开展五批"监管沙盒"测试，银行、保险、投资、租赁等各行业共计118个市场主体参与测试。测试项目涵盖支付清算、智能投顾、数字身份认证、KYC验证等多个领域。测试技术涉及人工智能、区块链、API等多项应用。

在此基础上，英国进一步提出"全球沙盒"理念，并联合国际金融监管机构及相关组织于2019年1月启动全球金融创新网络（Global Financial Innovation Network，GFIN）。GFIN的主要职能包括搭建监管者网络，在各自的市场中协作分享创新经验;为监管科技联合工作、知识共享、政策讨论等提供交流平台;为相关企业金融产品服务等提供试用跨境解决方案的环境。目前,参与全球金融创新网络的机构和组织已扩展至 50 个。

英国监管科技公司的业务覆盖范围广,种类丰富,体量较大。据德勤 RegTech Universe 的统计,英国入围的监管科技公司就业务类别来看,涉及监管报告(15 家)、风险管理(15 家)、用户身份识别(18 家)、合规咨询(45 家)、交易监控(4 家)。服务对象包括英国金融行为监管局和 BoE 等监管机构以及金融科技企业等市场参与者。总的来说,英国监管科技行业市场参与者以中小型新兴企业为主,但也不乏如伦敦证券交易所集团 UnaVista 平台这类大型传统金融机构的涉足。

3. 发展特色

总的来说,英国采用的是英国金融行为监管局和 PRA 两个平行机构在央行的监督指导下运行的监管格局,是以判断为基础的具有前瞻性的监管思路。

英国监管部门在不端行为和市场监管方面,不仅创建了 TechSprint、数字监管报告等项目,还使用人工智能技术和随机森林等机器学习方法来分析金融产品不当销售的可能、预测消费者信贷违约的概率。数字监管报告模型采用分布式账本技术构建实施监管报告系统,探索使用自然语言处理技术将企业资料数据库中资料转换为机器可读格式,提取监管部门所需信息,将监管、合规程序、公司政策和标准与数据库联系起来,提高数据和报告的准确性,开创一种模型驱动和机器可读的监管环境。英国金融行为监管局还委托伦敦大学学院创建基于区块链技术的监管和合规项目(Blockchain Technology for Algorithmic Regulation and Compliance,BARAC),调研区块链技术运用于自动化监管和合规的可能性。在宏观审慎方面,英国和美国都采用热度图(Heat Map)来突出潜在的金融稳定问题。

(三)新加坡

1. 业态格局

新加坡金融管理局(MAS)同时兼有央行金融调控与对所有金融业监

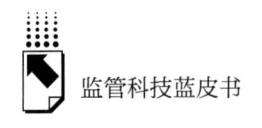

管两大职能，监管上采用的是单一、综合管理机构的监管模式。

在监管工具方面，MAS 借鉴英国金融行为监管局的做法在 2016 年引入"监管沙盒"，该制度以测试机构为主，综合测试机构和项目双重维度。监管力度方面，新加坡较英国更为宽松和灵活，测试对象除金融机构、金融科技企业外，还包括一般性的初创企业。为使特定的金融创新项目能不必通过"沙盒"申请程序即开始实验，进一步压缩时间，MAS 于 2019 年 8 月推出仅适用于风险较低的金融产品和服务的"沙盒快车"，虽暂未开始试验，但已有 40 余家公司提出申请。2018 年 11 月推出的世界上第一个加强金融包容性的跨国界开放架构平台 APIX（API Exchange），旨在将新加坡打造成面向东南亚和亚太地区，连接全球的开放式金融科技平台，为全球金融科技机构和创新公司提供共同标准、共用的 API 以支持新兴市场的金融服务创新性。

2. 发展特色

MAS 拥有较高独立性和权威性，把功能监管与行为监管相结合，对金融科技公司涉及业务的关注超过其采用技术，只要是金融相关服务就会被强制纳入监管构架，监管体系中还包含非金融持牌类科技公司。在监管方法上，针对不同的科技及其应用采取差别化的方法处理，对不受其监管的金融科技创新领域采用"风险导向"的方法来应对。坚持"平衡金融监管与发展"的监管原则，注重事中事后监管而非事先监管，注重原则监管而非规则监管。

MAS 于 2018 年初开发的阿波罗（Apollo）数据分析工具，能学习行业专家行为，自动计算和分析交易数据的关键指标，预测市场操纵发生的可能性，该工具旨在帮助发现金融市场中的不当行为，如内幕交易及市场操作。

（四）中华人民共和国香港特别行政区

1. 监管体系

香港政府一直奉行"大市场、小政府"的监管理念，监管当局按照银行业、证券业、保险业划分职责，香港金融管理局负责香港金融政策、银行和货币管理，重点监管与银行系统有关的金融科技；而负责监管香港证券期货市场运作的香港证券及期货事务监察委员会则协助金融科技公司了解现有证券法规；香港保险业监管局推出"保险科技沙盒"（Insurtech Sandbox）、快速通道（Fast Track）和建立保险科技促进小组，以推动香港成为亚洲区保险科技枢纽。

2. 业态格局

香港金融管理局在 2016 年推出两项新措施推动监管科技的发展，一是成立金融科技创新中心，二是成立"金融科技监管沙盒"（FSS）。在"沙盒"中银行与科技公司进行合作，最初 FSS 仅面向香港本地区的银行，涉及范围小，产品类型相对集中，2017 年底，香港金融管理局将其升级为 FSS 2.0，扩大范围，将科技公司纳入监管对象，将非金融企业纳入监管范畴。在运行原则上，秉持包容准入、局部豁免和自我合规三个基本原则。在评估机制上，测试期结束时，参测机构应向金融管理局提交最终的书面报告，披露存在的风险和重大事故发生的可能性等信息，香港金融管理局对项目进行评估。

此外，为了使"监管沙盒"能够更顺利地运行，证券业、保险业、银行业都相继出台了一系列配套政策，并根据某些特定情况对现有金融监管要求进行修改和完善。

香港证监会授予虚拟资产交易平台短期豁免权，允许其在"监管沙盒"内开展持牌机构的业务，通过"监管沙盒"观察的平台将在未来获得牌照。保监局推出授权申请的快速通道，加快处理授权经营保险公司的申请。金融管理局则在 2017 年推出七项推动香港迈向"智慧银行新纪元"的举措：FSS2.0、快速支付系统"转数快"（Faster Payment System，FPS）、引入虚拟银行、推出"银行易"专责小组、促进开发应用程序界面、推动跨境金融科技合作和提升科研。"转数快"是目前全球唯一一款支持双货币（包括港币、人民币）的电子钱包，打破了香港各种电子支付工具和银行账号之间的屏障；香港金融管理局还将虚拟银行纳入传统银行的监管体系之中，首批虚拟银行牌照于 2019 年 5 月全部发放完毕。

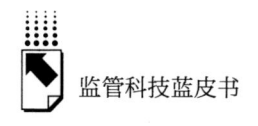

3. 发展特色

香港特别行政区监管科技发展采用风险为本和科技中立的监管原则，按照行业划分监管职责，用多机构代理的方式协调需求。机构和市场参与者使用技术来改善合规性功能，监管机构使用技术来加强监督。

（五）澳大利亚

1. 监管体系

澳大利亚是最早采用"双峰式"监管的国家之一。在1997年实施金融监管体制改革后，逐步形成审慎监管局（APRA）和证券和投资委员会（ASIC）两个监管职能相互补充的"双峰式"监管体制。

2. 业态格局

在2017年9月发布的《ASIC数据战略2017～2020》中，ASIC介绍了未来三年数据获取、分享和使用的方式，该计划是"One ASIC"计划的一部分，包括监管改革计划和数据战略，谋求将ASIC转变成以"数据驱动"、智能化引领的监管组织。

在监管框架建设过程中，澳大利亚不断调整、完善其配套政策。澳大利亚规定从事金融及信贷服务的公司需申请相关从业牌照：澳大利亚金融服务牌照（AFSL）和澳大利亚信贷许可证（ACL）。由于AFSL和ACL较难获得，为支持创新，使金融科技公司快速进入市场并完成创新产品和服务的开发，澳大利亚根据金融科技公司的需求调整《257号监管指南》，与现有法律弹性安排，对一些金融科技企业以金融科技许可证的方式实施金融科技牌照豁免政策，符合条件的金融科技产品只需要事前备案，不需要审批。

澳大利亚的监管科技公司规模相对较小，业务种类少，入榜的公司经营重点集中于合规咨询。

3. 发展特色

尽管澳大利亚和英国都是"双峰式"监管模式，但澳大利亚秉持以风险为基础、关注结果的监管理念，根据监管对象对金融系统施加的风险，设置监管措施，高风险领域实施高强度监管，低风险领域实施较低强度监管，以此鼓励、促进金融创新。

澳大利亚监管机构对监管科技的应用主要围绕数据收集和市场监管。ASIC 用网络爬虫和文本挖掘技术对金融机构财务咨询文件进行审计，使用 IBM i2 和相关的 iBase 数据管理程序处理大量、复杂数据。

（六）其他

1. 以色列

以色列目前并没有专门针对金融科技的监管部门，而是按行业划分监管职责。以色列银行（Bank of Israel）作为央行监管银行活动，以色列证券管理局（ISA）负责证券期货管理，以色列财政部下属的以色列资本市场、保险和储蓄管理局（CMIS）对保险、储蓄等负有监管职责。

CMIS 一直以来都是以色列财政部推动金融科技创新的重要力量，于 2019 年开放对金融科技公司签发区块链及金融科技经营许可，可申请的机构覆盖数字保险、P2P、数字钱包、区块链等多个领域。

2. 加拿大

加拿大是银行主导的混业金融体系，秉持审慎的经营理念和以风险管理为核心的经营策略。利用监管科技推动监管框架变革修订，成立专属科技实验室深入研究监管科技，较多关注监管业务流程改造、监管框架修订。加拿大监管科技公司相对较少，Allagma Technologies 提供的 eTanMan 产品能帮助税务机关监测和防止销售税欺诈（VAT/GST/RST）；Vigitrus 公司提供基于云端的平台，结合算法、API 体系协助机构管理和监测员工的合规性。

3. 日本

日本属于综合管理模式，日本金融服务厅（JFSA）负责监督与管理日本的金融事务、制定金融政策，拥有对金融机构的检查、监督和审批备案的全部职能，在金融科技事务上有明确领导地位。

2018 年日本对金融服务厅（FSA）进行改革，新成立的战略发展和管理局负责处理涉及数字市场、金融科技和洗钱问题。2019 年日本再次修改《支付服务法》（PSA）和《金融工具和交易法案》（FIEA），加强对托管服

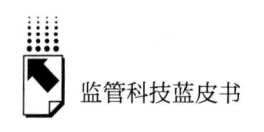

务商的限制，ICO、STO 和加密资产衍生品交易将于 2020 年纳入 FIEA 监管。目前日本正在筹备建立一个类似 SWIFT 的全球加密货币流通网络。

4. 欧盟

为保护个人数据安全，欧盟推出《一般数据保护条例》（GDPR），对设立在欧盟境内的企业和未在欧盟境内设立但向欧盟境内数据主体提供服务或监控相关行为的企业进行法律约束。该条例统一了欧盟成员国关于数据保护的法律法规，但也在一定程度上限制了商业业务开展，高昂的合规成本阻碍了初创企业的发展，截至 2019 年 9 月底，共有 82 个机构受到 GDPR 的处罚。

而 2015 年通过的 PSD2（Payment Service Sirective2）法令规定，欧盟所有银行从 2018 年 1 月 13 日起必须将相关客户数据和支付服务对第三方进行开放。《欧洲金融工具市场指令Ⅱ》（MiFID Ⅱ）则进一步推动了金融市场数据的收集和处理的监管革命，MiFID Ⅱ作为欧洲金融领域涉及面最广的法规，覆盖了股票、外汇、金融衍生品等金融市场的所有交易，增强场内市场与场外市场透明度，强化对高频交易和算法交易的监管，提高在欧盟开展金融服务业务的门槛。总的来说，欧盟委员会对监管科技秉持技术性中立、合乎比例性和市场完整性这三大原则。

三 中国监管科技发展现状及相关建议

（一）中国监管科技发展现状

1. 监管体系

我国现行的金融监管体系为维持金融体系长期稳定发挥了积极作用，"十三五"以来，金融监管部门大幅调整，新设国务院金融稳定发展委员会，组建中国银行保险监督管理委员会，形成以中国人民银行、中国证券监督管理委员会和中国银行保险监督管理委员会为主的"一委一行两会"的多头分业监管体系。但随着数字经济、互联网金融的快速发展，加上监管标准不统一，一些创新的金融产品存在的道德风险引起市场波动，金融体系的稳定受到影响。

2. 业态格局

相比欧美国家，我国金融监管科技相对滞后。但我国对金融监管相对包容、应用需求空间广泛、相关技术发展迅速。

（二）中国监管科技发展建议

中国人民银行于 2019 年 8 月印发《金融科技（FinTech）发展规划（2019~2021 年）》，将强化金融科技审慎监管确定为重点任务之一。

1. 夯实监管科技基础建设

监管科技的发展离不开先进技术的支持，因此一定要加强金融基础设施建设。而监管科技的发展涉及技术研发、架构转型等方面，需财政重点扶持，注重选拔培养创新人才。

2. 进一步完善监管科技顶层设计

2018 年印发的《中国证监会监管科技总体建设方案》标志着中国证券监督管理委员会完成了监管科技工作的顶层设计，明确了监管科技建设的意义及目标。但总体来看，目前我国监管科技仍缺少相应的技术准则、保障措施和数据标准。

3. 由分业监管转向混合金融监管模式

我国现行的金融监管是"一委一行两会"及其分支机构为主体，地方金融监管部门积极参与的格局。这样的分业监管模式在当前我国金融科技综合化运营的情况下，难以对跨市场套利行为进行有效管控，容易产生监管空白、滋生套利空间，加上金融科技的快速发展导致金融业务边界逐渐模糊，给金融监管带来挑战。考虑到金融监管目标在于加强审慎监管、重视行为监管、保护金融消费者合法权益，我国应尽早从分业的监管模式转变为"双峰式"监管模式，利用监管科技加强宏观审慎监管和行为监管。行为监管机构及时披露信息、对违规机构进行处置，确保市场公正、透明，保护金融消费者合法权益，增强金融消费者对金融市场的信心。

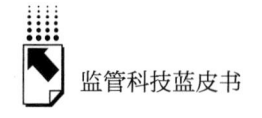

4. 完善相关法律法规

我国在政策性文件中多次提及监管科技，但尚未制定专门针对监管科技的法令，在制度上难以跟上技术的步伐，现存金融法律法规严重落后于金融市场发展。

5. 平衡金融创新与金融稳定

尽管我国已逐渐开始试行"监管沙盒"，但若能建立统一的"监管沙盒"制度并有序开展监管科技的试点，在保护金融消费者、投资者权益下，给予金融科技公司优惠政策和豁免条例，将能更进一步缩短金融科技创新产品推出时间，促进金融市场竞争。

6. 加强跨地区、跨行业合作

我国可通过制定产业标准、准入和退出门槛等规范金融科技发展，加强监管部门与金融科技企业的合作，鼓励企业主动研发新技术，数据共享。同时深化与境外监管当局、国际组织的交流，积极加入全球金融创新网络，共同探讨、研究并借鉴相关经验，获取技术支持。

参考文献

[1] 肖翔、靳亚茹、周钰博：《2019年上半年全球金融科技监管动态及趋势》，《当代金融家》2019年第7期。

[2] 宜信研究院：《2019全球金融科技监管政策文件汇编》，2020。

[3] 国际清算银行：Policy Responses to Fintech: A Cross-country Overview, 2020。

[4] 澳大利亚证券投资委员会：澳大利亚监管科技报告 ASIC's RegTech Initiatives 2018–19，2019。

[5] 任泽平：《分久必合、合久必分：美国金融监管改革的历程及启示》，2017。

[6] 李中：FINRA《〈基于技术创新的证券业监管合规〉报告》解读，2019。

[7] 瑞银：《美国银行业科技支出报告》，2019。

[8] 美国证券交易委员会：Division of Enforcement 2019 Annual Report, 2019。

[9] 黄震、张夏明：《金融监管科技发展的比较：中英两国的辨异与趋同》，《经济社会体制比较》2019年第6期。

[10] 李贲：《海外"监管沙箱"市场主体分析与经验借鉴》，《清华金融评论》

2020 年第 4 期。
[11] 剑桥大学新兴金融中心：The Global RegTech Industry Benchmark Report, 2019。
[12] 全球金融创新网络 GFIN：Cross-border Testing：Lessons Learned, 2020。
[13] FSI, Innovative technology in financial supervision (suptech) – the experience of early users, 2018.
[14] IMF, Institutional Arrangements for FinTech Regulation and Supervision, 2019.
[15] 德勤：RegTech Universe, https://www2.deloitte.com/lu/en/pages/technology/articles/regtech–companies–compliance.html, 2020。

B.30
全球监管科技投融资分析

浙江大学互联网金融研究院[*]

摘　要： 监管科技发展已在全球范围内引起广泛关注，本文针对全球监管科技投融资现状展开总量、行业、市场参与者、区域发展状况等多维度分析，并进一步聚焦中国监管科技投融资发展现状，结合全球监管科技投融资发展特征判断中国监管科技投融资的未来发展路径，为把握监管科技投融资市场动向、完善监管科技生态环境提供有益的解决思路和对策，包括监管机构应大力促进行业积极性、加强跨部门跨领域数据互通、促进市场参与者的良性互动等。

关键词： 全球监管科技　中国监管科技　监管科技生态

以科技赋能监管，以监管科技提高监管效能已成为全球共识。我国监管科技虽仍处起步阶段，但发展诉求强烈，应用需求广阔，国家政策推动步伐不断加快。应积极借鉴国际监管科技发展经验，在关注顶层设计的同时，着力打造良好行业生态和优质资本市场。

一　全球监管科技投融资市场总量分析

本节将从全球监管科技市场投融资的总体趋势入手，分析目前全球监管

---

[*] 执笔人：贲圣林、罗曼、李心约、黄越、梁浩天。

科技市场的进阶式发展路径。整体而言，资本市场发展日趋成熟，整体态势正逐渐由监管科技2.0阶段步入3.0阶段。

（一）总体趋势

全球投融资总量高位增速放缓；交易笔数仍高速上升：2019年监管科技投融资表现保持了2018年的强劲势头。全球投融资总额高达85亿美元，对比2015年的11亿美元，涨幅达673%。由图1可见，2016年至2017年期间，投融资总额增长相对温和，增长比例分别为9.1%和58.3%；自2018年起，投融资规模迎来爆发式增长，2018年也被称为监管科技元年。行至2019年，投融资总量增速虽有所放缓，但总规模仍处高位，且投融资总数量达317笔，数量增长率高达93%，也成为迄今监管科技活动最为活跃的一年。

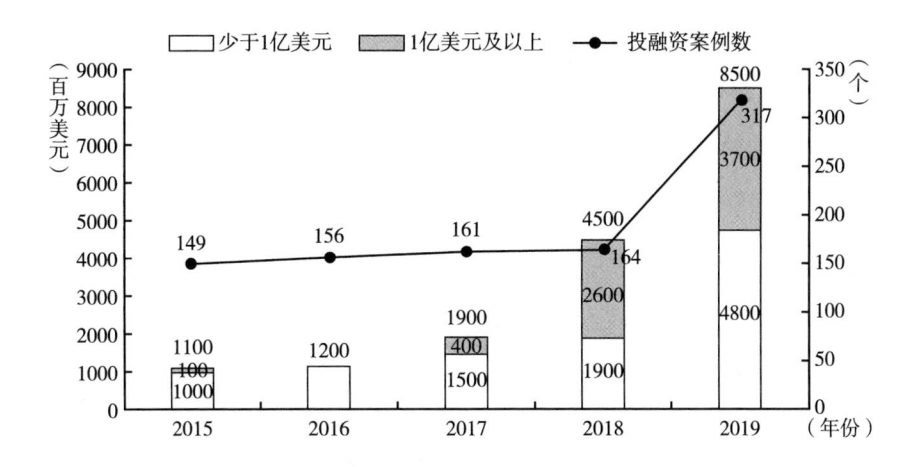

图1 2015~2019年全球监管科技投融资状况

资料来源：RegTech Analyst。

（二）动态成长

1. 监管科技资本市场：五年跳跃式增长

监管科技行业处在行业生命周期中从"投入期"向"成长期"转变的

过渡阶段[①]。通过图1数据判断，2015年全球超过1亿美元的投融资仅一笔，金额占当年总投融资额的9%；仅四年后，单笔超1亿美元投融资的总金额便跃升至37亿美元，占到投融资总额的43.5%。活跃的投融资市场有助于促成企业监管创新解决方案的不断落地，实现监管科技产品价值，对于监管科技的迅速发展影响深远。

2. 监管科技发展阶段：由2.0时代步入3.0时代

2015年到2019年的五年间，全球监管科技投融资总量和频次增长进入加速期。金融创新的颠覆性增强，监管强度和复杂度上升，合规成本和需求持续增加，伴随着监管科技的高速发展和监管生态的逐渐完善，一批批新的初创企业势必将在监管科技2.0到3.0升级的过程中（见表1）不断破土而出，并继续吸引投资者进入这个前景广阔的投融资新赛道。

表1 监管科技发展路径

20世纪90年代至金融危机前 （1990~2008年）	金融危机之后的十年 （2008~2017年）	2018年之后(逐渐转变)
监管科技1.0	监管科技2.0	监管科技3.0
开始引入基于分析的风险监控模式	以合规为导向	监管科技开始重构金融监管的含义
量化的风险管理	KYC	从KYC转变为KYD

资料来源：浙大AIF观智国际金融科技研究室、毕马威RegTech Revolution Coming。

二 全球监管科技投融资业态

根据德勤RegTech Universe 2020所收录的数据（见表2），78%的监管科技企业都诞生于2008年金融危机之后。其中，成立于2014~2019年的企业数量占比最大，超过45%，是监管科技企业创立的爆发期。

---

① Booz, Allen & Hamilton, New products management for the 1980s., 1982.

表 2　RegTech Universe 各时间段企业成立数量统计

成立时间	时间段内企业成立数量	时间段内企业成立占比（%）
早于 2008 年	81	22.7
2008~2013 年	115	32.2
2014~2019 年	161	45.1

资料来源：浙大 AIF 观智国际金融科技研究室、德勤 RegTech Universe 2020。

监管科技投融资领域的主要参与者由监管机构、投资者、监管科技企业、监管科技用户等利益相关方构成。本文聚焦监管科技投融资活动，重点关注融资方，即提供产品和服务的监管科技企业，它们多数处于融资初期，主要集聚于合规咨询领域；以及投资方，即以风投及私募机构为主的投资者。

（一）融资方：监管科技企业群像

1. "小而精"为主，总体仍处融资初期

绝大多数监管科技企业仍处于初创期和成长期，刚完成 C 轮及 C 轮前融资的企业约占该行业企业总数的 91%（见图 2）。整个行业仍以小规模初创企业为主，其中 77% 的企业少于 50 人（见图 3）。由于以无形资产为主、缺乏抵押品等原因，科技型小微企业融资难度较高。同时，市场中缺乏针对科技类小微企业提供融资服务的金融机构，而各国政府对于该类型企业的政策扶持力度不足。这些因素导致科技型小微企业融资"内外交困"，亟须企业自身改变融资策略，政府完善相关扶持政策，帮助拓宽融资渠道。

2. 合规需求引导行业聚焦细分领域

近年来，大量监管科技初创企业和独角兽公司在合规这一细分领域抢占市场份额。如图 4 所示，提供合规服务的企业占比约为 41%，为五大细分行业之首。信息识别类企业紧随其后，占比约 23%。这种情况一定程度上缘于近年全球金融监管加强，法律法规频繁出台。例如，致力增强信息透明度并提高报告标准的《金融工具市场指令Ⅱ》（MiFIDⅡ，2018），强调用户信

监管科技蓝皮书

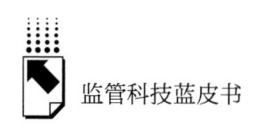

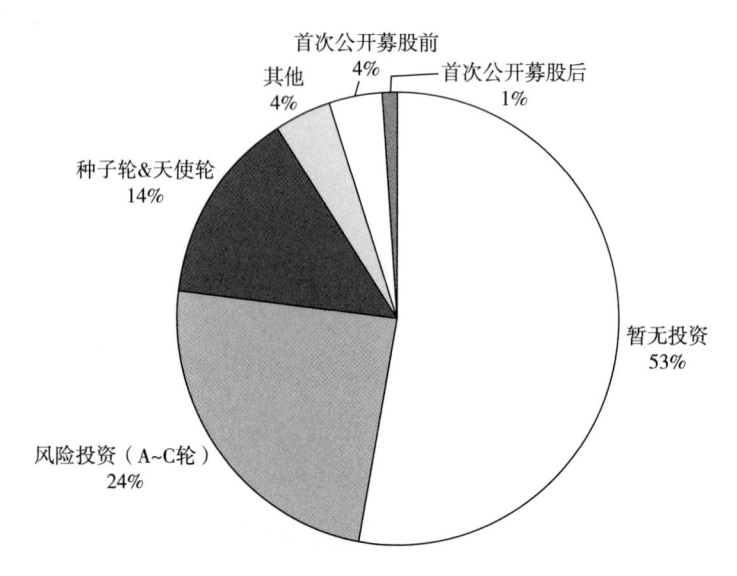

首次公开募股前 4%
其他 4%
首次公开募股后 1%
种子轮&天使轮 14%
暂无投资 53%
风险投资（A~C轮）24%

图 2　RegTech Universe 2020 收录企业投资轮数分类统计

资料来源：浙大 AIF 观智国际金融科技研究室、德勤 RegTech Universe 2020、Crunchbase。

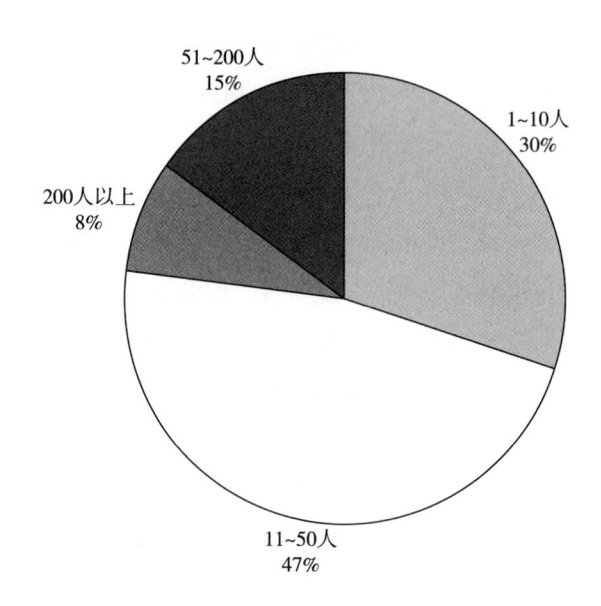

51~200人 15%
1~10人 30%
200人以上 8%
11~50人 47%

图 3　RegTech Universe 2020 收录企业员工数量规模分布

资料来源：浙大 AIF 观智国际金融科技研究室、德勤 RegTech Universe 2020。

息隐私和数据收集安全的《通用数据保护条例》(GDPR, 2018)和《加利福尼亚消费者隐私法案》(CCPA, 2020),护航消费者网上支付的《支付服务指令Ⅱ》(PSDⅡ, 2019)等。在监管日益严苛的背景下,企业合规成本大增,对于合规产品及用户信息识别解决方案的需求也随之逐步提升。

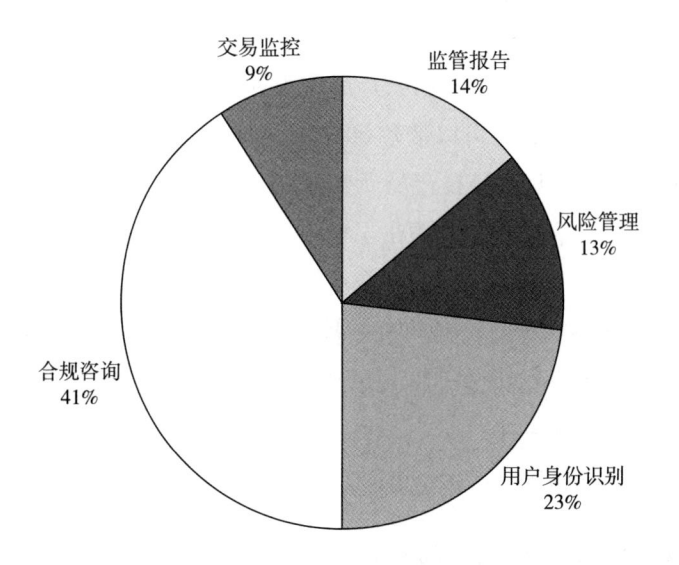

图4 RegTech Universe 2020 所收录的 2015~2019 年成立企业类型数量统计

- 交易监控 9%
- 监管报告 14%
- 风险管理 13%
- 用户身份识别 23%
- 合规咨询 41%

资料来源:浙大 AIF 观智国际金融科技研究室、德勤 RegTech Universe 2020。

3. 营利前景可观

剑桥大学新兴金融中心 2019 年 6 月发布的 *The Global RegTech Industry Benchmark Report* 报告调查了 60 家监管科技企业的营收情况。整体来看行业营收较为稳定,超过 1000 万美元规模的中型企业①约占 25%(见表3)。

---

① "中型企业"的学术定义来自美国俄亥俄州立大学 Nation Center for the Middle Market。

表3 企业营收规模占比（截至2019年5月）

营收情况	100万美元以下	100万~1000万美元	1000万美元以上
企业占比(%)	40	35	25

资料来源：浙大AIF观智国际金融科技研究室、剑桥大学新兴金融中心 The Global RegTech Industry Benchmark Report。

2008年金融危机之后，企业和金融机构在监管合规领域的运营成本提高了近60%[1]，构成了对监管科技产品和服务的刚需。而权威观点指出，企业投资监管科技产品预计可以带来600%甚至更高的投资回报率，且其投资回收期少于三年[2]。监管科技产品所带来的成本节约和效能优势不言而喻，不少金融机构向监管科技企业抛出了橄榄枝，希望通过吸纳相关产品和服务解决成本难题。

此外，金融机构普遍拥有高额资本和海量金融数据，科技性投资预算较高，数据储备充足，这为监管科技的应用提供了有力支撑。从获利能力来看，研究预测[3]2018~2023年，全球监管科技市场利润的复合年均增长率为25.4%，利润总值将在2023年达到72亿美元。

（二）投资方：监管科技行业投资现状

1. 监管科技投资者群像

风投、私募领军行业头部投资

根据Fintech Global统计，图5中全球29笔头部投融资交易（按地区投融资规模排名，北美地区前9笔、欧洲地区前10笔、亚太及其他地区前10笔）的领投机构中，风险投资和私募基金共23家，约占总体的80%，另有少量金融服务机构。而领投机构中具有国有资本背景的投资者均来自中国，分别是招商局资本和上海国际集团。这或许体现了监管

---

[1] 德勤：The Future of Regulatory Productivity, Powered by RegTech, 2017。
[2] 彭博：How RegTech Closes the Gap Between Technology and Financial Services, 2017。
[3] Infoholic Research LLP, RegTech Market: Global Drivers, Restraints, Opportunities, Trends, and Forecast up to 2023, 2018.

科技发展的区域性差异，市场驱动和国家资本驱动两种投资路径逐渐清晰。

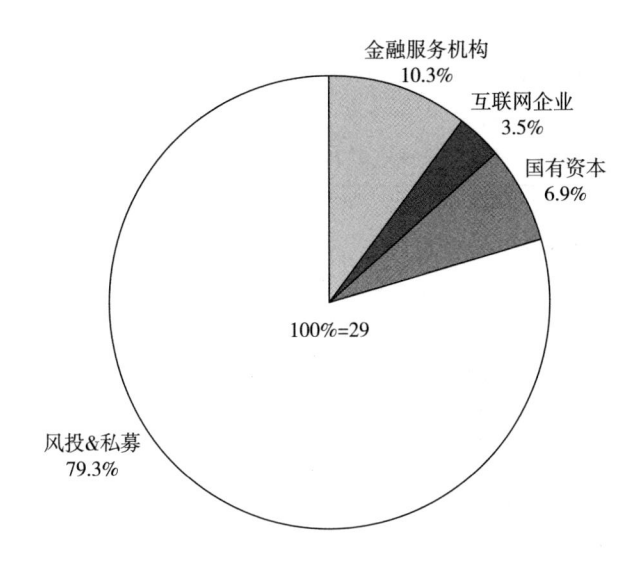

图5 头部投融资案例领投机构类型占比

资料来源：浙大 AIF 观智国际金融科技研究室、RegTech Analyst。

企业孵化器助力监管科技发展

与风投及私募企业不同，孵化器不仅关注投资收益目标是否实现，还关心孵化企业成长的全过程，包括从企业创建、进入孵化、培育直到企业成功融资，乃至对从孵化器离开后的创业企业进行跟踪等。孵化器的主要目的是与入孵企业不断互动成长，为有关行业和领域输送有生力量。

2015 年至 2020 年第一季度监管科技前十名投资者类别中（见表4），2 家金融科技孵化器赫然在榜，它们分别是处在第 2 名的美国企业 Y Combinator 和处在第 6 名的英国企业 Startupbootcamp。二者在 2019 年共同贡献了 30 笔监管科技行业投融资交易。值得注意的是，这两家监管科技头部投资企业也同时出现在了全球金融科技孵化器 Top 10（见表5）名单之中，可见金融科技孵化器对于监管科技未来发展的强势看好。

表4 2015年至2020年第一季度监管科技前十位投资者企业类型统计

投资者类型	加速器/孵化器	金融机构	风投/私募
投资者数量	2	1	7

资料来源：浙大AIF观智国际金融科技研究室、Crunchbase。

表5 全球金融科技孵化器Top 10

排名	机构名	公司注册所在地	成功孵化的金融科技企业案例	所孵化企业的主要细分领域
1	Startupbootcamp	英国伦敦	WePower，SafeGuard，PolicyPal	食品科技，物联网，金融科技，智慧城市
2	Fintech Innovation Lab	美国纽约	AlphaPoint，YayPay，unTapt	金融科技，金融服务，保险
3	Y Combinator	美国硅谷	Dropbox，Airbnb，Imagine K12	移动应用，电子商务，企业软件，金融科技
4	Barclays Accelerator	美国纽约；英国伦敦；以色列特拉维夫	Chainalysis，Cutover，Flux	金融科技
5	F10 Fintech	瑞士苏黎世	Sonect，Apiax，Shift Cryptosecurity	金融科技，监管科技，保险科技
6	Six Thirty	美国圣路易斯	Status Money，Imburse AG，Fenris Digital	金融科技，保险科技，网络安全
7	Level39	英国伦敦	Fortu，FloCash，City Falcon	金融科技，网络安全，零售技术
8	TechStars	美国博尔德	SendGrid，Digital Ocean，Zipline	云计算，机器学习，医疗健康，可穿戴设备
9	Plug and Play	美国硅谷	Token，Nor1，Onfido	金融科技，移动出行，物联网，能源可持续发展
10	InspirAsia	新加坡	Softpay，Ayannah，Yolopay	金融科技产品，R&D，人力资源联盟

资料来源：浙大AIF观智国际金融科技研究室、Fintechnews、Dataconomy。

美国资本全球领先

2015~2020年，领先的风险投资公司和孵化加速器对监管科技企业投资不断加码（图6）。其中，美国的 Accel 最为活跃，共进行了25次投资。而投行龙头高盛近五年内共进行17次投资，位列第三。

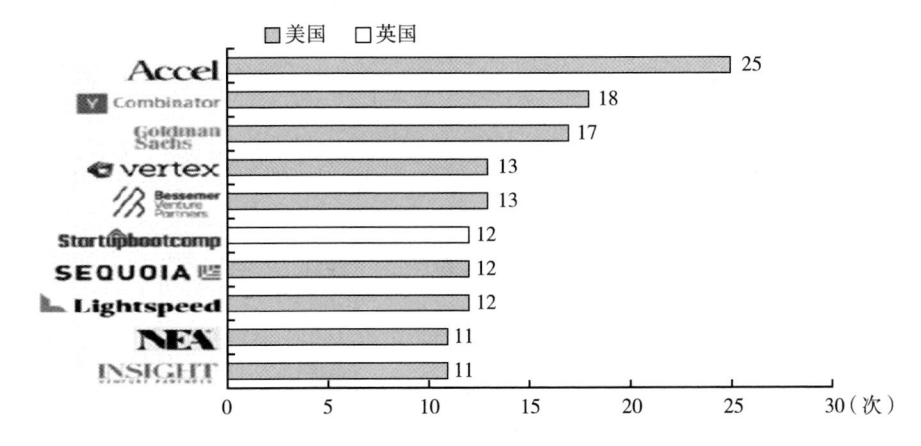

图6 2015年至2020第一季度监管科技前十位投资者（投融资案例数）

资料来源：RegTech Analyst。

2. 监管科技投融资行业布局

根据主要的使用场景（预估威胁、实施跟踪法案条例、数据审计等）和所依托技术（图像识别、自然语言处理、大数据等），监管科技行业可细分为六大主要板块，分别是网络/信息安全、合规咨询、身份识别、客户引导、风险管理、交易监控。截至2019年，六大板块发展体现了差异性（见图7）。其中网络信息安全、合规咨询和风险管理相较其他板块发展速度快、市场接受程度高，逐渐成为监管科技行业热点。

网络和信息安全公司引领行业增长

2015年以来，网络和信息安全领域的交易活动持续稳定增长并在过去的12个月中不断提速，这归功于金融服务企业的数字化转型及其网络安全预算的提高。2019年网络和信息安全相关企业在全球监管科技交易活动中所占的份额从2018年的20.7%上涨到37.2%。

另外，2015~2019年，交易监控类型的公司交易份额从15.4%下降至6.0%。这主要是由于此类公司需要处理大量的法规数据从而造成成本增加，

393

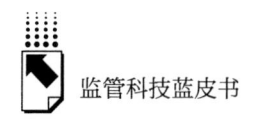

如处理《第5条反洗钱法案》（5AML）和MiFIDⅡ，欧盟的GDPR，英国的《高级管理人员及认证制度》（SM&CR）和信息安全等法规和条款。投资者表现出对市场变化的敏锐度，为获取更多收益进而转向监管科技其他细分领域。

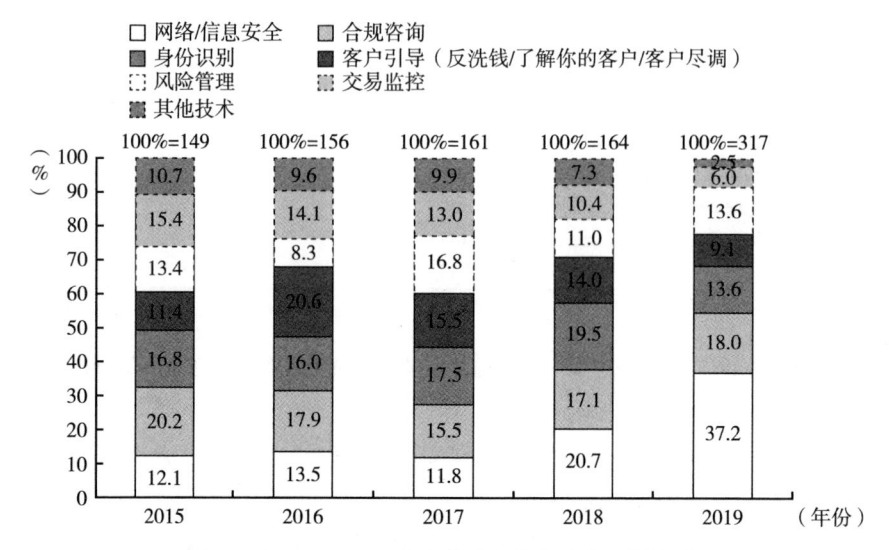

图7 2015~2019年全球监管科技投融资额按细分
领域占比（占当年投融资总案例数比例）

资料来源：RegTech Analyst。

三 监管科技投融资区域分析

本节关注2019年全球监管科技头部投融资案例及区域分布，进而深入分析地区投融资市场的发展特色，并通过供需分析识别影响监管科技投融资的关键因素。在此基础上，比较、评述北美、欧洲、亚太三大区域及其重点国家（或地区）的投融资格局，总结全球投融资现状，系统剖析监管科技发展的驱动因素，并为探索中国监管科技投融资市场发展提供理论依据。

(一)区域投融资规模

1. 2019年头部投融资案例

全球十大头部投融资案例集中于北美地区,网络安全和合规细分领域为投资热点

由表6可见,2019年全球十大监管科技领域投融资交易已筹集了超过23亿美元的款项,共占全年总融资的16%。其中北美公司包揽了价值约21亿美元的九笔交易(其中七笔由美国公司发起,两笔由加拿大公司发起),雄踞榜首。美国联邦政府自2010年颁布《多德·弗兰克华尔街改革和消费者保护法》后加大监管力度,各金融机构监管成本大幅度上升。受惠于美国金融和科技行业环境优势,美国监管科技企业更早地占领了多数全球市场份额。

根据表6中统计的公司主营业务范围,近一半的公司业务属于网络安全或者合规科技领域范畴。不难看出,目前网络安全和合规科技业务颇受大额投资追捧。同时,投资者更加偏好那些不仅提供监管科技的解决方案,而且提供软件即服务(Software-as-a-Service)产品和平台软件的企业。

表6 全球十大监管科技领域投融资交易

公司名称	国家	地区	主营业务领域	总估值(百万美元)	2019年投融资额(百万美元)	2019年领投人
Databricks	美国	北美	网络安全,数据分析平台	897	400	Andreessen Horowitz
Verafin	加拿大	北美	反洗钱,合规咨询平台	454	388	Information Venture Partners, Spectrum Equity
Rubrik	美国	北美	云服务,自动化	553	261	Bain Capital Ventures
1Password	加拿大	北美	网络安全,身份识别与访问管理,软件	200	200	Accel

续表

公司名称	国家	地区	主营业务领域	总估值（百万美元）	2019年投融资额（百万美元）	2019年领投人
OneTrust	美国	北美	合规咨询,人工智能和自动化平台	410	200	Insight Partners
Cybereason	美国	北美	网络安全平台	388.6	200	Softbank
Signavio	德国	欧洲	自动化SaaS	229.6	177	Apax Digital
Symphony	美国	北美	网络安全,合规咨询,多人协作软件	461	165	Mitsubishi UFJ Financial Group, Standard Chartered Bank
Checkr	美国	北美	身份识别,合规咨询	309	160	T. Rowe Price
Kyriba	美国	北美	风险管理,SaaS	312.5	160	Bridgepoint

资料来源：浙大AIF观智国际金融科技研究室、Crunchbase。

美英领军2019年头部融资

如图8~图10所示，北美地区的头部投融资总额（21亿美元）约为全球其他地区头部投融资总量（12亿美元）的2倍。该地区头部投融资案例多集中于美国和加拿大，而欧洲地区的案例则以英国为首。

根据德勤RegTech Universe 2020（见图11），2019年美国监管科技单笔投资金额均超过500万美元。全球监管科技头部投资企业集中在美国，该地区监管科技企业的培育时间较长，公司发展成熟度较高、投资风险较低。而英国的单笔平均投资额相对较少，但笔数较多。这也反映了英国的"金融科技监管沙盒"等支持性的政策对金融科技、监管科技初创企业的大力扶持。英国金融行为监管局于2016年便在金融科技领域推出了第一批"监管沙盒"试点应用，已有不少测试情况良好的企业成功退出"沙盒"，获准最终进入市场[1]。

---

[1] 德勤, A Journey Through the FCA Regulatory Sandbox, 2018。

□ 北美　□ 欧洲

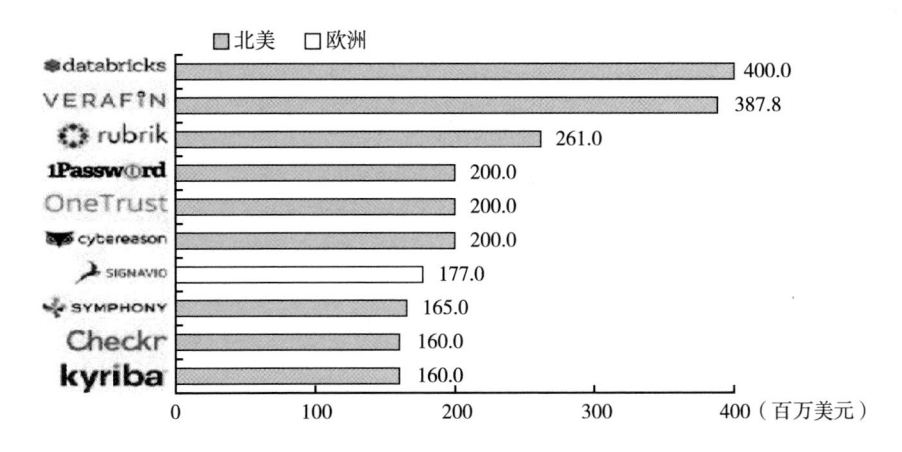

公司	金额（百万美元）
databricks	400.0
VERAFIN	387.8
rubrik	261.0
1Password	200.0
OneTrust	200.0
cybereason	200.0
SIGNAVIO	177.0
SYMPHONY	165.0
Checkr	160.0
kyriba	160.0

图 8　2019 年全球监管科技投融资额前十位

资料来源：RegTech Analyst。

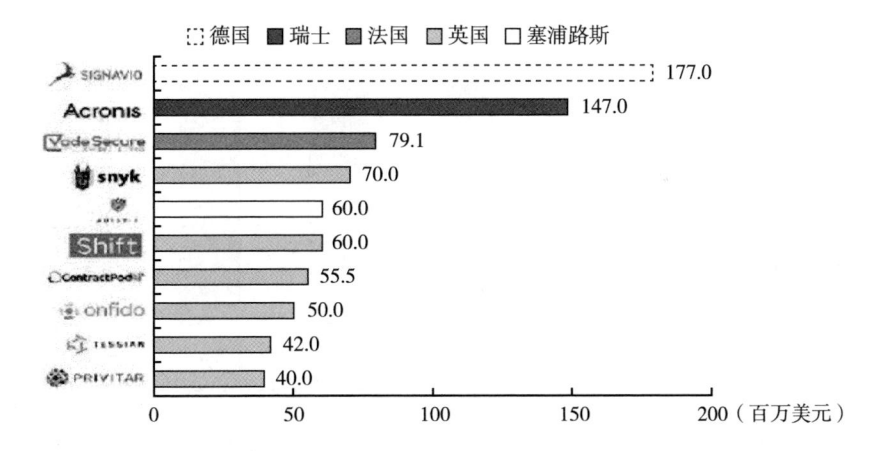

□ 德国　■ 瑞士　■ 法国　□ 英国　□ 塞浦路斯

公司	金额（百万美元）
SIGNAVIO	177.0
Acronis	147.0
VadeSecure	79.1
snyk	70.0
(AGIO-I)	60.0
Shift	60.0
ContractPodAi	55.5
onfido	50.0
TESSIAN	42.0
PRIVITAR	40.0

图 9　2019 年欧洲监管科技投融资额前十位

资料来源：RegTech Analyst。

2. 监管科技投资驱动因素

根据 Janos Barberis 和 Susanne Chishti 所著的 The Fintech Book 一书中的观点，监管科技投资的供给侧驱动因素主要包括以下三个方面。

第一，优质的资金基础。规模较大的全球金融中心或地区性金融中心往往有着更活跃成熟的资本市场，这将为监管科技发展提供资金助力。

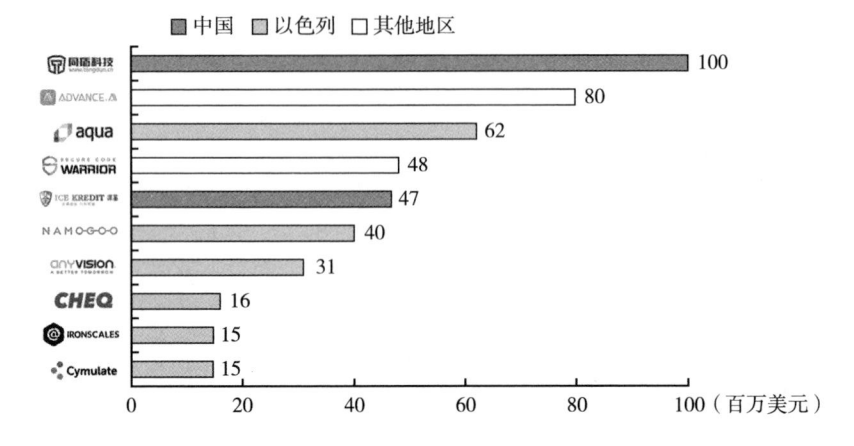

图10　2019年亚洲和其他地区监管科技投融资额前十位

资料来源：RegTech Analyst。

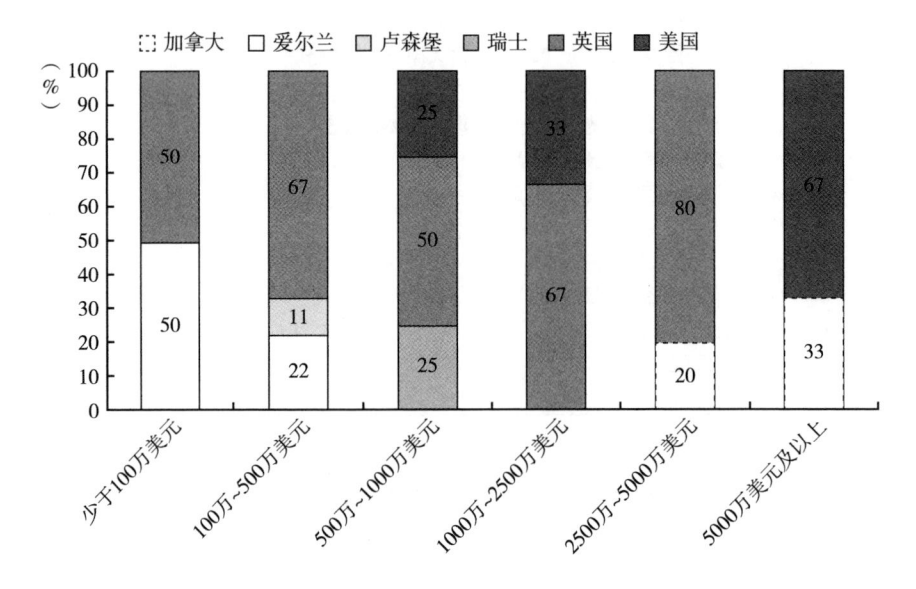

图11　RegTech Universe 2020年收录企业所属国家各投资额分段占比

资料来源：浙大AIF观智国际金融科技研究室、德勤RegTech Universe 2020。

第二，法律和政策的支持。"监管沙盒"等创新扶持政策及鼓励发展、积极实践监管创新的监管态度，或相对宽松的税收、就业、资产等法规有益于监管科技企业发展。

第三，科研力量的支撑以及产学研的有效融合。行业领先的全球性高等学府或研究机构可作为监管科技发展的智力支撑。此外，产学研有机融合将加速监管科技成果转化。

需求对于监管科技投资的激励作用同样重要。金融机构，特别是各大银行、证券、基金机构持续高涨的合规需求不断刺激着新的资金和监管科技企业进入市场。而各国监管机构用户和政策制定者的双重身份更是持续激励合规和监管报告细分领域的增长。总体来看，监管科技产业在未来很长的一段时间内仍将驰骋在投融资的"快车道"上。

3. 监管科技投资区域总览

总体而言，北美地区资本最为活跃（见图12），投融资资本庞大，且监管科技市场需求（特别是网络安全细分领域）旺盛、基础设施较为完备，较易催生新兴监管科技企业的成长。欧洲地区监管科技产业起步早，技术落地实践丰富，但市场机制和规则逐渐繁复，技术投资方面英国独木难支①，欧洲

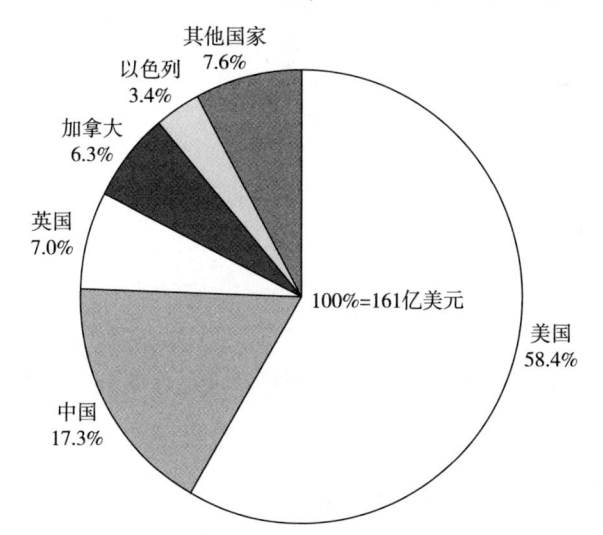

图12 2015年至2019年第三季度全球监管科技投融资总量按国家划分（占总投资量比例）

资料来源：RegTech Analyst。

---

① Comply Advantage, What Does Brexit Mean for UK RegTech, 2018.

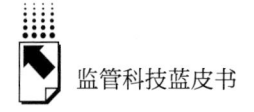

地区的监管科技企业需要灵活调整策略以应对英国脱欧带来的未知影响，同时解决增长乏力的困境。亚太地区监管科技行业起步较晚、相关基础设施建设较差，但受益于各项支持性举措的出台，以及各地政府对金融科技较大的支持力度①，亚太地区的监管科技发展稳中向好。

（二）北美地区

2015~2019年，北美地区获得全球超过65%的监管科技投资（见图13）。其中美国和加拿大企业获投占比分别为89%和11%。总结北美地区在监管科技领域成功的因素有以下两点。

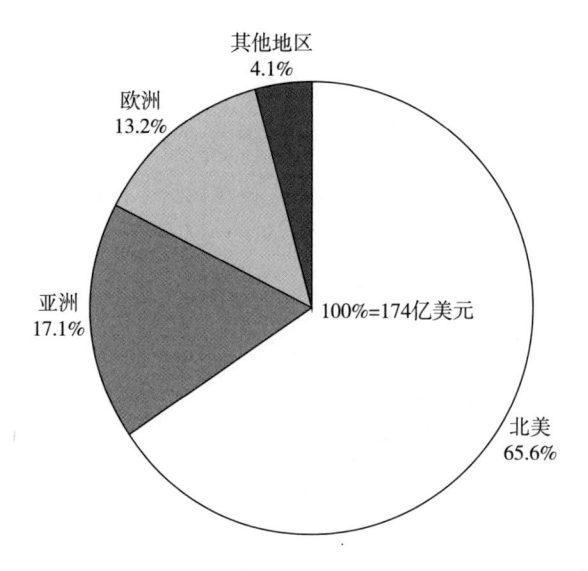

图13 2015~2019年全球监管科技投融资地区分布（占总规模比例）

资料来源：RegTech Analyst。

1. 技术储备丰富，发展智力支撑雄厚

北美地区西部以硅谷和旧金山地区为首的美国科技企业基地群星闪耀；

---

① 浙江大学互联网金融研究院《全球金融科技中心城市报告》指出，北京、上海、深圳、杭州、广州、新加坡等城市的"金融科技支持力度（百分制）"均在前十名之内。

而北美地区东部以多伦多、渥太华等科技城市领衔的加拿大科技企业集群同样大放异彩。这种东西呼应的科技产业布局使得北美地区的监管科技企业能够在拥有顶尖人才的同时，率先应用并部署各种先进技术，从而快速、高效地满足该地区日益增长的监管需求。

2. 两大全球金融中心坐镇，人才建设世界顶尖

根据全球金融中心指数 2020 年[①]的最新排名，纽约稳居榜首，旧金山位列第八。在这两大全球金融中心的辐射下，整个北美地区的金融活动都受惠于二者带来的巨额优质资本。

除全球金融中心坐镇外，北美地区的相关人才体系建设也走在前列。浙江大学互联网金融研究院《2020 全球金融科技中心城市报告》指出，纽约和旧金山两地人才优势显著，坐拥哥伦比亚大学、斯坦福等世界顶尖高校，城市科研及名校综合实力排名分列全球第一、二位。同时，这两座城市的高校与企业开展紧密合作，其产学研联动一直都被视为全球最佳范本。

坐拥优质资本、人才资源，加之征信体系建设开展时间长、数据收集较广，以及较为完善的金融监管环境[②]，使得监管科技在北美地区内的推广阻力较小，监管科技初创企业较容易获得数量可观的初期融资和其他资源，从而能够顺利开展业务。

（三）欧洲地区

1. 投资稍现疲态但仍保持优势；英国继续扮演重要角色

就监管科技投资流量而言，欧洲一直是仅次于北美的重要地区，其坐拥两个重要的国际金融中心，英国伦敦和德国法兰克福，同时也是监管科技企业的重要落脚点。过去五年间，欧洲监管科技行业投融资额保持增长，从

---

① https://en.wikipedia.org/wiki/Global_Financial_Centres_Index。该指数的评价体系由商业环境、金融业发展、基础设施、人力资本、声誉与一般性因素五大指标构成。
② 按《2020 全球金融科技中心城市报告》（第 42 页、第 45 页）：旧金山、纽约的"金融科技监管能力（百分制）"分别位列第 13 和第 11 位。

2015年的1.68亿美元跃升至2019年的13亿美元。

根据三份监管科技权威榜单统计①，监管科技领域的主要欧洲国家包括英国、瑞士、爱尔兰等，这些国家拥有全球约50%的监管科技企业。2015~2019年，英国、德国、法国、瑞士四国吸引了欧洲监管科技投融资总额的81.1%，而英国独占52.9%（图14），可以预见未来一段时间内英国仍将是整个欧洲监管科技行业的中心。

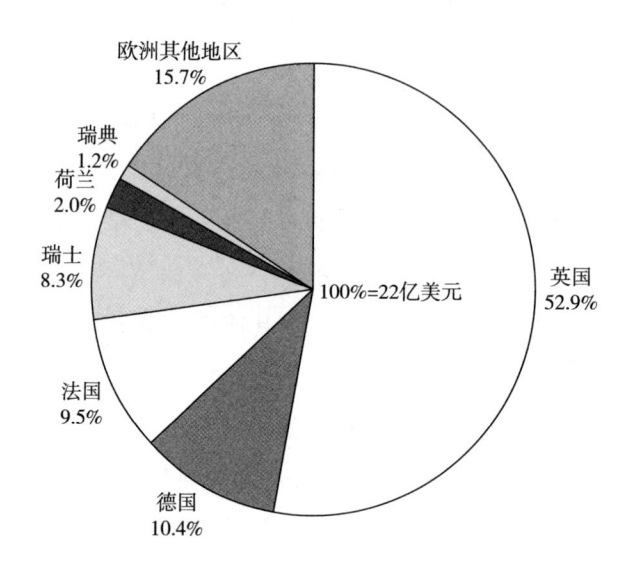

图14 2015~2019年欧洲监管科技投融资额国家分布（占总规模比例）

资料来源：RegTech Analyst。

2. 欧洲监管科技行业仍以合规需求为主要驱动力量

根据德勤RegTech Universe 2020的统计（见图15），在其所收录的欧洲主要监管科技国家企业中，44.5%的企业提供合规服务，占各细分行业之首。这也侧面体现出在MiFID Ⅱ、PSD Ⅱ、GDPR等政策的不断高压下，欧洲地区金融机构的合规需求仍然处于高水平。

---

① 三份榜单的提供者分别为RT Directory、RegTech Analysis、RegTech Universe。

全球监管科技投融资分析

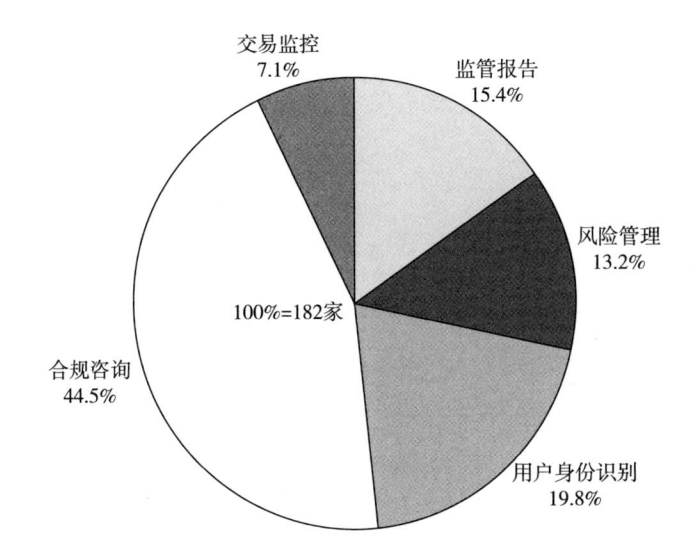

（饼图内容）
交易监控 7.1%
监管报告 15.4%
风险管理 13.2%
用户身份识别 19.8%
合规咨询 44.5%
100%=182家

图15 RegTech Universe 2020 中所收录的欧洲主要监管科技国家企业所属行业占比

资料来源：浙大 AIF 观智国际金融科技研究室、德勤 RegTech Universe 2020。

（四）亚太地区

1. 单笔投资高均值引人瞩目，监管科技市场潜力不可小觑

尽管总体规模比不上北美、欧洲地区，但亚洲地区监管科技行业投融资的单笔投资均值高达其他所有地区的 13 倍有余（见图16）。总体来看，亚洲地区监管科技行业虽起步较晚，但较大的单笔投资平均值体现出了该地区的增长潜力，以及资本对该地区监管科技发展的积极态度。

2. 网络安全细分领域目前仍存在诸多隐患，未来拓展空间较大

亚洲地区企业的数据安全防御能力分布不均，大多数企业自身没有雇佣专业网络安全团队，多数企业的首席技术官往往身兼数职，使得这些企业面对网络安全威胁时，不能开展完全积极主动的防御工作，同时也容易造成企业信息技术预算超支。总体来看，亚洲地区企业普遍在教育、公司文化、技能培训、预算和运营管理等一系列领域面临网络安全

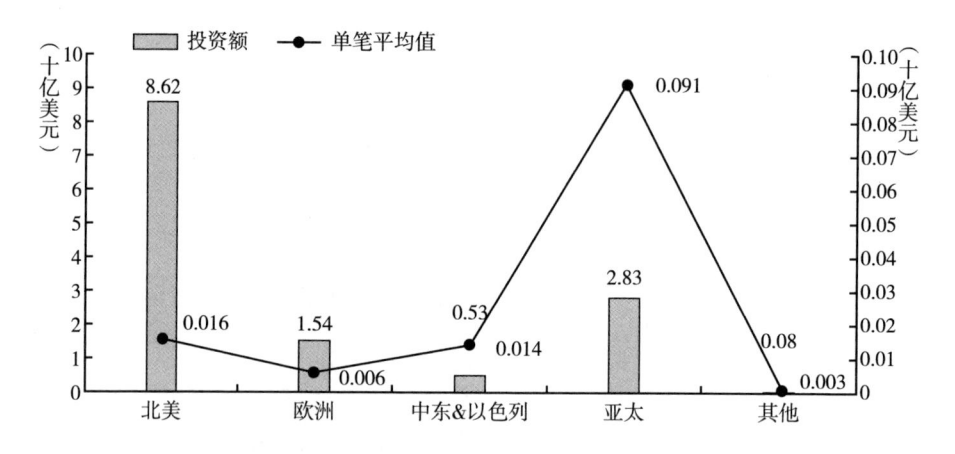

图 16 2014 年至 2019 年上半年投资总量及平均值按地区统计

资料来源：浙大 AIF 观智国际金融科技研究室、RegTech Analyst。

风险的直接或间接威胁，克服这些缺陷将是亚洲地区网络安全细分领域在未来的发展重点。

（五）全球监管科技投融资现状及特征

1. 监管合规双重需求巩固投资信心

金融机构对监管科技的需求，源自金融机构为达到合规和风控等目的并降低成本的需要；而监管机构增长的监管科技需求则更多是为应对金融产品、业务与模式不断创新的挑战。自 2008 年以来，全球监管机构加强金融监管，提高金融机构违规成本。金融机构、监管机构日益增长的需求也极大地推动了监管科技投融资市场的发展。监管科技在以美英为首的金融环境及基础建设较好且监管政策较复杂的国家投融资总量较大。这一现状也印证了此观点。

2. 高科技应对高风险，高投资带来高回报

当下，监管风险和合规难度逐步成为金融行业痛点。应对更复杂的金融监管问题亟须采用更高科技的解决方案。尽管短期内监管科技的投资成本增加了金融机构的财务压力，但研究表明，头部金融机构在监管科技方面三年

期投资回报率近600%[①]。监管科技投资的中长期回报有望远超投资成本，其高速发展已成必然趋势。

3. 政策促进监管科技迭代，监管科技倒逼政策更新

一方面，新的监管政策出台催生新的合规需求，企业寻求更先进的解决方案以应对，进而加速监管科技产品迭代。另一方面，新产品应用过程中也可能产生新的监管风险，因此监管机构也必须及时跟踪市场动态，更新监管政策，并运用先进监管科技手段防范风险。

四 中国监管科技投融资现状与展望

（一）中国监管科技投融资现状

尽管目前中国的监管科技发展以监管层面的顶层设计为主要指导，但也不乏基于市场需求推动的创新尝试。商汤科技在2018年9月的D轮融资中筹集了10亿美元，是国内监管科技行业中截至2019年的最大交易，其目前的估价450万美元，已成为全球最有价值的人工智能创业公司之一，旗下已有多个监管科技产品[②]。此外，根据RegTech Analyst的数据（见图10）来看，2019年亚洲和其他地区监管科技投融资额前十位中有两位来自中国，即同盾科技和冰鉴科技，分别获投一亿美元和4700万美元。

积极尝试的同时，我国监管科技行业的初期发展也暴露出一定不足。首先，现有金融体系里提供非传统合规业务的创新企业往往能获得更快速的增长，而相对稀缺、提供合规业务的监管科技企业却鲜有施展拳脚的空间。这主要是因为我国金融监管的法律法规有一定的滞后性，总体的监管框架尚未健全，而监管科技创新速度过快，技术风险的隐蔽性使得企业无法针对技术快速迭代伴随出现的监管科技漏洞，提出具有时效性的合规解决方案。此

---

① Medici, Examining the ROI & Benefits of RegTech solutions for Businesses, 2018.
② 商汤科技，SenseID 云服务，https://www.sensetime.com/Service/Finance_SenseID.html.

外，由于监管科技企业所应用的工具大多趋同，大多数金融机构也都采用同质性高的风控手段，故监管科技服务链条末端的企业消费方缺乏议价能力，这与普惠金融的初衷背道而驰①，成为监管科技难以在中小企业中拓展的一大痛点。

（二）中国监管科技投融资发展建议

1. 监管机构应积极引导监管科技发展

基于全球监管科技发展态势，中国的金融监管机构应及早重视并利用"后发优势"，以积极的姿态开展对相关监管技术标准的研讨，以期推出覆盖范围广、时效性高的监管技术框架。

同时，监管机构还应当扛起促进跨部门、跨领域、跨角色合作的重任，确保监管科技全行业内协同进步。通过提升金融风险防范、危机预警能力，更大程度地保护金融产业消费者和投资者权益，提高金融服务实体经济能力②。

2. 加强数据互通，提升金融监管效率

随着监管科技3.0时代的到来，监管科技服务和产品越发以数据为驱动，并将数据聚合、建模预测作为业务基础。因此，想要发展监管科技，激励初创企业和资本进入市场，打造全链路数据互通的基础设施势在必行。

第一，要逐渐打破"数据孤岛"。加强监管机构间、监管机构和金融机构间的数据共享，并构建时效性强、透明度高、安全性好的数据交换机制。除整合市场中现有的大数据平台、以政府购买数据服务等方式外，监管机构更应鼓励市场上优秀的大数据企业加入监管科技行业数据平台的建设中来，通过优质、高效、统一的数据接口保障监管科技企业业务的平稳运行。

第二，需统一数据统计、上报口径，并制定数据传输、使用准则。一方面，只有设置一致的定义、统计标准，才能在满足监管要求的情况下对数据

---

① 赵大伟：《监管科技的能与不能》，《清华金融评论》2019年第5期。
② 孙国峰：《发展监管科技构筑金融新生态》，《清华金融评论》2018年第3期。

开展有效的大数据分析、机器学习、自然语言处理等技术处理，并大幅提高监管科技企业的数据使用体验。另一方面，统一的数据调用标准也更能保证整个系统的安全性和对敏感数据的加密保护，使得构建数据互通闭环成为可能。

3. 加快构建良性的监管科技投融资生态

随着资本和新用户大量涌入监管科技市场，妥善处理好监管科技企业与金融机构和监管机构之间的关系显得极为重要。监管科技的发展初衷是向金融机构和监管机构提供满足合规要求的解决方案或技术产品，在提升效率的同时降低成本。但随着产业的不断升级，监管科技企业可能成为部分金融机构规避监管甚至是进行监管套利的工具，这反而危害了整体监管框架，破坏了行业生态，不利于资本的持续流入。因此，监管科技企业、金融机构和监管机构之间的良性互动机制，是确保投融资保持健康有序的必要环节。

参考文献

[1] 汤森路透：Fintech, RegTech and the Role of Compliance in 2020, 2020。
[2] 路透社：U.S., EU Fines on Banks' Misconduct to Top ＄400 Billion by 2020: Report, 2017。
[3] 毕马威：Pulse of Fintech H2 2019, 2019。
[4] 毕马威：Regulation and Supervision of Fintech, 2019。
[5] 德勤：How Agile Regulatory Technology is Helping Firms Better Understand and Manage Their Risks, 2016。
[6] 德勤：RegTech Universe, https://www2.deloitte.com/lu/en/pages/technology/articles/regtech - companies - compliance.html, 2020。
[7] 德勤：Fintechs and Regulatory Compliance The Risk Management imperative, 2018。
[8] 德勤：Fintechs and Regulatory Compliance Understanding Risks and Rewards, 2017。
[9] 德勤：The Future of Regulatory Productivity, Powered by RegTech, 2017。
[10] 剑桥大学新兴金融中心：The Global RegTech Industry Benchmark Report, 2019。
[11] 彭博：How RegTech Closes the Gap Between Technology and Financial Services, 2017。

［12］ Burnmark，RegTech 2.0，2018.

［13］ The RegTech Association，2019 RegTech Industry Report The Founders' Perspective，2019.

［14］ RegTech Analyst，RegTech 100，2019.

［15］ Fintech Switzerland，RegTech in Europe：RegTech 3.0 Solutions and More，2019.

［16］ MEDICI，Examining the ROI & Benefits of RegTech Solutions for Businesses，https://medium.com/@gomedici/examining－the－roi－benefits－of－regtech－solutions－for－businesses－dda4ecccd319，2018.

［17］ Ascent，What is RegTech and Why Does It Matter？ https://www.ascentregtech.com/blog/what－is－regtech/，2020.

［18］ Comply Advantage，What Does Brexit Mean for UK RegTech？ https://complyadvantage.com/blog/what－does－brexit－mean－for－uk－regtech/，2018.

［19］ 德勤：A Journey Through the FCA Regulatory Sandbox，2018。

［20］ Infoholic Research LLP，RegTech Market：Global Drivers，Restraints，Opportunities，Trends，and Forecast up to 2023，2018.

［21］ 毕马威：RegTech Revolution Coming，2018。

［22］ RegTech Analyst，Will Cybersecurity Remain the Biggest RegTech Sector in the World？ http://member.regtechanalyst.com/will－cybersecurity－remain－the－biggest－regtech－sector－in－the－world/，2020.

［23］ Ascent RegTech，What is RegTech，https://www.ascentregtech.com/blog/what－is－regtech/，2020.

［24］ Booz，Allen & Hamilton，New Products Management for the 1980s.，1982.

［25］ Rumale A S，Chaudhari D N，Cloud Computing：Software as a Service，2017.

［26］ 许闲、王广智：《合规与监管科技的投融资分析》，《中国保险》2019年第10期。

［27］ 浙大AIF司南研究室：《2020全球金融科技中心城市报告》，2019。

［28］ 钛资本研究院：《监管科技：下一个投融资机遇》，2019。

［29］ 孙国峰：《发展监管科技构筑金融新生态》，《清华金融评论》2018年第3期。

［30］ 赵大伟：《监管科技的能与不能》，《清华金融评论》2019年第5期。

［31］ 宁圣研究院：《监管科技：从理论到实践（国外监管科技发展现状）》，2019。

附录一 案例篇

Appendix | Case Reports

B.31
广东省监管科技发展案例分享

广东省地方金融监督管理局

广东省高度重视发挥金融监管科技在打击非法金融活动、维护经济社会秩序方面的重要作用，在全国率先建立了高度信息化的地方金融风险监测预警体系和非现场监管体系，现将我们的探索分享如下。

一 率先建立"金鹰"全网监测预警体系，实现全省"一张网"

广东省是经济强省、金融大省，金融业高度发达，同时非法集资案件也高发频发，面对全省1400余万个商事主体，以及互联网技术的迅猛发展，传统的监管手段难以有效应对，必须利用前沿科技实现智能监管。"没有发现风险是失职"，2017年，广东省地方金融监督管理局依托广东省地方金融风险监测防控中心建设"金鹰系统"，先后建成主动识别、监测预警、舆情

监测、非现场监管、金融广告监测等十大子系统。一是通过构建七大非法金融活动风险识别模型，梳理舆情、市场监管、投诉举报、司法、机构运营等数据，利用大数据技术主动发现非法金融活动企业，对其中40万余家目标企业进行实时监测和风险评分。二是通过网站、微博、微信、贴吧等渠道并结合"高收益""零风险""保本保息"等14335个核心关键词，实时抓取国内110余万个采集点信息，及时掌握舆情动向。三是通过采集机构的股东、高管、运营、交易、资金、项目等信息，结合大数据和人工智能等技术手段，构建行业风险评级模型，分析机构的总体状况、风险管理及合规情况实施非现场监管。四是通过视频、音频、图片自动识别和关键词分析等人工智能技术，实时对全省25个广播频道、44个电视频道、42份报刊、10538个网站以及随手拍的金融广告进行自动识别、分析、预警，结合"金鹰投诉举报中心"微信小程序实施金融广告监测预警。目前，金鹰系统主动发现疑似非法金融活动企业1563余家，其中，建议移送线索企业119家，建议处置企业225家，建议约谈企业1219家。

二　深圳积极开展地方金融监管科技先行先试，建设地方金融风险防范先行示范区

近年来，深圳市积极发挥金融科技优势，将人工智能、大数据等前沿技术向现代金融监管领域延伸，自主开发了深圳市金融风险监测预警平台、深圳市地方金融监管信息平台两个核心监管科技平台，联合腾讯精心打造了灵鲲金融安全大数据平台，同时与腾讯共建金融安全监管科技实验室，不断丰富完善监管工具、监管手段，探索建设地方金融风险防范先行示范区。其中，重要的创新实践如下。一是首创海豚指数对企业风险进行分级预警、分类处置。海豚指数（DOLPHIN）具体指7个子系统，即数据管理（Data）、线下数据采集（Offline）、地方金融风险预警监测（Local）、舆情信息采集（Public Opinion）、核心金融风险建模（Heart）、非法金融案件信息管理（Illegal）、网络举报线索管理（Network），实时监测深圳20多万家金融企业

风险情况，实现举报、预警、打击、处置一体化全流程，实现对涉众金融风险的"打早打小"，切实保障广大群众的资产财产安全。二是率先建设地方金融非现场监管系统。为解决地方金融监管"7+4"类机构无监管系统、无监管数据、风险底数不清等问题，深圳市借鉴中国银行业监督管理委员会"1104工程"，2017年在国内率先开发建设地方金融监管信息平台，推动地方金融治理由被动监管模式向主动监管模式转变。同时，深圳市配套设计了小额贷款公司 CAMEL+RR 等监管评级指标体系，定期收集监管信息，开展监管评级。目前，深圳首创的地方金融监管指标体系已被省地方金融监督管理局推广使用。三是打造灵鲲金融安全大数据平台。深圳市金融局与腾讯签署战略合作协议，借助腾讯掌握的微信、QQ 月活跃 10 亿名以上的用户社交传播信息和 1000 亿条"黑产"知识图谱，融合公安、工商、法院、税务、银行、信访等 42 个单位、涉及 300 余万个商事主体的近 500 项行政数据，依托大数据、人工智能、区块链、云计算等前沿技术，建立 8 个维度的监测预警模型，实现对 P2P、网络传销、外汇交易、投资理财等 10 余个业态的精准识别，以及金融风险的可视化输出。2018 年 7 月上线以来，已经对 4.7 万家新兴金融企业进行重点分析，识别出风险企业 1500 余家，累计移交线索近 1000 条，有效提升了金融风险精准预警能力，筑牢了金融安全防线。从 2019 年开始，广东省地方金融风险监测防控中心也同样引进了"灵鲲"系统，进一步提高了对金融风险监测的精准度、灵敏度。

三 着力打造全链条闭环管理机制，形成风险处置"一条线"

"发现风险没有及时处置是渎职"。广东省地方金融监督管理局制定了金融风险处置管理机制，研发了金融风险处置管理系统，将发现的风险信息进行综合研判、风险评级并提出处置建议，每月推送至 21 个地级市。在规定的时间内，各地组织联合工作组开展核查处置，将处置情况、音视频、文件资料上传至系统，经审核后决定是否继续监测或销账。目前，广东已初步形成"识别—监测—预警—处置—反馈—再监测"全链条闭环管理机制。

截至2019年末，金鹰系统累计向全省提供风险线索776条，风险趋势明显下降的有492条，风险控制化解率达63.4%，其中56条及时转由市场监管、公安等部门处理，"打早处小"效果显现。

广东地方金融监管科技发展经验做法得到中央政法委、中国人民银行、中国银行保险监督管理委员会等部门的充分肯定，并被要求向全国进行推广，2019年广东处置非法集资工作在国家综治考评中获得满分，位列第一档。

四 加快建设地方监管金融从业机构非现场监管体系，夯实现代监管基础

2017年，广东省就着手建立地方监管金融从业机构的非现场监管系统，目前已对接五个地方金融业态，包括P2P互联网贷款机构、地方交易场所、私募基金、融资租赁和商业保理。从接入情况看，共接入地方交易场所15家，包括10家大宗商品类交易场所和5家权益类交易场所；累计接入P2P网贷机构共77家，除问题平台和已完成退出平台，当前仍有43家平台向非现场监管系统进行数据报送；共有1841家融资租赁公司和3791家商业保理公司接入省防控中心非现场监管系统，并对其中非正常经营的商业保理企业进行了梳理排查。

2019年省地方金融监督管理局按照新的机构职能，加快完善非现场监管体系，与广东省中小企业融资平台同步建设信息化监管平台，并将于2020年正式运行，实现对小额贷款公司、融资担保公司、商业保理公司、融资租赁公司、典当行、地方金融资产管理公司和区域性股权市场的监管数据制度化、规范化报送收集。并将根据监管数据开展监管评级，树立行业标杆，鼓励好的地方金融从业机构加快发展。

B.32
阿里支持外汇交易中心建设智能交易系统

外汇交易中心 阿里云

一 项目背景

外汇交易中心暨全国银行间同业拆借中心，为银行间货币市场、债券市场、外汇市场的现货及衍生产品提供交易、交易后处理、信息、基准、培训等服务。在外汇交易市场前端交易流程中，金融机构交易对手之间很多是通过场外人工直接沟通或通过中介集中分发的方式进行交易撮合，大量依赖人工撮合，存在交易流程烦琐、多轮碎片化重复交互、效率低下（人均一天仅几十笔交易）等问题。同时场外撮合存在操作风险大、事前监控难、数据无留痕、难以快速定位违规操作并实现追责等问题，给交易监管带来一定困难，为强化市场监管与服务，外汇交易中心着手建立智能交易系统，旨在实现对交易前、中、后的全程管理与服务。

二 项目内容及成效

阿里巴巴集团、蚂蚁集团与外汇交易中心合作，整合阿里巴巴经济体人工智能与大数据技术，联合开发建设智能交易系统。通过自然语言处理技术、智能算法和策略，实现智能撮合与交互；基于沉淀的交易和行情数据构建人工智能知识仓库，为智能管理、智能交互、智能策略提供进一步的数据支撑。在智能撮合中，支持自有询价和修改、取消，并可根据历史数据进行主动推荐。支持交易自动化执行，有效提升交易效率的同时，可达到交易前

控制、交易中监控、交易后分析的闭环智能管理的目的。此外，在平台中内置日常问答和天气、金融、节假日、闲聊等百问百答能力，进一步提升了用户交互体验。

该项目分三个阶段推进：一是试点阶段，系统以混合云方式部署，以3~5家有意向机构进行试点，摸索积累交易撮合相关的服务经验，同步完善智能交易系统；二是专有云建设阶段，用于承载大批量新用户，在债券正、逆回购产品之外开发现券、存单等产品，不断提升产品的完整性；三是全面推广阶段，目标是1年内服务50家机构，3年完成200家机构落地。

智能交易系统帮助外汇交易中心强化了交易服务能力，提升了交易撮合效率、优化了机构运行效率，降低了机构操作风险，并实现了交易信息留痕，帮助中国人民银行等监管机构全面掌握市场交易情况，为预知风险、优化决策提供重要支撑，也为交易参与机构的数据安全提供了更多保障。

三 相关技术与产品

为提高交易效率、提升风控能力，阿里巴巴集团和蚂蚁集团充分发挥阿里经济体在人工智能、大数据和云计算上的技术优势，结合智能交易场景需求，开发了智能交易机器人。智能交易机器人主要用于货币市场交易、存单发行市场、债券市场交易、衍生市场交易等交易场景。智能交易核心能力主要聚焦于交易的智能策略、智能交互、智能管理，贯穿交易全流程：交易策略由人工交易策略转向机器智能策略，在信用风险、市场风险、监管指标、交易目标等多目标约束下，结合存量业务及市场信息的智能收集处理预判，生成交易策略，指导日常交易；智能交互聚焦交易沟通问题与效率的解决，按照部署的规则策略执行交易对手沟通、达成意向成交及正式成交；智能管理聚焦交易业务信用风险、市场风险、操作风险的管控以及交易业务的管理，将交易风控从事后管控转向事前、事中管理。

阿里巴巴集团与蚂蚁集团具有成熟领先的自然语言处理等机器学习算法优势、海量用户海量并发下的稳定架构设计能力、海量数据中对数据的敏锐度以及成熟的数据挖掘和数据洞察能力，结合网商银行场景需求，执行智能交易管理平台开发、智能交互开发、ideal 接口开发，3 个月内完成智能交易初期逆回购产品投产。

后续，该系统也可为其他交易市场提供同类的撮合和监控服务，为监管部门实现跨市场风险的监控预警体系提供技术平台和工具（见图1）。

图 1　系统主要功能示意

B.33 深交所企业画像智能监管系统

深圳证券交易所

近年来，资本市场呈现上市公司数量持续增长、内外部环境日趋复杂、证券违法违规多元化和隐蔽化等趋势，对交易所监管能力和水平都提出了更高的要求。如何提升一线监管效能、维护资本市场秩序，一直是交易所深入研究的重要课题。深交所于2016年底启动企业画像科技监管项目，设计开发了企业画像智能监管系统，旨在为公司监管提供数据支持和风险监测预警服务，提高科技监管水平。

本案例主要分享深交所针对监管痛点的解决思路，介绍企业画像的前沿技术及实施效果，并给出了思考和总结。

一 解决思路

围绕深交所监管痛点，企业画像系统采用分步推进、迭代完善的方式，主要从以下七方面着手实施。

第一，整合所内外数据，建立公司多维画像，清晰展示上市公司全貌。第二，结合公司财务数据、股权股东、诚信记录、重大事件、经营信息等方面数据，由系统自动分析和计算得出多维标签。第三，针对监管业务中尤为重要的重组审查和年报审查两大应用场景，提供智能审查辅助功能。第四，基于所内数据和第三方数据，构建企业图谱，探寻公司和自然人之间的关联关系。第五，集成深交所系统内所有的监管函件、公司公告、法律法规等文件，提供快捷信息检索功能。第六，依托大数据，利用知识图谱、机器学习、自然语言处理等智能技术，探索资本系识别、财务舞弊分析、公告信息抽取等监管辅助功能。第七，利用热点挖掘、分类算法、深度学习算法技术，提供金融舆情智能分析。

二 主要技术

（一）文本信息抽取

考虑到金融文档中的关键信息散落在文字段落和数据表格中，文本信息抽取分三步实现。第一步是实现计算机对金融文本的结构识别。通过对金融文档，如上市公司年报、招股说明书、债券募集说明书等进行标注，结合文档元素块识别技术，对全篇文档进行解构，将文档的各个部分识别为标题、文字段落、图片、表格等类型。

第二步在此基础上针对特定公告的样本进行学习，利用模型实现字段内容的初步定位，其目的是提取出各个字段所在位置的中等颗粒度的文本信息。

第三步在第二步抽取出来的中等颗粒度的文本信息基础上进行精确定位，将中等颗粒度的文本信息细化成具体字段包含的信息。根据各个字段自身的属性，以可实现的最优效果为先决条件，通过规则或者模型进行抽取。

（二）知识图谱

以上市公司监管为主题领域，通过构建上市公司知识图谱，描述刻画上市公司内在属性及其复杂的业务关系，通过技术研发，实现了如下目标。第一，研发所内与所外数据的采集与融合处理方法。第二，研发符合深交所公司监管业务需要的知识图谱模型设计和构建方法。第三，研发一套支持本所图谱应用的技术框架模型，并搭建相应的系统平台。第四，构建一套描述上市公司多角度、多维度、复杂关系的图谱数据实例。第五，基于上述图谱实例数据，采用监管规则与图挖掘算法相结合的方法实现资本系挖掘等场景分析应用。

（三）财务舞弊分析

使用上市公司财务报表信息，通过对原始数据进行分析，确定使用的数据字段以及公司样本采样方法，并在此基础上设计财务特征构建方法。在对所有的原始财务数据进行清洗和重构之后，结合特征构建方法以及传统财务分析中"自比""他比"的方法构建出财务特征。同时，基于已有的财务舞弊行政处罚和监管函件，梳理黑样本标签，并进行特征筛选及模型训练。另外，通过构建异常解释库和解释模型，对模型的结果输出进行匹配解释，使得系统的呈现结果便于业务人员理解及使用。

三 实施效果

为了使企业画像系统最大限度地解决用户痛点、满足业务需求，开发团队始终与业务人员紧密协同。该项目采用快速研发、持续交付的方式让新功能尽快上线给用户试用。截至 2019 年 7 月，本系统共完成迭代上线 16 次，修改用户验收意见 366 个。通过系统多次迭代和功能完善，业务效果不断提升，用户访问量也大幅增加。经统计，后期用户访问量是前期用户访问量的 11 倍。

自 2018 年 8 月 27 日上线以来，公司管理部门所有监管员均使用企业画像系统进行日常监管工作。该系统对深市所有上市公司 2018 年年报进行自动审查，合计提示了 14000 条异常关注点，平均每家公司约为 7 条。

四 思考和总结

结合研发过程，总结了如下实践经验。第一，数据是核心，整合所内外数据是科技监管建设的第一步。第二，业务部门与技术部门紧密协同是关键，业务人员总结业务经验，技术人员将业务经验固化进系统，减少业务人员识别风险的个体差异。第三，充分发挥新技术的优势，提升监管工作的科技化、智能化水平。

未来，企业画像系统仍将不断实践探索。第一，加大投入，充分发挥科技在信息披露监管、重大事项审核、财务异常识别等方面的作用。第二，拓展数据宽度，引入产业链、失信、知识产权等外部数据。第三，全方位固化业务经验，不断完善监管标签，深化业务场景定制开发。

B.34
阿里云支持深交所构建实时计算平台

深交所 阿里云

一 项目背景

为了适应市场监管要求的变化、应对监管市场新形势的挑战，推进落实中国证券监督管理委员会关于加强科技监管能力建设的部署要求，深圳证券交易所（以下简称"深交所"）自2015年启动新一代监察系统建设项目，围绕异常交易行为监管、违法违规线索筛查等核心业务，建设综合业务平台、大数据分析平台等，全面支持涵盖交易监控、调查分析、业务研究的一体化市场监察工作。

二 项目内容及成效

新一代监察系统是深交所继第五代交易系统建设后重点建设的新一代应用系统，在监控手段、调查手段、监管对象、监控模式、知识管理、用户界面、数据资源等七个方面实现数字化转型（见图1）。

新一代监察系统遵循"安全高效、持续演进、主流开放、自主可控"的设计原则，基于大规模分布式系统架构，打造起安全、高效、灵活、易用的监察技术平台。实时监控平台是监察系统的核心子系统，系统设计峰值要能够处理每秒100万次以上的原始业务消息，计算平均时延是1秒以内。该系统基于Flink实时流计算框架，采用流水线、生产者和消费者、适配器等设计理念，进一步完善了违规监测模型，实现了智能化、可视化、一体化以及安全可审计等功能，并具备较高的扩展能力和适应能力，显著提升了数据

图 1　深交所新一代监察系统七大转变

监测分析能力。深交所大数据团队自 2016 年起开始自主研究 Flink 生态圈技术，在实时计算领域积累了较为丰富的经验，在阿里云 Flink 技术服务团队的支持下，进一步优化了流计算处理效能，实现了开源社区技术向稳定可靠的金融商用技术的转变。

截至 2020 年 4 月底，新一代监察系统的实时计算平台已安全、可靠地运行了近 300 天，平稳地应对了万亿元级的市场交易峰值，每日原始业务消息数量平均达 5000 笔/秒，峰值达到 120 万笔/秒，实时集群内部处理的业务消息数量峰值达到 340 万/秒，关键业务统计、监察报警计算平均耗时百毫秒，系统的消息处理能力达到预期的设计目标，为核心监察实时业务提供了强有力的支撑。

三 关键技术

随着股票质押风险、两融风险、债券风险等产品多样化，证券市场运行风险日益增加，构建事前、事中、事后全过程的风险监测，实现风险早识别、早预警，以及对重点领域重点业务的风险实时监测，成为防范市场运行风险的最为迫切的要求。

在系统规划和建设初期，深交所大数据团队就将实时计算作为核心技术开展难点攻关，结合典型业务场景先后研究了ApacheStorm、SparkStreaming、ApacheFlink等技术社区主流实时计算框架，综合考虑系统整体架构设计、核心技术工作原理、算子的能力和性能、高可用和容灾设计等多方面因素，认为Flink能够代表实时计算技术领域未来的趋势，是实现监察系统实时计算引擎的最佳选择。因此，基于Flink技术框架设计和实现了实时统计和实时告警业务框架，帮助业务人员实时监测市场风险，发现投资者的违规行为，快速响应和处理。

技术实现中，该项目充分发挥了Flink技术在功能和性能方面的优势，为监察系统实现高可用的分布式实时计算平台提供牢固的基础。例如，使用Flink管理应用状态并提供多种后端实现；当应用需要维护大量状态时，使用RocksDB状态后端降低内存开销，缓解GC问题；同时，Flink SQL可满足监察系统的实时统计和实时告警业务80%以上的开发需求，显著降低了流计算业务开发的门槛。扩展UDF、UDAF、UDTF，实现特定的业务功能性函数，进一步简化了业务研发。Flink窗口计算支持业务时间（Event Time），支持全量计算和增量计算等模式，优化的内部算法让性能指标十分出色，方便实现期间值指标计算。基于Chandy-Lamport分布式快照算法，实现了自动故障处理。在系统出现故障时，作业可以从最近的一个状态快照中恢复并继续运行，且能保证内部数据处理的Exactly-Once语义（见图2）。

该项目以Flink为核心，实现了符合该所业务和技术要求的实时计算框架，简化了业务研发，降低了技术成本，包括以下特性：一是针对监察场景

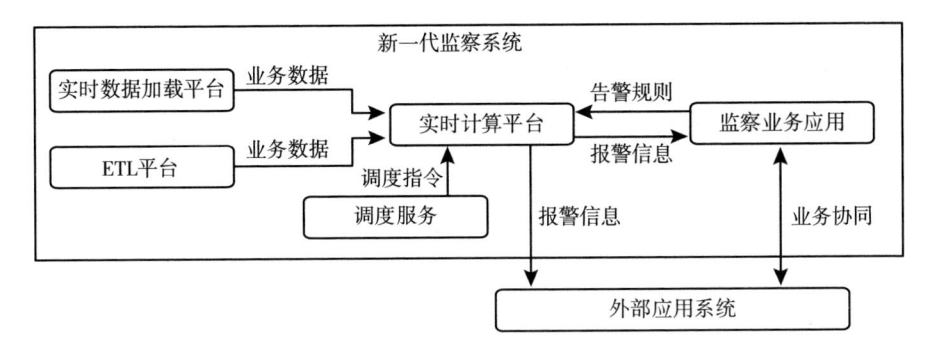

图2 新一代监察系统模块调用示意

自研的二进制消息结构,性能优于社区主流序列化类库;二是使用消息编号、堆外重排、消息去重等模块,实现系统级 Exactly-Once 语义;三是基于内存映射文件的分布式哈希表,提高资料数据附加的性能;四是增强 SQL 解析和转换、时间映射等,可通过 SQL 实现大部分业务场景,少部分逻辑复杂的业务以开发用户自定义函数(User Defined Function)的方式实现,实现业务研发可配置。

四 行业示范效应

本项目采用自主设计研发和引入阿里云技术服务相结合的模式,充分发挥了双方在技术研发和应用、服务等方面的优势,值得业界机构借鉴;下一步,深交所的金融科技能力体系将随"一带一路"倡议的深化逐步在国内外市场不断拓展,相关管理体系、技术研用结合的模式以及 Flink 在实时金融场景的应用模式将为更多金融机构提供解决方案和最佳实践。

B.35 区块链在地方金融非现场监管中的应用

联动优势科技有限公司*

一 项目背景

中国银行保险监督管理委员会发布2019年第7号令，于2020年1月28日起针对银行、保险、信托、资管、消费金融等金融机构，施行《中国银保监会现场检查办法（试行）》，确立"未经立项审批程序，不得开展现场检查"原则。

在此背景下，如何强化区块链、大数据等新一代信息技术手段的运用，减少现场检查，实现对地方非银金融机构进行立体化和持续化精准识别、动态实时可视化监控，可靠可溯可控监管，是各地方金融监管机构急需解决的问题。

二 业务难点

地方金融非现场监管的核心是能够全面、及时、连续地监管地方金融机构的经营和风险状况，实现对地方金融机构风险状况的自动化持续监测、识别、分析和精确分类分级监管，主要面临以下难点与痛点。

一是数据协同难。基于传统监管IT系统和单一数据来源，并不足以处理涉及地方金融机构众多、数据来源分散、数据格式多样、数据不透明、数据存在污染、数据易造假等的情况，需要对接工商、司法、法院、公安、信

---

* 执笔人：刘胜、刘金鹏、张生辉、祝晓潭。

访等部门政务信息数据、被监管机构报送业务信息数据、网络舆情信息、投诉信息等多方多维数据源信息,在保护数据安全隐私的情况下,进行可靠、可信的协同计算和建模。

二是数据来源真实性和可靠性验证难。数据真实性对模型准确性产生至关重要的影响,由于金融风险建模所需数据来源众多,数据形式多样,因此需要对关键数据进行全生命周期管理,确保数据来源真实可靠、数据用途明确清晰、数据质量可靠可信。

三是业务形态多样,规则界定难。监管系统需要全面覆盖"7+4+1"类合规地方金融业务,包括小额贷款公司、融资担保公司、区域性股权市场、典当行、融资租赁公司、商业保理公司、地方资产管理公司、投资公司、农民专业合作社、社会众筹机构、地方各类交易所,以及网络借贷信息中介机构。目前,广东省内就有超过3万家地方非银金融企业。不同类型金融机构的业务形态差别很大,相应的监管法规和监管规则也各不相同。同时,还需要针对非法集资、非法证券、非法期货、非法外汇、非法黄金、非法支付和非法代币等各种非法金融活动,进行针对性数据收集和监测。监管系统需要根据不同业务的监管法规和规则,以及不同非法金融具象标签与特征形式,通过特制分析等技术分别建立监测预警模型。

三 解决方案

为打破传统金融监管存在的规则界定难、信息滞后、自动化和实时工具不足、稽核监察难、数据缺失、数据造假等问题,本项目基于区块链技术为地方金融机构监管提供的解决方案,实现多方数据格式标准统一,数据内容安全可信,数据能力多方协同,做到事前分析、事中监测、事后追溯的全方位监管。本项目利用区块链+监管的优势,首先,将交易监管要素信息数字化上链,保证交易记录不可篡改,具备可追溯性;其次,将监管规则固化为智能合约自动执行,更好地控制欺诈、人工操作失误的风险;最后,采用分布式账本和拜占庭容错共识机制,有效降低金融系统被黑客攻击而导致的

风险。

区块链技术在非现场监管系统中的应用，主要体现在以下三个方面：

首先，实现对业务数据、政务数据、互联网数据的跨部门的数据访问、服务协同、多数据源的数据真实性追踪。通过目录链、权限链、访问链三链协同工作，实现与工商、税务、社保、法院、信访等部门的跨部门数据整合、信息协同、处置协同，达到"数据不出门、数据不落地、数据可用不可见"的效果，兼顾跨部门数据融合协同与数据隐私保护效果，确保数据真实有效，构造切实可用的数据协同应用。基于区块链的非现场监管系统整体架构见图1。

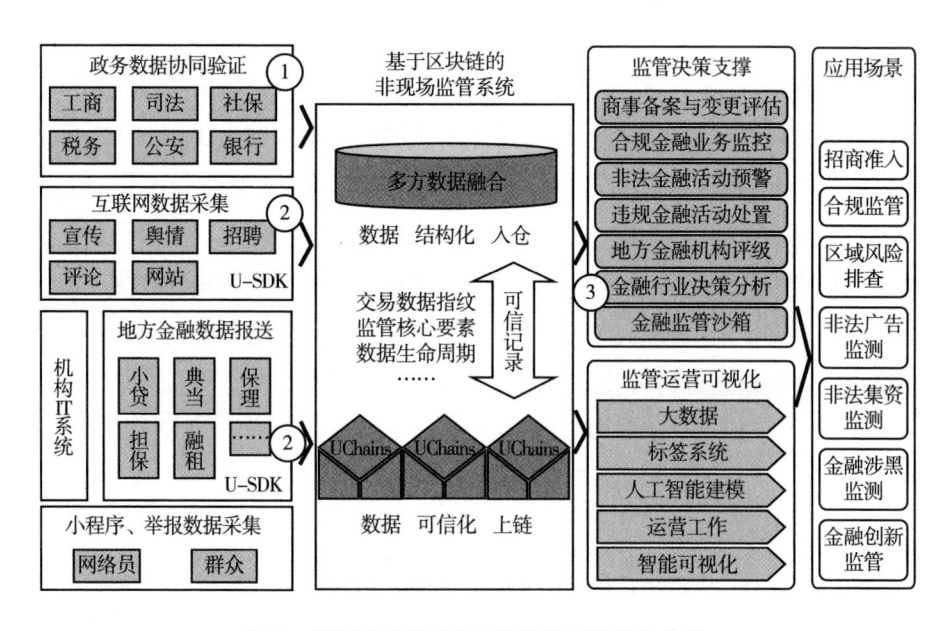

图1 基于区块链的非现场监管系统整体架构

其次，建立数据存证和监控预警中心，提供风险信息的自动化保全、监测和预警服务，防范金融机构对业务数据造假。一方面，通过在各子模块中嵌入使用 U-SDK 组件，围绕数据的产生、流动、使用、销毁的全生命周期进行自动化上链存证和追踪管理，确保数据来源的真实可信和安全可靠，提升数据质量和后期建模的准确性。另一方面，进行多方多维数据融合，通过全息数据分析、数据样本标注、元数据分析、规则库、人工智能建模等模块实现对被监管机构"风险因子"的可视化、智能化实时动态识别、分析、监测、预警。基于区块链的跨部门数据协同见图2。

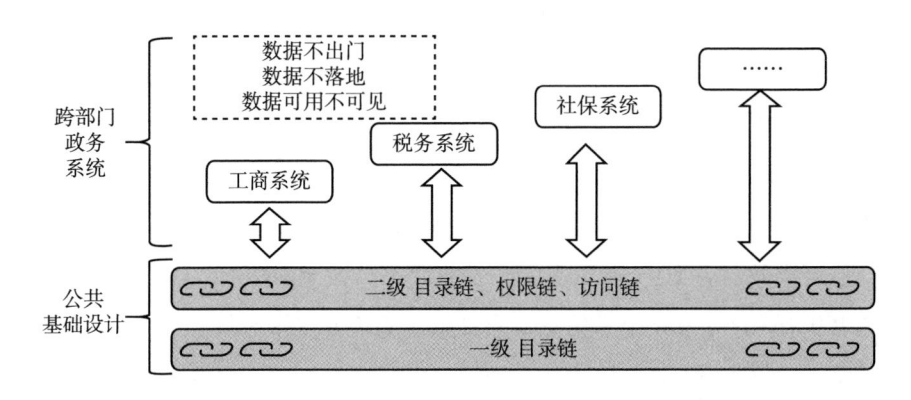

图2　基于区块链的跨部门数据协同

最后提供快速数据查验、取证服务，提高违规金融活动稽查效率。帮助监管机构和稽核监察人员，在面临某些金融机构伪造、篡改相关业务数据或文件，出现违法、违规活动时，能够快速和及时通过区块链存证中心进行查证和取证，准确识别数据真实性，为后续司法等执法机关提供决策依据和有效证据。数据存证中心和监控预警中心见图3。

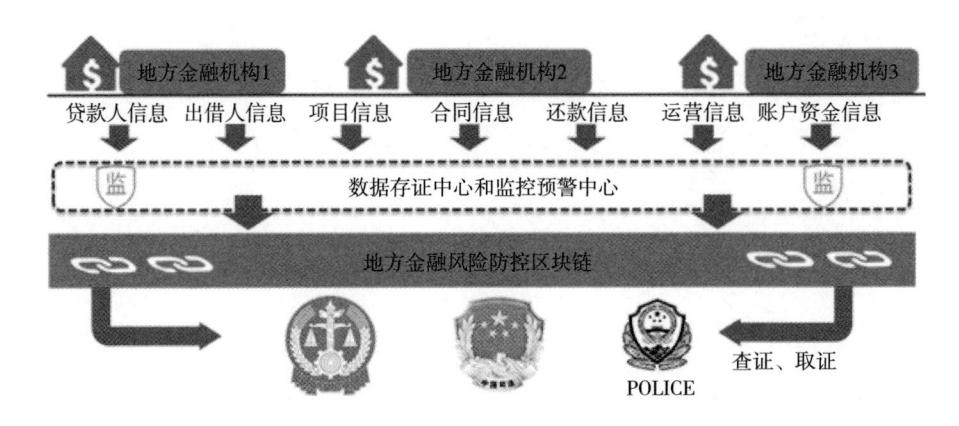

图3　数据存证中心和监控预警中心

四 应用效果

该系统提供可视化管理前端，通过设定不同的风险预警模型，在页面上实时显示监控指标数据，并对潜在风险进行预警。

本系统已在广东省地方金融监督管理局和广州市地方金融监督管理局的指导下，落地广东省地方金融风险监测防控中心和广州金融风险监测防控中心，并基于联动优势 UChains 区块链底层，建立并发布全国首条地方金融风险防控链——地方金融非现场监管区块链系统，在广州市全面推广应用，并取得显著成效。自 2020 年 1 月上线发布以来，截至 2020 年 4 月底，系统日增约 100 万 ~ 300 万条交易信息，累计产生 197 万多个区块、约 1.24 亿条交易信息。

本项目是区块链技术与金融科技、监管科技的一次创新联合运用，实时同步地方金融机构的资金、资产、交易等核心信息，并实时发现、及时预警突出风险。

通过本项目成果，有效辅助政府部门进行监管决策，保护了投资者的权益，从源头减少矛盾纠纷事件的发生，降低监管成本，提高监管效率，维护地方金融稳定。

B.36 江苏省农村信用社联合社移动应用态势感知系统

江苏省农村信用社联合社　江苏通付盾科技有限公司*

一　背景

移动金融正面临着来自移动互联网连接的网络空间世界的各种安全威胁。中国人民银行及相关行业监管部门提出了对移动金融依赖的实体：移动客户端安全的一系列监管措施。移动客户端迫切需要同时结合多种先进的安全防护技术和威胁检测手段来解决所面临的安全威胁，建立交易事前、事中、事后风险控制体系，保障人民的金融安全。因此，需完善移动应用态势感知能力的建设，以大数据为驱动提高安全意识，提升业务水平，全面掌控移动应用运行过程的安全态势和运行状况。

二　系统概述

移动态势感知系统（简称移动态感），即以掌握移动端态势和业务安全运维为目标的移动安全应用技术。

移动态感系统通过在移动应用（App）端集成的 SDK，从安全监控、运行监测等层面对移动应用端数据依法依规进行采集、统计、分析，并将采集和监测的设备安全数据、威胁感知数据、移动应用运行数据、安全行为数据

---

* 执笔人：王景玉、汪德嘉、张昀球、崔宝文。

通过多种可视化图表进行综合态势展示，提供业务指导、风险预警、运维分析的综合服务。

三 功能目标

（一）安全监测

江苏省联社通过移动态感系统的建设，实现对用户终端设备和运行环境进行实时监测，发现安全威胁风险即时上报，以多种先进的安全防护和监控手段进行风险监测和风险分析与处理，帮助加强应用安全防护能力，满足移动终端应用的安全保护需求，保障客户金融安全。

（1）攻击类型，包括DEX注入攻击、系统加速、界面劫持、so注入攻击、动态调试、二次打包、网络代理、页面截屏。

（2）环境风险类型，包括ROOT、模拟器、框架软件、设备复用、域名欺诈、位置欺诈、风险进程、敏感配置。

（3）风险应用类型，包括恶意应用、作弊应用、仿冒山寨、程序外挂。

（二）运行监测

（1）运行感知，态势感知系统支持新增用户（设备）、活跃用户（设备）、流失用户（设备）、回流用户（设备）、人均单日启动次数、人均使用时长、留存率，多维度进行统计分析和图表展示。

（2）崩溃分析，支持错误次数、影响用户、错误次数/启动次数、影响用户/活跃用户，多维度进行统计分析和图表展示。同时支持错误详情展示和导出，便于指导事后问题定位。

四 系统效能

（一）实现移动数据的多维度、全方位数据分析和可视化管理

江苏省联社通过移动态感系统的建设，实现了移动端数据采集和监测能

力，对采集上报的移动设备信息、安全风险信息、操作行为信息、程序运行信息进行多维度的挖掘和统计分析，并以报表、图表的方式实现多形式的数据展示和可视化管理。

分析设备中安全威胁行为和环境风险信息，掌握终端设备安全态势和运行环境，纵观安全态势，增强安全防护能力。

统计用户所在城市、地理分布等信息，进一步确认用户身份，判断可疑用户，避免欺诈风险。

（二）全面提升移动安全管理和业务运维水平

移动态感系统结合多种先进的安全防护和监控手段进行风险监测和风险分析与处理，帮助加强应用安全防护能力，来满足移动终端应用的安全保护需求，保障客户金融安全。

（三）满足银行业政策法令监管要求

手机银行作为银行业务系统中非常重要的组成部分，各监管部门出台了一系列法规加强了移动客户端安全的监管。

通过移动态感系统的建设，可将行业法规政策与业务需求结合落地，提升业务的安全水平。

B.37
深度学习技术在反洗钱监测领域的应用

深圳前海微众银行股份有限公司[*]

一 背景及痛点

《金融机构大额交易和可疑交易报告管理办法》（中国人民银行令〔2016〕第3号）要求"金融机构应当制定本机构的交易监测标准，并对其有效性负责"。

微众银行根据自身业务特点，总结并设置了自定义的交易特征和交易监测规则。然而，在实施过程中碰到许多问题，如可疑规则的开发人员不足，在没有专用大数据实时分析平台支持的情况下，调试和优化规则费时费力；无法从日常海量交易中自动识别和归纳新型反洗钱类型，可能增加漏报的风险。

二 解决方案

（一）反洗钱大数据实时分析平台对原始数据进行多层加工，提取数据特征，奠定模型分析的数据基础

微众银行将大数据技术与实际业务相结合，搭建反洗钱大数据实时分析平台，对原始数据进行多层加工，用于获得基础特征和高层特征。

第一，将原始客户、账户、交易等上游系统原始数据导入反洗钱大数据

---

[*] 执笔人：邱毅、汪亚男、肖和兵、兰冲、陈盈盈。

实时平台。

第二，将贴源层的数据加工成中间维度表。中间维度表将数据按主题、时间等维度细分，构成特征加工的基础。

第三，在维度表的基础上加工基础特征，同时允许业务人员自定义即时衍生特征。衍生特征只包含表达式计算的元数据，并不实际存储，只在规则系统和机器学习应用时进行即时计算。这些特征大大增加了特征设计的灵活性。

第四，即时衍生特征和一部分基础特征构成了高层特征集合，在此基础上定义规则模型和机器学习模型（见图1）。

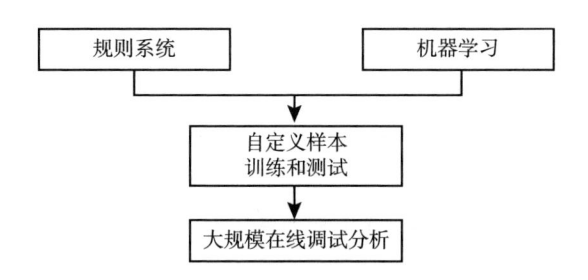

图1 特征规则和机器学习调试分析

规则模型需要在特征基础上增加各种判断逻辑。为了提高逻辑判断的准确率和覆盖率，需要进行大量调试分析。类似地，机器学习模型也需要经过多次训练和测试选取最优模型（见图2）。

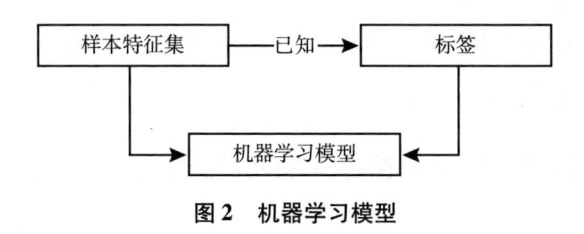

图2 机器学习模型

反洗钱大数据实时分析平台提供手动抽样和自动抽样两种抽样方式，业务人员可以在自定义的样本中快速调试和分析模型。同时，平台提供大规模在线调试分析的能力，可将同样的特征和模型提交到分布式实时平台，得到覆盖面更广的模型测试报告，从而有效提升调试分析和训练测试的便利性和有效性。

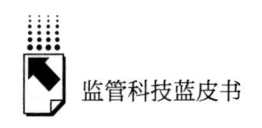

（二）机器学习模型可自动学习模型特征

与规则模型不同的是，机器学习通过算法可自动学习特征到标签的映射关系。

首先，基于反洗钱大数据实时分析平台中的高层特征集合，形成样本特征集。其次，根据具体的业务目标定义标签，如正常客户用0标签表示，洗钱可疑客户用1标签表示。那么，从已知的映射关系出发，可通过机器学习算法自动学习到一个模型。最后，对该模型进行反洗钱场景测试，即可得到模型的反洗钱识别准确率等相关指标（见图3）。

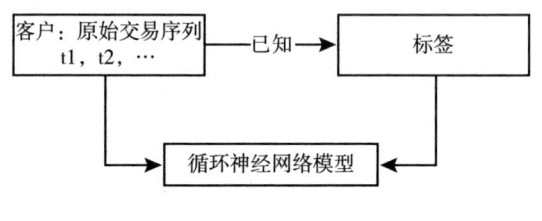

图3 循环神经网络模型

机器学习模型依赖于特征，可以从学到的模型中分析得到各个特征的权重，根据算法实现的不同，我们采取了不同的分析方法。例如，决策树模型，通过分析从根节点到叶子节点的路径，可以得到每个分叉节点上起作用的特征值及其分类能力；线性模型则可以通过构造特征近似数据，分析数值变动对模型输出的影响，从而判断特征值的贡献度。这些分析反过来可以指导如何完善规则模型。

（三）深度学习模型的循环神经网络可自学习可疑特征，识别新型可疑交易

传统机器学习在反洗钱领域的运用有一些局限性。一方面，传统机器学习中的特征聚合是将客户的交易特征聚合，即将一段时间内的交易数据聚合成一个或多个特征。然而，与客户属性和账户属性相比，交易数据的数量极其巨大。另一方面，聚合特征的设计和开发依赖于经验，这些经验基于过去

已经发生的特征，而对于新出现的可疑交易，传统机器学习则很难识别。

微众银行创新性地将深度学习技术运用到了反洗钱领域，解决了新型可疑案例的识别问题。

与上文提到的传统的机器学习从已知的映射关系出发的算法不同，在日益增强的计算能力支持下，深度学习可以从相对原始的特征出发（见图4，循环神经网络模型的输入是客户的交易序列），经过深入设计的多层网络，逐步自学习到目标标签的映射关系。

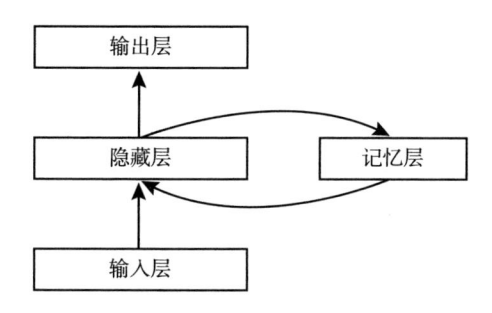

图4　处理交易序列前后关联的记忆层

与其他神经网络构造不同，循环神经网络在隐藏层之外设置了记忆层。记忆层用于学习交易之间的关联。

为了将客户、账户等特征一起训练，循环神经网络的输出还可以与其他神经网络（如全连接神经网络）结合。深度神经网络参数多，构造复杂，训练迭代次数多，训练时间较长，因此会依赖GPU硬件加速，但是，深度神经网络能自动学习到反洗钱可疑交易特征的高层特征，对新型反洗钱的判断能力也更强。

三　案例成效

在微众银行的反洗钱模型实验室中，选取某时间段的数据进行机器学习模型跑批，在前台出现的12个可疑案例中，发现有3个案例需要深入调查，有效性高达25%。如果再细化特征并继续进行模型训练，有效性预估可达

到50%，大幅度减轻反洗钱管理人员分析可疑案例的压力。

通过反洗钱大数据分析实时平台，业务人员可以更方便地构造和分析高层特征和组合特征，更多高质量的特征加入，提高了机器学习模型的性能；同时，通过对机器学习模型、深度学习模型的可解释性分析，也加速了业务规则开发的过程，从而有效减轻反洗钱工作人员的分析压力，显著提升可疑案例的识别有效性。

B.38
财付通智能可疑交易监控科技

腾讯金融研究院[*]

传统可疑交易监控模式，往往存在"人工识别误判率较高、人工复核运营成本高昂、反洗钱策略人为泄露损失风险大"等缺陷。监管和合规，本质上应是一对映射和嵌合关系。监管科技对这种映射和嵌合状态达成具有突破性作用。这种突破性作用表现在，通过人工智能、云计算、大数据等金融科技手段，将监管规范映射和内嵌进支付业务的各个流程环节，实现对可疑交易的智能化监控。监管科技在可疑交易监控领域的应用，兼具合规性、自律性和内控性，作为监管科技的细分领域，可称为"可疑交易监控科技"。

支付机构发展"可疑交易监控科技"的主要目标是履行法定义务，践行社会责任。根据《中华人民共和国反洗钱法》《银行卡收单业务管理办法》《非银行支付机构网络支付业务管理办法》《中国人民银行关于加强支付结算管理防范电信网络新型违法犯罪有关事项的通知》《中国人民银行关于进一步加强支付结算管理防范电信网络新型违法犯罪有关事项的通知》等法律文件，支付机构有义务对涉嫌从事非法活动进行监控、报告以及对商户/支付账户涉及的资金及账户采取措施暂时不提供资金转移服务。

财付通基于"案例特征化、特征指标化、指标模型化"的推动方式，全面落实监管要求，对可疑交易案例进行深入分析，并采取多种技术方案开展自主建模，建立起"立体监控+生态联防"的可疑交易风险防控体系，贯穿于事前、事中和事后全流程环节。2019年，可疑交易日均辨识量超过100万笔，每日报送可疑交易案件过百件。

---

[*] 执笔人：刘元兴、刘明禹、颜铄、史广龙。

一 事前引入监管科技手段加强准入管理

移动支付在安全领域有着自身显著的特点。例如，移动支付多终端可接入，移动设备容易丢失或者被借用，移动设备具有常用性特点，可疑交易往往与传统线下欺诈违法行为相结合，便捷性和安全性需要平衡等。这些特点在赋予移动支付便捷体验的同时，也给可疑交易的发现工作带来了很大挑战。

有鉴于此，财付通事前严把客户审核准入条件，设置高门槛，努力将潜在风险排除在外。在按照相关法规要求全面开展客户身份识别的基础上，财付通引入了机器学习和模型算法等技术手段，进一步加强了客户身份识别的能力建设。例如，充分利用人脸识别、图像 OCR 识别等技术，提升客户身份信息识别和核验工作的准确性和有效性（见图1）。

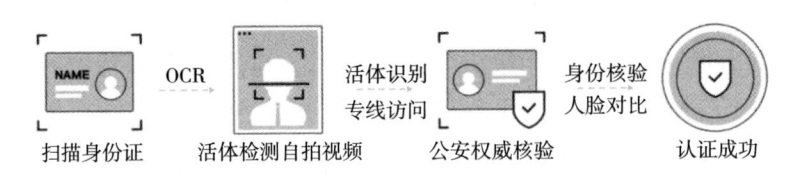

扫描身份证　OCR　活体检测自拍视频　活体识别 专线访问　公安权威核验　身份核验 人脸对比　认证成功

图1 加强用户身份信息核实的流程

二 事中构建多道防线提升纵深防御能力管控异常交易

财付通以客户利益为根本归宿，在支付效率和风控安全之间寻找平衡，不会片面追求风险最低，也不会为了便捷体验而牺牲安全。在事中可疑交易监控中，财付通采取纵向与横向相互结合的方法，构建多道防线来确保支付交易的安全，具体包括以下三个方面。

一是关注移动支付用户的支付行为变化。例如，客户成功开通移动支付账号，在进行移动支付交易时，财付通后台还会综合考虑用户交易前登录地，常用设备以及账号是否有异常等信息，来判定此笔交易是否可疑。

二是当发现交易异常时，财付通会紧密围绕人、账户、卡、设备和交易这五大核心要素，在后台进行大数据系统的分析工作，并通过实时策略实现精准打击和有效的额度控制与管理。例如，在交易过程中，财付通会进行不间断的实时离线分析，通过多维度对用户、账号、设备、银行卡等信息进行评级，一般将其分为可信和可疑两大类。同时，结合每个案件的具体情况采取实时策略，包括拦截、限额、冻结账号等。财付通对可疑程度进行识别和分级，也为后续事后跟踪账户交易打下基础。

三是为应对异常情况，财付通积极推动全方位反应体系的建设，数据、系统、人工审核一个都不能少。通过推动前沿金融科技手段与移动支付业务产生的海量交易数据的结合，提升事中甄别可疑交易的水平，并加强与商家、金融机构和公安司法部门的合作，增强洗钱、欺诈、黄赌毒等违法犯罪活动的精准打击能力，维护金融消费者的合法权益。

三　事后利用机器学习提升可疑交易监控的智能性

为了提升事后可疑交易辨识能力，财付通将"团伙挖掘""文本挖掘"等机器学习技术运用于移动支付可疑交易监控方面，实现了信息流与资金流的有机结合，建立了平台风险自动识别能力，提高了可疑交易监控的智能化水平。

经过多年探索，财付通在与网络色情、赌博、诈骗分子的持续对抗中，积累了丰富的团伙挖掘和打击经验。利用团伙挖掘算法，对资金链进行分析处理，挖掘出不同规模的团伙；然后进一步挖掘团伙核心骨干，对其进行账号主体关系分析、属性分析、行为分析，对团伙进行画像和定性。例如，利用团伙挖掘算法对某非法集资核心骨干 q 最近一个月的资金链数据进行分析，可以找出 a 至 p 个高度关联的可疑用户，涉嫌构成违规团伙。

文本挖掘的核心工作是把非结构化的文本数据进行结构化转换，进而抽取文本信息。包括对基础语料的筛选和初步清理，对语料进行训练，通过

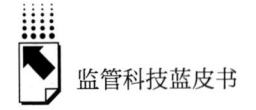

SNS 方法和 JIEBA 词库进行风险词汇提炼，通过词变量和外部数据的分析对词汇定性，最后加入风险库。财付通利用风险词库，对用户进行风险识别，已发现资金盘、赌博、地下钱庄、暴恐，以及毒品等多种风险类型。例如，对涉嫌非法集资用户进行文本挖掘后，发现其备注中经常出现的一些关键词汇，结合网页爬虫技术爬取相关公众号、论坛、微博对应的文本信息，可以生成风险预警信息并回补风险词库，最终对用户进行风险定性。

财付通的智能可疑交易监控科技，利用人工智能、云计算、大数据等监管科技手段，将风控措施内嵌进支付业务事前、事中、事后的全流程环节，取得了积极成效。同时，随着线上交易的发展，监管部门对支付机构监控可疑交易的要求也越来越高，如何充分利用智能化技术手段实现合规性、自律性和内控性结合，不断发展智能可疑交易监控科技，已经成为行业持续健康发展的必备要素，需要支付机构集思广益，共筑金融安全防护网。

B.39
基于关联图谱技术的社团欺诈识别方案

银联商务股份有限公司*

为高效、准确识别团伙套利、赌博、洗钱等团伙欺诈行为,银联商务于2018年启动了关联图谱技术在支付反欺诈领域的应用研究,充分发挥关联图谱技术在实体关系构建及团伙发现的优势,应用大数据技术,结合支付场景业务应用专家经验,成功实现了基于关联图谱技术的社团欺诈识别模型的应用落地,为筑牢支付体系防线奠定了坚实的科技基础。

一 方法概述

关联图谱旨在描述真实世界中存在的各种实体以及实体之间的关联关系,经过存储、融合、知识识别,运用人工智能算法从海量数据中挖掘实体之间的深层关系,其底层基于图数据库实现,与传统的关系型数据库[1]不同,图数据库应用图形理论,采用"点"和"边"存储实体间的关联信息,通过关系的远近[2]和重要程度[3]描述关联紧密度。其中,社团发现是较为普及成熟的应用之一,其原理是利用图中蕴含的关联信息挖掘出聚集度较高、异于寻常的群体。

---

* 执笔人:伍桂、秦香云、李欣刚。
① 关系型数据库:指采用了关系模型来组织数据的数据库,其以行和列的形式存储数据,如Oracle、MySQL。
② 关系的远近:在关联图谱中通过"一度关联""二度关联"……"N度关联"来表达,点与点之间的直接联系为"一度关联",通过一个或多个中间点形成的间接联系为"二度关联"或"N度关联"。
③ 关系的重要程度:在关联图谱中通过边的数量和权重来表达。

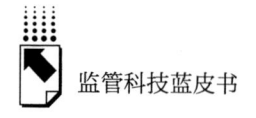

基于关联图谱技术的社团欺诈识别方案，是运用支付场景中各类静态数据和动态交易数据中隐藏的各类关联信息，构建特约商户之间、特约商户与交易对手之间的关联图谱，研发了基于原生社团发现算法的社团欺诈自动识别的模型，实现欺诈团伙的高效识别和欺诈风险的主动防御。

二 基于关联图谱技术的社团欺诈识别方案的建设

关联图谱原生的社团识别算法（LPA 标签传播算法和 Louvain），继承了无监督算法的整体设计思路，通常是根据图谱中构建的关联关系划分出成千上万个社团，且社团成因多样化，这些关联隐含了地理位置关联、业务合作关系或合谋欺诈行为等各类关联，但在支付反欺诈领域，需准确识别合谋欺诈行为，因此，原生的社团发现算法无法直接应用在支付反欺诈领域。银联商务经过对关联图谱技术的深入研究和探索，自主研发了基于关联图谱的社团欺诈自动识别算法，形成社团欺诈识别模型，每天对数千万交易数据开展自动化监测，实现了关联图谱在支付反欺诈领域的无监督应用。

（一）业务实现方案

社团欺诈识别模型的核心在于设计一套科学、有效的算法，快速、精确地完成欺诈社团定位，从而实现自动化的风险侦测应用。该模型基于交易的参与主体（特约商户、持卡人）构建动态关联图谱，将原生社团发现算法的技术核心指标和专家经验提炼的业务风险指标相结合，根据"好人分散、坏人扎堆""行为的不可预测性"等客观规律，形成社团欺诈自动识别模型。

1. 技术核心指标

在支付欺诈风险中，风险行为通常表现出"集中度高、离散度低"[1]

---

[1] 集中度高、离散度低：指团伙欺诈行为中存在的团伙内部相互联系紧密，与一般社团中低频联系多、高频联系少的自然规律相悖。

"有序性高、一致性强"[1]等特征,与人类社会活动中每个人的行为具有独立性、不可预测性的自然规律形成强烈对比。银联商务基于上述原理自主研发反欺诈场景下的"拟合优度检验"算法和"交易轨迹检测"算法,主要通过测算社团中边权重分布与自然分布的差异、社团内行为轨迹的相似度,结合社团内外连接紧密度[2]等指标,判断社团是否存在数据异常分布并计算欺诈概率。

2.业务风险指标

结合业务欺诈场景,通过专家经验提炼评估社团风险程度的各类指标,具备很强的针对性。银联商务运用近二十年风险运营过程中积累的丰富经验,针对团伙套利、赌博等非法交易场景,分别提炼"团伙信用卡交易规模""信用卡分拆交易比例""团伙夜间交易比例""团伙赌博常用金额比例"等业务指标,判断异常团伙的风险特征,最终实现团伙欺诈的识别。

(二)技术实现方案

银联商务自主研发了机器学习平台,整合了关联图谱、大数据、机器学习技术,实现了关联图谱反欺诈应用的技术解决方案,打造了平台内一站式的数据处理、图谱构建、可视化算子配置、算法执行、在线交互分析等功能。该平台统一了不同图数据库的上层开发语言,并自主实现了Neo4j的高可用方案。

该平台采用四层架构(见图1):数据层、计算层、服务集成层和交互层,是整个建设方案的重要基础,同时支持业务人员通过可视化交互界面进行拖拽式建模。

数据层是整个系统的基础。主要是对不同来源的数据进行结构化处理和数据清洗。

---

[1] 有序性高、一致性强:指团伙欺诈行为中目标明确,行为按照固定的模式反复进行。
[2] 内外连接紧密度:指团伙欺诈行为与外界联系少,在关联网络中形成"孤岛"的特点。

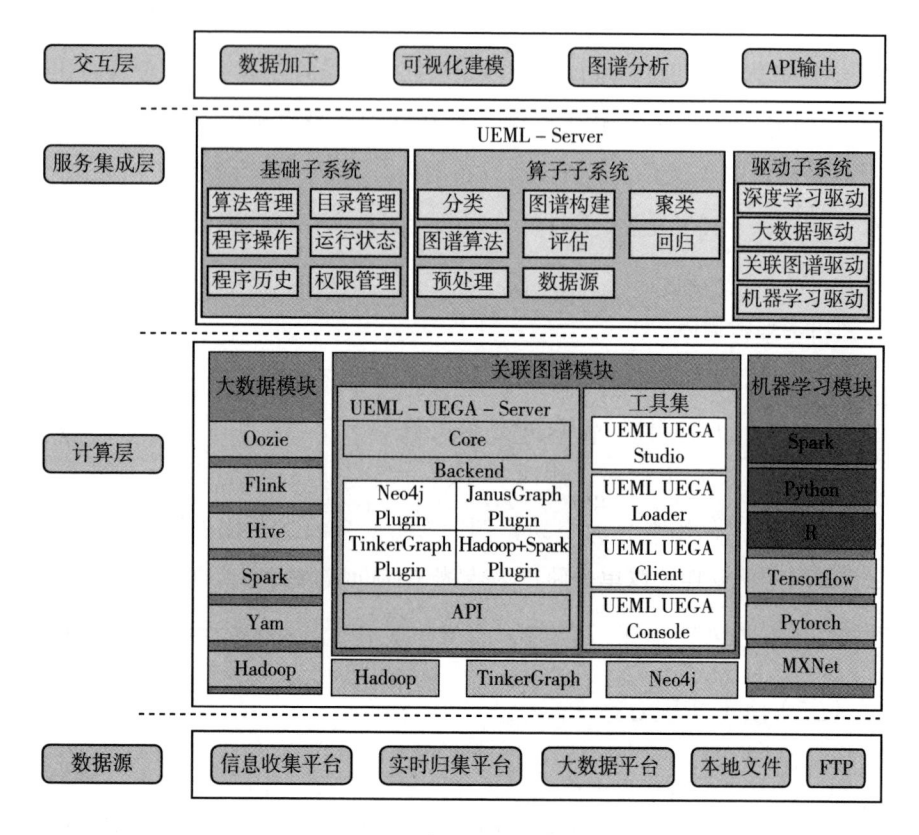

图 1 关联图谱反欺诈应用技术框架

计算层提供基础计算功能。平台综合运用大数据、机器学习、自然语言处理等技术，封装了大量原生和自研关联图谱算法，通过整合、标准化主流图数据库，统一开发语言 Gremlin，支持高效开展数据挖掘和图计算工作。

服务集成层衔接交互层和计算层，支持交互层多用户操作和计算层资源、任务管理。

交互层是面向业务人员的操作窗口。基于在线拖拽式建模算子，为业务人员提供从数据处理、图谱构建、模型训练、服务部署到结果输出的全流程服务。

三　应用场景

（一）为审核人员提供事前预警

随着支付业态的多元化以及黑产的团伙化、专业化，商户之间的关联关系很可能极为隐蔽。通过构建关联图谱，可以还原潜在风险商户的关系网络，辅助支付机构入网，审核人员及时发现潜在风险，推进处置规避措施前移。

（二）对海量交易提供高效的事中欺诈监测

面对团伙欺诈，以单一商户为监测主体的欺诈交易识别体系可能失效。通过应用关联图谱的无监督算法，对海量交易数据实现多层级、更多维度的关联，并找出其中的强关联图，实现对欺诈团伙的快速有效识别。

（三）提升风险调查人员事后环节的关联排查效率

对于各类疑似风险信息和风险协查信息，调查人员可以基于关联图谱查询、分析给定商户自身及其关联商户的历史风险信息，从而更加高效地开展风险关联分析，明确后续调查方向和重点，提升关联排查效率。

B.40 拉卡拉"天眼"智能风险控制系统

拉卡拉支付股份有限公司[*]

一 系统构建背景

近年来,伴随着互联网技术的飞速发展,支付、众筹、互金、网贷等网络金融服务平台快速崛起。随着第三方支付应用的不断开拓和发展,不可避免也带来了一系列的金融风险和安全问题,给我国第三方支付行业乃至整个金融体系造成了极大的冲击和挑战。

(一)虚拟空间提供温室

网络支付交易作为一种便捷的技术服务创新,免去了传统交易面对面的必要条件,甚至不远的将来即将突破支付媒介的限制,在扩大业务范畴以及提高交易效率的同时,也更容易放大交易的欺诈风险,社区网络的虚拟性让骗子拥有更为便利的作案条件。

(二)庞大的网民基数

网络支付交易往往完成于毫秒级的交易瞬间和跨越时区的虚拟空间中,这给了拥有庞大网民基数的不法分子们充足的隐匿和流窜空间。

(三)行业风险层出不穷

第三方支付企业的备付金管理、资金运营保障、数据信息安全、信用及

---

[*] 执笔人:吴一青、应雯珺、朱盛铭。

欺诈风险等各类风险事件层出不穷，支付通道被利用作为非法交易资金转移的风险显著增加，其中欺诈风险尤为突出。

二　系统构建思路及功能

为了应对复杂多变的外部环境，拉卡拉从全场景、全手段、全流程、全产品四个方面规划风险监控体系，以底层数据架构为基础，规则模型为核心，打通事前、事中、事后全链路风控，特别是在防控欺诈风险、政策风险和信用风险方面积极探索。

（一）欺诈风险

拉卡拉围绕支付欺诈风险趋势进行了重点分析和预研，运用大数据分析方法归纳并萃取了支付欺诈风险的风险点，构建相对完整的八大类支付反欺诈规则体系（见图1）。

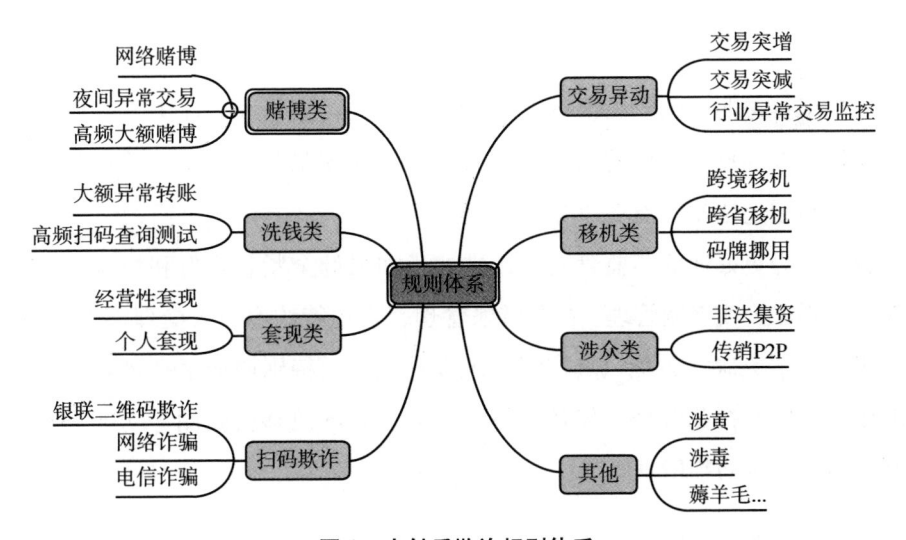

图1　支付反欺诈规则体系

"天眼"智能风险控制系统借助大数据分析与挖掘应用（见图2），人工智能模型、实时交易侦测、设备指纹、生物识别等先进技术，为公安精准

打击犯罪提供积极协助。以网络赌博为例，经数据挖掘，分析出网赌案件主要以二维码交易为主流形式，交易金额具有聚类特征，如整数倍上下浮动交易笔数占比高，夜间交易、短时间贴额交易占比高等特征，结合准实时规则及风控模型，不断迭代优化，最终得出较为理想的风险防控方案。

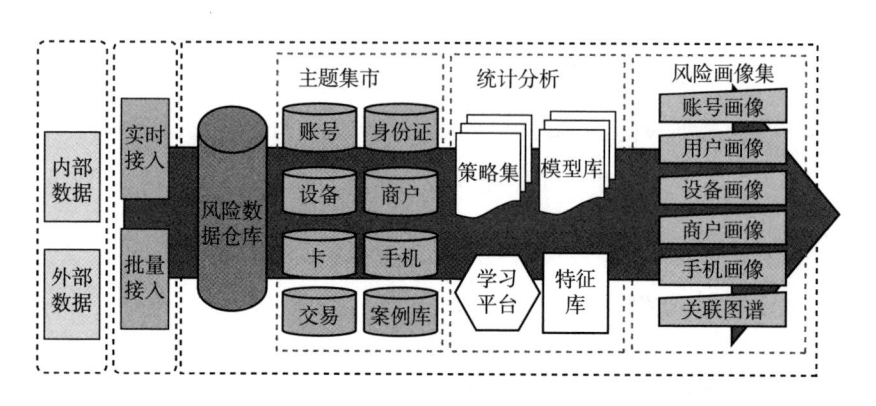

图2　大数据分析与挖掘

（二）政策风险

拉卡拉遵照中国人民银行发布的《中国人民银行办公厅关于开展支付安全风险专项排查工作的通知》和《关于进一步加强支付结算管理防范电信网络新型违法犯罪有关事项的通知》等要求，在辖内积极组织政策落地及执行。为更好地落实监管要求，进一步加强健全紧急止付和快速冻结机制、加强账户实名制管理、加强转账管理、强化特约商户与受理终端管理。拉卡拉在"天眼"智能风险控制系统设计之初，特别增加了高风险案件实时阻断、实时拦截资金、灰名单关注、基于LBS的移机侦测等功能，不断提升风险技术防控能力。

（三）信用风险

在中国人民银行、公安部联合打击整治非法网络支付活动中，拉卡拉积极配合排查案件线索，深入剖析非法行业生态，主动提供大数据、图计算等技术支撑，协助研判、打击非法网络支付活动，以拉卡拉海量数据为基础，结合逻辑回归、决策树、随机森林、GBDT、KMeans、DBSCAN、孤立森林等前沿模型算法，提炼模型标签，不断升级迭代风控模型，并在实战中不断完善风险识别手段，提升风险防控能力。在完善自身风控体系的同时，拉卡拉将先进的风控理念产品化，形成信贷领域、收单领域的风控赋能产品，协助行业内其他金融机构优化和提升风险防控能力，共同营造安全、便捷的支付环境（见图3）。

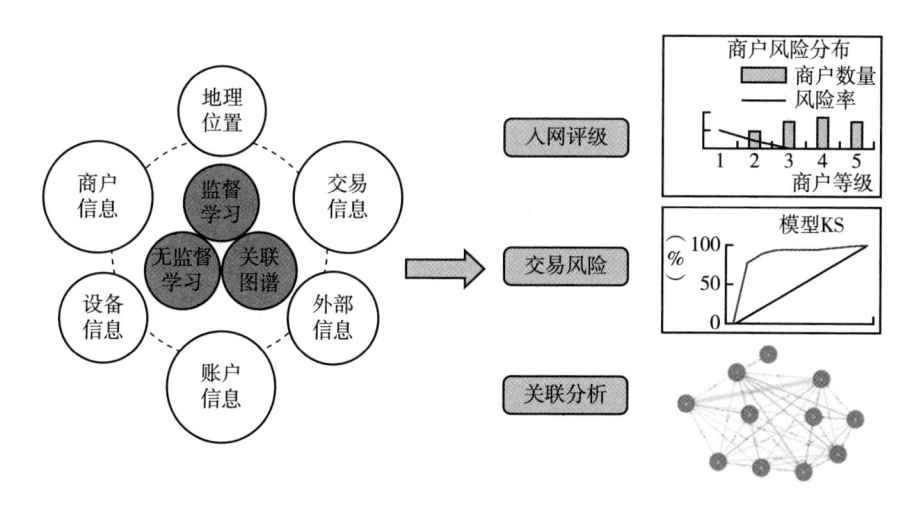

图3 商户价值模型

三 应用效果

"天眼"风控系统的搭建，标志着拉卡拉实现了风控运营体系的独立化，完全独立自主研发的风控引擎、基于大数据、人工智能技术的智能化风控决策机制，底层数据全面打通，实现了账户侧和收单侧、线上和线下等数据的有效整合，同时建立了商户特征、账户特征及场景特征等多维度的模型体系。"天眼"风控系统能快速灵活地实现底层数据抽取和配置，实时、准实时和批量三层时效覆盖，处理能力达到4000TPS以上，高风险交易拦截时

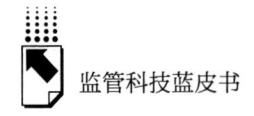

效保持在100毫秒以内，准实时规则执行时效控制在60秒以内。在风控业务层面，通过智能风控规则和模型体系的强大处理能力，拉卡拉对伪卡盗刷、电信诈骗等主流作案手法监控覆盖率达到95%以上，业务欺诈损失率平稳保持在百万分之一的水平。

截至目前，该系统保障了拉卡拉近千万名商户的支付安全，并赋能十余家金融机构。系统上线以来，配合公安机关协查各类案件5000余件，协助破获多起大案要案，履行了企业的社会职责，切实保障了人民群众的财产安全。

B.41
汇付天下风险类商户智能识别系统

汇付天下有限公司*

一 商户智能识别系统介绍

商户智能识别系统是汇付天下在十余年的风险管控体系中的技术和业务沉淀，是对商户管控的最佳实践。商户智能识别系统在公司多个业务场景下使用，帮助交易系统有效识别风险类商户，避免交易风险和资金损失。

该系统由数据接入、数据计算、数据建模和数据接口四个模块组成（见图1）。

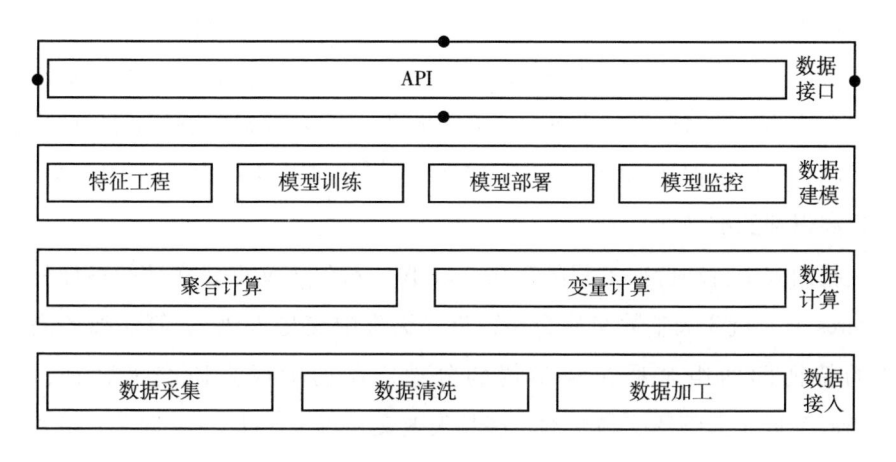

API	数据接口
特征工程　模型训练　模型部署　模型监控	数据建模
聚合计算　　　　　变量计算	数据计算
数据采集　　数据清洗　　数据加工	数据接入

图1 系统模块

---

* 执笔人：裔隽、何雯、张目清、白翰茹。

451

二 场景介绍

在实际的业务场景中，汇付给中小微商户提供聚合支付服务，帮助中小微企业快速接入，完成交易流程的闭环。海量交易对支付处理的性能提出了更高要求，而终端的交易会增加交易的复杂性。金融的核心是风控，在支付场景中，需要快速有效识别危害用户账户和资金安全的风险商户，其中黄赌毒是一类需要特别关注的风险类别。我们通过自动特征工程算法、智能决策和实时计算等技术，保证在这个场景下的商户识别的有效性和及时性。

（一）自动特征工程

传统机器学习方法中的特征工程主要由专家设计和构造的方式完成，这种方式可控性强，但存在着特征工程耗费周期长的缺点，而风控场景大都为实时攻防，外部风险实时多变，需要模型的快速迭代和优化。另外，基于专家经验提取的特征数量是有限的，可能存在一些高维的无法手动生成的深度特征，这些特性对模型的准确率有显著提升。而自动特征工程则可以解决上述问题，可以根据基础特征自动生成高维特性，在大大缩短时间的同时又可以提高识别的准确性。

我们应用自动特征工程的算法 Fast Ⅳ，预先定义好要交叉的特征列表 features = [近3天整数交易金额，近3天失败交易占比]，算法按照列表中的特征两两组合通过决策树的分裂，自动生成高阶交叉特征，如"class1 - 近3天整数交易金额较多且失败交易较多、class2 - 近3天整数交易金额较多且失败交易较少、class3 - 近3天整数交易金额较少且失败交易较多、class4 - 近3天整数交易金额较少且失败交易较少、class5 - 近3天无整数交易且失败交易较多、class6 - 近3天无整数交易且失败交易较少"。实践表明，将自动生成的高阶特征代入模型能够有效提升模型的区分度。

（二）决策树规则

我们在识别黄赌毒商户的过程中常常需要通过多个字段交叉分析来将样本分类，将坏客户占比较多的一类做成规则。常用的做法是使用决策树生成精细化的规则，通过将多个跟风险标签有相关性的特征代入决策树模型，然后调整决策树的参数，控制每个客群的样本个数，将坏客户占比最高的客群的规则提取出来，得到比较稳定的风控规则。

例如，最近 7 天失败交易占比这个特征，决策树模型将 0.7 这个点作为区分点，把样本分为"最近 7 天失败交易占比 > = 0.7"，与"最近 7 天失败交易占比 < 0.7"两个客群，这两个客群的坏客户占比差异明显，最终生成"最近 7 天失败交易占比 > = 0.7 则命中"这样的规则去拦截高风险商户。

当一个新的规则产生后，我们会先将规则部署在规则引擎中的冠军挑战者模块进行 ABtest 验证规则的触发率及误伤率，如表现不稳定，会采用增量更新的方式重新训练模型。通过这种方式不断优化迭代规则，确保可用性后，将此规则部署在可实时生效的规则引擎中。规则上线后可以实时监控系统监控规则的覆盖率和准确性，当发现客群分布发生变化导致规则失效后及时更新模型生成新的规则。

（三）实时计算

首先将商户基本信息、商户 90 天的历史记录和实时产生的交易数据进行合并，并加载进实时计算平台来获取一个用户完整的交易记录。然后对于这部分数据，我们会计算商户最近 N 天、N 小时和 N 分钟的交易情况，如交易额、地点、失败成功占比等特征。完成后的特征计算会推送到消息队列。算法和规则引擎会从消息队列中对这部分特性进行消费。

判断完成后，系统会将判断结果，如商户是否黄赌毒商户、是否在黑名单、商户风险等级等数据通过接口返回，由风险管控模块对商户的不同行为进行处置，如阻止商户交易或冻结商户账户等（见图 2）。

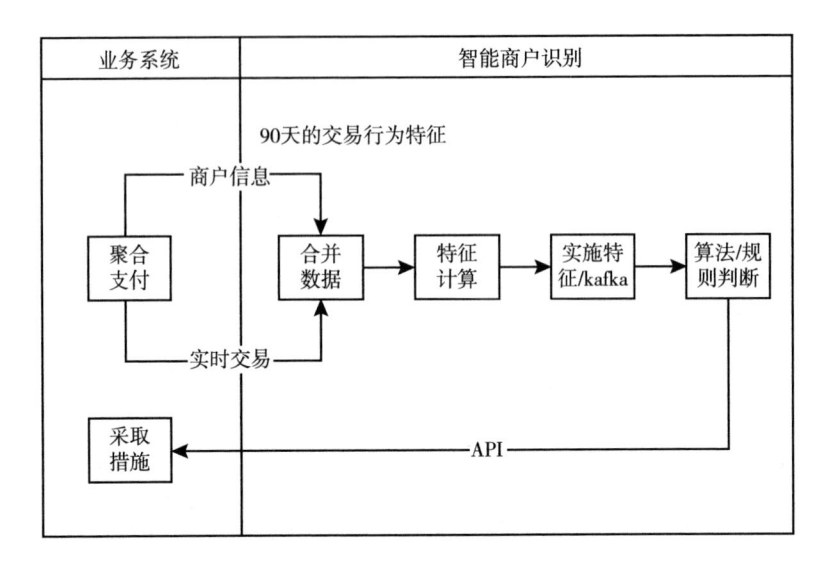

```
业务系统          智能商户识别

        90天的交易行为特征
     ┌─商户信息─┐
 ┌──┐         ┌──┐    ┌──┐    ┌──────┐    ┌──────┐
 │聚合│────────▶│合并│───▶│特征│───▶│实施特 │───▶│算法/规│
 │支付│         │数据│    │计算│    │征/kafka│    │则判断 │
 └──┘         └──┘    └──┘    └──────┘    └──────┘
     └─实时交易─┘                                    │
 ┌──┐                                              │
 │采取│◀────────────────API──────────────────────┘
 │措施│
 └──┘
```

图 2　实时计算流程

三　未来展望

风险识别模型的有效性依赖数据的规模，一般来说，数据规模越大，模型泛化能力越强，有效性就会越高。基于这种考虑，我们认为联邦学习技术可以有效解决数据规模的问题。联邦学习可以将不同机构拥有的数据纳入同一个模型体系之下，那么每个机构彼此独立地管理各自的数据，同时又能共同建模，提升机器学习效果。

以风控为例，有风控建模需求的公司可以组成一个"风控联盟"，联盟内的成员通过联邦学习架构，共享数据，使用成员的全部数据共同训练一个风控模型，这样训练的模型因为数据集的扩大，会拥有更高的准确率。同时训练好的模型，可被全体成员共享。这样既获得了更高质量的模型，又保护了各公司的数据隐私。

B.42 区块链等新兴技术在KYB/C中的应用探索

江苏通付盾科技有限公司[*]

一 概述

KYB/C，即企业或个人用户身份识别，是金融机构经常需要面对的业务，是其识别风险、防范风险的第一步工作，也是国家反洗钱等法律法规要求金融机构必须履行的法律义务，且有严格的合规要求。

KYB/C技术指的是金融机构或其他有相关业务需求的机构采用新型技术手段，对企业或个人用户身份进行识别、判定，并在必要时对用户行为进行追溯、调查，因此需确保用户信息储存妥当、无篡改。目前，可用于KYB/C的新兴技术包括大数据、机器学习、生物识别、区块链技术等。

随着技术的发展，线上金融行为变得越来越普遍，且因其带来的便利性，线上或虚拟金融被越来越多的人接受，如第三方支付、网络远程开户、线上投资交易、P2P互联网金融、区块链上虚拟货币交易等。但在用户得到方便的同时，也对金融机构提出了更高的挑战和要求。尤其是如何进行远程用户身份识别，成为时下许多金融机构需要解决的重点问题。

二 技术方案

用户身份识别的监管科技解决方案要做到智能、实时、便捷、准确。具

---

[*] 执笔人：汪德嘉、朱旭光、孙素敏、郑若憎。

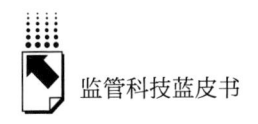

体来说，KYB/C技术手段在用户身份识别中，要能做到不断学习、不断总结、不断提升，能自动更新风险模型，随着案例增加，升级判断标准和参考基数；且能进行实时判断，针对风险自动生成处理流程，如自动发起进一步核实措施或发送预警信息等；识别手段既要便于操作，还要做到识别结果准确度较高。

（一）大数据

凭借大数据基础和数据挖掘能力，可为每个用户构建更为准确的立体画像，创建关系图谱，全方位了解用户，并在进行用户身份识别时进行匹配验证。

（二）人工智能与机器学习

通过人工智能与机器学习，模拟用户行为，可以迅速有效地找出异常或可疑的账户活动。一旦发现可疑行为则自动触发报警机制，如要求更严格的用户身份识别信息，进行下一步人工核验等。

（三）生物识别技术

人脸识别、虹膜识别、指纹识别、语音识别是目前较多被采用的生物识别技术。目前，世界上存在的生物识别技术都不能达到百分之百准确，每一种方式都有其长处和局限性，金融机构根据不同需求和不同金融行为的特点，合理选择相关技术，进行有效用户身份信息验证。

（四）区块链技术

区块链技术是一种基于密码原理的分布式账本技术集合。该技术具有去中心化、开放性、独立性、安全性及匿名性的特点，使得任何达成一致的双方直接交易，不需要第三方中介的参与。其具体由数据层、网络层、共识层、合约层、激励层与应用层共同组成，主要解决了加密数字货币领域长期以来所必须面对的两个棘手问题：双重支付问题和拜占庭容错问题。

三　应用案例

（一）语音识别结合机器学习识别或追溯用户身份

每个人的声音都有独特的韵律、音色、节奏，故可称为"声音指纹"，在录制声音后，通过相关算法、机器学习和人工智能来计算匹配度，鉴定是否为用户本人的声音，或者判定与已有声音数据库里的样品是否重合，以此来追溯操作者身份。目前，语音识别是部分国外金融机构采取的主要身份识别方式之一，便于身处其他国家的客户远程操控账户。这个方式的识别准确性较高，对用户来说操作也不难，目前的智能手机和电脑大多能支持录音功能。

（二）OCR、大数据与机器学习进行身份证件核验

用户身份识别的一个常见方式是上传身份证件，如身份证、护照、银行文件等。以往都是由人工来鉴别这些文件的真伪，以及证件信息是否与提交者本人吻合，然而这项工作费时费力，还存在人为偏差。新兴的监管科技手段可以有效代替人工，对证件信息进行核验，从而进行用户身份识别。

机器先利用 OCR 技术从文本、图片中提取有效信息，进行数据库信息比对。利用大数据能力，建立完善的身份证件数据库，包括来源、形式、可能存在的版本、偏差等，结合机器学习能力，可使计算机自动鉴别证件真伪及主人信息，并且随着案例增加，算法会进一步升级，更新用户身份识别的基准数据和参考系数，从而提升用户身份识别的准确性。同时，计算机还能实时自动将接受验证的证件比对数据库信息，如果发现证件信息与数据库某些特殊名单吻合，则自动发出信号，要求进一步核验或人工接管。

（三）利用区块链技术构建可追溯、不可篡改的数字身份

区块链技术可以使得用户在保护自身数据安全和隐私的基础上构建数字

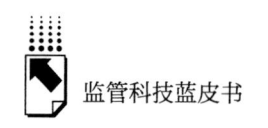

身份，同时便于金融机构进行信息追溯与调查。用户在链上的交易行为都会被永久记录，且无法篡改。由于其去中心化属性，任一节点间拥有相同的权利与义务，在博弈论基础上形成稳定又具动态的信任机制，这对监管机构来说也是一种提升效率、省去监管步骤的方式。

四 通付盾 OMKP 平台应用实践

江苏通付盾科技有限公司结合大数据、区块链、生物识别、机器学习等先进科技，打造了行业领先的用户身份识别解决方案。其开发的 OMKP 平台，是一款数字身份认证与管理的先驱产品，致力于反金融欺诈、反洗钱，从多个维度提供了解客户/企业方案，其中包括：数字身份标签、流计算身份验证、实时风险警报监控、实时风险评分、自动化身份验证、数字化身份管理等。通付盾数字征信平台 eKYC 技术构建用户数字身份并自动分析其风险性，帮助客户随时了解企业与用户。eKYC 技术核心引擎能实时将用户身份信息中所包含的多种属性进行关联，并映射具有相同属性的其他用户。同时，eKYC 技术还提供了反映企业与用户的最新信息的信誉评分。该技术独有的身份网络让用户可溯源交易末端，其加密技术在客户与高风险用户交易动作发生时，提供身份隐私保护。同时，通付盾推出的通付盾数字征信平台，可以通过创立数字身份使虚拟交易中的 eKYC 也变得顺畅、方便、准确度高。

eKYC 业务是一个可深挖、需深挖的领域，提供这一领域技术服务解决方案的公司或金融机构本身可利用不断发展的监管科学技术，研发更准确、更快捷、更方便的用户身份识别手段，做到既能有效保护用户身份隐私，又能达到合规管控要求，提升用户身份识别准确性，防范欺诈、盗用等金融犯罪行为。

金融机构的用户身份识别能力是金融行业发展的重要方面，是检验一国在金融监管科技方面能力的试金石之一，需引起金融机构、金融科技公司、金融监管机构等各方重视，共同研究。

附录二 监管科技大事记

Appendix Ⅱ RegTech Memorabilia

B.43 监管科技大事记（2019）

深圳监管科技研究院　拉卡拉支付股份有限公司

1月14日　亚洲金融论坛在香港召开，来自9个国家和地区的金融科技协会宣布联合成立一个亚太地区金融科技网络，促进该地区金融科技的跨境创新。该协会网络将主要关注监管科技、区块链、支付系统、人工智能和普惠金融几大领域，具体包括在各自的市场共同组织活动、交流有关近期发展的信息、促进贸易和双边外商直接投资等。

2月26日　清华大学五道口金融学院主办"监管科技助力重大金融风险防范与化解"高层研讨会，与会专家就监管科技应用于金融监管、提高金融监管效能等问题展开讨论、形成共识。会议由清华大学金融科技研究院、北京市互联网金融行业协会和蚂蚁金服集团协办，北京市地方金融监督管理局指导举办。

3月8日　中国人民银行金融科技委员会2019年第一次会议在北京召开。会议强调，2019年要继续坚持"守正、安全、普惠、开放"原则，一

是研究出台金融科技发展规划，明确金融科技发展目标、重点方向和主要任务，加强统筹布局与行业指导。二是逐步建立金融科技监管规则体系，完善创新管理机制，营造有利于金融科技发展的良性政策环境。三是聚焦央行履职与行业发展，发挥全系统和社会力量深化金融科技基础性研究，凝聚形成产学研用发展合力。四是充分运用金融科技手段优化信贷流程和客户评价模型，降低企业融资成本，纾解民营企业、小微企业融资难融资贵问题，增强金融服务实体经济能力。五是持续强化监管科技应用，提升风险态势感知和技防能力，增强金融监管的专业性、统一性和穿透性，坚决守住不发生系统性金融风险的底线。

4月2日 温州市金融办与蚂蚁金服集团联合开发的温州"金融大脑"平台正式对外发布并上线运行。这是温州市首个实现以数据整合共享和分析为核心，以大数据、云计算、人工智能为技术支撑，集"风险预警、风险监测、信用评价、数据分析"于一体的大数据综合服务平台。

4月10日 北京市委常委、副市长殷勇在国务院新闻办公室召开的新闻发布会上告诉媒体记者，北京西城区主要是着力服务好国家金融管理中心的职能，聚焦人民币国际化、金融科技、风险管理、金融监管，探索"监管沙盒"机制，发展金融科技，承接国家金融业改革开放的任务。

4月18日 中国人民银行2019年科技工作会议在贵阳召开。会议指出中国人民银行科技支撑服务水平还有提升空间，金融科技应用规划监管有待加强，风险防控能力有待改进。

5月7日 中国支付清算协会组织召开"监管科技研究座谈会"，协会监管科技研究组组长、中国人民银行货币政策司司长孙国峰出席会议并讲解监管科技前沿问题及研究组重点工作，中国人民银行科技司有关负责同志介绍了金融科技委员会的有关工作情况。部分机构有关负责人和专家参加会议，共同就监管科技研究与实践问题进行了交流和探讨。

5月11日 深圳未来金融研究院、深圳未来金融监管科技研究院共同举行揭牌仪式。上述两个研究院由深圳市地方金融监督管理局等部门共同推动设立。

5月24日 中国支付清算协会组织召开"监管科技发展研讨会"。邀请来自监管科技领域政、产、学、研方面的领导、专家、学者共同就监管科技体系建设、实践应用、数据治理与法制建设等问题进行专题讲解。来自银行、支付机构、金融科技公司及高校等机构的100余名代表出席了会议，进一步加深了监管科技领域的共识与交流。

6月4日 深圳市率先推出网贷机构良性退出统一投票表决系统。该系统由深圳市互联网金融协会联合微众银行共同搭建，系统结合《深圳市网络借贷信息中介机构良性退出指引》指导网贷平台良性退出，维护出借人合法权益。

6月19日 中国人民银行深圳市中心支行、国家税务总局深圳市税务局、腾讯科技有限公司签署合作备忘录，联合设立"猎鹰"创新实验室。该实验室旨在通过大数据、人工智能等技术的运用实现人民银行、税务部门间高效数据共享，搭建涉税违法犯罪的智能化分析系统，高效识别线索、快速预警风险、打击涉税违法犯罪。

7月13日 中国人民银行科技司司长李伟在第四届全球金融科技（北京）峰会表示，央行正着力构建金融科技监管基本规则体系，主动营造有利于金融科技发展的良性政策环境。

7月17日 国务院总理李克强7月17日主持召开国务院常务会议，会议指出，要按照包容审慎要求，创新监管方式，探索适应新业态特点、有利于公平竞争的公正监管办法，推进"互联网+监管"。

8月2日 上海证券交易所技术有限责任公司与蚂蚁金服、阿里云在上海签署《监管科技战略合作协议》，三方将合作构建监管科技平台，为上海证券交易所技术及行业用户提供防控风险、稳定发展的监管科技支撑，为保护投资者合法权益提供支持，进而推动落实监管科技3.0。

8月8日 国务院办公厅印发《关于促进平台经济规范健康发展的指导意见》，指出创新监管理念和方式，实行包容审慎监管。

8月23日 中国人民银行印发《金融科技（FinTech）发展规划（2019

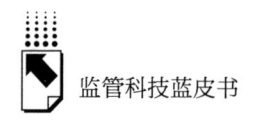

~2021年)》，明确提出未来三年金融科技工作的指导思想、基本原则、发展目标、重点任务和保障措施。

8月31日 中国证券监督管理委员会正式印发《中国证监会监管科技总体建设方案》，详细分析了中国证券监督管理委员会监管信息化现状、存在的问题以及面临的挑战，提出了监管科技建设的意义、原则和目标，明确了监管科技1.0、2.0、3.0各类信息化建设工作需求和工作内容。

9月2日 着眼对沪市上市公司进行全貌监控和电子留档，上海证券交易所自主研发的"公司画像"科技监管平台正式上线试运行，成为科技为监管"赋能"的有益探索。

10月25日 国家市场监督管理总局、中国人民银行于10月25日对外发布了《金融科技产品认证目录（第一批）》《金融科技产品认证规则》的公告，公布了11款首批被纳入金融科技产品认证目录的产品和金融科技产品认证的基本认证模式。在分析人士看来，此次是一次全面规范，对把好安全和合规关会有进一步帮助，为持牌金融机构预留了充足的创新发展空间。

11月8日 由中国信息通信研究院、中国互联网协会、中国通信标准化协会、可信区块链推进计划共同主办的2019可信区块链峰会在北京开幕。会上成立了可信区块链推进计划项目组，发布《区块链白皮书（2019）》等研究成果。

11月16日 "2019金融科技、监管科技、区块链蓝皮书发布会"在京举行，大会发布了由中国人民银行指导、中国社会科学院授权出版的《中国金融科技发展报告（2019）》《中国监管科技发展报告（2019）》《中国区块链发展报告（2019）》三部年度蓝皮书。

11月21日 深圳四部门（深圳市税务局、深圳市公安局、深圳海关、中国人民银行深圳市中心支行）搭建信息情报交换平台，充分运用区块链技术，构建四部门互联互通的信息情报交换高速网络，助力提升部门联合办案的打击能力和效率。该平台主要涉及数据共享，将共享的数据用于监管。

11月25日 中国人民银行发布《中国金融稳定报告（2019）》，该报告对金融科技创新提出了总的原则，即创新与监管并重，立规在前。

11月28日 中国人民银行副行长范一飞在第八届中国支付清算论坛上发言强调，严监管常态化永远在路上，并点出了严厉打击无证机构、规范创新、严控交叉金融风险等下一步严监管的重点。与会人士也表示，支付行业进一步创新发展迫切需要监管制度和规则进一步改进和完善，推动各类条码支付互联互通已经成为业内共同的期待。

12月5日 中国人民银行发文，启动金融科技创新监管试点工作。表示支持在北京市率先开展金融科技创新监管试点，探索构建符合我国国情、与国际接轨的金融科技创新监管工具，引导持牌金融机构在依法合规、保护消费者权益的前提下，运用现代信息技术赋能金融提质增效，营造守正、安全、普惠、开放的金融科技创新发展环境。

12月11日 中国人民银行科技司司长李伟在2019年"中国金融科技全球峰会"上宣布成立国家金融科技测评中心，致力于开展金融科技应用测评、风险监测以及监管科技与合规科技建设。

12月17日 中国人民银行副行长范一飞在中国金融科技场景应用创新大会暨第一届银行间市场金融科技大会上表示，"在应用监管方面，坚持持牌经营、合法合规、权益保护为原则"。

12月18日 众安银行有限公司宣布自12月18日开始在香港金融管理局监管的"金融科技监管沙盒"试营业，成为香港首间试营业的虚拟银行。

12月21日 中国人民银行科技司司长李伟在2019中国金融学会学术年会会议上表示，金融科技创新监管工具在与国际接轨的同时，也有明确的中国特色。

12月24日 中国支付清算协会在京组织召开"金融科技产品认证管理平台上线运行启动会"，正式上线管理平台，为金融科技产品检测认证工作提供服务。"中国金融科技产品认证管理平台"是中国支付清算协会在中国人民银行指导下建设开发，通过管理平台可实现认证过程可追溯、结果可核实的全流程管控。

12月30日 中国人民银行金融科技委员会会议在北京召开,中国人民银行副行长范一飞强调,要加强数字化监管能力建设,健全多层次、系统化的金融科技风险治理体系,增强风险的态势感知、分析评估和预警处置水平。

附录三 监管科技产业地图

Appendix Ⅲ RegTech Industry

资料来源：根据公开资料整理，中科金财战略研究院绘制。

B.44 监管科技产业地图

Abstract

Annual Report on China's RegTech Devcelopment (2020) was compiled by the Regulatory Technology Research Unit of Payment and Clearing Association of China, with the participation of more than 40 institutions from regulatory authorities, industry organizations, universities, research institutions, banks, securities companies, exchanges, payment institutions, fintech companies and other fields. The book focused on China regulatory technology development, from the policy situation, technical exploration, scenario application, data management, international vision, case analysis and other aspects, comprehensive described Chinese regulatory authorities and financial institutions actively use " technology + regulation " to deal with various challenges brought by "technology + finance", such as information leakage, improper application of technology, and lagging financial regulation. Then proposes to explore a way of regulatory technology development suited to China's national conditions by strengthening the top-level design of regulatory science and technology and creating new innovative regulatory tools. In order to provides useful reference for supervising the development of regulation technology industry and policy making.

The book consists of seven parts. The first part is the general report. Based on the analysis of the new risks brought by the development of fintech and the new challenges faced by financial regulation, summarizes the current situation and existing problems of China's regulatory technology from the perspective of application practice, and then puts forward some policies and suggestions to strengthen China's financial regulation capability from the perspective of regulatory technology. The second part is the policy situation, focusing on the development status and the latest practice of regulatory technology of the regulatory authorities in 2019, and discussing the financial risk prevention mechanism based on supervision technology. The third part is the technology exploration, which describes the latest development of the new generation of information technologies such as cloud computing, big data, artificial intelligence, distributed database, block chain and API, and its positive role in innovating regulatory means, improving regulatory efficiency and reducing corporate compliance costs. The fourth part is scenario application, introduces the latest development status and application practice of regulatory technology in different industries, formats and scenarios, and discusses the value advantages, system framework and development suggestions of regulatory technology. The fifth part is data management, discusses the issues related to regulatory science and technology such as data sharing, data standards, data governance, data protection, etc., and gives policy suggestions on legal collection, reasonable application and effective protection of financial data from the aspects of technology, security and law. The sixth part is international vision, based on the global perspective and combined with the latest research results and application practices of international regulatory technology, systematically sorted out the policy measures, business models, technical paths and typical cases of regulatory technology in different countries and regions. The seventh part is cases, which promotes the exchange and sharing of typical applications and advanced experience of regulatory technology by introducing in detail the analysis model of typical applications of regulatory technology, the implementation path, the industry pain points solved and the effects achieved.

Keywords: RegTech; FinTech; Scenario Application; Data Governance

Contents

I General Report

B. 1 Research on Financial Supervision Under the Background
of FinTech / 001

Abstract: With the rapid development of information technology, SupTech has gradually attracted the attention of financial supervision institutions around the world, and has been already applied to the area of anti-illegal fund raising, Internet finance supervision, foreign exchange management and AML. Based on the analysis of the new risks brought by the development of FinTech and the new challenges faced by the financial supervision system, this report analyzes and defines the development background, concept, connotation, development status and defects of SupTech, then puts forward the policy recommendations of strengthening China's financial supervision capacity from the perspective of SupTech.

Keywords: RegTech; Big Data; Cloud Computing; Artificial Intelligence; Blockchain

II Policy and Situation

B. 2 International Experience and Chinese Practice in Fintech
Innovation Regulation / 036

Abstract: With the rapid development of FinTech in China and the world, it has brought higher challenges to the traditionalfinancial model of financial regulation. Faced with the demand of regulatory innovation brought about by the complex risks of financial technology innovation, countries around the world have actively responded, striving to find a way to encourage the development of financial technology innovation while effectively preventing and controlling the risks of financial technology and protecting the interests of financial consumers, and to find a balance between the benefits brought about by financial innovation and the prevention and control of financial risks. The People's Bank of China is actively carrying out pilot projects on the supervision for FinTech innovation, exploring and building the supervision tools of FinTech innovation are in line with China's national conditions and in line with international standards.

Keywords: FinTech; Innovative Application; Regulatory Sandbox

B. 3 Research on the Testing and Certification System of Fintech Innovative Products / 046

Abstract: From the implementation of the golden card project to the development of mobile payment, and then the pilot of face-scanning payment, FinTech products are increasingly rich, and constantly promote the improvement of quality and efficiency of financial services. In the innovation and development of FinTech products, standardization plays an important role in ensuring the normalization, compatibility and security of FinTech products, while testing and certification is an important means to ensure the implementation of standards. This report combs the development of testing and certification system of FinTech products, analyzes FinTech product standard systems such as bank card, mobile payment, cloud computing and open bank, reviews the implementation of testing and certification of main FinTech products, and it also puts forward that the industry certification of fintech products will gradually become the mainstream, detection technology will develop towards automation and intelligence, the inspection and evaluation in the fintech product innovation regulation is increasingly strengthened and other trends.

Contents

Keywords: FinTech Products; Mobile Payment; Detection Technology

B. 4 Research on the Application of RegTech in the Payment and Clearing Industry / 060

Abstract: In recent years, driven by the wave of "technology + finance", the pace of financial innovation has accelerated, and innovative financial models and business models have emerged incessantly, with the attendant financial risks becoming more hidden, complex and more contagious. With the rapid development of emerging information technology represented by big data, cloud computing, blockchain, and artificial intelligence, RegTech has gradually attracted the attention of financial regulators and financial institutions, and has been applied in some significant areas including the payment and clearing industry. This article will discuss the impact of the development of RegTech on the payment and clearing industry. At the same time, it will introduce the current application of RegTech in the field of supervision and compliance of the payment field, in-depth analysis of the face of regulatory technology in the development and application of the payment industry problems and challenges, and give relevant development suggestions.

Keywords: RegTech; CompTech; Payment and Clearing

B. 5 The Exploration and Application of RegTech in Local Financial Supervision / 074

Abstract: While applying big data, blockchain and other technologies in the financial field to improve quality and efficiency, financial risks have changed accordingly, conductivity and concealment have been enhanced. There has been a risk of illegal fund raising such as "false innovation". Facing new circumstance, local financial regulatory authorities are adjusting their regulatory methods to meet new need, promoting the construction and application of regulatory technology in local financial supervision, promptly identifying risks, improving regulatory efficiency, and supporting local financial normal supervision and services. This paper starts from the difficulties in local financial supervision, such as the huge amount of supervision, information asymmetry and lack of effective means of supervision. Puts forward some solutions, such as establishing local financial supervision regulations and systems, and establishing local financial supervision systems. Finally combined with the application case, looking into the integrated development of regulatory technology and local finance in the future, it is suggested that local financial supervision should strengthen data sharing and security and promote the use of compliance technology.

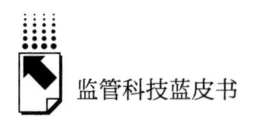

Keywords: Financial Risk; Local Finance; Financial Supervision; RegTech

Ⅲ Technology Exploration

B.6 The Latest Developments of Cloud Computing and Applications in Regulatory Technology　　　　／082

Abstract: Cloud computing technology has entered a mature stage from emerging technology. The domestic cloud computing service industry has reached a certain maturity from the aspects of economy, technology, application scenarios and ecology. The deployment mode of cloud computing platform develops from public cloud and private cloud to hybrid cloud. Cloud computing services will become the cornerstone of the intelligent society in the future. Cloud computing platform, as the base of the development of financial science and technology, to support and promote the continuous innovation of the top regulatory science and technology applications. The combination of cloud, AI, 5g and IOT technologies will create a new scenario of "fission", which will drive the new development of the financial industry.

Keywords: Cloud Computing; Kunpeng; Cloud Ecology; Cloud Supervision; Artificial Intelligence

B. 7 The Latest Development of Big Data Technology and Its Application in RegTech / 090

Abstract: At present, global big data industry has entered a period of accelerated development. Big data technology has gradually become a supporting infrastructure, and its development direction has also begun to change to improve efficiency, to focus on personalized upper application. The trend of technology integration is increasingly obvious. With the gradual penetration of new technologies such as big data into various industries, the application of big data technology has become an important exploration direction for regulators to enrich regulatory means. Based on the research and exploration of the current development trend of big data technology and its application in the field of regulatory technology, this paper summarizes the difficulties that big data application still faces now, such as different data quality, weak data foundation and fuzzy privacy boundary. On this basis, we put forward development suggestions based on the above problems, in order to better promote the technological innovation and application development in the field of regulatory technology in China.

Keywords: RegTech; Big Data Technology; Data Securit

B. 8 Up-To-Date Development of Artificial Intelligence and Application for RegTech / 101

Abstract: After the policy of *Regulation for New Generation of Artificial*

监管科技蓝皮书

Intelligence——Developing AI with Social Responsibility was legitimated in June 2019, the AI technology is thriving again. The combination of AI and surveillance technology creates more variety and more efficient ways for financial market monitoring. To make a more powerful and accurate AI model with many participants but without requiring the data out of their own database, Federated Learning is proposed to save the data privacy during the multi-parties training. Auto-machine Learning and Knowledge Graph are also fully researched as creative tools for the modern investment survey and public opinion collection. Thus, we can further improve the capital efficiency and make the people's voice heard easily. With the development of the AI technology and the burnish of the surveillance methodology, we shall create revolutionary innovation in the related fields.

Keywords: Artificial Intelligence; Federated Learning; Knowledge Graph; Auto-Machine Learning

B.9　The Latest Development of Distributed Database and Its Application in the Field of RegTech　　　／111

Abstract: With the rapid development of the financial industry, financial regulatory data has also increased massively. As a basic data platform of the regulatory technology system, the distributed database has obvious advantages when dealing with a large amount of financial regulatory data, which can greatly improve regulatory efficiency and reduce regulatory costs. This report introduces the basic principles and technical development of distributed databases, combined with specific examples to analyze the application and practice of distributed databases in China's regulatory technology, and proposes the potential risks and technical challenges of distributed databases in the field of regulatory technology. At the same time, the application prospect of distributed database in regulatory institutions and financial institutions is proposed from the perspective of development demand and development pattern.

Keywords: Distributed Database; RegTech; Financial Regulatory

B. 10　The Latest Development of Blockchain Technology and Its Application in the Field of RegTech　／ 122

Abstract: From the perspective of technological development, the current breakthrough focuses on achieving high throughput and low latency transaction processing capacity under large-scale consensus networks, data security and privacy protection on the chain, low-cost distributed storage, compatibility and operability between block chains and traditional systems. Setting standards, building applications and building platforms are the three major construction dimensions of blockchain technology. In terms of the application of regulatory technology, cost reduction, efficiency improvement and collaboration are the main objectives. This paper believes that the integration of business collaboration, compliance risk control and business supervision in the same system is the biggest feature and value of block chain application, and demonstrates it through specific cases. In order to further promote the development and application of blockchain technology, this paper puts forward "three values": first, technological breakthrough, second, standard guidance, and third, system escort.

Keywords: Blockchain; RegTech; Institutional Innovation

B. 11　RegTech Application of API Monitoring in Payment Field　／ 134

Abstract: API transaction monitoring is one of the main application directions of RegTech. Financial institutions and technology companies provide payment services and obtain real-time transaction data by embedding payment API into scenarios of various merchants. Based on API, JDD has innovatively put forward the application of network probe for anti-transfer. And it uses biological probe technology to obtain the identity information and other biological data of the dealing subject. Through verifying with the background database, it discovers abnormal transactions and illegal transactions in time, protects the transaction and capital safety of consumers. It also provides powerful tools supporting for combating network crimes and telecom fraud, and also helps to improve the security and compliance of the payment institutions.

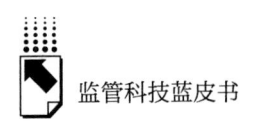

Keywords: Online Payment; API Monitoring; Network Probe; Biological Probe

Ⅳ Scenario Application

B.12 Research on the Application of Blockchain Regulatory Science
　　　　　　　　　　　　　　　　　　　　　　　　　　　　/ 142

Abstract: Based on the explorations and applications of blockchain in the regulations, an through sorting out the blockchain's effect, including improve regulatory efficiency and reduce compliance costs, improve the authenticity and timeliness of regulatory data. This report touches upon the application characteristics of blockchain technology and the mechanism of regulatory enhancement, followed by an analysis of the application mode in three scenarios: transaction behavior regulation, customer identity verification, and security data report. Besides, it further promotes the development of the application of blockchain technology. Lastly, the two cases of blockchain industry application are discussed to figure out the huge value of shifting regulations into blockchain nodes that fulfill real – time and penetrative regulations.

Keywords: Blockchain; Regulatory Scenario; Regulatory on BC

B.13 The Application of RegTech in the Field of
　　　　User Identification　　　　　　　　　　　　　　　　/ 151

Abstract: RegTech has developed rapidly in China in recent years and has been applied in various fields of the financial industry. At present, " user identification" is one of its main development directions. Adhering to the concept of "serving supervision with technology", RegTech helps companies accurately identify user in the Internet era by guiding industry institutions to use cutting-edge technology in business transactions, and implement various regulatory requirements of superior management departments. This paper systematically introduces the current development status of regulatory technology and the cutting-edge trend of user identification technology, and takes the application of bank account opening verification and auto-insurance real name payment in 2019 as examples, fully confirming that the exploration of regulatory technology in the field of user identification has effectively improved the risk prevention capabilities of the financial industry and has promoted the vigorous development of the financial industry.

Keywords: RegTech; User Identification; Risk Prevention

B. 14　The Application of RegTech in SIM Digital Identity　　/ 158

Abstract: An important reason for the universalization of personal privacy disclosure is that a large amount of personal information is transmitted and stored on the Internet. To solve this problem, CITIC works together with the three major telecom operators to design, develop and promote SIM digital identity. This paper introduces the definition and evolution of SIM digital identity, combined with RegTech to explore how to protect personal privacy and ensure the effectiveness of data flow in financial field.

Keywords: RegTech; SIM Digital ID; Electronic Sign; Anti - money Laundering

B. 15　Applications of RegTech for the Trading Behavioral

　　　　Surveillance in the Securities Market　　　　　　／166

Abstract: After years of development and improvement, China's securities industry has been gradually mature. Correspondingly, the volume of transaction of securities market rose annually. The various abnormal trading behaviors and off-market margin financing behaviors adopted by various market participants to obtain personal benefits also present the characteristics of diversity and concealment, which have brought a lot of challenge. At the same time, the construction of joint risk management system for investment businesses is also put on the agenda to meet the needs of securities companies' investment trading business for multiple locations and multiple trading systems. In order to deal with these problems, it is necessary to improve the monitoring capabilities of securities companies for market trading behaviors, and establish a complete technical system to improve the entire process of market trading behavior monitoring and processing. In this report, we theoretically analyze the background around the application of RegTech in various aspects of monitoring and processing of the market transaction behavior, and the pain points solved by RegTech. Besides, the application framework and implementation path of using big data, machine learning and other technologies to improve the whole process of market transactions behavior monitoring and processing is discussed, combined with some specific cases.

Keywords: Account Management; Monitoring Indicator; Early Warning Management; Joint Risk Management

B. 16　Identification of Cash out Transaction Based on Transaction Data

　　　　　　　　　　　　　　　　　　　　　　　　　　　　／182

Abstract: One of the greatest threats to the financial industry is credit card cash-out, a type of risky behavior. In this paper, we make full use of transaction data and propose a novel approach to filter out cash-out behaviors and corresponding merchants based on unsupervised learning. First, this method can filter out merchants with anomalous behaviors in a data-driven manner, instead of exploiting labeled samples or prior knowledge. Thus, it can be widely used with less restriction. Second, a series of interpretable risk indicators, which allow for transaction amounts as well as relations between merchants and customers, are proposed to provide intuitive guidance. The empirical study is based on a real dataset, which has been provided by an anonymous third-party payment platform. It demonstrates that the proposed approach can distinguish merchants with different behavior patterns, dividing merchants to groups with different risk levels. Thus, the approach can provide reliable decision-making support for the detection of cash-out transactions.

Keywords: Credit Card; Risk Management; Clustering; Transaction

B. 17　Exploration of the Application of RegTech in Payment Behavior and Risk Prevention and Control　　　／199

Abstract: The development of innovative technologies has opened another door for regulatory technology. The application of regulatory technology has also brought new blood to the third-party payment industry, which has improved the performance of the payment system, the monitoring of payment behavior, and the prevention of payment risks. According to the regulation of the development of science and technology, and in the third party payment behavior and risk prevention and control, the application of analysis regulation technology has not yet set up data standardization system, data island, regulatory science and technology is combined with artificial regulation has not been effective regulatory science and technology has not been formed, ecological industry, as well as the technology risk and so on several problems of itself, establish and improve the data standardization system, to set up the digital supervision system, establishing ecological industry regulation technology, strengthen the technology risk prevention and control countermeasures.

Keywords: RegTech; Risk Prevention and Control; Data Standardization

B.18　Application of RegTech in Industry Risk Monitoring　　　/ 208

Abstract: With the rapid development of China's Internet financial model, in recent years, Internet fraud customer account information leakage and other incidents have increased day by day, ensuring the safety customer information and funds has become a top priority in the financial industry, establishing a real-time risk monitoring system, real-time detection and disposal intelligent risk early warning covering multiple dimensions such as products, systems, and operations has gradually become a frontier development direction for Internet risk monitoring in the banking industry. This report theoretically analyzes the application scenarios of regulatory technology in industry risk monitoring and solves the pain points, and combines specific application cases to explore the application of regulatory technology in account risk monitoring, transaction anti-fraud, and anti-money laundering monitoring.

Keywords: RegTech; Anti-money Laundering Monitoring; Transaction Anti-Fraud

B.19　Application of RegTech in Merchant Risk Management　　/ 219

Abstract: This chapter explores the types of risk, reasons of infraction of the third-party payment platform's merchants, as well as the third-party payment platform's current countermeasure. Considering the complexity of merchant risk, RegTech has been paid more attention by both regulators and the third-party payment platforms. This chapter also describes the application framework and implementation route of RegTech within the entire lifecycle of merchant risk management, including process of admittance, transaction and operation. And propose three implementation paths, includes building a basic platform for risk monitoring, introducing intelligent technologies to improve identification efficiency and strengthening industrial cooperation to realize joint prevention and control. Besides, some real examples are introduced to make RegTech's implementation more specific.

Keywords: Merchant Risk Management; Merchant Admitting; Transaction Monitoring; Machine Learning

B. 20 The Application of RegTech in the Risk Prevention and Control of Internet Finance / 232

Abstract: This report introduces the background of regulatory technology, theoretically analyzes the application background of regulatory technology in Internet financial prevention and control and solves the pain points, and combines specific cases to discuss the application framework of regulatory technology in Internet financial risk prevention and control and the implementation path. Use supervision technology to build a unified Internet financial prevention and control platform, including building a transaction risk prevention and control system that combines stream processing and intelligent learning, a marketing arbitrage prevention and control system that combines device fingerprints and relationship graphs, and a credit fraud prevention and control system that combines smart credit technologies. Finally, in conjunction with the case of the "Yu Tong" big data risk control system, the application of regulatory technology in anti-fraud gang mining is specifically introduced.

Keywords: Transaction Risk Prevention and Control; Marketing Arbitrage Prevention and Control; Credit Fraud Prevention and Control; "Yu Tong" Big Data Risk Control System

B. 21　Fintech Innovation Assistance-Financial Supervision on

　　　　Anti-money Laundering　　　　　　　　　　　　　　/ 247

Abstract: In recent years, challenges faced by regulators and financial institutions are on the rise. The need to adopt advanced technologies to enhance the effectiveness and efficiency on the overall anti-money laundering regulation system as money laundering becomes more sophisticated year on year is increasingly apparent. As Artificial Intelligence technologies evolve in the financial crime control field, this report will analyse the international and domestic anti-money laundering compliance methods and trends, and put forward the current supervision work faced with talent gap, backward system construction, lack of visual tools and other pain points. Identify the key issues on the current regulatory landscape, and propose to apply a multiple innovation technology to fight against money laundering in conjunction with specific case studies introduced on how to build an intelligent money laundering risk control framework that can reduce compliance cost and improve efficiency.

Keywords: Knowledge Graph; Machine Learning; Anti-money Laundering; Transaction Monitoring and Screening Activities

B. 22　The Application of SupTech in the Field of Anti-money

　　　　Laundering of Payment Institutions　　　　　　　　/ 264

Abstract: Under the changing operating environment of the payment industry, this paper by combing the application of regulatory technology in the field of anti-money laundering in the payment industry, there are some pain points, such as the presence of customer identification bureau and transaction monitoring capability to be strengthened. From the two levels of compliance and supervision, explores the application framework of regulatory technology with big data, artificial intelligence, biometrics, machine learning and network analysis in the field of anti-money laundering in the payment industry, introduce specific cases of regulatory technology applied to anti-money laundering. Finally, it points out that the regulatory technology needs to pay attention to the potential risks brought by new technologies, and the protection of personal financial information security still needs to be strengthened. And put forward the development of regulatory technology to strengthen international cooperation, pay attention to anti-money laundering in the "data compliance" and other proposals.

Keywords: RegTech; Payment Institution; Anti-money Laundering

V Data Management

B.23 Discussion on Data Standards of RegTech: Taking the Financial Data Standards as the Entry Point / 277

Abstract: Based on the background of new infrastructure construction, starting from the significance of establishing data standards, this paper studies the current situation of data standards establishment in the United States, the United Kingdom, Australia, Financial Stability Board and other countries or international financial organizations, and compares it with the actual situation in China. It is found that there are some problems in China, such as the lack of coordination between the regulatory authorities and the improvement of data processing technology. To solve these problems, the author puts forward five solutions: unifying data standards, developing digital regulatory system, realizing safe data sharing, promoting the tripartite cooperation of regulatory agencies, financial institutions and regulatory technology developers, and learning from foreign experience. Finally, return to the background of the times, once again declare that the establishment of data standards should be consistent with the construction of new infrastructure such as big data center, so as to achieve the purpose of driving the development of China's digital economy.

Keywords: RegTech; Data Standards; New Infrastructure Construction; Data Sharing

B. 24　Research on Digital Identity Authentication and Government Data Compliance Transfer　/ 295

Abstract: The core logic of digital governance is to build a so-called digital citizen mirror, that is, to break the cross-departmental data gap and achieve unified citizen data sharing and security protection standards. For example, the public security identity data, communication user data and financial credit data are merged to build an authoritative and credible unified digital identity service system, and the 5G network construction bonus period is used as an opportunity to quickly build an orderly and healthy digital social governance system. To this end, this article proposes to use e-citizen digital technology to solve the problem of government data compliance transfer, and use this as a basis to establish a data asset compliance transfer center to provide immediate and efficient compliance supervision tools for data governance and related compliance supervision, which is beneficial to the construction the Guangdong-Hong Kong-Macao Greater Bay Area data asset property rights system regulates the healthy development of the data industry ecology.

Keywords: Data Governance; Compliance Transfer; Greater Bay Area; e-Citizen; Government Data

B. 25　Research on Data Governance and Personal Privacy Protection　/ 306

Abstract: The advent of the digital age has triggered revolution in production tools, and data has become the core production tool for liberating productivity. However, due to the lack of effective digital identity systems and regulatory mechanisms, data abuse in cyberspace and leakage of personal privacy data are frequently happening. This article first defines and understands what is personal data, and then analyzes the risks caused by data problems from the three levels which are individual, enterprise, and country based on analyzing typical data abuse and personal data leakage events in recent years. Suggest to build a perfect digital identity system based on SIM card and cooperate with an effective supervision mechanism to realize the ideas of data governance and personal privacy protection.

Keywords: Personal Data; Data Governance; Privacy Protection; SIM Digital ID

B.26 Technology Exploration of Data Governance: Verifiable Credential / 316

Abstract: In view of the problems existing in data governance of RegTech, such as data silos, data quality, difficulties of data fusion and data abuse, the idea of using verifiable credentials data model for data governance is presented. This report introduces the concept, data model, key technology and key technical features of verifiable credentials, and explores several directions to use verifiable credentials in data governance, and then it discusses the maturity of verifiable credentials, both in its specification and applications. Verifiable credentials have technical features such as security, privacy, authenticity, consistency, timeliness, interoperability, and it meets most of the pain points existing in data governance scenarios. All this will be conductive to improving data quality, providing privacy protection solutions, and promoting data interoperability.

Keywords: Verifiable Credential; Data Governance; Data Quality; Privacy Protection

B.27　A Study on Personal Privacy Protection of Data Governance

in Anti-money Laundering　　　　　　　　　　　　　　　／331

Abstract: Individual privacy is generally considered to be the information which involves the privacy of citizens and belongs to private information of individual information in the digital age. Once be disclosed to the public, it shall no longer being recoverable as privacy again and it focuses on protecting the personality of citizens. In this context of regulatory technology development, the obligation agencies of anti-money laundering (AML) were applied to strength the AML data governance, and in the process where exists individual private protection challenge.

This article discussed that how should the government and the obligation agencies solve the problems of individual protection in the process of data governance, it proposes that legislation and strength law enforcement on this issue is urgently needed, as well as data sharing platform which built by the government. For the agencies, the availability methods were suggested by improving the data governance framework and enhancing information security audition, etc.

Keywords: RegTech; AML Data Governance; Individual Privacy Protection

Ⅵ Global Insights

B.28　Global RegTech Landscape: Ecosystem, Frontier and Outlook

／343

Abstract: This chapter portraits the Global RegTech landscape in its transition from RegTech 2.0 to RegTech 3.0. The analysis centers around market analysis, policy and institutional trends, and a thorough discussion of RegTech ecosystems across the globe focusing on its stakeholders and key impetus. Our key findings identify three key features of global RegTech development: RegTech applications facilitated by integrated technologies, fierce competition amongst regulatory authorities for international RegTech leadership, along with the dominance of compliance and cybersecurity in the market. The mainstream technologies and applications of RegTech are also examined, with a particular focus on its 2019 highlights, on basis of which, the study sheds light on the megatrends of global RegTech outlook and implications for its future development.

Keywords: Global RegTech; RegTech Ecosystem; Mainstream Technology; Application Scenarios

B. 29　Comparative Research on the Development of Regulatory Technology Across Countries　／369

Abstract: Rapid advances in FinTech are posing potential risks to financial stability, which prompts regulatory authorities worldwide to actively exploring RegTech applications, in the hope of constructing a more digitized, agile and automated financial regulation system. The demand for RegTech by financial institutions, meanwhile, emerges from increasing regulatory compliance costs, which further promotes the development of RegTech. This report analyzes initiatives of technology-driven regulatory innovations and policy responses and RegTech industries in major economies around the world. Policy recommendations are also provided for China, in devising its roadmap and overall planning on laws and regulations, to embrace the RegTech opportunities. It is recommended a twin-peak, prudential and conduct-based regulatory model could serve the long-term goal of financial reform well, along with deepened global cooperation and coordination.

Keywords: Global RegTech; Regulatory Structure; RegTech Companies

B. 30　An Analysis of Global RegTech Funding and Investment　／384

Abstract: The rise of RegTech and its potential in reshaping the global financial regulation system has been widely acknowledged by regulators, financial institutions, and in particular, investors. This study investigates the funding and investment activities of RegTech industry, both globally and regionally. It also characterizes key features and motivations of RegTech market participants. The status quo of Chinese RegTech development is portraited, in comparison with its international competitors. Our findings emphasize the importance of regulators to promote industry engagement, facilitate the systematic integration of data and strengthen the coordination and cooperation amongst market participates.

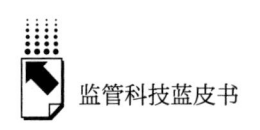

Keywords: Global RegTech; Chinese RegTech; RegTech Ecosystem

Ⅶ Appendix Ⅰ Case Reports

B.31 Guangdong Province to Monitor the Development of Science and Technology Cases / 409

B.32 Alibaba Group Supports National Interbank Funding Center to Build Intelligent Trading System / 413

B.33 SZSE Company Profiling Intelligent Supervision System / 416

B.34 Alibaba Cloud Supports the Shenzhen Stock Exchange to Build a Real-time Computing Platform / 420

B.35 The Application of Blockchain Technology in Regional Off-site Financial Regulation / 424

B.36 The Mobile Application Situation Awareness System of Jiangsu Rural Credit Union / 429

B.37 Application of Deep Learning Technology in the Field of Anti-money Laundering Monitoring / 432

B.38 Tenpay Suspicious Transaction Monitoring Technology / 437

B. 39　Construction of Association Fraud Recognition Scheme Based on Association Graph Technology　/ 441

B. 40　The New-generation Risk Management System of Lakala －TianYan　/ 446

B. 41　Huifu Fraud Management System　/ 451

B. 42　Adopting Emerging Technologies in KYB/C Operations　/ 455

Ⅷ　Appendix Ⅱ　RegTech Memorabilia

B. 43　RegTech Memorabilia (2019)　/ 459

Ⅸ　Appendix Ⅲ　RegTech Industry

B. 44　RegTech Industry　/ 465

社会科学文献出版社

皮 书

智库报告的主要形式
同一主题智库报告的聚合

❖ 皮书定义 ❖

皮书是对中国与世界发展状况和热点问题进行年度监测,以专业的角度、专家的视野和实证研究方法,针对某一领域或区域现状与发展态势展开分析和预测,具备前沿性、原创性、实证性、连续性、时效性等特点的公开出版物,由一系列权威研究报告组成。

❖ 皮书作者 ❖

皮书系列报告作者以国内外一流研究机构、知名高校等重点智库的研究人员为主,多为相关领域一流专家学者,他们的观点代表了当下学界对中国与世界的现实和未来最高水平的解读与分析。截至2020年,皮书研创机构有近千家,报告作者累计超过7万人。

❖ 皮书荣誉 ❖

皮书系列已成为社会科学文献出版社的著名图书品牌和中国社会科学院的知名学术品牌。2016年皮书系列正式列入"十三五"国家重点出版规划项目;2013~2020年,重点皮书列入中国社会科学院承担的国家哲学社会科学创新工程项目。

权威报告·一手数据·特色资源

皮书数据库
ANNUAL REPORT(YEARBOOK) DATABASE

分析解读当下中国发展变迁的高端智库平台

所获荣誉

- 2019年，入围国家新闻出版署数字出版精品遴选推荐计划项目
- 2016年，入选"'十三五'国家重点电子出版物出版规划骨干工程"
- 2015年，荣获"搜索中国正能量 点赞2015""创新中国科技创新奖"
- 2013年，荣获"中国出版政府奖·网络出版物奖"提名奖
- 连续多年荣获中国数字出版博览会"数字出版·优秀品牌"奖

成为会员

通过网址www.pishu.com.cn访问皮书数据库网站或下载皮书数据库APP，进行手机号码验证或邮箱验证即可成为皮书数据库会员。

会员福利

- 已注册用户购书后可免费获赠100元皮书数据库充值卡。刮开充值卡涂层获取充值密码，登录并进入"会员中心"—"在线充值"—"充值卡充值"，充值成功即可购买和查看数据库内容。
- 会员福利最终解释权归社会科学文献出版社所有。

数据库服务热线：400-008-6695
数据库服务QQ：2475522410
数据库服务邮箱：database@ssap.cn
图书销售热线：010-59367070/7028
图书服务QQ：1265056568
图书服务邮箱：duzhe@ssap.cn

社会科学文献出版社 皮书系列
SOCIAL SCIENCES ACADEMIC PRESS (CHINA)
卡号：584953564239
密码：

S 基本子库
SUB DATABASE

中国社会发展数据库（下设 12 个子库）

整合国内外中国社会发展研究成果，汇聚独家统计数据、深度分析报告，涉及社会、人口、政治、教育、法律等 12 个领域，为了解中国社会发展动态、跟踪社会核心热点、分析社会发展趋势提供一站式资源搜索和数据服务。

中国经济发展数据库（下设 12 个子库）

围绕国内外中国经济发展主题研究报告、学术资讯、基础数据等资料构建，内容涵盖宏观经济、农业经济、工业经济、产业经济等 12 个重点经济领域，为实时掌控经济运行态势、把握经济发展规律、洞察经济形势、进行经济决策提供参考和依据。

中国行业发展数据库（下设 17 个子库）

以中国国民经济行业分类为依据，覆盖金融业、旅游、医疗卫生、交通运输、能源矿产等 100 多个行业，跟踪分析国民经济相关行业市场运行状况和政策导向，汇集行业发展前沿资讯，为投资、从业及各种经济决策提供理论基础和实践指导。

中国区域发展数据库（下设 6 个子库）

对中国特定区域内的经济、社会、文化等领域现状与发展情况进行深度分析和预测，研究层级至县及县以下行政区，涉及地区、区域经济体、城市、农村等不同维度，为地方经济社会宏观态势研究、发展经验研究、案例分析提供数据服务。

中国文化传媒数据库（下设 18 个子库）

汇聚文化传媒领域专家观点、热点资讯，梳理国内外中国文化发展相关学术研究成果、一手统计数据，涵盖文化产业、新闻传播、电影娱乐、文学艺术、群众文化等 18 个重点研究领域。为文化传媒研究提供相关数据、研究报告和综合分析服务。

世界经济与国际关系数据库（下设 6 个子库）

立足"皮书系列"世界经济、国际关系相关学术资源，整合世界经济、国际政治、世界文化与科技、全球性问题、国际组织与国际法、区域研究 6 大领域研究成果，为世界经济与国际关系研究提供全方位数据分析，为决策和形势研判提供参考。

法律声明

"皮书系列"（含蓝皮书、绿皮书、黄皮书）之品牌由社会科学文献出版社最早使用并持续至今，现已被中国图书市场所熟知。"皮书系列"的相关商标已在中华人民共和国国家工商行政管理总局商标局注册，如LOGO（ ）、皮书、Pishu、经济蓝皮书、社会蓝皮书等。"皮书系列"图书的注册商标专用权及封面设计、版式设计的著作权均为社会科学文献出版社所有。未经社会科学文献出版社书面授权许可，任何使用与"皮书系列"图书注册商标、封面设计、版式设计相同或者近似的文字、图形或其组合的行为均系侵权行为。

经作者授权，本书的专有出版权及信息网络传播权等为社会科学文献出版社享有。未经社会科学文献出版社书面授权许可，任何就本书内容的复制、发行或以数字形式进行网络传播的行为均系侵权行为。

社会科学文献出版社将通过法律途径追究上述侵权行为的法律责任，维护自身合法权益。

欢迎社会各界人士对侵犯社会科学文献出版社上述权利的侵权行为进行举报。电话：010-59367121，电子邮箱：fawubu@ssap.cn。

社会科学文献出版社